부정문의 통시적 연구

부정문의 통시적 연구

허재영 지음

도서출판 역락

저자소개

허재영

- 1964년 강원도 홍천 출생.
- 건국대학교 국문과 졸업.
- 동 대학원에서 석사, 박사 학위를 받음.
- 〈현대 시조〉, 〈수필 공원〉, 〈언어 세계〉를 통하여 등단.
- 현재 : 건국대·경원대·춘천교육대·호서대·대진대학교 교육대학원에서 강의를 맡고 있음.

부정문의 통시적 연구

- 인쇄 2002년 01월 14일
- 발 행 2002년 01월 21일
- 저자 허재영
- 펴낸이 이대현
- 편집 이은희·김민영·정봉구
- 펴낸곳 도서출판 역락 / 서울 성동구 성수2가 3동 277-17
  성수아카데미타워 319호(우133-123)
- Tel 대표·영업 3409-2058 편집부 3409-2060 FAX 3409-2059
- E-mail yk3888@kornet.net / youkrack@hanmail.net
- 등록 1999년 4월 19일 제2-2803호
  ISBN 89-5556-148-2-93710

정가 13.000

잘못된 책은 교환해 드립니다.

머리말

이 책은 글쓴이의 박사 학위 청구 논문인 『지움월의 통시적 연구』를 수정하고 보완한 책이다. 학위 논문을 제출할 당시에는 '지움월'이라는 고유어 문법 용어를 사용하였는데, 그 까닭은 한자어인 '부정'의 뜻이 다의적인데 비하여 '지우다'라는 고유어의 의미는 좀더 한정적으로 쓰이기 때문이었다. 그러나 이 용어를 사용한 뒤 여러 차례 고민을 하지 않을 수 없었다. 그 까닭은 '지움월'이라는 용어를 사용한 예가 많지 않아서 생소한 느낌을 받는 사람이 많았기 때문이었다. 그렇기 때문에 보편적으로 많이 사용되는 '부정문'이라는 한자어를 다시 살려 논문의 제목을 바꾸었다.

글쓴이가 국어 문법을 공부할 때 가장 큰 영향을 준 분은 지도 교수이신 부암 김승곤 선생님, 그리고 눈뫼 허웅 선생님이다. 두 분은 모두 '말은 그 말을 사용하는 사람들의 정신과 같다'는 점을 강조하시는 분들로 순수한 우리말의 아름다움과 그 정신을 잇는 데 평생을 바쳐오신 분들이다. 그 영향으로 글쓴이는 논문을 쓸 때 고유어 문법 용어를 사용하여 왔으나 국어학 연구의 일반적인 흐름으로 볼 때 다수의 학자들이 사용하는 용어와 거리감을 느낄 경우도 많았다. 더욱이 학문 자체는 어떤 현상에 대한 기술과 설명·예측을 가능하게 하는 이론을 만드는 데 목적이 있는 만큼, 용어 문제나 그 밖의 학문 외적인 문제에 대하여 집착하는 것은 바람직하지 않다는 결론을 얻게 되었다. 따라서 보편적으로 사용되는 문법 용어를 다시 택하여 논문을 수정하고 보완하게 된 것이다.

문법 연구는 크게 두 가지 관점에서 접근할 수 있다. 하나는 문장의 구조를 중심으로 한 문장 구성론이며, 다른 하나는 문법적 기능을 중시하는 문법 범주론이다. 부정문에 대한 연구 역시 두 가지 관점이 혼재되어 있는 경우가 많은데, 문장 구성을 중시하는 입장에서는 '부정문'이라는 개념이 사용될 수 있고, 문법 범주로 파악할 때에는 '부정법'이라는 용어가 사용될 수 있다. 이 글에서 논의 대상으로 삼은 것은 문장 구성에서의 '부정문'이다. 이와 같이 문장 구성의 차원을 중시하고자 한 까닭은, 이 연구가 통시적 차원의 연구이기 때문에 문헌 기록으로 볼 때 문장 구성은 뚜렷하지만 때때로 부정의 기능을 수행하는지 알 수 없는 경우도 많이 나타나기 때문이었다. 그렇지만 부정문은 특별한 경우를 제외하고는 부정의 문법 관념을 실현하기 때문에 부정법이라는 용어를 사용한다고 해도 큰 차이가 있다고 생각하지는 않는다.

부정문 연구는 전통 문법에서는 큰 관심사가 되지 않았다. 박승빈 (1931), 최현배(1961)에 나타나는 바와 같이 부정부사 '아니, 못'에 대한 간결한 언급이 있을 뿐이다. 그런데 변형 생성 문법이 도입된 이래로 부정문의 동의성 문제나 부정소의 성격 등에 대한 해명이 이루어지기 시작한다. 그럼에도 부정문 연구에서 소모적인 논의를 불러일으키는 까닭은 공시적 차원의 연구를 중시했기 때문인 것으로 보인다. 이 점에서 글쓴이는 통시적 차원의 연구를 통하여 부정소의 성격과 결합 양상을 밝히는 데 논의의 중점을 두고자 했다.

문법 연구에서 통시적 접근을 하도록 도움을 주신 분은 석사 과정 때 지도 교수이셨던 권재일 선생님의 도움이 컸다. 선생님께서는 냉철하고 합리적인 사고를 중시하시는 분으로 글쓴이의 학문 방법론의 뿌리가 되어 주신 분이다. 문법사 연구에서 객관적인 기술의 중요성과 합리적인 설명의 필요성을 가장 인상 깊게 가르쳐 주셨으며, 아울러 비록 모자란 부분이 많더라도 자상하게 격려하여 주시면서 글쓴이로 하여금 문법 연구의 참된 의미를 조금이라고 깨우치도록 도와주셨다. 철저한 자료 검증과 이를 토대로 한 이론을 확립해야 한다는 가르침은 학문의 참 의미를 모르던 글쓴이에게 더 없는 값진 가르침이 되었음을 고백하지 않을 수 없다. 글쓴이는 이를 위하여 15세기 이후의 한글 문헌을 컴퓨터에 입력하여 통계를 내는 방법을 사용했다. 그 가운데 상당수의 자료는 한말연구학회 홈페이지 자료실에 공개한 바 있다. 이 논문에서 중점적으로 밝히고자 했던 부정소 설정, 결합 양상, 형태·통사적인 제약, 부정문의 의미, 부정극성어 형성 및 변화 과정 등은 통계에 의해 작성된 자료를 바탕으로 한 것이다. 그러나 좀더 철저한 설명을 바탕으로 이론화를 꾀하고자 했던 글쓴이의 욕심은 충분히 달성된 것 같지가 않다. 그렇기에 학위 논문을 제출한 뒤 두 해가 지나도록 책을 만들 생각은 제쳐 두고 있었다. 훌륭한 스승님들의 가르침에 비한다면 못난 제자가 연구한 성과가 간혹은 그 분들께 누를 끼칠 수도 있다는 염려를 하지 않을 수 없었기 때문이었다. 이를 조금이라도 피해 보고자 여러 학회에서 발표를 하고 〈한글〉과 〈언어학〉과 같은 학회지에 논문을 정리하여 신기도 했다.

온갖 모자람 투성이인데도 글쓴이가 공부를 지속할 수 있었던 것은 오로지 주위에 훌륭한 스승님들이 계신 덕분이라고 생각한다. 특히 학위 논문을 심사하여 주신 동의대학교 최남희 선생님, 대진대학교 이근영 선생님, 그리고 일상 생활까지도 깊은 관심과 애정을 가져 주시는 조오현 선생님, 문법사 연구뿐만 아니라 글쓴이의 학문 연구에 어머니처럼 자상하게 가르침을 주시는 전정례 선생님께 깊은 감사의 말씀을 올린다. 아울러 인문학 출판계의 어려운 사정에도 불구하고 졸저를 출간하여 주신 역락출판사 이대현 사장님, 편집일을 꼼꼼하게 챙겨 주신 이은희 씨, 그 밖의 역락 식구들에게도 깊은 감사의 말씀을 전한다.

2001년 12월 29일
허재영

머리말 / 5

I. 연구 목적과 방법 • 13

1. 연구 목적 / 13
2. 연구 대상 / 17
3. 연구 방법 / 22
4. 앞선 연구 / 28

II. 부정문의 개념과 부정법 • 33

1. 부정문과 부정 방법 / 34
2. 부정문의 짜임새 / 43
3. 부정의 범위 / 47
4. 정리 / 54

Ⅲ. 15세기 부정문 • 55

1. 부정의 요소 / 56
2. 15세기 부정문의 통사론적 특성 / 76
3. 15세기 부정문의 의미 / 96
4. 정리 / 114

Ⅳ. 16세기 부정문 • 117

1. 16세기 부정문의 통사론적 특성 / 118
2. 16세기 부정문의 의미론적 특성 / 136
3. 정리 / 140

Ⅴ. 17세기 부정문 • 143

1. 17세기 부정문의 통사론적 특성 / 144
2. 17세기 부정문의 의미론적 특성 / 153
3. 정리 / 156

VI. 18세기 부정문 • 159

    1. 18세기 부정문의 통사론적 특징 / 159
    2. 18세기 부정문의 의미 변화 / 165
    3. 정리 / 173

VII. 19세기 부정문 • 175

    1. 19세기 부정문의 통사론적 특징 / 175
    2. 19세기 부정문의 의미론적 특성 / 182
    3. 정리 / 185

VIII. 부정극성어의 형성 및 변화 • 187

    1. 부정극성어의 개념 / 188
    2. 부정극성어의 유형과 변화 / 190
    3. 부정극성어의 통사, 의미론적 특성 / 204
    4. 정리 / 214

IX. 부정소 표기의 변화 • 215
    1. 일곱끝소리되기 / 216
    2. 구개음화 / 219
    3. 그 밖의 변화 / 221
    4. 정리 / 224

X. 마무리 • 225

【붙임1】중세국어 부정극성어 '아ᄆ라타' • 237
【붙임2】의문문의 통시적 연구 • 261
찾아보기 • 295

연구 목적과 방법

I. 연구 목적

1.1. 문법 기술의 두 가지 관점

전통적으로 문법론은 형태소의 결합 과정과 통사적 구조의 통합 과정을 연구 대상으로 삼아 왔다. 곧 결합 과정(형태론)이란 하나 혹은 둘 이상의 형태소가 모여서 더 큰 단위의 언어 형식을 이루는 것을 말하며, 이와 같은 형태론적 구성이 다시 하나 혹은 둘 이상 모여서 좀더 큰 단위의 언어 형식을 이루게 되면 이를 통사론적 구성이라고 부른다. 이 과정을 우리는 통합 과정(통사론)이라 부르며, 이렇게 형성된 형태론적 구성과 통사론적 구성을 전통적으로 문법의 연구 대상으로 삼아 왔다는 뜻이다.

이와 같은 형태론과 통사론의 연구 과제는 '어떻게 구성되는가'에 놓여 있다. 이에 비하여 '어떠한 기능을 갖고 있는가'의 문제는 같은 구성을 갖고 있을지라도 서로 다른 기능을 하거나, 다른 구성일지라도 동일한 기능을 수행하는 경우가 많다는 점에서 또 다른 문법 기술의 관점이 될 수 있다. 그렇기 때문에 권재일(1994)에서는 문법 기술의 두 가지 관점을 다음과 같이 설정한 바 있다.

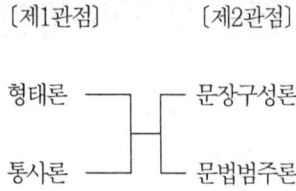

여기에 제시된 제1관점은 전통적인 문법 기술의 관점이다. 이에 비하여 제2관점은 어떤 기능을 수행하는가에 중점을 둔 기술 방법이다.

이러한 문법 기술의 두 관점을 부정 형식에 적용할 경우, 문장 구성론의 입장을 취하면 '부정문'이 설정되고, 문법 범주론의 입장을 취하면 '부정법'이 설정된다. 부정문은 문장 구성 형식에서 '부정을 실현하는 요소'가 들어 있는 문장이며, '부정법'은 비록 부정을 실현하는 요소가 들어 있지 않더라도, 화자가 부정의 의도를 드러내는 다양한 표현 형식이다. 그렇기 때문에 문장 구성론의 입장에서 설정된 '부정문'과 문법 범주론의 입장에서 설정된 '부정법'은 문법 이해의 태도상 차이가 있는 셈이다.

일반적으로 공시적인 차원에서의 문법 기술은 두 가지 관점을 모두 적용하는 데 무리가 없다. 왜냐 하면 화자의 언어 의식을 쉽게 판단하고 기술해 낼 수 있기 때문이다. 그러나 통시적인 차원에서의 언어 연구는 자칫하면 문헌 자료를 잘못 판독하기 쉽다. 그렇기 때문에 통시적 차원에서 개별 문장 단위를 대상으로 문법 범주를 설정하기 어려운 점이 많다. 특히 소설이나 구어체로 이루어진 문헌의 경우는 언어 사용 상황을

쉽게 추론할 수 있으나, 국어사를 반영하는 수많은 언해 자료는 언어 사
용 상황을 추론하기 어렵게 하는 경우가 많다. 이 점에서 이 글은 문장
구성론의 입장에서 '부정문'을 설정하고, 이에 대한 통시적 변화상의 특
징을 살펴보는 것을 목적으로 한다.

1.2. 부정문과 부정법

이 연구는 부정문(지움월)의 개념 설정과 통시적인 변화의 원리를 검
토하고자 하는 목적을 갖는다.

부정문 연구는 전통 문법에서보다는 변형 생성 문법이 도입된 이후에
발전했으며, 이 과정에서 '부정문'과 문법 범주로서 부정법과 관련된 논
의가 매우 활발했다. 특히 부정의 영역, 두 가지 부정문의 동의성 여부,
부정어의 의미, 화용론적인 입장에서의 부정문 설정 등 아직까지도 논란
이 끊이지 않고 있다.

우리말에서 부정문이 활발히 논의된 이유 중의 하나는 부정문에 두 가
지 유형이 있다는 것에서 비롯되었다.1) 이러한 두 가지 부정문은 용어
설정에서부터2) 부정의 범위나 두 가지 부정문의 동의성 여부 등에 대한
많은 논란을 가져왔다.

이와 같은 논의가 진행되는 가운데, 역사 언어학적 방법에 관심을 기
울이기 시작한 앞선 연구들에서는 문법 범주가 어느 한가지 방법에 의해
서만 실현되는 것이 아니라, 다양한 방법에 의해 실현되는 것이라는 점
을 주목하기 시작했다. 이 점에서 부정문의 경우도 통사론적 입장에서만

---

1) 이 문제는 송석중(1974)에서 '동의성' 여부를 검토하면서 시작된 것으로 볼 수 있다. 두
가지 부정문이 동의인가에 대한 논란은 그 뒤로도 끊임없이 이어져 송석중(1977), 임홍
빈(1978, 1986), 김동식(1980) 등으로 이어졌다. 그러나 궁극적으로 이러한 문제도
역사적인 변화 양상에서 검토될 수 있을 것으로 보인다.
2) 대부분의 앞선 연구에서는 단형부정문과 장형부정문이라는 용어를 붙이고 있다. 특히 김
영근(1983)에서는 '부정의 속박 범위'를 토대로 장단형 부정문이라는 용어를 검토한 바
있는데, 이러한 용어가 정당한지는 뒤에서 다시 검토할 것이다. 이 글에서는 이러한 용
어를 피하고 부사결합형과 보조용언결합(-지 아니하다/못하다)형으로 부르고자 한다.

논의될 성질은 아니며, 어휘론이나 형태론적인 실현 방법과도 밀접한 관련을 맺는다는 것이 증명되기 시작했다.3)

그러나 아직까지도 부정문의 역사성 문제는 그다지 많은 연구가 진행된 것으로 보기는 어렵다. 그 까닭은 통사론적 입장에서의 부정문과는 달리 문법 범주로서 '부정법'을 설정하고자 하는 시도에서는 '부정의 개념'을 제시하기 쉽지 않았다는 점을 들 수 있고, 또한 부정문 연구에서는 두 가지 부정문에만 지나치게 관심을 갖고 있었다는 점, 부정문의 의미가 다양하게 해석되는 것처럼 보이는 경우가 많다는 점 등에서 기인한다. 그러나 궁극적으로 어떤 문법 현상이든 역사성을 갖고 있다는 점을 고려할 때, 부정문의 역사적 변화 과정을 검토한다면, 오늘날 논란이 되고 있는 부정문과 부정법의 여러 연구 대상들이 좀더 합리적으로 해결될 가능성이 높다. 이 점에서 이 글은 다음과 같은 목적으로 다시 정리될 수 있다.

첫째, 부정문의 개념을 설정하고, 부정을 실현하는 요소를 탐구하고자 한다. 이미 허재영(1998, ㄱ)에서 밝혔듯이, 부정법에서 논란이 되는 것은 개념 설정부터가 명확하지 않은 점이 있기 때문이다. 이는 변형 생성 문법론자들에 의해 도입된 부정문의 개념이 '긍정'이라는 개념 설정도 이루어지지 않은 상태에서 논의되는 경향이 있기 때문이다. 이러한 경향은 서구의 문법 연구 경향을 비판 없이 수용한데서 비롯된 것으로 보이는데, 한국어 부정문의 구조와 영어의 부정문은 차이가 있기 때문이다. 이 점에서 부정문은 '여김을 전제로 이를 인정하지 아니하는 문장'이며, '긍정과 대립되는 모순 관계'로 설정되어야 함을 논의하고자 한다. 이러한 논의는 궁극적으로 부정문이나 부정법이 어휘적인 차원에서가 아니라 문법적 차원에서 논의될 대상임을4) 뜻한다.

---

3) 이에 대해서는 권재일(1994ㄱ, ㄴ)을 참고할 수 있다. 이 저서에는 문법 범주의 개념, 실현방법의 다양성, 역사성 등이 비교적 자세히 언급된 바 있다.

4) 박선자(1997)에서는 부정법을 '지움'으로 명명하면서, 어휘적 차원으로 한정하고자 했다. 그러나 이 점은 부정법 실현 방법의 다양성을 고려할 때, '아니다, 못하다, 없다, 말다'와 같이 어휘 자체에 부정의 의미가 내포되어 있는가를 따질 때만 유용할 것이다. 그 밖의 문법 현상으로 부정법을 설정한다면, 이는 문법적 기능을 중시하는 기능적 차원에서 설

둘째, 문법의 실현은 역사성을 갖는다. 이 점에서 부정문의 역사적인 변화 과정을 살펴본다면 오늘날 갖고 있는 여러 가지 문제점들이 비교적 쉽게 풀릴 수 있을 것으로 기대된다. 예를 들어 부사결합형 부정문과 '-디 아니-'형 부정문의 경우 서로 다른 구조에서 왔을 가능성을 제시할 수 있다. 이러한 가능성은 '아니, 몯'과 같은 부사는 본질적으로 용언을 부정하는 기능을 갖는 반면 '-디 아니-'에서 '-디'는 명사성을 띤 말에서 왔다는 것을 증명함으로써 타당한 설득력을 갖게 된다. 왜냐 하면, '아니 먹는다'와 같은 구조에서는 '아니'가 '먹다'를 수식하는 기능을 하지만 ' 먹디 아니호다'의 경우에서는 '먹는 것을 아니호다'의 구조로 바뀌기 때문이다. 이 점에서 부정문에 나타나는 '-디'(현대 국어에서는 '-지')의 성격을 규명하고자 한다.

셋째, 부정문의 변화 모습 연구는 궁극적으로 문법 형태소나 문법 범주가 변화하는 모습을 설명하는데 도움을 줄 수 있을 것으로 기대된다. 이 점에서 문법 형태소가 융합되어가는 과정, 형태소의 합류, 형태·통사 구조에서의 유추의 원리 등이 좀더 상세히 고찰될 것이다. 이러한 연구 과정에서, 언어 변화의 일반 원리와 부정문의 관계가 어느 정도 밝혀질 수 있으리라 기대한다. 더욱이 역사 언어학의 방법론에 따라, 형태 변화와 통사 변화의 일반적인 원리 탐구나 이에 영향을 미치는 요인이 무엇인가를 부정문을 통하여 살펴보고자 한다.

2. 연구 대상

2.1. 이 연구에서는 먼저 부정문의 개념과 형식을 검토하고자 한다. 부정문이란 '긍정문을 전제로 이를 아니라고 여기는 문장'을 말한다. 곧 부정문은 먼저 긍정문이 존재하고, 이를 부정을 나타내는 요소로 인정하지 않음을 뜻한다. 이와 같이, 긍정을 인정하지 않은 문법 범

정되어야 할 것이다.

주를 부정법이라 부른다. 권재일(1994)에서는 이러한 부정법을 실현하는 방법을 어휘적 방법, 파생적 방법, 통사적 방법으로 나누어 제시한 바 있는데, 이 논문에서는 그 가운데 통사적 방법에 의해 실현되는 부정문을 논의 대상으로 삼는다. 통사적 방법에 의해 실현되는 부정문은 부정의 요소 '아니, 못'을 용언 앞에 놓거나, '-지 아니-/못-'과 같은 보조용언에 결합시키는 방법이 있다.

이와 같이, 부정문이 '긍정문을 전제로 이를 부정하고자 하는 문장'이라고 할 때, 부정문에서 다루어야 할 대상을 어떻게 한정할 것인가를 '기능 범주의 실현'이라는 입장에서 검증할 수 있다. 이러한 기능 범주의 실현은 통사 구조 및 의미상의 특성을 통해 검증될 수 있을 것으로 본다. 더욱이 영어의 부정문과는 달리 우리말 부정문은 서술법, 의문법과 명령법, 청유법의 통사 구조에 차이가 드러난다. 이러한 차이를 앞선 연구에서는 통사 구조보다는 의미 차원에서 접근하고자 한 경향이 짙다. 이러한 과제는 제II장에서 다룰 예정이다.

다음으로는 15세기를 공시적 기점으로 하여 부정문의 통사 구조를 살펴, 부정문의 특성을 기술하고자 한다. 그 까닭은 언어 변화를 기술, 설명하고자 하는 입장에서는 변화의 기원이 되는 기준 언어를 한정해야 한다는 점에서 비롯된다. 이 점에서 15세기 언어는, 문헌 자료를 상대적으로 풍부히 얻을 수 있는 가장 오랜 시점이라고 볼 수 있다. 따라서 제III장에서는 15세기 부정문의 통사론적 특성과 의미론적 특성을 고찰하고, 제IV장부터 제VII장까지는 16세기 이후의 부정문의 특성을 살펴보고자 한다.

2.2. 어떤 문법 범주를 통시적으로 연구할 때에는 문법이 바뀐 시기를 어떤 기준으로 나눌 것인가라는 문제도 검토 대상이 되어야 한다. 통시적 언어 연구에서 시기 구분 문제는 가장 어렵고도 민감한 문제라 할 수 있다.5) 국어사의 시대 구분을 어떻게 할 것인가라는 문제도 여러 가

---

5) 모든 역사학은 시대 구분으로 시작하여 시대 구분으로 끝난다는 말이 있다. 역사학에서

지 기준에 의해 검토될 수 있다. 대표적인 방법은 역사학에서 말하는 3
분법, 4분법, 5분법을 국어사에 적용하는 방법이다. 이러한 방법은 고대
국어, 중세국어, 근대국어(근세와 근대를 다시 나눌 수 있음), 현대 국어
로 국어사를 나누는 방법이다. 이와 같은 시대 구분에서 국어학자들이
중시하고자 하는 바는 언어 내적인 차이에 의거하여 국어발전사를 기술
해야 한다는 점이었다.6) 그러나 고대 국어나 전기 중세 국어까지는 문
헌 자료가 빈약할 뿐만 아니라, 차자 표기로 된 문헌을 정확히 이해하는
것이 어렵기 때문에, 훈민정음으로 된 문헌을 연구하고자 할 때 편의상
사용되었던 방법이 세기별 구분법이다. 세기별 구분법은 15세기를 공시
적 기점으로 삼고, 백년 단위로 세기를 나누어 국어 발전의 모습을 기술
하고자 하는 태도를 말한다. 이러한 방법이 적용된 앞선 문헌으로는 허
웅(1983, 1989), 이근영(1990) 등이 있다. 이와 같은 세기별 구분법
은 국어 변화의 모습이 두드러지게 드러나지는 않지만, 문헌 자료를 객
관적으로 검토할 수 있고, 점진적인 언어 변화의 모습을 파악하게 한다
는 장점을 갖는다. 따라서 이 글에서는 세기별 시대 구분법에 따라15세
기를 공시적 기점으로 하고, 16세기, 17세기, 18세기, 19세기 부정문
의 형태론적 특성과 통사론적 특성을 살펴봄으로써 부정문의 변화 모습
을 확인하고자 한다.

는 그만큼 시대 구분 문제를 중시하지 않을 수 없다는 뜻이다. 이 점은 국어사의 시대
구분에도 적용될 것이다.(한국경제사학회 1991 『한국사 시대 구분론』, 을유문화사 참조)
6) 강길운(1993)에서는 국어사의 시대 구분 문제를 검토하면서, 이숭녕, 이기문, 박병채의
분류법을 소개하고, 정치사와 분리된 국어발전의 입장에서 국어사를 구분해야 한다는 점
을 밝히고 있다.

2.3. 이 글에서 대상으로 삼은 문헌은 다음과 같다.

15세기

월석초간본문헌	간행연대	판본	약어	출판사(영인)
龍飛御天歌	1445	초간본	용가	대제각
訓民正音諺解	1450년경	월인석보본	훈민	대제각
月印千江之曲	1448		월인	대제각
釋譜詳節	1447	초간본	석보	대제각/경북대
月印釋譜	1459	초간본	월석	대제각/홍문각
法華經諺解	1463	초간본	법화	대제각/홍문각
楞嚴經諺解	1462	초간본	능엄	대제각/경북대
圓覺經諺解	1465	초간본	원각	대제각/홍문각
永嘉大師證道歌				
南明泉禪師偈頌	1482	초간본	남명	대제각
金剛經三家解	1482	초 간 본	금강삼가	대제각
三綱行實圖	1482	고려대본	삼강고대	홍문각
金剛經諺解	1462	초간본	금강	홍문각
杜詩諺解	1481	초간본	두시초간	홍문각
蒙山和尙法語略錄	세조 때	초간본	몽산	홍문각
禪宗永嘉集諺解	1464	초간본	선종영가	홍문각
六祖法寶壇經	1494	초간본	육조	홍문각
般若波羅蜜經	1464	초간본	반야	대제각

16세기

월석초간본문헌	간행연대	판본	약어	출판사(영인)
飜譯小學	1518	초간 (6,7,8,9,10)	번소	홍문각
飜譯朴通事	1517년경	초간	번박	대제각
飜譯老乞大	1510년경	초간	번노	대제각/아세아문화사
續三綱行實圖	1514	초간본	속삼강	홍문각
正俗諺解	1518	초간본	정속	홍문각
朱子增損呂氏鄕約	1518	초간본	여씨향약	홍문각
二倫行實圖	1518	초간본	이륜	단국대/홍문각
簡易辟瘟方	1525	초간본	간이벽온	홍문각

分門瘟疫易解方	1569	초간본	칠대	홍문각
誡初心學人文			계초	일사문고
發心修行章	1577		발심	일사문고
野云自經	1577		야운	일사문고
小學諺解	1587		소학	대제각
四書諺解	1587	초간본	논어	홍문각
	~		맹자	
	1600		대학	
			중용	
孝經諺解	1589	초간본	효경	대제각
禪家龜鑑	1590	초간본	선가귀감	대제각
무덤편지(연간)	1565~1575		무덤편지	건국대출판부 (김일근저)
청주 북일면				
순천김씨 간찰	1570년경		순천김씨	
訓蒙字會	1527	초간본	훈몽	대제각

17세기

월석초간본문헌	간행연대	판본	약어	출판사(영인)
家禮諺解	초간본		가례	대제각/홍문각
警民編諺解	1656	중간본	경민	홍문각
老乞大諺解	1670	중간본	노걸대	박이정(서상규)
老朴集覽	16세기 초		노박	
東國新續三綱行實圖	1617	초간본	동국삼강	홍문각
三綱行實圖	17세기 추정	상백문고본	삼강상백	홍문각
諺解痘瘡集要	1607	초간본	언해두창	홍문각
諺解胎産集要	1607	초간본	태산	홍문각
勸念要錄	1637	초간본	권념	홍문각
馬經抄集諺解	1682	초간본	마경	홍문각
孟子諺解	1631	중간본	맹자중간	홍문각
朴通事諺解	1677	중간본	박통사	홍문각
辟瘟新方	1653	초간본	변온	홍문각
女訓諺解	1620~30		여훈	홍문각

18세기

월석초간본문헌	간행연대	판본	약어	출판사(영인)
五倫行實圖	1797	초간본	오륜	홍문각
種德新編諺解	1758	초간본	종덕	홍문각
增修無冤錄諺解	1790	초간본	증수무원록	홍문각
闡義昭鑑諺解	1755	목판본	천의소감	천의소감
敬信錄諺解	1796		경신	홍문각
明義錄諺解	1777		명의록	홍문각
續明義錄諺解	1777		속명의록	속명의록
속명의록	1790		무예도	홍문각
朴通事新釋諺解	1765		박통신	홍문각
御製警民編諺解	1762		어제경민편	홍문각
綸音諺解	1780~1840		윤음	대제각
御製訓書諺解	1780		어제훈서	어제훈서

19세기

월석초간본문헌	간행연대	판본	약어	출판사(영인)
閨閤叢書	1869	목판본	규합	홍문각
남원고사	1864~68		남원고사	박이정
열녀춘향슈절가	연대미상	목판본	춘향가	아세아문화사
여소학	1882	필사본	여소학	홍문각
심청가	연대미상		심청가	대제각

3. 연구 방법

3.1. 자료 선정과 비교

언어 연구의 기본적인 바탕은 객관적인 자료의 수집이 전제되어야 한
다. 따라서 이 논문에서는 각 시기별 문헌을 검토하여, 부정 요소 '아니,
못'을 포함하고 있는 부정문 자료를 조사한다. 이때 유의할 점은 문헌 연

구의 한계성을 어떻게 극복할 것인가라는 문제이다. 예를 들어 문헌 자
료에 나타나지 않는다는 것을, 실제 언어 생활에서 나타나지 않는다는
의미로 해석할 수 있는가라는 점과 문헌이 갖고 있는 보수성을 어떻게
극복할 것인가라는 점 등이다. 이 점에서 전자의 문제는 이 글에서는 고
려하지 못했음을 시인한다.7) 그러나 후자의 문제는 좀더 정밀히 검토해
야 할 필요성이 있다.

문헌의 보수성에서 가장 큰 문제는 각 세기별 문헌이 앞선 문헌의 영
향을 얼마만큼 받았을 것인가라는 점에 있다. 예를 들어 『삼강행실도』
(1471년)와 『속삼강행실도』(1514년), 『동국신속삼강행실도』(1617년)
이라는 세 문헌은 각각 만들어진 시기는 달라도 앞선 문헌을 참고한 것
이기 때문에 문법 현상에서는 유사한 점이 많다. 이러한 점은 『오륜행실
도』에도 이어진다. 이러한 점을 고려하여, 같은 내용을 언해한 자료는
철저한 비교 연구가 선행된 뒤에 자료를 선정해야 할 것으로 믿는다.8)

3.2. 문법 변화의 원리

부정문의 통시적 연구를 통해 문법 변화의 원리를 탐구할 수 있다. 이
점에서 형태소의 융합, 합류, 유추 등의 원리가 부정문에 어떻게 적용될
수 있는가를 검토하고자 한다. 이를 위해 먼저 다음과 같이 개념을 정리
하고자 한다.

3.2.1. 융합이란 두 개 이상의 요소가 굳어져 하나의 기능을 수행하
는 경우를 말한다. Nida(1978)에서는 음운탈락이나 통사론에서의 탈

---

7) 이러한 문제는 문헌 연구가 안고 있는 공통된 문제일 것이므로, 이 글에서만 큰 문제가
  될 것으로 생각하지는 않는다. 더우이 15세기 문헌은 대부분 불경언해류가 많기 때문에
  일상어와는 거리가 있다. 이러한 문제는 이 글에서 극복되지 못했다.
8) 허재영(1998ㄷ)은 『번역소학』과 『소학언해』를 비교한 글이다. 이러한 방식으로 같은 내
  용을 언해한 자료를 비교하고자 했는데, 이에 대해서는 '한말연구 홈페이지'를 참고하면
  될 것이다.

락, 축약과 같은 문법 형태소의 줄어듦을 언급한 바 있는데, 국내에서도 이에 대한 관심이 집중되어 왔다. 융합 현상에 대한 앞선 연구로는 안명철(1990, 1992), 이석주(1988), 송철의(1992), 이승재(1992), 이지량(1993)의 연구가 있었다. 이러한 앞 선 연구에 나타난 융합의 개념을 대략 다음과 같이 정리할 수 있다.

(1) 융합에 대한 정의

　ㄱ. 최현배 (1961) : 둘이나 둘 더 되는 씨가 서로 겹하되, 아주 녹아 어울리어서 그 각각의 본대의 뜻을 잃어버리고, 한덩어리로 새 뜻을 나타내는 겹씨를 '녹은겹씨'라 한다.

　ㄴ. 안명철 (1990) : 융합은 특정한 문법적 환경에서 두 단어 이상이 줄어서 한 단어로 됨과 동시에 문법적, 의미적 기능에 변화가 발생하는 현상

　ㄷ. 이승재(1992) : 기원적으로는 여러 형태가 배열되는 문법적 구성이었지만, 언어의 통시적 변화에 따라 이들이 하나의 덩어리로 굳어져 더 이상 공시적 분석이 불가능해지는 현상

　ㄹ. 이지량(1993) : 연결형에서 완전한 단어에 음절수 줄이기가 일어나 의존 요소로 재구조화하는 현상

(1ㄱ-ㄹ)의 정의는 융합을 넓은 의미로는 '형태나, 음운상 줄어드는 현상'으로, 좁은 의미로는 '두 개 이상의 요소가 하나로 굳어지면서 기능이나 의미상 변화가 있는 것'으로 정의하고 있는 셈이다. 이 점에서 안명철(1990), 이승재(1992)의 정의는 문법 형태소가 형성되는 과정으로서의 '문법화 과정'과 큰 차이가 없다.

　3.2.2. 문법 형태소의 합류란 서로 다른 두 개의 문법 형태소가 하나의 형태와 기능을 수행하는 것을 말한다. 일반적으로 문법 형태소의 역사성을 연구한 앞선 연구에서, 문법 형태소의 합류에 대한 연구는 큰 관

심을 끌지 못했다. 그 까닭은 문법 형태소의 형성, 변화, 소멸 과정에 대한 연구에서, 서로 다른 문법 형태소가 하나의 기능을 수행할 수 있겠는가라는 의구심 때문이었던 것으로 추측되는데, 실제로 합류 현상이 일어나는 경우가 많이 있다는 점에서, 이 부분에 대한 검증이 필요할 것으로 판단된다.

이 때 유의할 점은 '합류'의 개념과 '융합'의 개념은 다르다는 점이다. 융합이란 이승재(1992)에서 설명한 바와 같이, '기원적으로는 여러 형태가 배열되는 문법적 구성이었지만, 언어의 통시적 변화에 따라 이들이 하나의 덩어리로 굳어져 더 이상 공시적 분석이 불가능해지는 현상'을 의미한다. 이러한 정의에 따르면 융합은 문법 형태소의 생성 과정에서 주로 다룰 대상으로 보아야 한다. 곧 융합 결과 기존의 문법 형태소가 새로운 문법 형태소를 만든 셈이기 때문이다. 이 점에서 융합에 대한 앞선 연구에서는 음운론적 혹은 형태론적 재구조화나 의존 요소화9)를 통해 새로운 문법 형태소가 생성되는 과정으로 해석한다.

이에 비해 합류 현상은 두 개의 독자적 기능을 수행하던 문법 형태소가 더 이상 기능을 수행하지 못하고, 하나의 형태로 녹아들거나 기능상으로도 하나의 기능을 수행하는 현상으로 정의할 수 있다. 따라서 합류 현상은 다음과 같이 정리할 수 있다.

(2) 합류에 대한 정의
두 기능을 수행하던 문법 형태소가 통시적인 변화 과정에서 형태나 기능상 하나로 합쳐지는 현상.

3.2.3. 유추라는 낱말의 어원은 고대 그리스어 '아날로기아'에서 비롯된다. 플라톤이나 아리스토텔레스, 또는 그를 추종하는 수학자들과 문법

---

9) 융합 현상에 대한 앞선 연구로는 안명철(1990), 이승재(1992), 이지량(1993) 등이 있다. 특히 이지량(1993)에서는 융합 과정을 재구조화와 의존 요소화로 설명한 바 있는데, 이러한 과정은 문법 형태소의 생성(문법화) 과정에서 다루어질 문제로 보인다. 또한 김영욱(1995)에서는 '융합'이란 용어 대신에 '화합'이란 용어를 쓰고 있다.

학자들은 유추 개념을 폭넓게 사용한 것으로 보인다.10)이 개념 속에는 유추되는 두 개의 항목 사이에 공통된 특질이 있고, 이를 서로 닮아간다는 의미가 포함되어 있다. 이 점에서 유추는 어형변화표나 기존 패러다임이 존재할 경우, 유사성에 의한 동화 현상으로 설명될 수 있다. 그렇기 때문에 전통 문법학자들이나 역사 언어학자들 사이에서 많은 관심사가 되어 왔다. 국어발달사에서도 유추에 의한 언어 변화를 설명하고자 하는 관점은 비교적 오래 전부터 있었다. 이러한 관점을 토대로 유추에 대한 앞선 논의를 간략히 정리할 수 있다.

(3) 유추에 대한 앞선 논의

ㄱ. 김방한(1988) : 유추에 대한 자세한 소개는 김방한(1988)에 이루어져 있다. 여기에서는 '유추'의 개념을 원래 심리학인 것으로 '두 개의 특수한 사물이 몇 가지 성질을 공유할 때, 이것에 의해서 한 쪽에서 볼 수 있는 성질은 다른 쪽에도 존재할 것이라고 추정하는 것'을 의미한다고 밝힌 바 있다.11)

ㄴ. 이현규(1995) : 언어의 변화를 설명하는데 차용을 제외하면 음운 변화와 유추 작용을 들어 설명하게 된다는 점을 밝히면서, 음운론적 변화와 유추가 언어 변천의 기본적인 두 요소임을 분명히 했다. 곧 음운 변화는 문법구조나 의미 구조와는 별도로 독립적으로 이루어지는 변화임에 반해, 유추는 음운구조, 문법 구조와 밀접한 관련을 맺고 있다. 이 점에서 유추 작용은 음운론적 조건이나 형태론적 조건에 의해 형성된 여러 가

---

10) 라이온즈(1981) 『언어와 언어학』 캠브리지대학 출판부.
11) 김방한(1988)에서는 유추의 개념과 언어학에 도입하게 된 과정을 함께 기술하고 있다. 유추 개념을 언어학에 도입하고자 하는 노력은 W.Scherer, J.F.Herbart, H.Paul 등에 의해서 이루어졌다. 특히 H.Paul(1970)은 유추의 개념을 위시하여, 심리적 관점을 언어연구에 도입했는데, 언어부류를 복잡하게 하는 원리와 이를 단순하게 만들고자 하는 심리 사이의 관련성을 유추적 비례와 동일화의 개념으로 설명하고자 했다.

지 변이 형태들과 그 기능을 단순화시키고 때
로는 통일 시키는 기능을 한다는 것이다.12)
ㄷ. 한글학회(1995)『언어학 사전』: 어떤 언어 형태가 그것과 관련
이 있으나, 변화의 조건을 충족시켜 주지 않기
때문에 변화를 입지 않고, 무의식적으로 다른
관련된 형태의 영향 때문에 기대되는 정상적인
변화가 일어나지 않는 경우, 즉 어떠한 계기로
해서 서로 연합이 되어 있는 낱말의 대부분이
어떠한 일정한 어휘 형상의 특색을 가졌을 때,
그 연합군 중 소수의 말은 이 특색에서 벗어나
는 일이 있으면, 이 소수의 말은 많은 말의 공
통된 특성에 이끌려 어형을 바꾸는 현상이 있다.

이러한 앞선 논의를 바탕으로 유추의 개념을 정리하면 다음과 같다.

(4) 유추의 개념
ㄱ. 유추는 일반적 원리에서 벗어난 언어 층위가 원리를 닮아가는 현
상이다.
ㄴ. 유추 작용은 견인되는 쪽과 일반적 원리 사이의 공통점을 바탕으
로 한다.

문법 변화에서 융합, 합류, 유추의 원리는 부정문을 짜이루는 형태소
나 부정문의 짜임새에 적용된다. 이 글에서는 각 시기별로 부정문의 변
화 모습을 살피면서, 이러한 원리가 적용될 수 있는지를 아울러 검토하
고자 한다.

---

12) 이현규(1995)에서는 유추적 변화로 조사류(의게,마다)와 어미류(없다,오다), 접사류
(접미사 '-듭다), 통사구조의 변화(보조용언 '아니ㅎ다'), 유추적 창조로 접사류(접미사
'ㅎ다')를 다루고 있다.

4. 앞선 연구

부정문 연구는 전통 문법에서는 큰 관심사가 되지 않았다. 변형 생성 문법이 도입되기 이전인 전통 문법에서는 부정문을 구성하는 '아니, 못'을 부사의 한 갈래로만 취급하는 경향이 우세했다. 박승빈(1931)에서는 문장을 이루는 요소를 모두 단어로 보고, 조사나 어미와 같은 요소를 모두 '조용사'로 이름 붙였다. 이러한 조용사에는 조사(어미)와 용언조사(어미)가 있는데, 용언조사는 다시 종지조사(의향법어미)와 중간조사(이음어미)로 나눈다. 중간조사에는 접속을 나타내는 접속조사와 한 용언에 첨가하여 그 용언의 자격에 변화를 주는 응용조사로 하위 체계를 세우고, 그 가운데 응용조사로서 부정 연결을 드러내는 '-디'가 제시된다.[13] 이와 함께 부사에서 '아니, 못'이 부정 부사로 설정된다. 이러한 체계는 두 가지 부정문이 존재함을 전통 문법 연구에서도 인식했음을 드러낸다. 이와 함께 최현배(1961)에서는 도움움직씨의 한 갈래로 ① 하지 아니함(不爲)을 보이는 것(아니하다) ② 할 수 없음(不能)을 보이는 것(못하다) ③ 말림(禁止)이나 그만 둠(中止)을 보이는 것(말다)을 묶어 지움도움움직씨로 설정하고, 그 쓰임은 으뜸움직씨(본동사)의 어찌꼴(부사형)의 지움꼴(不定形:-지) 뒤에 쓰인다고 설명한 바 있다.[14] 그러나 최현배(1961)에서는 '아니, 못'을 부사로 잡지 않고, '결코, 조금도, 털끝만큼도'와 같은 부사를 말재어찌씨의 한 갈래로 설정하면서, 단정을 나타내는 말재어찌씨 가운데 여기는(肯定的) 것과 지우는 것(否定的) 가운데 지우는 어찌씨가 된다고 설명한다.[15] 이와 같이 전통 문법에서도 부정문을 구성하는 요소로는 '아니, 못'이 중심 논의 대상이 되고 있으며, 부정부사로 '아니, 못' 혹은 '결코, 조금도'와 같은 낱말을 의식하고 있었음을 알 수 있다.

---

13) 박승빈(1931) 173, 179쪽 참조
14) 최현배(1961) 397~398쪽 참조
15) 최현배(1961) 600쪽 참조

그런데 부정문이 우리말 연구에서 관심사로 떠오른 것은 변형 생성 문법이 도입된 이후부터라 할 수 있다. 이는 부정문이 기저의 긍정문(여김월)에서 변형 생성된다는 입장 때문이었는데, 이 때 부정문이 어떻게 도출되는가라는 문제와 부정의 범위, 부사결합형 부정문과 보조용언에 의한 부정문의 의미가 같은지 여부에 대한 관심이 집중되었다.16)

먼저 부정문의 생성 과정에 대한 논의를 검토해 보면, 부정문에서 기저문을 설정하고 두 가지 부정문의 기저가 같다는 입장에서 부정문을 처음 연구한 것은 박순함(1967)을 들 수 있다. 이 논문에서는 부사에 의한 부정문을 1형 부정문, 보조용언에 의한 부정문을 2형 부정문으로 규정하고, 두 가지 부정문의 기저 구조가 같다는 입장에서 출발한다. 박순함(1967)에서는 부정을 나타내는 부정요소(Neg)가 긍정부분의 바깥에 위치하는 것으로, ① 모든 문장 자체가 긍정문 혹은 부정문으로 나타낼 수 있게 되며, ② Neg를 문장 핵심부의 바깥에 둠으로써, 긍정문과 부정문의 구조적 차이를 가능하게 할 수 있고, ③ 심층구조에서 Neg가 독자적이고 변함없는 위치에 있을 수 있으며, ④ 문부정과 성분부정을 구별할 수 있으며, ⑤ 이중 부정을 적절히 다룰 수 있게 된다고 하였다. 또한 이홍배(1970)에서도 두 가지 부정문의 기저가 같다는 입장이 유지된다. 반면 송석중(1967)에서는 두 가지 부정문의 통사구조가 상이하다는 입장에서 기저문이 다르다는 입장을 취했다. 이 논문에서는 보조용언에 의한 부정문은 부사에 의한 부정문과는 달리 세 가지 추가 변형과정을 거친다고 보았다. 곧 내포문을 명사화하기 위한 '기' 명사화규칙, 내포문의 주어를 삭제하기 위한 동일명사구 삭제 변형, '기'를 '지'로 변경하기 위한 형태 음운규칙이 적용된다고 본 것이다.17)

16) 부저운 연구사는 김동식(1990), 김정대(1996)에 비교적 자세히 정리된 바 있다. 특히 김동식(1990)의 정리는 문법 범주로서의 '부정법' 연구의 흐름을 짜임새 있게 정리한 논문으로 평가된다.

17) 이와 같이 두 가지 부정문의 기저가 다르다는 점은 통시적 고찰을 통해 증명된다. 곧 부사가 용언을 직접 수식하는데 비해, '-디 아니ᄒᆞ다'형은 '-디'의 명사성이 유지되기 때문이다. 다만 '-기'를 '-지'로 변경하기 위한 형태 음운규칙은 공시적 입장에서 설득력을 갖게 되겠지만, 통시적인 입장에서는 '-디'가 입천장소리되기에 의해 바뀐 것으로 'ᄃ'의

이러한 기저문 설정은 두 가지 부정문의 동의성 여부와 부정의 범위에 대한 논란을 수반한다. 동의성이란 표면구조가 다른 두 개의 문장이 같은 심층구조나 의미구조를 가질 수도 있고, 그와 반대로 다른 심층구조나 의미구조가 동일한 표면구조로 실현될 수도 있다는 것을 의미[18] 한다. 이 점에서 송석중(1974)은 두 가지 부정문의 통사구조가 다르다는 점을 들어, 동의성을 부정하고자 하는 입장을 취한다. 이에 비해 임홍빈(1978, 1998에 재수록)은 '-기'와 '-지'의 동일성을 확인할 수 없다는 점을 들어 동의성을 부정하고자 한다. 이 점에서 보조용언를 취하는 '-지 아니하다/못하다'의 '-지'에 대한 성격 규명은 부정문의 통사구조를 이해하는 단서가 될 수 있다. 그렇기 때문에 송석중(1974), 임홍빈(1978)의 논쟁은 통시적 연구를 통해 검증되어야 할 듯하다.

이와 같이 두 가지 부정문의 동의성 문제는 부정의 범위에 대한 논란으로도 이어진다. 곧 부정의 범위란 부정의 의미론적 작용이 미치는 범위를 말한다. 이 점에서 부정부사와 보조용언이 무엇을 부정 대상으로 삼는 것인가라는 문제가 논란이 될 수밖에 없다. 이러한 논란은 송석중(1971, 1973), 임홍빈(1973, 1978)로부터 김동식(1980), 서상규(1984)로 이어졌는데, 특히 김동식(1980)에서는 두 가지 부정문의 문법성이 다르며, '그 사람이 안 됐다.'와 '그 사람이 (   )이 되지 않았다.'라는 두 부정문이 있듯이 서로 다른 의미를 지니는 부정문이 존재한다는 점을 들어 부정 대상의 차이를 밝히고자 했다. 또한 서상규(1984)에서는 다른 부사가 부정문에 들어갈 경우, 중의적인 해석이 가능하다는 논란은 부사의 성격에서 기인한 것임을 밝히고 있다.

이와 함께, 부정문을 구성하는 요소에 대한 논의도 폭넓게 이루어졌다. 특히 문법 범주로서 부정법을 실현하는 요소로, 통사적 차원뿐만 아니라 어휘적 차원으로까지 범위를 넓히고자 한 시도도 나타났다. 박순함(1967), 송석중(1967), 김동식(1980), 권재일(1994) 등에서는 '없다, 모르다'를 포함시켜 논의하고 있으며, 이정민(1977)에서는 '말다'가 함께

문법화 과정을 통해 검증되어야 한다.
18) 송석중(1974) 참조

논의되고 있다.

이러한 앞선 연구는 대부분 현대 국어를 대상으로 삼고 있다. 더욱이 이들 연구에서는 특정한 시기를 대상으로 한 공시적인 연구였기 때문에, 기저문에서 부정문이 형성되는 과정에 초점이 맞추어져 있었다.

또한, 역사언어학의 방법론에 따라 부정문을 고찰하고자 하는 시도도 있었다. 이러한 경향은 극히 미미하다고 할 수 있는데, 남풍현(1977)에서는 순수한 부정의 요소는 '아니'라는 점을 확인하고, 14세기부터 15세기에 걸쳐 '不喩(안디)'와 '不冬(안돌)'이 14세기에 용언부정과 체언부정에 나뉘어 쓰였다는 점을 밝히고 있다. 또한 황병순(1980)에서도 통시적 고찰을 시도하고 있으며, 송창선(1991)에서는 부정문에 나타나는 '-지'의 기원 문제를 집중적으로 고찰하고 있다.

이러한 앞선 연구를 종합해 볼 때, 부정문의 통시적 연구에서는 두 가지 부정문의 기저가 통시적으로 같은가 다른가를 검토할 수 있다는 점에서 장점을 지닌다. 곧 부정문에 나타나는 '-지'가 의존명사 'ᄃᆞ'의 문법화 과정에서 나타난 것이라는 점을 확인할 수 있다면, 부사에 의한 부정문과 '-지 아니하다/못하다'에 의한 부정문은 통사구조가 다른 셈이 된다. 이에 대해서는 제Ⅲ장 15세기 부정문에서 자세히 논할 예정이다. 이 논문의 요지와 같이 15세기 부정문 '-디 아니ᄒᆞ다'의 '-디'가 명사절을 안은 문이라면, 두 가지 부정문의 통사구조가 다를 뿐만 아니라, 동의성은 또 다른 요소에 의한 것으로 보아야 할 것이다.

또한 문법 변화의 원리로서 융합, 합류, 유추와 같은 원리는 궁극적으로 부정문이 어떠한 변화 과정을 거치게 되었으며, 이를 통해 현대 국어의 두 가지 부정문에 대한 논란도 어느 정도 해소될 가능성을 보여준다는 점에서 의미가 있을 것이다.

부정문의 개념과 부정법

　이 장에서는 국어 부정문 연구에 나타난 여러 논점을 검토한 뒤, 문법 범주로서 부정법과 부정문의 관계를 살펴보고자 한다. 국어 부정문에 대한 앞선 연구 업적들은 나름대로의 독특한 설명 방법을 갖추고 있지만, 문법 범주로서 부정법을 설정하는 경우 개념 규정부터 불확실한 점이 많다. 구체적으로 부정법이 어휘범주인가 아니면 문법 기능을 담당하는 기능범주인가라는 문제로부터, '부정'의 의미 및 대상은 무엇인가와 같은 문제에서 공통된 의견을 정리하기가 쉽지 않다. 이 점에서 부정법을 논의하기 전에, 논점을 부정문로 한정할 필요가 있다. 왜냐 하면, 부정문은 '아니, 못'과 같은 부정의 요소를 지니고 있는 문장이기 때문에, 통사구조면에서 비교적 쉽게 뜻매김할 수 있기 때문이다. 이러한 부정문에 대한 개념 규정은, 지금까지의 부정법 연구에서 중심 논의 대상이 되었던 부정문의 범위, 부정법의 특성, 부정의 영역, 부정의 의미, 부정법의 통시적 발달 등을 설명하는데 기초가 될 수 있다.

이 장에서는 앞선 연구를 바탕으로 부정문의 개념을 정리하고, 부정을 실현하는 요소를 중심 논의 대상으로 삼는다. 이러한 논의는 문법 범주로서의 부정법이 의미적 차원에서 다루어지기 때문에 관념적이고 주관적인 성격을 띨 가능성이 높다는 점에서 선결되어야 할 과제라고 볼 수 있다. 또한 부정에 관여하는 요소를 '부정요소'로 설정하고, 부정의 범위가 어디까지인지를 함께 검토하고자 한다.

Ⅰ. 부정문과 부정 방법

1.1. 논의의 성격

부정문이란 부정을 나타내는 '아니'와 '못'이 결합하여 그 문장의 뜻을 부정적으로 나타내는 문장을 말한다. 부정법에 관한 앞선 논의를 살펴보면, 전통 문법의 경우는 통사적 층위에서의 부정문만을 다루고자 하는 경향이 우세했다. 그러나 변형 생성 문법이 도입된 이후로는 문장 구성론에서의 부정문보다 문법 범주 차원에서의 부정법에 대한 논의가 활발해졌다. 이에 따라 다음과 같은 대상이 부정법에서 다루어지고 있다.

    (1) 부정법 실현 층위와 부정 대상[1]
        ㄱ. 어휘적 층위 : 아니다. 모르다. (없다)[2]

---

1) 전통적인 문법 기술에서는 어휘적 층위에 의한 부정법은 인정하지 않는 경향이 우세했다. 이는 어휘 대립에 의한 부정은 문법에서 다룰 사항이 아니고 사전에서 다룰 사항이라는 입장 때문이었는데, 이에 따라 학교문법에서는 '안-, 못-'에 의한 부정문만을 부정법의 범주로 다룬다.(『고교문법』1991, 성균관대학교 대동문화연구원, 교사용 지도서 참조) 그러나 부정법의 범주에서 어휘적 방법과 사전적 방법은 서로 넘나드는 경우가 많다는 점에서 부정법의 범주로 검토되어야 한다. 여기에 제시한 항목은 권재일(1994)를 토대로 다시 정리한 것이다. 권재일(1994)에서는 어휘적 층위에서 '모르다'를 넣고, 파생적 층위에서 '막-, 물'은 넣지 않았다. '모르다'가 부정법을 실현한다고 보는 견해는 백봉자(1975)에서 비롯된다. 백봉자(1975)에서는 '-ㄴ줄 몰랐다'와 같이 명사절이 서술절과 연결될 경우, 직접적인 부정형을 갖는다고 보았다.

　　ㄴ. 파생적 층위 : 몰-지각, 몰-인정, 무-자격, 무-비판적, 미-완성,
　　　　　　　　　　미-지불, 불-규칙, 불-명예, 부-조화, 부-도덕,
　　　　　　　　　　비-인간적, 비-무장, 비-공개, 막-론, 물-론
　　ㄷ. 통사적 방법 : 부정부사 '아니, 못'을 통합하는 방법과 '-지'에 의
　　　　　　　　　　한 내포문을 상위문 동사 '아니하다/못하다/말다'
　　　　　　　　　　에 내포하여 실현하는 방법

　그러나 (1)과 같이 문법 범주론으로서의 부정법을 이해할 때, 부정의
개념과 문장 형식이 모호할 수 있으므로, 문장 구성론의 입장에서 부정
문의 개념을 다시 확인해 볼 필요가 있다. 이를 고려하여 부정문에 대한
앞선 연구자들의 태도를 검토해 보기로 하자.

　(2) 부정문에 관한 앞선 태도
　　ㄱ. 김동식(1990) : 국어에서 부정법 문제가 활발한 논의를 불러일
　　　　　　　　　　　으킨 가장 큰 이유는 '아니, 못'이라는 성격이
　　　　　　　　　　　다른 두 부정소가 각기 한 긍정문에 대응되는
　　　　　　　　　　　듯한 두 유형의 부정문, 곧 장단형 부정문을 형
　　　　　　　　　　　성하는 데 있었다고 생각한다.
　　ㄴ. 권재일(1994) : 주어진 언어 내용을 의미적으로 부정하는 문법
　　　　　　　　　　　적 방법
　　ㄷ. 박정규(1997) : 부정문은 부사 '아니', '못' 혹은 부정 서술어
　　　　　　　　　　　'아니 하-'나 '못 하-' 또는 '말-'과 같은 요소가
　　　　　　　　　　　쓰인 문장을 말하는 것으로, 이들은 부정극성
　　　　　　　　　　　을 띤 성분들과 공기 관계에 놓일 수 있다.

─────────────────────

2) '모르다, 없다'를 어휘적 차원으로 볼 것인가 아니면 통사적 차원으로 볼 것인가는 관점에
　따라 달리 이해될 수 있다. 곧 '모르다, 없다'도 '〔 〕s-〔 〕o-〔모르다/없다〕v'의 짜임새를
　보이면서 부정을 실현하기 때문에 통사적 차원으로 다루어야 한다는 입장과, '모르다, 없
　다'라는 낱말 자체에 부정의 뜻이 들어 있기 때문에 어휘적 차원으로 보아야 한다는 입장
　으로 나뉠 수 있다. 또한 '없다'와 같이 '있다'와 대립되는 단순 반의관계는 부정어로 볼
　수 없다는 주장도 있을 수 있다. 이 논문에서는 '아니, 못'에 의해 실현되는 부정문을 논
　의 대상으로 삼고 있으므로, '모르다, 없다'에 대해서는 깊이 있는 분석을 행하지 못했음
　을 밝힌다.

(2ㄱ-ㄷ)에서도 확인 할 수 있듯이 앞선 연구에서는 대체로 부정문과 부정법을 구분하지 않고 '부정'의 개념에 초점을 맞추어 진술하고 있다. 이러한 논의에서는 대부분 부정문이나 부정법의 개념을 의미적 차원이나, 형식적인 요건에서의 '아니, 못'이 결합된 문장으로 보고자 한다. 그렇지만, 이러한 범주 설정에서, 부정문에 대한 정의는 명확히 드러나는 것 같지 않다. 왜냐 하면, 부정이 단순한 어휘 의미를 드러내는 것인가 아니면 긍정의 기저문을 지우고자 하는 의향에 따라 새로운 문장을 생성한 것인가를 드러내지 못했기 때문이다.3) 따라서 부정문을 연구할 때는 먼저, '부정'을 어휘 범주로 볼 것인가 아니면 문법 기능을 담당하는 기능 범주로 볼 것인가라는 문제부터 해결해야 할 필요가 있다.

1.2. 어휘범주와 기능범주

언어 형식을 짜 이루는 범주는 문법 관계를 형성하는 범주로서 문장성분의 통사적 관계를 형성하는 고유범주와 기능범주에 속하는 문법 범주로 구분된다.4) 이러한 관점에서 부정문의 범주적 성격을 고유범주인 어휘범주로 다룰 것인가 아니면 문법적 기능을 실현하는 기능범주로 다룰 것인가라는 문제는 부정문의 영역을 설정하는데 중요한 기준이 된다. 이에 대해 주시경(1910), 최현배(1961)와 같은 전통 문법에서는 부정문을 따로 설정하지 않고, '지움어찌말'이나 '도움풀이씨'에서 다룸으로써 어휘적 범주로 인식하는 경향이 우세했다. 이에 비해 변형 생성 문법이 도입된 이후로 부정문을 기능범주로 다루고자 하는 경향이 나타났는데, 박순함(1967), 송석중(1967), 임홍빈(1973), 전병쾌(1984) 등의 연구가 이러한 경향을 대변한다.

이러한 흐름에서 부정문을 어휘적 범주로 보고자 하는 견해에서는 부정

---

3) 이 점에서 '지우다'라는 말속에는 이미 어떤 행위나 상태가 전제된다는 점을 유의할 필요가 있다. 곧 '부정'이라는 용어 속에는 '어떤 상태나 행위가 전제된다는 의미'와 함께 '미정'의 뜻이 포함될 가능성도 있다. 그러나 '지움'은 '미정'의 상태는 포함될 수 없다.
4) 박선자(1997) '지움말의 범주적 성격'을 참조

문을 '들을이가 모르고 있는 가운데 새 정보를 전달하기보다는 이에 맞서
는 긍정문(여김월)이 가정된 문맥에서 들을이가 지니고 있다고 추정되는
믿음을 부인하는데'5) 주로 초점을 맞추고자 하는 경향을 띠게 된다. 이와
같은 관점에서는 부정문에서 다루어야 할 분야를 한정짓기 어려워진다. 왜
냐 하면, Givon(1979)에 나타나는 바와 같이 'big-small, long-short'
와 같이 들을이의 긍정적 믿음을 심리적으로 부인하는 표현이라면 모두
부정문에 속할 수 있기 때문이다. 그렇기 때문에 기능범주로 보고자 하
는 견해에서는 부정을 나타내는 언어 형식에 특별한 관심을 기울이지 않
을 수 없다.

이러한 점에서 부정문을 문법 범주로 설정하고, 이를 실현하는 요소를
정확한 법칙화하기 위해서는 부정의 개념을 명확히 할 필요가 있다. 따
라서 부정문 설정을 위해서는 부정과 대립되는 긍정(여김)의 개념, 부정
의 개념 등을 명확히 할 필요가 있는 셈이다.

이러한 관점에서 긍정·부정의 개념, 문법 범주로서의 부정문을 정리
해 보기로 하자. 먼저 부정과 대립 관계에 있는 긍정의 개념을 정리해
볼 필요가 있다. 이 점에서 대부분의 앞선 연구에서는 긍정을 다루지 않
았기 때문에, 부정문 설정 자체가 혼란을 거듭한 것으로 보인다.

   (3) 긍정(여김)의 사전적 개념
     ㄱ. 그러하거나 옳다고 인정함
     ㄴ. 주개념과 빈개념이 일치함6)

(3)은 『우리말큰사전』에 설명된 '긍정'의 개념이다. 그러나 문법 범주로
서 긍정법을 설정하는 경우가 없기 때문에7) 긍정에 대한 문법적 정의를

---

5) T.Givon, 이기동 옮김(1985)
6) 논리학에서 말하는 '주개념'과 '빈개념'은 판단 대상이 되는 명제에서 주어 부분을 주개념
   으로, 서술어 부분을 빈개념으로 설정한다. 전통논리학에서는 'S는 P이다'라는 도식에서,
   S를 주개념으로 P를 빈개념으로 설정한다. 이 때 'S는, P이다'에 나타나는 '는,이다'를
   계사라 한다.
7) 이는 긍정이라는 문법 범주를 인정하고, 이를 설명하기가 매우 복잡하다는 측면에서 비

내리기가 쉽지 않다.8) 이에 대해 박정규(1996)에서는 긍정과 부정의
개념 정의를 위해 다음과 같은 문장을 긍정문으로 설정하고, 긍정의 개
념을 규정하고자 시도한 바 있다.

> (4) 박정규(1996)에서의 긍정문
> ㄱ. 순이가 웃었다.
> ㄴ. 하늘이 푸르다.
> ㄷ. 철수가 학생이다.
> ㄹ. 그 소녀가 밥을 먹는다.
> ㅁ. 순이가 철수에게 편지를 보냈다.
> ㅂ. 이도령이 춘향이를 아내로 삼았다.
> ㅅ. 토끼가 귀가 크다.

(4)에서 예시된 긍정문은 (3)의 정의에서 벗어나지 않는다. 따라서 긍
정을 (3)과 같이 정리할 때, 이에 대립되는 부정의 개념은 '의미적 차원
에서 긍정을 인정하지 않는' 문법 범주로 이해되어야 한다. 곧 (4)에 대
한 부정은 '안, 못과 같은 부사를 통합시키거나, '아니하다, 못하다'와 같
은 용언을 통합시켜 실현되는 다음과 같은 월이 된다.

> (5) (4)에 대한 부정
> ㄱ. 순이가 안 웃었다./웃지 않았다.
> ㄴ. 하늘이 안 푸르다./ 푸르지 않다.
> ㄷ. 철수가 *안 학생이다./ 학생이 아니다./ ?학생이지 않다.
> ㄹ. 그 소녀가 밥을 안 먹는다./ 밥을 먹지 않는다.

롯되었을 수도 있고, 긍정법이라는 문법 범주를 아예 인정하지 않기 때문일 수도 있다.
그러나 어떤 문법서에서도 긍정을 범주로 설정하지는 않고 있다. 그렇기 때문에 긍정과
대립되는 부정법의 개념을 정의하는데 어려움을 겪는다.

8) 북한의 문법 기술에서는 진술 목적에 따라 '긍정문'과 '부정문'을 나누는 경향이 있는데,
김동식(1981)에서 언급된 '부정 아닌 부정'의 경우가 진술 목적에 따른 긍정으로 이해되
는 경우이다. 예를 들어 '혁신이 일어난 것은 그날만이 아니다.'의 경우, '혁신이 늘 일어
났다.'는 의미에서 긍정적인 진술 목적을 갖고 있으므로, 긍정문이라는 견해를 취한다.
(김용구, 1993, 『조선어리론문법』 참조)

　　ㅁ. 순이가 철수에게 편지를 안 보냈다. / 편지를 보내지 <u>않았다.</u>
　　ㅅ. 토끼가 귀가 안 크다. / 크지 <u>않다.</u>

(5)는 부정의 개념이 '들을이의 믿음을 뒤집는다'는 의미보다는 (4)와 같은 긍정 표현에 부정을 나타내는 '아니(안), 못' 혹은 '아니하다, 못하다'와 같은 언어 형식을 통합하여 '미리 주어진 긍정의 문장을 부정하고자 하는 문장'이라고 뜻매김할 수 있다. 이러한 뜻매김 속에는 '긍정'의 문장이 존재하여야 부정의 대상을 설정할 수 있다는 뜻이다.

　이러한 논의를 토대로, 부정문을 설정한다면, 기능범주로서 '아니, 못'이 결합되어 긍정의 문장을 부정하는 기능을 하는 문장으로 정의해야 한다. 다만 부정을 실현하는 요소가 무엇인가에 대한 문제는 좀더 구체적으로 검토할 필요가 있는데, 문법 범주가 '심리적인 차원'에서 기능을 실현한다는 점을 고려할 때, 담화 상황이나 어휘적 차원에서의 기능 실현도 고려할 수 있겠지만, 궁극적으로 특정한 문장을 구성하는 요소가 일반적으로 존재할 경우, 이 요소를 범주 실현 요소로 보는 것이 합리적일 듯하다. 이 점을 고려하여, 부정문에서도 '아니, 못'과 같은 부정 요소를 포함한 문장을 중심으로 살펴보아야 할 것이다.

1.3. 부정과 반의

　부정의 개념에서 '긍정과 부정'의 관계는 필수 요건이다. 왜냐 하면 대립 관계에 있는 모든 것이 긍정과 부정으로 나뉘는 것은 아니기 때문이다. 예를 들어 (4), (5)의 관계와는 다른 대립적인 관계에 있는 표현을 검토해 보자.

　　(6) 다양한 대립 형식
　　　ㄱ. 순이가 웃었다. / 웃지 않았다. / <u>울었다. 찡그렸다. 무덤덤했다.</u>
　　　ㄴ. 하늘이 푸르다. / 푸르지 않다. / <u>누렇다. 흐렸다.</u>
　　　ㄷ. 철수가 학생이다. / 학생이 아니다. / <u>교사이다. 교수이다.</u>

ㄹ. 그 소녀는 밥을 먹는다./ 먹지 않는다./ 뱉는다.

ㅁ. 순이가 철수에게 편지를 보냈다./ 보내지 않았다./ 썼다.(쓰기만
   했다.)

ㅂ. 토끼가 귀가 크다./ 크지 않다./ 넓적하다

(6)에서 '안, 못', '아니하다, 못하다'가 결합된 경우와는 달리, 밑줄 그은
부분은 긍정 표현을 부정한 것이 아니다. 이 경우는 밑줄 그은 용언 자
체가 또 다른 형태의 긍정문을 이루고 있음에서도 잘 드러난다. 이러한
대립 관계는 어휘적 차원에서 다양한 대립 형식으로 설명될 수 있다. 이
에 대해 어휘의미론에서는 어휘 대립을 '모순과 반의'의 관계로 나누어
설명한다. 예를 들어 Palmer(1971)에서는 '반의성(antonymy)에는 여
러 다른 종류가 있으며, 우리는 그 종류들을 분명히 구분해야 한다'고 하
면서, 반의 관계에서 단순 반의어, 상보어, 역의어를 나눌 수 있음을 밝
혔다.[9] 이 때 단순 반의어는 'wide/narrow'와 같이 정도에 따라 다른
등급을 매길 수 있는 어휘 대립에서 나타나며, 상보어는 양립 불가능한
어휘 대립을, 역의어는 'buy/sell'과 같이 양자간의 관계에서 나타나는
반의 관계를 의미한다.[10]

   이와 같이, 부정은 어휘의미 관계를 통해 정의될 수는 없다. 왜냐 하
면, '부정한다'는 것은 '이미 그럴 것으로 여기는 것'을 '그렇지 않다'라고
함으로써 성립되기 때문이다. 따라서 부정문은 '긍정문(여김월)과의 관
계를 통해서만 드러나며, 긍정문과는 모순된(상보적인) 의미를 지닌다.
따라서 부정문은 긍정문을 전제하고, 이를 특정 언어 형식('아니, 못'과
같은 부정 요소)을 결합하여, 이를 지우는 문장이라고 볼 수 있다. 이 점
에서 다음과 같은 어휘 대립 관계도 부정의 관계로 인정하기 어렵다.

---

9) Palmer(1971), 현대언어학회 옮김 99~105 쪽 참조
10) 어휘 대립관계에서 모순부정과 반대부정을 설정하는 견해도 참고할 만하다. Zimmer
   (1961)에서는 영어에서 'non-'이 첨가되는 경우를 모순부정(contradictory negation),
   'un-, in-'이 첨가되는 부정어를 반대부정(contrary negation)으로 설정한 바 있다. 예를 들어
   'nonhuman(인간이 아닌) : inhuman(잔인한)'과 같이, 모순부정은 긍정을 전제로 이를 부정
   하는 어휘가 된다.

(7) 어휘 대립 관계
ㄱ. 그는 나를 잘 <u>안다.</u>
ㄴ. 그는 나를 잘 <u>모른다.</u>

(7ㄱ)과 (7ㄴ)에 나타난 '알다'와 '모르다'는 관계적 반의 관계에 있다. 이 경우 (7ㄱ)과 (7ㄴ)은 독자적인 긍정의 문장이 된다. 곧 어느 하나를 전제하고 이를 다시 부정한 관계라기보다는 말할이가 '알다'나 '모르다'를 판단 기준으로 삼은 것일 뿐이다.

1.4. 부정문의 개념

지금까지의 논의를 종합하면, 부정문은 단순한 어휘 대립에 의한 것이라기보다는 긍정 판단을 전제하고, 이를 부정하는 문장이라고 볼 수 있다. 이러한 점은 '부정'의 사전적인 의미나, 부정문의 형식적 요건을 판단하는데 도움을 줄 것이다.

(8) 부정의 개념
ㄱ. 그렇지 않거나 옳지 않다고 인정함
ㄴ. 논리학에서 주개념(주사)과 빈개념(빈사)이 일치하지 않는 것

(8)은 『우리말큰사전』(한글학회)에 풀이된 부정의 개념이다. 곧 부정은 존재를 인정하지 않거나, 특정 행위를 하지 않음을 드러낸다. 이 점에서 대상을 긍정하거나 부정하는 것은 언어생활의 가장 기초를 이루는 표현 단계라 할 수 있다.
이 점에서 부정문은 '그렇지 않거나, 옳지 않다'고 판단하는 문장을 의미하며, 긍정의 문장에 대하여, '아니, 못'과 같은 형식적 요소를 갖춘 문장이라고 볼 수 있다. 이 점에서 부정문 설정은 형식적 차원에서 논의를 시작하는 것이 타당할 것이다. 왜냐 하면, 부정의 의미를 어디까지 한정지을 것인가라는 문제는 전적으로 말할이의 판단에 근거할 가능성이 높

기 때문이다. 이 점에서 '인정과 인정하지 않음, 미침과 미치지 못함, 허용과 금지'와 같은 의사 표현 방법이 긍정과 부정의 관계로 설정될 수 있는데, 이러한 표현 형식에서 주요 기능을 담당하는 것은 '아니'와 '못'이 된다.11) 이를 토대로 부정문을 다음과 같이 정리할 수 있다.

    (9) 부정문의 개념
       ㄱ. 부정문은 주어진 언어내용을 '의미적으로 인정하지 않는' 문장이다.
       ㄴ. 부정문은 긍정 판단을 전제하며, 긍정판단을 부정하고자 하는 의도를 드러낸다.
       ㄷ. 부정문은 기능범주로서 부정소를 통합한다.

    부정문을 (9)와 같이 정의했을 때, 남는 문제는 '부정의 요소'를 포함하지 않는 부정문이 존재할 수 있는가라는 것이다. 예를 들어 '갈래 말래'와 같이 '아니, 못'이 포함되지 않은 부정문이 있을 수 있다. 이 점에서 문법 범주로서 부정법을 어휘 범주로 볼 수 있는 가능성이 제기된다. 서정수(1974), 이상복(1979)에서는 이러한 문장도 부정문으로 설정한다. 그러나 '말다'가 부정문을 구성하는 경우는 부정 요소를 갖지 않는 부정문로, '말다'의 의미가 확장되어 부정문에 견인된 것으로 판단된다. 왜냐하면, '말다'의 의미는 일반적으로 [중단, 중지]의 의미를 지닌 것으로 볼 수 있기 때문이다. 그러나 이와 같은 [중단, 중지]의 의미를 벗어나 긍정의 기저문을 부정하는 구실을 하는 경우도 있다.

---

11) 이러한 입장은 박영순(1996)에서도 나타난다. 박영순(1996)에서는, '긍정문이란 어떤 명제가 사실이거나 주어진 용언이 수행되는 문장을 말하고, 반대로 부정문이란 명제가 사실이 아니거나 주어진 용언이 수행되지 않음을 나타내는 문장'으로 정의하고, 긍정문 (affirmative sentence)과 부정문(negation sentence)은 상호 대립적이며, 긍정문은 무표적(unmarked)문이고, 부정문은 유표(marked)문이라고 풀이한 바 있다. 따라서 긍정의 기저월에 부정의 요소(negative marker)를 첨가함으로써 부정문이 생성된다는 입장이다.

2. 부정문의 짜임새

2.1. 부정문의 통사 구조

  부정문을 (9)와 같이 한정했을 때, 부정문은 부정을 나타내는 요소가 어떻게 쓰이는가에 따라 상이한 통사구조를 보이게 된다. 이에 대해서는 박순함(1967), 이홍배(1970), 전병쾌(1984)에서는 같은 기저문에서 부정소 삽입규칙과 이동규칙, 명사화 규칙이 적용된 것으로 설명하고 있으나, 이러한 설명이 서로 다른 의미를 갖는 두 가지 부정문을 설명하기에는 다소 무리가 따른다. 왜냐 하면, 보조용언 '-지 아니하다'에 의한 부정문은 본용언을 명사절로 삼을 수 있는 구문이면, 항상 적격문으로 쓰일 수 있지만, 부사 '아니(안)'은 용언의 종류에 따라 제약을 나타내기 때문이다. 다음 보기를 살펴보자.

> (10) 부사 '아니'의 용언 제약
> ㄱ. 그녀는 간다.
> ㄱ-1. 그녀는 안 간다.
> ㄱ-2. 그녀는 가지 <u>않는다.</u>
> ㄴ. 그는 예쁘다.
> ㄴ-1. 그녀는 안 예쁘다.
> ㄴ-2. 그녀는 예쁘지 <u>않다.</u>
> ㄷ. 그녀는 아름답다.
> ㄷ-1. ?그녀는 안 아름답다.
> ㄷ-2. 그녀는 아름답지 <u>않다.</u>
> ㄹ. 그녀는 돈이 없다.
> ㄹ-1. *그녀는 돈이 안 없다.
> ㄹ-2. 그녀는 돈이 없지 <u>않다.</u>

(10ㄱ-ㄹ)에서 우리는 보조용언 '-지 아니하다'는 어떠한 용언도 가리지 않고 쓰일 수 있음을 확인할 수 있다. 그러나 (10-1)의 각 항목에서, 부

사 '아니'는 상태성 용언의 일부를 제약한다. 또한 부정부사는 통사론적
으로도 양태, 정도를 나타내는 부사와 함께 위치 제약이 심하다.12)

이와 같이 두 가지 부정문은 부정 요소의 쓰임뿐만 아니라 통사구조도
다른 셈이다. 이는 부사부정문이 긍정의 기저문에서 용언 앞에 부정요소
가 삽입되는데 비해, 보조용언부정문은 본용언의 명사화가 먼저 적용되
고, 이를 부정한 구조로 볼 수 있음을 뜻한다. 곧 두 가지 부정문은 다음
과 같이 표시할 수 있다.

  (11) 부정문의 통사구조
      ㄱ. 부사부정문 : 체언 - [부정요소]부사(삽입) - 용언
      ㄴ. 보조용언부정문 : [[체언 - 용언]명사화] - [[부정요소]+ㅎ다]보조용언화

(11ㄱ)의 구조는 부정부사와 용언 사이의 제약이 따를 경우, 부정문이
성립될 수 없음을 의미하지만, (11ㄴ)은 어떠한 용언이든 명사절로 바
꿀 수 있다면 부정문이 성립될 수 있음을 뜻한다.

2.2. 부정문의 체계

부정문은 부정을 나타내는 형식적 요소 '아니'와 '못'이 어떻게 쓰이는
가에 따라 세 개의 문장을 구성한다.13)

첫째, 부정의 요소 '아니' 자체가 용언로 쓰임으로써, 체언(체언)을 부
정하는 경우이다. 이러한 문장은 다음과 같은 짜임새를 갖는다.

  (12) '아니'가 용언으로 쓰이는 부정문
      ㄱ. 이것은 책이다.

---

12) 이에 대해서는 손남익(1995)을 20~23을 참조할 수 있다.
13) 권재일(1994)에서는 부정법 실현 방법으로, 어휘적 방법, 파생적 방법, 통사적 방법을
    설명하고 있다. 이는 문법범주로서 부정법을 실현하는 방법을 설명한 것이며, 이 글에
    서는 논의 범위를 한정짓기 위해 부정문을 만드는 방법만을 고려하고자 한다.

ㄴ. 이것은 책이 <u>아니다.</u>14)

둘째, 부정의 요소 '아니/안, 못'이 부정부사로 기능하는 경우이다. 이러한 부정문을 앞선 연구에서는 '짧은 부정문'이라고 불렀다. 다음의 보기가 이에 속한다.

(13) '아니, 못'이 부정부사로 기능하는 부정문
ㄱ. 철수는 아직 영희를 <u>안</u> 만났어.
ㄴ. 철수는 아직 영희를 <u>못</u> 만났어.

셋째, 부정의 요소 '아니, 못'이 보조용언으로 쓰이는 경우이다. 이 경우는 '-지 아니/못-하다'의 짜임새를 갖는다. 이러한 문장을 앞선 연구에서는 '긴 부정문'이라 이름붙였다. 다음의 보기가 이에 속한다.

(14) '아니, 못'이 보조용언으로 쓰이는 부정문
ㄱ. 철수는 오늘 영희를 만나<u>지 않았어.</u>
ㄴ. 철수는 오늘 영희를 만나<u>지 못했어.</u>

(12)~(13)의 부정문은 통시적으로 볼 때, 15세기의 부정문에서도 마찬가지로 나타난다. 그러나 앞선 연구에서 대부분 (12)의 부정문을 '체언 부정문'(혹은 어휘적 차원의 부정문)이라 이름 붙이거나, (13)~(14)를 '용언 부정문' 혹은 '통사적 차원에서 실현되는 부정문'으로 이름 붙이는 까닭은 부정의 대상이 무엇인가, 혹은 부정을 실현하는 문법 층위가 무엇인가에 따른 것이다. 또한 '긴, 짧은'이라는 용어는 통사 구조의 길이에 따른 표현이라 할 수 있다. 이러한 논의를 종합하여 부정문의 체계를 정리하면 다음과 같다.

---

14) 권재일(1994)에서는 이러한 부정문을 '어휘적 차원'에서 실현되는 부정법으로 보고 있다.

(15) 부정문의 체계
ㄱ. 부정소의 종류에 따라 : '아니'결합형, '못'결합형
ㄴ. 부정 대상에 따라 ┌ 체언(체언) 부정 : '아니+이다'
　　　　　　　　　　└ 용언(용언) 부정 ┌ 부사결합형 : 아니, 못
　　　　　　　　　　　　　　　　　　└ 보조용언결합형 : -지
　　　　　　　　　　　　　　　　　　　 아니하다/못하다15)

(15ㄱ, ㄴ)은 '아니, 못'이라는 부정의 요소가 결합하는 양상을 따르고자
한 것인데, 이 때 문제가 되는 것은 '말다'이다. '말다'는 15세기에는 다
의적으로 쓰이던 말이었는데, '-디 말다'와 같은 형식을 취할 경우 [금지,
중단]의 의미를 갖게 된다. 그러나 '-다가 말다'와 같이 '하지 않는다'는
의미를 갖는 경우가 많기 때문에 부정문의 범위에 포함시켜 논의할 실익
이 높다. 또한 '-지 말다'는 '-지 아니하다/못하다'와는 달리 명령문과 청
유문에만 쓰인다는 점에서 부정문의 보충법으로 볼 수 있다. 이와 같은
논의를 포함하여, (15ㄱ-ㄴ)은 다음과 같이 수정할 수 있다.

(16) 부정문의 체계
ㄱ. 부정소의 종류에 따라 : '아니'결합형, '못'결합형
ㄴ. 부정 대상에 따라 ┌ 체언 부정 : '아니+이다'
　　　　　　　　　　└ 용언 부정 ┌ 부사결합형 : 아니, 못
　　　　　　　　　　　　　　　　└ 보조용언결합형 : -지 아니
　　　　　　　　　　　　　　　　　 하다/못하다

(16ㄱ, ㄴ)과 같이 부정문을 부정소와 관련지어 설정할 수 있다는 점은,
부정문을 형식적, 기능적인 문장으로 한정지을 수 있을 뿐만 아니라, 부
정에 관여하는 요소를 설정할 수 있다는 장점을 지닌다.

---

15) 부정 대상에 따라 목적어를 부정하는 경우도 설정할 수 있다. 이는 '모르다'가 포함된
　　문장을 부정문으로 인정할 경우, '[　]o-[모르다]v'의 짜임을 상정할 수 있기 때문이다.
　　그러나 이 논문에서는 관계적 반의(역의) 관계에 있는 문장은 부정문에 포함시키지 않
　　았으므로, 이를 인정하지 않는다.

3. 부정의 범위

3.1. 동의성의 개념

부정문 연구에서 가장 관심을 끄는 부분은 부정의 범위라 할 수 있다. 이는 곧 부정어가 미치는 범위가 어디까지인가라는 문제로 귀결된다.

먼저, 이 문제는 통사적 방법에서 부정부사결합형과 '-디 아니하다/못하다/말다'와 같은 보조용언결합형이 동일한 의미로 사용되는가에 대한 논의가 주요 관심사로 대두되어 왔다. 이에 대한 논의는 송석중(1977), 이기용(1978), 김동식(1980), 임홍빈(1987) 등에서 주된 논의가 있었다. 예를 들어 다음 보기와 같이 부사결합형과 보조용언형이 동시에 쓰일 수 있을 경우, 두 가지 부정문이 동일한 의미를 갖는가는 쉽게 결론나지 않을 것처럼 보인다.

> (17) 두 개의 부정문
> ㄱ. 철수가 오늘 학교에 갔다.
> ㄴ. 철수가 오늘 학교에 안 갔다.
> ㄷ. 철수가 오늘 학교에 가지 않았다.

곧 (17ㄴ)과 (17ㄷ)은 (17ㄱ)을 부정한 것으로 의미상 차이가 없다. 이 점에서 부정문이 동의성을 갖는다는 주장이 제기될 수 있다. 이 점에 대해 송석중(1977)은 '-지 아니하다'의 '-지'와 명사형어미 '-기'와의 관련성을 고려한 뒤, '-지'가 부정용언을 어휘적으로 선택하는 보문자라는 설을 내세워 이로부터 의미론적으로 동의성을 해결하고자 했다. 이러한 입장에서 '-지'를 다시 검토한 견해로는 임홍빈(1987)이 있다. 이에 대해 김동식(1980)에서는 부정소의 지배 범위가 존재한다는 점을 들어 부정문의 동의성은 부사와의 관련성에서 일어나는 것으로 해석하고 있다. 이러한 관점은 서상규(1984)에서 구체화되고 있는데, 이 글에서는 부사와 관련지어 부정문 해석의 원리를 제시한 바 있다.

부정의 범위란 부정의 의미론적 작용이 미치는 범위를 말한다. 이 점에서 '아니, 못'과 같은 부정부사가 결합하는 유형과 '-지 아니하다/못하다/말다'가 결합하는 용언부정 사이에는 부정의 범위에 차이가 있을 수밖에 없다. 지금까지의 앞선 연구도 부정부사의 의미와 부정서술어의 의미가 미치는 영향에 대한 관점의 차이에서 동의성 여부가 논의되어 온 것으로 볼 수 있다. 그러나 앞에서 논의한 바와 같이 15세기 부정문에서 부정부사결합형과 '-디 아니ᄒ다'형은 본질적으로 다른 통사구조에서 비롯되었다는 점을 고려할 때, 부정문의 동의성은 우연에 의한 것일 뿐, 본질적인 속성을 지닌 것은 아니다.

3.2. 중의성의 개념

중의성이란 하나의 부정문이 두 가지 이상의 뜻으로 해석될 수 있다는 의미이다. 이에 대한 논란은 부정부사결합형에서 이루어졌는데, 예를 들어 송석중(1974) 이후 끊임없이 논란이 되어온 다음과 같은 문장 해석에서 비롯된 것이다.

> (18) 부정문에서 중의성 여부가 논의된 문장
> ㄱ-1. 남편이 갑자기 <u>안 왔다.</u>
> ㄱ-2. 남편이 갑자기 안 오고, <u>(갑자기) 외박했다.</u>
> ㄱ-3. 남편이 갑자기 안 오고, <u>미리 연락하고 왔다.</u>
> ㄴ-1. 남편이 갑자기 <u>오지 않았다.</u>
> ㄴ-2. 남편이 갑자기 오지 않고, <u>미리 연락하고 왔다.</u>
> ㄴ-3. 남편이 갑자기 오지 않고, <u>(갑자기) 외박했다.</u>

이러한 논란은 궁극적으로 부정의 범위와, 부사와의 관계를 고찰한 뒤, 동의성이 부정소에서 비롯된 것인지, 아니면 다른 부사에서 비롯된 것인지를 확인해야 한다. 이 점에서 15세기 국어의 경우 중의성을 내포하는 부정문이 출현하지 않는다는 점은 흥미롭다. 그 까닭은 현대 국어

의 중의성 문제가 두 가지 차원에서 논의되기 때문이다. 이에 대해 이기
용(1979)에서는 두 가지 부정문의 동의성 여부는 생성의미론과 해석론
의 차이라고 설명한 바 있다.16) 그러나 이와 같은 관점의 차이는 언어
변화의 역사성을 고려하지 않은 채, 현대 국어를 대상으로 공시적 연구
에 토대를 둔 설명 원리를 제시하고자 하는 데서 비롯된 것으로 보인다.

이 점에서, 송석중(1981, 1982), 서상규(1984ㄱ, ㄴ), 임홍빈(1986)
의 논의는 현대 국어에서 다른 부사가 들어있거나, 발화 상황을 고려하
여 해석했기 때문에 비롯된 것으로 볼 수 있다. 곧 (34)에서 논의된 중
의성 여부에 대해 송석중(1981, 1982)는 단순문 부정의 해석 원리(부
사 결합형)와 복합문(겹월) 부정의 해석 원리(보조용언 결합형)를 달리
하여 부사와 수량어와의 관계에서 이를 해결하고자 한 바 있는데, 이는
서상규(1984ㄱ, ㄴ)에서 제시된 바와 같이 부사의 종류에 따라 부정문의
중의성이 달라지는 것으로 보아야 할 듯하다.17) 서상규(1984)의 견해
가 비교적 타당하다는 사실은 15세기 부정문에서 중의적인 해석이 가능
해 보이는 부정문이 나타나지 않는다는 점 때문이다. 이는 중의성 논의
가 궁극적으로 부정부사 '아니'와 '못'의 기능보다는 다른 부사와의 관련
성에서 확대 해석을 할 경우만 일어나는데, 15세기의 경우는 이러한 중
의성을 갖는 부정문이 나타나지 않는다. 다만 다음과 같이 부사를 포함
한 부정문에서는 부사의 기능과 부정어의 기능이 명확히 표시된다. 이러

---

16) 이기용(1979)에 따르면 생성의미론은 심층구조를 의미표상과 동일시하기 때문에 표층
  에 나타나는 문장의 중의성은 심층구조에서 완전히 해소된다는 입장인 반면, 해석론은
  문장의 중의성이 심층에서 완전히 해소되지 않고, 심층과 표층구조를 둘 다 운용하는
  해석규칙이 필요함을 주장한다고 정리한 바 있다.

17) 서상규(1984)에서는 부정문의 중의성에 대해 다음과 같이 정리한 바 있다. ① 기존의
  부정문 해석 원리의 기초가 된, 부사를 가진 부정문의 중의적인 해석은 모든 경우에 다
  나타나는 것이 아니라, 부사의 종류에 따라 달라진다. ② 문장 수식 부사는 문장 전체
  를 수식하므로 부정의 대상에 들어가지 않는다. ③ 동사 수식 부사는 동사를 수식하므
  로, 항상 부정 범위 안에 있다. ④ 시간부사와 장소부사는 서술구를 수식하는 통사 위
  치에 있을 경우 부정의 범위에 들어가 부정의 대상이 되지만, 문장 전체를 수식하는 통
  사 위치에 올 때에는 부정의 범위 안에 들어가지 않는다. 그렇기 때문에 부사가 포함된
  부정문이 중의적인 해석을 허용한다는 가설은 부사의 통사 기능이 이중적인 데서 비롯
  된 것이라는 결론을 내린다.

한 사례를 중의성 여부가 논란이 된 부사에 따라 검토해 보기로 하자.18)

(19) '모두, 다'를 포함한 구문
　ㄱ. 손님이 <u>모두(다) 안 왔다.</u>
　ㄴ. 손님이 <u>모두 오지 않았다.</u>

(20) 중의성 여부
　ㄱ. 손님이 <u>한 사람도</u> 오지 않았다.
　ㄴ. 손님이 오긴 왔는데, <u>모두 온 것은</u> 아니다.

(21) 15세기 '다, 모두'를 포함한 구문
　ㄱ. 즐겨ᄒ던 이리 둘히 다 업스니 西北녀긔 외ᄅ왼 구룸 곳 잇도
　　다. (두시초간 11:29)
　・ 天下앳 兵馬ㅣ 다 업디 몯ᄒ니 滿壑애 長常 ᄲ 든뇨몰 어
　　느 免ᄒ료.(두시초간 25:43)
　ㄴ. 煩惱ㅣ 本來 업수믈 頓悟호미 곧 일후미 그추미니 一級ㅅ 시
　　리 ᄒ 갈ᄒ 이긔디 몯ᄒ야 다 그춤 곧ᄒ 전치라
　　　　　　　　　　　　　　　　　　(원각 상 1-1 권2:113)
　・ 成佛ᄒ시ᄂ 道와 分身ᄒ시ᄂ 理와 敎化ᄒ시ᄂ 法괘 다 이에
　　여희디 아니ᄒ시니라. = 成佛之道와 分身之理와 敎化之法괘
　　皆不離此ᄒ시니라.(법화 6:113)
　ㄷ. 太子ㅣ …여든 頃 싸해 즉자히 다 실오 아니ᄒ더 몯 다 ᄭ랫
　　거늘 湏達이 잔족고 사랑ᄒ더니 (석보 6:25)
　. 이 經 功德을 닐오디 오히려 몯 다 니ᄅ노라.(석보 19:42)
　ㄹ. 오직 ᄃᆞ온 緣 ᄯᆞᄅᄆᆡ위 法 供養이 아닐ᄶ 다 몯 미츠니라
　　= 特愛緣耳디위 非法供養故로 皆不及이니라.(법화 6:142)
　・ ᄒ다가 내 이 神力으로 … 이 功德을 닐어도 오히려 能히 다
　　몯ᄒ리라.(법화 6:107)

_____

18) 부사의 체계에 관한 논의는 통일된 이론이 없다. 이 점에서 최현배(1961), 서정수(1969,
1971), 박선자(1983), 서상규(1984) 등의 분류체계를 주목할 수 있다. 그러나 궁극적으로
부정문의 중의성 여부가 논란이 된 구문은 제한된 구문이므로 이를 개별적으로 검토하는 것
이 효율적일 것으로 판단된다.

ㅁ. 能히 스디 몯ᄒ며 므리 能히 ᄢ우디 몯ᄒ리니 네 功德을 千
   佛이 <u>모다</u> 닐어도 能히 다ᄋ게 몯ᄒ리라.(법화 6:177)
 • 攴는 서르 잡드러 괴올ᄊᆞ니 <u>모다</u> 서르 업디 몯ᄒᆞ야 힘 저은
   ᄣᅳ디라.(석보 9:19)

(19)는 송석중(1974) 이래로 이래로 부정문의 중의성과 관련한 논의에
서 끊임없이 제기돼 온 '모두, 다'라는 양태부사와 관련된 구문이다.19)
곧 (20ㄱ, ㄴ)은 의미상 차이가 있어, (19ㄱ)은 (20ㄱ)으로밖에는 해석
되지 않는데, (19ㄴ)은 (20ㄱ, ㄴ)으로 모두 해석될 수 있기 때문에 두
가지 부정문이 동의가 아니며, 또한 (19ㄴ)은 중의성을 갖는다는 견해가
제시된 것이다. 이에 대해서 앞선 논란이 매우 많았다. 그러나 (19ㄴ)을
(20ㄱ, ㄴ)으로 해석할 수 있는 근거는 '모두(다)'에 대한 해석상의 차이에
서 비롯된 것이지 '-지 아니하다'와 '안'에서 비롯된 것이 아님은 분명하
다. 이는 (21ㄱ, ㄴ)과 같이 '모두(다)'가 지칭하는 범위가 명확할 경우는
중의성을 갖지 않음을 통해 증명된다. 곧 (21ㄱ, ㄴ)에서 '다'는 '앞에 서
술된 내용 전체'를 지칭하는 경우에만 쓰인다. 곧 (21ㄱ)은 '즐겨ᄒ던
일, 天下앳 兵馬'를, (21ㄴ)은 '일훔을 그추는 것(번뇌), 道와 理와 法'을
지칭한다. (21ㄷ)은 '몯다'를 한 낱말로 보아야 할 정도로 굳어져 있는
경우인데, '다 몯'과는 달리 '미치지 못함'을 표현하는 경우에 쓰인다.
(21ㄹ)에서도 '다'는 중의적으로 해석될 가능성이 전혀 없다. (21ㅁ)은
'모다(모더)'가 쓰인 구문이다.
   이와 같은 입장에서 이익환(1979)에서 논의된 한정사 '만, 도, 마저'
가 나타나는 부정법에서의 중의성 여부도 해결될 수 있다. 양태부사와
마찬가지로 '만, 마저, 도와 같은 한정보조사가 나타날 경우, 한정보조사
가 한정하는 범위에 의해 부정이 달라지는 것이지 부정문 자체에서 부정
의 영역이 달리 해석되는 것은 아니다.

---

19) 생성문법에서는 양태부사라는 말 대신 '양화사'라는 말을 사용한다. 양화사는 어떤 명제
    가 가지는 기능이 미치는 범위, 즉 그 명제의 값이 참이 되도록 수량으로 나타내 주는
    낱말을 의미한다.

이와 함께 '빨리, 갑자기'와 같은 양태부사가 들어갈 경우 중의성 논란이 거듭되어 왔다. 다음과 같은 문장이 이에 속한다.

(22) '갑자기'가 포함된 문장(송석중 1977)
ㄱ. 남편이 <u>갑자기</u> 안 돌아왔다.
ㄴ. 남편이 <u>갑자기</u> 돌아오<u>지 않았다.</u>

(23) 중의성
ㄱ. 남편이 돌아오기는 했는데 <u>갑자기 돌아온 것은</u> 아니다.
ㄴ. 남편이 돌아오기로 했는데 <u>갑작스럽게 안 돌아왔다.</u>

(24) '빨리'가 포함된 문장(서상규 1984)
ㄱ. 순이는 <u>빨리</u> 안 달렸다.
ㄴ. 순이는 <u>빨리</u> 달리<u>지 않았다.</u>

(25) 중의성
ㄱ. 순이는 <u>빨리</u> 안 달렸지만, 달리기는 달렸다.
ㄴ. 순이는 빨리 <u>달리지는</u> 않았지만, 달리기는 달렸다.

(22), (24)의 양태부사 '갑자기, 빨리'의 경우도 (23),(25)처럼 중의적으로 해석되는가 여부가 논란이 되어 왔다. (22), (24)가 (23), (25)처럼 해석될 가능성이 있다면, 이러한 해석을 가능하게 하는 요인은 어디에 있는가라는 문제가 관심사였다. 이 점에서 (23), (25)의 밑줄 그은 부분은 말할이의 의도를 드러내고 있는 부분으로 해석된다. 이러한 의도를 전제할 경우, 부정문이 부사와 관련되지 않더라도 중의적인 의미를 지니는 경우가 있다. 이러한 예를 손남익(1995)에서 찾을 수 있다.

(26) 담화 상황을 전제한 중의적 부정문
ㄱ. 철수가 밥을 <u>안</u> 먹는다.
ㄴ. 철수가 <u>밥을</u> 안 먹고, 죽을 먹는다.
ㄷ. 철수가 밥을 안 <u>먹고</u> 버린다.

(26ㄱ)을 (26ㄴ-ㄷ)으로 해석할 경우, '안'이 부정하는 내용이 '먹는다'
는 행위 이외의 사실을 포함하는가는 순전히 어떤 내용을 전제했는가에
따라 결정된다.

이러한 관점에서, 15세기 부정문에서 중의적으로 해석되는 문장이 없
다는 점은 이 글에서 일관되게 주장해 온 바다. 이와 같이 중의성이 나
타나지 않는 까닭은 담화 상황에서의 전제가 언해문에서는 비교적 명확
히 표시되기 때문인데, 부사나 다른 문장 성분과 이어질 때, 그 성분과
의 관계가 명확히 표시되는 것이 일반적이기 때문이다. 이는 부정법이
겹칠 경우에서와 같이 하나의 부정어는 하나의 의미와 기능을 수행하는
데서도 확인된다. 또한 다음과 같은 문장에서도 이를 확인할 수 있다.

(27) 15세기 양태부사, 시간 부사와 부정문
　ㄱ. 彌勒은 ᄌᆞ갓 ᄆᆞᅀᆞ미 다 니그샤도 弟子들히 ᄆᆞᅀᆞᆫ 몯다 닉더니
　　弗沙佛이 너기샤ᄃᆞ ᄒᆞ나히 ᄆᆞᅀᆞᆫ 수비 고티려니와 모ᄃᆞᆫ ᄆᆞᅀᆞᆫ
　　ᄲᅡᆯ리 몯 고티리로다.(월석 1: 51)
　ㄴ. 講堂은 녜 아니 지ᅀᅦᆻ던 거시니 큰 지븨 塗墍호ᄆᆞᆯ 더으도다.
　　　　　　　　　　　　　　　　　　　　　　　　　　(두시초간 6: 22)

(28) 긍정의 기저문
　ㄱ. 모ᄃᆞᆫ ᄆᆞᅀᆞᄆᆞᆯ <u>ᄲᅡᆯ리 고티리로다.</u>
　ㄴ. 講堂은 네 <u>지ᅀᅦᆻ던 거시라.</u>

(27)은 (28)의 기저문을 부정한 것이다. 이 때 부정 대상은 (28)의 밑
줄 그은 부분 전체가 된다. 어 때 부사 'ᄲᅡᆯ리, 녜'는 서상규(1989)에서
지적한 바와 같이 서술구 안에 포함되어 있어 부정의 대상이 될 수밖에
없다. 이러한 현상은 15세기 국어에서 '-게 ᄒᆞ-'와 같은 명령법, '-고져
ᄒᆞ-'와 같은 보조용언 구문을 부정하는 경우, '아니, 몯'이 본용언을 부정
하는 원리와도 같다.

4. 정리

이 글에서는 부정문의 변화 양상을 살펴보기 위한 전제로서, 문법 범주로서 부정문을 어떻게 설정할 것인가와 부정 실현 방법을 살펴보았다. 이 글에서 다룬 주요 내용은 다음과 같이 정리된다.

첫째, 부정문의 개념을 다음과 같이 설정할 수 있다.
ㄱ. 부정문은 주어진 언어내용을 '의미적으로 인정하지 않는' 문장이다.
ㄴ. 부정문은 긍정 판단을 전제하며, 긍정판단을 부정하고자 하는 의도를 드러낸다.
ㄷ. 부정문은 기능범주로서 부정어(또는 부정소)를 통합한다.

둘째, 부정문의 짜임새는 체언을 부정하는 경우, 부정 요소인 '아니, 못'이 부사로 쓰이는 경우, 보조용언로 쓰이는 경우로 체계를 세울 수 있다.

셋째, 부정문은 외형상 복잡한 형태를 띠고 있지만, 부정 대상에 따라 부정소 '아니', '못'을 설정할 수 있다. 이를 정리하면 다음과 같다.

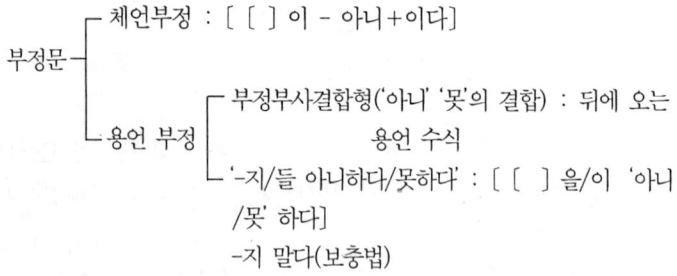

넷째, 부정법에서 논란이 되고 있는 동의성, 중의성 개념을 살펴보고자 했다. 결국 동의성이나 중의성은 담화 상황이나, 다른 부사와의 관련에서 비롯되는 것이며, 다른 부사가 용언을 이룰 경우, '아니, 못'의 부정 범위가 된다.

15세기 부정문

　15세기에는 부정 요소 '아니'와 '몯'을 긍정의 기저문에 덧붙여 부정의 의향을 실현한다. 이 때 체언을 부정하는 경우는 '아니+이다'의 형태에서 부정이 실현되며, 용언의 경우는 부정부사나 '-디 아니ᄒ다' 형의 보조용언이 결합됨으로써 실현된다. 이와 같이 다양한 통사구조를 갖는 부정문은 긍정의 기저문과 '아니', '몯'이라는 부정소의 특성에 의해 여러 가지 제약 현상을 보이게 된다. 이 장에서는 먼저, 긍정의 기저문에 유표적으로 첨가되는 부정의 요소(이하 부정소로 부름)를 설정한다. 다음으로는 부정소가 결합된 부정문의 통사론적 제약 현상을 분석하고, 이를 통해 부정문의 특성을 살피고자 한다.

Ⅰ. 부정의 요소

문법 범주로서 부정법은 주로 통사적 방법에 의해 실현된다. 이 점에서 부정부사 결합에 따른 통사구조나 보조용언 통합에 의한 통사구조를 정밀히 검토해 볼 필요가 있다. 그런데, 흥미로운 점은 부정 형식 '아니'와 '아니ᄒ다', '몯'과 '몯ᄒ다' 사이에는 통사구조상 차이점이 존재한다는 것이다. 이 점을 고려한다면, 부정문의 형식을 간결히 기술할 수 있을 것으로 기대된다. 따라서 이 부분에서는 '아니'와 '아니ᄒ다'의 통사구조, '몯'과 '몯ᄒ다'의 통사구조를 분석함으로써, 부정문에서 부정을 실현하는 요소는 '아니'와 '몯'에 있음을 밝히고자 한다.

1.1. 부정소 '아니'의 성격

15세기 부정문에서 부정 기능을 담담하는 요소는 '아니'와 '몯'이다. 김동식(1980), 임홍빈(1998)에서는 이러한 요소를 부정소로 부른다. 임홍빈(1998)에서는 '부정소'란 명칭을 편의상 붙인 명칭으로, 품사적인 명칭은 '부정부사'로 부를 수 있다고 설명한 바 있다. 이러한 명칭에는 다소 논란이 있을 수 있다. 그러나 '부정소'를 설정할 수 있는 근거가 있다. 그 까닭은, '아니'의 유형은 부정부사결합형과 '-디 아니ᄒ다'형에 들어 있는 '아니'의 성격이 궁극적으로는 같은 기능을 수행했을 가능성이 있기 때문이다. 또한 체언을 부정하는 '아니다'의 경우도 '이다'와 관련하여 좀더 깊이 있는 분석을 요구하기 때문이다.

궁극적으로 부정부사결합형 부정문1)과 '-디 아니ᄒ다'형 부정문은 15세기 이전에는 같은 구조에서 출발했을 가능성이 높다는 점에서, 부정소

---

1) 앞선 논의에서는 대부분 단형부정문이라는 명칭을 붙였다. 그러나 이러한 명칭의 타당성은 좀더 검증되어야 할 것이다. 왜냐 하면 단형은 부정부사 '아니'라는 어휘 하나가 결합된 부정문이라는 뜻이고, 장형부정은 '-디 아니ᄒ다'라는 보조용언을 결합한 꼴이기 때문에 부정 요소가 길다는 의미에서 붙인 명칭이기 때문이다. 이러한 명칭은 언어 변화의 역사성을 고려한 명칭이라기보다는 편의상 붙인 명칭으로 생각된다.

'아니'를 부정문을 만드는 요소로 이해할 수 있을 것이다.

1.1.1. 체언 부정문 '아니다'

15세기 체언을 부정하는 '아니다'는 명사 자체로 쓰이는 것과 '이다'가 붙어 용언으로 쓰이는 것이 있다.

이 가운데 15세기에 가장 널리 쓰이는 체언 부정문2)은 '-이 아니다'의 구조를 갖는 부정문이다. 이 때, '아니다'에서 '아니'라는 부정 요소를 추출할 수 있는가라는 문제는 궁극적으로 부정소 '아니'를 설정할 수 있는가를 결정하는 중요한 문제가 된다. 이 점에서 15세기에 일반적으로 쓰이던 체언 부정의 사례를 검토해 보자.

> (1) '아니다'에 의해 실현되는 부정문
> ㄱ. 다ᄉᆞᆫ 師子ㅣ 즈갰 모몰 너흐니 갈ᄒᆞ로 바히는 둣 알ᄑᆞ거시ᄂᆞᆯ ᄭᅡ야 니ᄅᆞ샤ᄃᆡ 이 됴흔 ᄂᆞ지 <u>아니로다.</u>(석보 23:26)
> ㄴ. ᄯᅩ 諸佛을 보ᅀᆞᆸ게 ᄒᆞᄉᆞ미 이 져고맛 因緣이 <u>아니시니</u> …(석보 6:15)
> ㄷ. 羅雲의 ᄆᆞᅀᆞ미 여러 <u>아니라</u> …(석보 6:11)

(1ㄱ, ㄴ)과 같은 부정문은 체언을 부정하는 '아니다'가 들어 있는 부정문이다. 이 때 '아니다'를 '아니+이다'로 분석할 수 있는가라는 문제는 박순함(1967)이후 많은 논의가 이루어져 왔다. 그런데 앞선 연구에서는 김동식(1990)에서 정리된 바와 같이, '아니다' 앞에 오는 부정 대상을 어떻게 이해할 것인가에 주로 관심을 쏟았을 뿐, '아니다'의 성격 규정은 다소 관심밖에 있었다. 이 문제는 전적으로 '이다'와 '아니다'를 동일한 품사로 볼 수 있는가라는 문제에서 비롯된 것으로 이해할 수 있는데, 이에 대한 견해는 '이다'와 '아니다'를 묶어 '지정사(잡음씨)'로 설정하려는 견

---

2) 체언부정문과 용언부정문은 부정 대상에 따른 명칭이다. 일반적으로 부사결합형과 '-디 아니ᄒᆞ다'형은 용언을 부정하는 것으로 이해할 수 있고, '아니다'에 의해 실현되는 부정문 은 체언을 부정하는 것으로 이해할 수 있다.

해와 '이다'는 '서술격조사(풀이자리토씨)'로 보고, '아니다'는 '아니+이다'
의 구조로 보는 견해로 나뉘어 있다. 이미 조오현(1996)에서 정리된 바
와 같이, 정인승(1949, 1959), 김승곤(1986) 등에서는 '이다'를 서술
격조사로 인정하고, 이에 대한 근거를 제시한 바 있다.3) 조오현(1996)
에서는 이러한 논의를 바탕으로 '아니다'와의 관계를 논증하고 있는데,
'아니다'와 대립되는 어휘는 '이다'가 아니라, '기다'로 본 바 있다. 곧 '기
다'는 '아니다'가 '아니+이다'로 분석되듯이, '그+이다'의 형태를 갖는 셈
이다.

이러한 논의는 궁극적으로 '아니다'에서 부정을 나타내는 언어 형식으
로 '아니'를 추출할 수 있음을 의미한다. 곧 (1ㄱ-ㄷ)의 [[체언]이 아니
다]는 [[체언]이 [아니] 이다]로 분석될 수 있는 셈이다. 이러한 용례
는 다음과 같이 '아니'가 명사다운 용법으로 쓰이는 사례에서도 뒷받침된
다.

(2) 명사 '아니'
ㄱ. 모든 緣法이 本來 훈 보빗 覺이라 이와 이 <u>아니</u>왜 업수몰 알면 …
(능엄 2: 57)
ㄴ. 훛올 닐어 眞알 나토면 훛과 眞괘 훈가지로 두 훛이니 오히려 眞
과 眞 아니왜 <u>아니</u>어니 엇뎨 見과 所見이리오.(능엄 5: 9)
ㄷ. 두 가지는 精明훈 見元과 왋 緣엣 色과 空과앳 이와 <u>아니</u>왓 두
쁘디라.(능엄 2: 55)

(2ㄱ-ㄷ)의 '아니'는 체언을 부정하는 경우로, 명사다운 성격을 지닌다.
이러한 용법은 안은문 구조에서 [이것이-아니-ㄴ 것]이라는 명사절을 안

---

3) 이에 대해서는 조오현(1996)을 참조할 수 있다. 김승곤(1986)에서 제시한 근거로는
① 말밑상으로 볼 때, 중세어에서나 향가에서 주격조사 '이'와 서술격조사 '이다'가 같으
며, ② '이다'는 다른 모든 조사와 같이 체언 다음에 온다는 점, ③ '이여, 이시여, 이
야, 이야말로, 인들, 이라도' 등의 조사로 발달되어 간다는 점, ④ 다른 조사와 마찬가
지로 조사 다음에도 쓰인다는 점, ⑤ 어미 다음에도 쓰인다는 점, ⑥ 부사 다음에도 올
수 있다는 점, ⑦ 줄어들 수 있다는 점, ⑧ 피동이나 사동이 올 수 없다는 점, ⑨ 서술
어의 어미 다음에나 부사 및 조사 다음에 올 수 있다는 점 등을 들었다.

고 있는 것으로 파악된다. 곧 이를 다시 정리하면 다음과 같이 할 수 있다.

(3) 명사 '아니' 구문의 속구조
　　ㄱ. 이와 이 아니왜 [이것이 아닌 것] 이 업수믈 알면 …
　　　　　　　　　　　　　　　　　　　　　　　　　(능엄 2:57)
　　ㄴ. 오히려 眞과 眞 아니왜 [진이 아닌 것] 이 아니어니 엇뎨 見과
　　　　所見이리오.(능엄 5:9)
　　ㄷ. 緣엣 色과 空과앳 이와 아니왓 [이것이 아닌 것] 과 두 ᄠᅳ디라.
　　　　　　　　　　　　　　　　　　　　　　　　　(능엄 2:55)

(3)의 구조에서 '아니'는 체언을 부정하는 요소로, '이다'가 생략된 구조로 보아도 큰 무리가 없을 듯하다. 그렇다면, 체언을 부정하는 부정문은 '[체언]이 [아니]이다'라는 구조를 갖고 있다고 할 수 있으며, 이 때 '아니'는 '이다'가 붙을 수 있는 명사로 설정할 수 있다.

이와 같이 체언을 부정하는 부정소로 '아니'가 추출될 수 있다면, 서술어를 부정하는 요소인 '아니'와 형태, 의미상 동일한 기능을 갖는 부정의 언어 형식이 존재하는 셈이다. 이러한 점에서 부정문을 이루는 언어 형식으로서 '아니'라는 부정소를 설정할 수 있을 것이라는 가설을 세울 수 있다.

1.1.2. 부정부사 '아니'의 성격

체언 부정문에서 '아니'가 분석되듯이 용언 부정문에서도 '아니'를 분석해 낼 수 있다. 이 때 '아니'는 부정부사결합형과 '-디 아니ᄒᆞ다'형에서 서로 다른 것처럼 인식되는 경우가 많다. 그러나 15세기 부정문에서 두 가지 부정문에 쓰인 '아니'의 성격은 유사성을 갖는다. 이러한 성격을 증명하기 위해 '아니'가 쓰이는 부정문을 정리해 보자.

(4) 부정부사 '아니'의 쓰임

　　ㄱ. 내 이제 느려가 <u>아니</u> 오라 涅槃호리이다.(월석 21:202)

　　・ 내 어미 죽건디 <u>아니</u> 오라니 넉시 어느 趣에 간동 몰라이다.

　　　　　　　　　　　　　　　　　　　　　　　(월석 21:27)

　　・ 滿虛空 金剛神이 各各 金剛杵ㅣ 어니 모딘 둘 <u>아니</u> 저쏘봉리

　　　　　　　　　　　　　　　　　　　　　　　(월석 7:23)

　　・ 비록 善心을 發ㅎ야도 <u>아니</u> 한 더데 즉제 므르느니

　　　　　　　　　　　　　　　　　　　　　　　(월석 21:179)

　　・ 쏘 <u>아니</u> 한 時節 디나니(월석 13:29)

　　ㄴ. 세 버늘 請ᄒ거니 어드리 <u>아니</u> 니르료.(석보 13:46)

　　・ 브리 香樓에 다드라 ᄢ고 <u>아니</u> 브틀쎄 (석보 23:38)

　　ㄷ. 쏘 恭敬 아니터니 죽건디 비록 <u>아니</u> 여러 나리라도 아모 고대 간

　　　　디 모르노이다.(월석 21:27)

　　・ 諸天을 <u>아니</u> 다 니를 ᄲᅮᆫ뎡 實엔 다 왜쩌니라.(석보 13:7)

　　・ 모댓ᄂᆞᆫ 사ᄅᆞᆷ이 疑心을 세 가지로 호디 ᄒᆞᆫ 疑心은 부톄 <u>아니</u> 다시

　　　　나신가 ᄒᆞ고(석보 24:4)

(4)는 부정부사 '아니'가 용언 앞에서 용언을 부정하는 문장이다. (4ㄱ-
ㄴ)은 '아니'가 상태성 용언이나 동작성 용언 앞에서 용언을 부정하는 부
사로 쓰인 용례이다. 이에 비해 (4ㄷ)은 다른 부사 앞에 '아니'가 온 경
우인데, 이러한 구문에서 '아니'가 부정하는 대상은 뒤이어 오는 부사가
아니라, 그 뒤에 오는 용언이다. 곧 (4ㄷ)에서는 '날이다, 니르다, 나시
다'가 부정 대상이 된다. 이와 같은 부정부사는 다음과 같이 체언에 'ᄒᆞ
다'가 붙어 타동사를 파생하는 낱말에서 'ᄒᆞ다' 앞에 놓이기도 한다.

　　(5) [N]-을 [아니] ᄒᆞ다

　　　ㄱ. 阿難이 술보디 … 내 如來 니ᄅᆞ샨 經에 疑心을 아니 ᄒᆞ리도 보며

　　　　　　　　　　　　　　　　　　　　　　　(석보 9:26)

　　　・ 湏達이 닐오디 太子ㅅ 法은 거즛마롤 아니 ᄒᆞ시ᄂᆞᆫ 거시니

　　　　　　　　　　　　　　　　　　　　　　　(석보 6:24)

　　　ㄴ. 그 저긔 龍王이 두리ᄫᅳᆫ 전ᄎᆞ로 殺生 아니 ᄒᆞ며 衆生 보차디 아니

호리라.(월석 7:48)

· 兜率天으로 胎生 아니 ᄒᆞ야 卽時예 正覺ᄋᆞᆯ 일우련마ᄅᆞᆫ

(월석 2:38)

(5ㄱ)은 '아니'가 '[체언]을 -ᄒᆞ다'와 같은 구문에서 'ᄒᆞ다' 앞에 놓여 '-을 ᄒᆞ다'를 부정하는 용법으로 쓰인 셈이다. (5ㄴ)은 조사 '을'이 생략된 것으로 볼 수 있다. (5ㄱ-ㄴ)과 같은 경우, 형태상으로는 '아니ᄒᆞ다'처럼 보이나, '-디 아니ᄒᆞ다'와는 쓰임이 다르다. 다시 말하면, '-을 아니 ᄒᆞ다'는 '-을 ᄒᆞ다'를 부정하지만, '-디 아니ᄒᆞ다'는 한 형태로 녹아들어 '-디'에 속한 용언을 부정하는 셈이 된다. 이 점에서 15세기 부정문에서 '아니ᄒᆞ다'는 두 가지 쓰임새가 있으므로, 나누어 분석해 볼 필요가 있는 셈이다. 그러나 (5ㄱ-ㄴ)과 같이 '-을 아니 ᄒᆞ다'와 같이 '아니'의 독립성이 두드러진다는 점은 '-디 아니ᄒᆞ다'도 부정부사 '아니'와 'ᄒᆞ다'가 융합된 형식일 가능성을 높여준다. 형태상 '아니ᄒᆞ다'는 '아니'와 'ᄒᆞ다'로 분석될 수 있으며, '-디 아니ᄒᆞ다'와 같은 구문도 '-디 아니 ᄒᆞ다'와 같은 구문에서 형성되었을 가능성을 제기할 수 있다는 뜻이다.

15세기 부정문에서 부정소 '아니'는 (4), (5)와 같이 용언을 부정하는 부사이다. 그러나 '-디 아니ᄒᆞ다'에 나타나는 '아니ᄒᆞ다'는 '아니'와 'ᄒᆞ다'가 융합된 보조용언으로 볼 수밖에 없다. 이 점에서 부정부사결합형과 '-디 아니ᄒᆞ다'형 부정문은 서로 다른 부정문으로 이해되어 왔다. 그러나 '-디 아니ᄒᆞ다'에서 '-디'를 명사구문으로 이해하고, '아니ᄒᆞ다'를 '아니+ᄒᆞ다'가 융합된 형식으로 설명할 수 있다면, 부정부사결합형과 '-디 아니ᄒᆞ다'형 부정문은 유사한 성격을 갖는다. 이 점에서 '-디 아니ᄒᆞ다'의 '-디'와 '아니ᄒᆞ다'를 좀더 고찰할 필요가 있다.

1.1.3. -디/-돌 아니ᄒᆞ다

15세기 부정문에 나타나는 '-디 아니ᄒᆞ다'는 동사, 형용사 어간 뒤에 '-디'라는 부정 연결어미를 통합한 뒤 '아니ᄒᆞ다'가 이어난다. 다음과 같은 용법이 있다.

> (6) -디 아니ᄒ다
> ㄱ. 이 經이 文字에 잇-디 아니ᄒ 둘 알며(금강 건 서 6)
> ·受持호미 곧 어렵-디 아니ᄒ 둘 보도다. (금강 건 76)
> ·理 제 그러-티 아니홀씬 (능엄 1:20)
> ㄴ. 소기디 아니ᄒ며 거츠-디 아니ᄒ니 (능엄 2:54)
> ·오디 아니ᄒ며 根에셔 나-디 아니ᄒ며 (능엄 3:3)

(6ㄱ-ㄴ)은 '-디'가 형용사, 동사 어간 뒤에 붙어 '아니ᄒ다'를 잇는 부정
연결어미로 쓰인 사례이다. 이러한 쓰임은 다음과 같이 '-디'가 생략된
뒤 '도'라는 보조조사가 붙어 실현되기도 한다.

> (7) '-디'가 생략된 경우
> ·킈 젹도 크-도 아니ᄒ고 슬히 지도 여위도 아니ᄒ니라. (월석 1:26)
> ·寂滅은 사-도 아니ᄒ며 죽-도 아니홀씨니 (월석 2:16)

이 때 부정 연결어미 '-디'의 기능에 대해서는 송석중(1974) 이후로 깊
은 관심의 대상이 되어 왔다. 앞선 연구에서 '-디'의 성격을 논의한 사례로
는, 송석중(1974), 이승욱(1989)의 연구가 있다. 먼저 송석중(1974)에
서는 현대 국어를 대상으로 부정법의 '-지'와 '-기'가 밀접한 관련이 있음을
제시한 바 있다. 송석중(1974)에서 논의된 것은 다음과 같은 사례이다.

> (8) 송석중(1974)의 '-지'와 '-기'
> ㄱ. 그는 담배를 피우기는 해도 술을 마시지는 않는다.
> ㄴ. 그는 담배를 피우지는 않아도 술을 마시기는 한다.

(8ㄱ-ㄴ)에서 부정문의 '-지'는 '-기'와 통사 기능이 같은 경우가 많다.
이 점에서 (8ㄱ-ㄴ)이 같은 심층구조를 갖는다면, '-기'와 '-지'는 같은
통사 기능을 하는 셈이다. 그러나 송석중(1974)은 '-기'라는 명사성을

드러내는 형태소가 부정문에서 '-지'로 변한다는 설을 취하고 있어, 역사 언어학적인 설명과는 어긋난다. 이 점에서 이승욱(1989)의 논의는 문법 형태소의 역사적 변화 과정을 토대로 한다는 점에서 좀더 진전된 의견을 보이고 있다. 이승욱(1989)에서의 관심사는 부정문보다는 '-기'의 형성 과정에 있었다. 이승욱(1989)의 논점은 '-디' 구성이 부정문에서만 실현 되는 폐쇄적 구성이라는 점을 주목한 뒤, 이러한 폐쇄성은 '-기' 구문도 마찬가지로 나타난다고 설명한다. 곧 '-기' 구성의 폐쇄성은 '-기'가 오는 구문이 대부분 대격이 배당되는 동사절 구성을 취한다는 점이라고 하면 서, '-올/을'을 취하는 '-기' 구성은 '-ㅁ'과 같은 성향을 지니며, '-디'와는 엇갈린다고 보았다. 그러면서도 '-디'와 '-기'는 분포상의 특질에 따라 달 라지기는 하지만, 친근한 관계에 있다고 주장한다.

'-디'와 '-기'의 친근성은 '-기'의 성격과도 밀접한 관련을 맺는다. 명사 형어미 '-기'의 발달은 15세기부터 이루어져 왔는데[4] 이 시기 '-기'는 파 생접미사, 명사형어미로 쓰인다.[5] 그런데 '-디'도 '-기'가 쓰일 자리에 오 는 경우가 자주 발견된다. 다음과 같은 용례가 있다.

(9) '-기' 자리에 오는 '-디'
ㄱ. 내 겨지비라 가져가디 어려볼써 (월석 1:13)
· 化티 어려본 剛强호 罪苦衆生 (월석 21:34)
· 一切 世間앳 信티 어려본 法을 다 듣ᄌᆞᄫᅡ (석보 13:27)
· ᄆᆞᅀᆞᆯ히 멀면 乞食ᄒᆞ디 어렵고(석보 6:23)
· 하ᄂᆞᆯ 뜨든 노파 묻디 어렵거니와 (두시초간 23:9)
ㄴ. ᄀᆞ장 보디 됴ᄒᆞ니라.(박통 상 5)
· 닙디 됴ᄒᆞ며 먹디 됴ᄒᆞ며 쓰디 됴ᄒᆞᆫ 거시 (칠대 14)
· 붇 그테 다 스디 어려우니 (박통 상 69)

---

4) 이에 대해서는 허웅(1983) 635~637을 참조할 수 있다. 허웅(1983)에서는 파생의 가 지에서 씨끝으로 변화해 온 형태소로 보았다.
5) '활 소기 비홈(원각 상 1-1:112), 오직 절ᄒᆞ기를 ᄒᆞ야(석보 19:30), 몰보기를 아니ᄒᆞ며 (월석 1:26)'과 같은 경우 '-기'는 파생접미사처럼 보인다. 그런데 15세기부터 '-기'는, '겨집 出家ᄒᆞ기를 즐기디 말라 (월석 10:18), 쳔랴이 그지 업고 布施ᄒᆞ기를 즐겨 (석보 6:13)'과 같이 명사형어미로 쓰이는 경우가 자주 나타난다.

- 이 무리 엇디 이리 잡디 어려우뇨.(노걸 상:45)
- 혀디 어렵다.(노걸 하:66)
- 유무ᄒᆞ디 하 슬컨마ᄂᆞᆫ 덕토라.(무덤편지 69)

ㄷ. 하ᄂᆞᆯ히 갠 져근 城에셔 깁디 호ᄆᆞᆯ 쉴리ᄒᆞ고 (두시초간 10:27)

(9ㄱ)은 '-기'가 올 수 있는 자리에 '-디'가 온 경우이다. 허웅(1983)에서도 이 경우는 이름법으로 처리한 바 있다. (9ㄴ) 16세기 이후의 자료이다. 이러한 용법은 15세기보다 더 자주 나타나는데, 그 까닭은 '-기'와 '-디'의 유사성에 대한 유추작용에서 비롯된 것으로 보인다. (9ㄷ)은 부사형어미에 가깝다.6)

이와 같이 '-기'와 '-디'가 유사성을 갖고 있음은, 문법형태소가 형성되는 과정을 연구한 사례에서도 나타난다. 이를 검증한 앞선 연구로는 전정례(1995), 정재영(1996) 등이 있다. 특히 전정례(1995)에서는 '-디'가 매인이름씨 'ᄃᆞ'의 결합체였음을 비교적 체계적으로 논의한 바 있다. 이에 따르면 'ᄃᆞ', 'ᄉᆞ'는 기원적으로 '장소', '시간'을 나타내는 위치(처소)명사로 알려지고 있는데, 그 의미 영역이 넓어져 일반 사물을 지칭하게 되었으며, 추상성도 매우 높은 명사라고 설명한다. 또한 단독형으로 쓰이기보다는 중세국어에서 여러 가지 형태의 곡용형들이 화석화하여 발전하였으며, 'ᄃᆞᆫ-ᄉᆞᆫ, 디-시, ᄃᆞᆯ-ᄉᆞᆯ, ᄃᆞ-시'의 대응형이 나타난다. 이 글에서는 또한 'ᄃᆞ', 'ᄉᆞ'가 문법형태소로 변화해 가는 과정을 정밀히 나누어 다섯 단계의 특성을 보이는 것으로 설명한다. '-디'의 경우는 이 단계가 모두 나타나는데 이를 소개하면 다음과 같다.

---

6) '-기'가 '-디'와 마찬가지로 부사형어미로 쓰이는 경우는 17세기 이후에 나타난다. 다음과 같은 사례가 있다.
　　·도적기 둘러셔 보고 크기 놀라 감히 해티 몯ᄒᆞ더라.(동국신속 9:효자 8~80)
　　·일즉 달셩의 딘 텻더니 … 소래 칼ᄂᆞᆯ흘 분발ᄒᆞ여 크기 블너 ᄀᆞ오더(동국신속 충신 10)
이러한 쓰임새는 '-기'와 '-게'의 음운적 유사성에 따른 유추라고 보이는데, 유사한 형태로 15세기 '-이'가 어찌씨끝으로 쓰인 사례와도 비교된다. 예를 들어, '빗기 비취샨더라(선종전 1), 불기 아라 제 닐오더(능엄 1:21), 물기 가야 이 象이 ᄀᆞᄃᆞ면(능엄 2:29)'에 나타나는 '-기'는 '빗그+이, 묽+이, 붉+이'로 분석될 수 있으나, 형태상 '-기'와 유사성을 갖는다.

(10) 전정례(1995)에서의 '-디'의 문법화

ㄱ. 아줄ᄒᆞ야 모ᄅᆞ논 디 어린 아희 ᄀᆞᆮ도다.(남명 하 :30)
· 覺이 거스논 디 아니며 (원각 서:61)

ㄴ. 현맛 劫을 디난 디 모ᄅᆞ리로소니 (월석 14:9)
· 나ᄂᆞᆫ 뉘 正히 디 뉘 갓ᄀᆞᆫ 디 아디 몯ᄒᆞ노이다.(능엄 2:12)

ㄷ. 妻眷 ᄃᆞ외얀 디 三年이 몯 차 이셔
· 아돌와 여희연 디 쉬나ᄆᆞᆫ ᄒᆡ로더 (법화 2:189)

ㄹ. 반ᄃᆞ기 볼고몰 보디 몯 ᄒᆞ리로다.(능엄 2:100)
· ᄒᆞ리디 아니ᄒᆞ며 싀디 아니홀ᄉᆡ (원각 서:3)

ㅁ. ᄆᆞᅀᆞᆯ 멀면 乞食ᄒᆞ디 어렵고 (석상6:23)
· 내 거지비라 가져가디 어려ᄫᅳᆯᄊᆡ (월석 1:13)

(10ㄱ-ㄷ)은 통사론적 구성으로 의존명사 'ᄃᆞ'가 출현할 수 있는 곳이다. 이 점에서 전정례(1995)의 '-디' 문법화 과정은 '-온디/온더〉-ㄴ디/ㄴ더〉-디/더' 구문으로의 변화 양상으로 정리될 수 있는데, 이와 같은 변화과정은 통사론적 구성이 형태론적 구성으로 변화하는 과정상 타당성이 매우 높다.[7] 이 가운데 더욱 주목되는 것은 (10ㄹ-ㅁ)이다. 왜냐 하면 부정문을 실현하는 '-디, -둘'이 'ᄃᆞ'의 문법화 과정을 거친 형태소이며, 궁극적으로 '-디 아니ᄒᆞ다'에서 '-디'는 명사성을 갖고 있음을 확인할 수 있기 때문이다.

이와 같은 논의를 정리하면, '-디 아니ᄒᆞ다'에서 '-디'는 본래 명사절(혹은 도막)을 이루었던 것이 '-디 아니ᄒᆞ다'라는 부정 형식으로 융합되면서 명사성을 상실하게 된 것으로 판단된다. 이는 곧, '-디 아니ᄒᆞ다'가 성립될 수 있는 문장은 궁극적으로 '〔-ᄒᆞ는 것〕 이/을 ᄒᆞ다 : 〔-ᄒᆞ는

7) 이에 대해서는 전정례(1994), 백두현(1997) 등을 더 참고할 수 있다. 특히 백두현(1997)에서는 전정례(1994)에서 제시한 '-오디'구문의 변화 양상을 구결자료에서 확인해 주고 있다. 이 점에서 '-온디〉-오더'의 변화와 유사한 성격을 지니는 형태소가 제법 많이 발견된다는 점도 흥미로운 일이다. 예를 들어 '만도〉마도', '현맛〉현마'와 같은 조사나 어휘 변화도 이러한 유형으로 설명할 수 있을 것이다. 또한 'ᄃᆞ'이 이어지는 보조용언에서 관형형어미가 생략되는 예는 16세기 이후에 폭넓게 나타난다. 예를 들어 '잇ᄃᆞ며, 셤기기 ᄃᆞᄒᆞ며'와 같은 꼴은 16세기 부정법에서 다시 논의할 사항이 될 것이다.

것] 이/을 아니 ᄒ다'의 대립을 갖는 것으로 볼 수 있음을 의미한다.8)
이 때, '아니 ᄒ다'의 성격은 본용언의 성격에 따라 달라질 수 있다. 곧
(6ㄱ)과 같이 상태성 용언를 부정하는 '-디 아니ᄒ다'의 경우는 부정문에
서도 상태성을 띠게 되며, (6ㄴ)과 같이 동작성을 띤 용언를 부정할 경
우 '-디 아니ᄒ다'는 동작성을 띠는 것으로 볼 수 있다.9) 이를 토대로 '-
디 아니ᄒ다'를 정리하면 다음과 같다.

(11) '-디 아니ᄒ다' 부정문의 성격
ㄱ. [-ᄒ는 것] 을 ᄒ다 : [-ᄒ는 것] 을 '아니' ᄒ다
ㄴ. [- ᄒ는 것] 이 그러ᄒ다 : [-ᄒ는 것] 이 '아니' 그러ᄒ다

(11)과 마찬가지로 15세기 부정문에 나타나는 '-둘 아니ᄒ다'에서의
'-둘'도 같은 맥락에서 이해할 수 있다. 이러한 부정문은 '-디 아니ᄒ다'
에 비해 현저히 적은데, 이 때의 '-둘'도 명사절을 이룬다.

---

8) 더욱이 부정문에서 '-디'와 '-기'는 서로 교체될 가능성도 있다. 예를 들어 '다ᄅᆞᆫ디 쓰기를
아니ᄒ노라(번소 8:39)→ 다ᄅᆞᆫ 디 쓰디 아니ᄒ노라(소학 5:117)'은 '-기를 아니ᄒ다'가
'-디 아니ᄒ다'로 교체된 사례라는 점에서 흥미롭다. 15세기에는 이러한 교체가 나타나지
않는데, 이는 명사형어미 '-기'가 16세기 이후에 발달했다는 점에서 당연한 결과이다. 그
렇기 때문에 '-기〉-디'로의 직접적인 변화가 있었다는 설명은 성립하기 어렵다. 또한 그
반대로 '-디〉-기'로 변화했는가도 자료를 통해 검증하기는 어렵다. 다만 '-디'의 명사다운
성격을 고려한다면 변화 가능성은 있는 셈이다.
9) 이러한 특성을 고려한다면 현대 국어에서 부정부사가 결합될 수 없는 부정문인데도, '-지
아니하다'는 쓰일 수 있는 구문이 분석될 수 있다. 예를 들어,

ㄱ. 돈이 없다.
ㄴ. 돈이 *안 없다.
ㄷ. 돈이 없-지/ [돈이 없는 것] -않다

에서 ㄴ은 '안'이라는 부정부사가 부정의 의미를 갖는 '없다'를 꾸미기 때문에 성립되기 어
렵지만, ㄷ은 '것이'라는 성격을 띠기 때문에 성립될 수 있는 것이다. 이러한 이유에서
부정소가 다른 부정어를 꾸미는 것도 현실적으로 가능하지 않다. 곧 '*안/못 없다. *안/
못 아니하다/못하다' 와 같은 이중부정문은 존재하지 않는다.

(12) -둘 아니ᄒ다
    ㄱ. 눔 더브러 ᄃ토ᄃ 아니 ᄒ노이다.(석보 11:34)
    ㄴ. 업시오ᄃ 아니 ᄒ노니 (석보 19:29)

(13) '-둘'의 명사다운 용법
    그러나 藥을 주어늘 먹ᄃ 슬히 너기니 (월석 17:20)

(12ㄱ)은 'ᄃ토지를(다토는 것을)'로 해석할 수 있으며, (12ㄴ)은 '업신 여기는 것을'로 해석할 수 있다. 이 때 '-둘'도 의존명사 'ᄃ'가 결합된 문법형태소로 볼 수 있다는 점은 전정례(1995)에서도 논의된 바 있다. 따라서 '-둘 아니ᄒ다'에서도 '[-ᄒ는 것]을 아니 ᄒ다'라는 부정 형식을 도출해 낼 수 있다. 특히 '-둘'이 붙는 경우는 '-디'와는 달리 상태성 용언를 취하지 않는다는 점에서, '-둘'이 'ᄃ+올'에서 왔을 가능성을 높여준다. (12)~(13)의 용법에서도 'ᄃ토다, 업시오다, 먹다'는 동작성을 띨 뿐, 상태성을 띠지는 않는다. 곧 타동성을 띤 본용언을 '-둘'이라는 형식으로 부정문을 만드는 것이다.

1.2. 부정소 '몯'의 성격

'몯'에 의해 실현되는 부정문에서는 '아니'와는 달리 체언 부정은 존재하지 않는다. 이는 15세기 '아니'가 명사다운 용법으로 쓰인 점을 미루어 볼 때, 체언의 성격일 띤 '아니'와 부사성만을 띤 '몯'이 서로 다른 의미의 부정소였기 때문일 것이다.

부정소 '몯'의 설정도 부정문에 나타나는 '몯'에 나름대로의 공통점이 있기 때문에 가능하다. '몯'은 부정부사로 용언 앞에서 용언를 부정하거나 '-디 몯ᄒ다'와 같이 보조용언으로 쓰인다. 그러나 부정부사 '몯'과 보조용언 '몯ᄒ다' 사이에는 유사성이 존재한다.

1.2.1. 부정부사 '몯'

부정부사 '몯'은 동작성 용언 앞에서 용언을 부정한다. 그 까닭은 '몯'이 갖는 중심의미가 능력의 유무를 전제로 한 부정을 드러내기 때문으로 보인다. 그러나 15세기의 '몯'은 반드시 동작성 용언 앞에 오는 것만은 아니다. 때로는 상태성 용언에 앞서 '당연히 그러해야 하는데 그렇지 못함'을 부정하는 경우도 있다. 다음과 같은 쓰임새가 보인다.

(14) 부정부사 '몯'의 용법

ㄱ. 生과 滅와 두 가짓 妄塵을 因ᄒᆞ야 아로ᄆᆞᆯ 모도아 中에 이셔 … 가져 보며 드로미 流의 몯 미츤 짜해 逆流호ᄆᆞᆯ 일후미 아논 性이니 (능엄 3:15)

· 네 이제 보ᄂᆞᆫ다. 몯 보ᄂᆞᆫ다.(능엄 1:83)

· 몯 아ᄅᆞ든 ᄊᆡ리 惺惺히 ᄒᆞ야 (몽산 21)

ㄴ. 이 한 恒河ㅅ 몰애 하려 몯 하려.(금강 건 62)

· 布施ᄒᆞ면 福 得호미 하려 몯 하려(금강 건 62)

· 恒河돌해 잇는 몰앳 數ᄅᆞᆯ 佛世界ᄅᆞᆯ 가ᄌᆞᆯ비면 하려 몯 하려.
(금강 곤 119)

ㄷ. 迦葉ᄋᆞᆯ 외다 호ᄃᆡ 慈悲心ᄋᆞᆯ 두ᄃᆡ 너비 몯 ᄒᆞ야 가ᄉᆞ며닐 ᄇᆞ리고 艱難ᄒᆞ닐 조차 (능엄 1:35)

· 너 須陁洹이 비록 여스시 스로ᄆᆞᆯ 得ᄒᆞ나 ᄉᆞᆫ직 ᄒᆞ나ᄒᆞᆯ 업게 몯 ᄒᆞ니라.(능엄 4: 105)

· 드디 아니 ᄒᆞ니 여스시 스로ᄆᆞᆯ 得호ᄃᆡ 오히려 法執에 걸이니 이 ᄒᆞ나ᄒᆞᆯ 업게 몯 호미라.(능엄 4: 106)

부정부사 '몯'은 (14ㄱ)과 같이 주로 동작성 용언을 부정한다. 간혹은 (14ㄴ)과 같이 상태성 용언 앞에 오기도 하는데, 그 용례는 많지 않다. 그렇지만 (14ㄱ-ㄴ)은 모두 부정부사 '몯'의 성격이 부사로서 기능한다는 사실을 확인해 준다. 또한 (14ㄷ)은 '너비 ᄒᆞ다, 업게 ᄒᆞ다' 사이에 '몯이 놓여 부사로 기능함을 보여준다.

부정부사 '몯'은 'ᄒᆞ다' 앞에서 'ᄒᆞ다'를 부정하기도 하는데, 이러한 구문은 '-을/미 몯ᄒᆞ다'라는 형식을 취한다. 다음과 같은 예가 있다.

(15) [N] 을/미 몯 ᄒᆞ다

ㄱ. 一心ᄋᆞ로 드로 닐그며 말다히 修行호ᄆᆞᆯ 몯 ᄒᆞ니 (석보 19:25)

· 須菩提여 조ᅀᆞᄅᆞ외요ᄆᆞ로 니ᄅᆞ건댄 이 經이 어루 思議 몯 ᄒᆞ며 어루 稱量 몯 홀 無邊ᄒᆞᆫ 功德이 잇ᄂᆞ니 (금강 곤 93)

· 내 無量衆生ᄋᆞᆯ 滅度호라 ᄒᆞ면 곧 菩薩이라 일훔 몯 ᄒᆞ리니 (금강 곤 113)

ㄴ. ᄆᆞᅀᆞᆷ 내요미 몯 ᄒᆞ리니 (금강 건 84)

· 이럴ᄊᆡ 부톄 菩薩ㅅ ᄆᆞᅀᆞ믄 色애 住ᄒᆞ야 布施호미 몯 ᄒᆞ리라 니ᄅᆞᄂᆞ니(금강 건 84)

· 또 非常法 업수믄 般若 波羅蜜法 업다 닐오미 몯 ᄒᆞ리니 (금강 건 37)

ㄷ. 香象ᄋᆞᆫ 뭇 힘센 象이니… 히미 雪山앳 ᄒᆞᆫ 白象만 몯 ᄒᆞ고 (월석 7:76)

· 四天下애 ᄀᆞ독ᄒᆞᆫ 보ᄇᆡ롤 어더도 부텨 向ᄒᆞᅀᆞᄫᅡ ᄒᆞᆫ 거름 나ᅀᅩ거름만 몯 ᄒᆞ니라. (석보 6:20)

ㄹ. 光明도 업스며 ᄂᆞ라ᄃᆞᆫ놈도 몯 ᄒᆞ며(월석 1:42)

· 大愛道ㅣ 드르시고 ᄒᆞᆫ 말도 몯 ᄒᆞ야 잇더시니 (석보 19:25)

(15)에 나타나는 '몯'은 'ᄒᆞ다'를 부정하는 경우로, '몯ᄒᆞ다'가 한 낱말처럼 보이기도 한다. 그러나 이 경우는 '몯'이 생략되면 긍정문이 된다는 점에서, '몯'이 부정소로 기능함을 보여준다. 이 경우 의미상으로는 '[-ᄒᆞ는 것]을 몯 ᄒᆞ다'라는 구조가 된다. (15ㄱ)은 문장짜임새에서도 이 구조에 적합하며, (15ㄴ)은 '-ㅁ+이'로 분석되나 의미상으로는 (15ㄱ)과 같다. 곧 '내요미 몯 ᄒᆞ리니'는 '내욤을 몯 ᄒᆞ다'로 풀이할 수 있고, '닐오미 몯 ᄒᆞ리니'는 '닐옴을 몯 ᄒᆞ다'로 풀이할 수 있다. (15ㄷ)은 비교의 뜻을 갖는 경우로 '백상, 나ᅀᅩ거름'과 같은 명사절을 비교 대상으로 삼는다. (15ㄹ)도 'ᄂᆞ라ᄃᆞᆫ놈을 몯 ᄒᆞ다, 말을 몯 ᄒᆞ다'로 풀이될 수 있다는 점에서 '몯ᄒᆞ다'에서 '몯'이 부사로 분석될 수 있다.

1.2.2. -디/-둘 몯ᄒ다

15세기 '몯' 부정문에서 '-디/-둘 몯ᄒ다'는 용언 어간에 붙는 부정보조용언이다. 이때 '-디/-둘몯ᄒ다'는 부정부사 '몯'과는 달리 동작성 용언이나 상태성 용언을 모두 취할 수 있다. 다음과 같은 예를 살펴보자.

> (16) '-디/-둘 몯ᄒ다'의 용법
> ㄱ. 곧 두리본 므ᅀᅳ미 <u>正티</u> 몯ᄒ야 됴쿠즈믈 묻그리ᄒ야
> (석보 9:36)
> · 世尊하 믈읫 衆生이 信根이 <u>ᄀᆺ디</u> 몯ᄒ야 諸佛ㅅ 甚히 기픈 힝뎍
> 니르거시든(석보 9: 27)
> · 므술히 멀면 乞食ᄒ디 어렵고 하 갓가녕면 <u>조티</u> 몯ᄒ리니
> (석보 6:24)
> · 王 달오믈 자바 會 다ᄅᆞᆫ가 疑心호미 <u>올티</u> 몯ᄒ니라.
> (능엄 1:17)
> · 잇디 아니ᄒ면 <u>븕디</u> 몯ᄒ논 젼ᄎ로 (능엄 1:77)
> ㄴ. 虛와 實와롤 <u>골히디</u> 몯ᄒ며 (능엄 2:2)
> · 四大롤 <u>노기디</u> 몯ᄒ실ᄊᆞ (능엄 5:74)
> · 能히 <u>더러이디</u> 몯ᄒ며 어드우미 能히 어듭긔 몯호몰 니르샨 性
> 淨明이오 (능엄 1:97)
> · 오직 世人이 제 性 <u>보디</u> 몯호몰 爲ᄒ샤 (금강 건 서 5)

부정부사 '몯'이 주로 동작성 용언 앞에 놓여 어떤 행위를 부정하는데 비해, '-디 몯ᄒ다'는 상태성 용언을 어간으로 취한 뒤, 보조용언을 붙일 수 있다는 점에서 좀더 폭넓게 쓰인다. (16ㄱ)은 '-디'가 '正ᄒ다, ᄀᆺ다, 좋다, 옳다, 븕다'와 같은 상태성 용언에 쓰인 경우이다. 이러한 경우 부정부사 '몯'을 앞세운 부정문은 발견되지 않는다. 반면 (16ㄴ)은 '골히다, 녹이다, 더러이다, 보다'와 같은 동작성 용언을 어간으로 취한 부정문이다. 이러한 경우는 부정부사 '몯'을 앞세워 표현할 수도 있다. 예를 들어 다음과 같은 경우를 살펴보자.

(17) 상태성 용언 부정

ㄱ. 性 보미 <u>두렵디 몯홀씬</u> (능엄 3:62)

ㄴ. 아로미 <u>붉디 몯ᄒ거든</u> (몽산 13)

ㄷ. 져근 구무 밍ᄀ로매 … 이 ᄠᅳ디 <u>올티 몯ᄒ니라.</u> (능엄 1:17)

(18) 동작성 용언 부정

ㄱ. 터럭만 듣글만 심거도 受혼 福利를 <u>가줄비디 몯ᄒ리라.</u>

(월석 21:144)

· 곳 가온ᄃᆡ마다 … 비취샤 몯 <u>가줄비ᄉᆞᄫᅳ리러니</u> (월석 21:5)

ㄴ. 눕 爲ᄒ야 사겨 <u>니르디 몯ᄒᄂ니라.</u>(금강 곤 97)

· 婢子ㅣ 對答호ᄃᆡ 罪苦ㅅ 이론 ᄎᆞ마 <u>몯 니르리</u>로다.

(월석 21:58)

ㄷ. ᄒ다가 秘嚴을 여디 아니 ᄒ시면 <u>듣디 몯홈</u>과 달오미 업슨 젼ᄎ로 (능엄 5:30)

· 네 이제 듣ᄂ다, <u>몯 듣ᄂ다.</u>(능엄 4:125)

(17ㄱ-ㄷ)에 나타나는 상태성 용언 '두렵다, 붉다. 옳다'는 (18)과 같이 부정부사 '몯'을 앞세워 부정문을 만드는 경우가 발견되지 않는다. 다만 (14ㄴ)의 '하다'와 같이 일부 형용사에만 부정부사 '몯'이 결합된 용법이 나타나는데, 이러한 용법은 특수한 사례로 보아야 할 것이다. 이 점을 고려한다면, '몯' 부정문은 '아니' 부정문과는 달리, '몯'이 놓이는 제약이 심하다고 할 수 있다. 물론 이러한 제약은 의미상의 제약에 의한 것으로 보아야 할 것이다.10) 그러나 '-디 몯ᄒ다'의 구조로 바뀔 경우 '몯' 부정문에 앞서는 어휘상의 제약이 대부분 해소된다. 이러한 경향은 '-디 아니ᄒ다'와 마찬가지로 '-디 몯ᄒ다'에서 '-디'가 명사성을 띤 요소에서 비롯되었기 때문으로 판단된다.

'-디 몯ᄒ다'의 '-디'가 명사성을 띤다는 점은 '-디 아니ᄒ다'의 논의와

---

10) 형용사를 부정하는 요소는 '아니'이다. 이는 '몯'이 〔능력, 평가, 당위〕를 뜻하기 때문에, 〔상태, 성질〕을 나타내는 형용사는 능력이나 평가, 당위적인 판단의 대상이 되지 않는다. 이러한 점은 현대 국어에서도 마찬가지로 나타난다. 예를 들어 '그는 기뻤다.'를 지울 때, '그는 안 기뻤다.'는 생성될 수 있지만, '*그는 못 기뻤다.'는 생성될 수 없다.

같은 맥락에서 이해할 수 있다. 곧 15세기 '-디'가 명사형어미 '-기'와 서로 교체될 수 있는 용법이 발견된다는 점, 형태상 '-디'는 '드+이'에서 비롯되었을 가능성이 높다는 점 등에서 '-디 몯ᄒ다'의 '-디' 구문도 본래 명사다운 성격을 지녔을 것이라는 점은 의심할 여지가 없다. 곧 '-디/-돌 몯ᄒ다' 구문에서 '-디/돌'은 의존명사절에서 부정 구문으로 변화해 온 것으로 볼 수 있으며, 이러한 경향은 전정례(1995), 정재영(1996)의 논의에서도 이미 이루어진 바 있다. 이를 토대로 '-디/-돌 몯ᄒ다' 부정문의 성격을 분석한다면 다음과 같이 정리될 수 있다.

> (19) '-디/-돌 몯ᄒ다'의 성격
> ㄱ. [-ᄒ는 것]을 ᄒ다 : [-ᄒ는 것] 을 '몯' ᄒ다
> ㄴ. [-ᄒ는 것] 이 그러ᄒ다 : [-ᄒ는 것] 이 '몯' 그러ᄒ다

(11)과 (19)에 제시된 바와 같이, '-디/-돌 아니ᄒ다/몯ᄒ다' 부정문이 '아니, 몯'이 결합된 부정문에 비해 폭넓게 쓰일 수 있는 가능성은 부정문의 통사구조가 다르기 때문으로 해석된다. 곧 부정부사결합형이 단순히 용언 앞에서 용언을 부정하는데 비해, '-디 아니ᄒ다'형은 (11),(19)와 같은 구조를 갖기 때문에 부사가 결합될 수 없는 경우에도 성립될 수 있는 것이다. 이러한 경향은 '없다'에 대한 부정이나[11], 상태성 용언에 대한 '-디 몯ᄒ다' 부정문에서 충분히 검증된다.

---

11) 15세기 '없다'를 부정하는 용례는 '업-디 아니ᄒ다, 업-디 몯ᄒ다, 업수미 아니다'로 나타난다. 이는 '없다'가 이미 부정의 뜻을 강하게 갖는 어휘라는 점에서도 비롯되는 것이지만, 상태성을 띤 낱말이어서 부정부사 '아니, 몯'이 결합되지 못하고, '업-디 아니ᄒ다/몯ᄒ다' 혹은 '업숨이 아니다'로 표현되는 것이다.

1.3. '-디/-돈/-둘'의 융합

보조용언과 결합하는 '-디/-돈/-둘'이 '[~ᄒᆞ는 것]이/온/올'의 의미를 갖는다는 점은 이 형태소가 의존명사 'ᄃᆞ'와 '이/온/올'의 융합으로 이루어졌음을 시사한다. 융합이란 두 개 이상의 요소가 굳어져 하나의 기능을 수행하는 현상을 말한다. 이 점에서 부정문을 구성하는 '-디/-돈/-둘'의 성격도 좀더 고찰해 볼 필요가 있다.

'-디/-돈/-둘'이 의존명사 'ᄃᆞ'가 융합된 형태소일 가능성이 높다는 점은 부정문의 의미 구조가 명사다운 성격을 유지한다는 점에서 비롯된 것이다. 그런데 '-디'는 'ᄃᆞ'가 붙어 형성된 다른 문법형태소와는 많은 차이점이 있다. 이러한 문제는 정재영(1996)에서 논의된 'ᄃᆞ'의 문법화 목록과 '-디'를 견주어 보면 확연히 드러난다.

(20) 정재영(1996)에서의 'ᄃᆞ'의 문법화
ㄱ. 주격 : [[[-ㄴ, ㄹ] # ᄃᆞ] + ㅣ]
ㄴ. 대격 : [[[-ㄴ, ㄹ] # ᄃᆞ] + 올]
ㄷ. 처격 : [[[-ㄴ, ㄹ] # ᄃᆞ] + 익]
ㄹ. 조격 : 이런ᄃᆞ로(〈 [[[이런] # ᄃᆞ] + 로]
ㅁ. 주제표지 : [[[-ㄴ, ㄹ] # ᄃᆞ] + 온]
ㅂ. 계사 : [[[-ㄴ, ㄹ] # ᄃᆞ] + 이]

(20ㄱ-ㅂ)에 나타난 'ᄃᆞ'의 문법화 과정은 의존명사 'ᄃᆞ' 앞에 명사를 꾸미는 관형형어미가 들어 있다는 점이다. 이에 비해 부정문의 '-디'는 관형형어미가 들어 있지 않다. 따라서 '-디'는 'ᄃᆞ'와 무관한 것처럼 생각될 가능성이 높다.

이러한 점에서 문법화 과정에서 관형형어미가 녹아들 가능성이 있는가와 녹아든다면 왜 녹아들게 되는가라는 문제가 해결되어야 할 과제로 남는다.

먼저, 관형형어미가 녹아들 가능성은 앞의 (10)에서 논의된 바와 같

이, 다른 문법형태소에서도 확인된다. 곧 'V- [[(-ㄴ,ㄹ)#ᄃ]+이] 〉
V-[ᄃ+ㅣ]'로의 축약이 이루어질 수 있는 것이다. 이러한 가능성을 제
기한 전정례(1994, 1995)는 문법 형태소의 융합 과정에서 관형형어미
가 녹아듦을 확인할 수 있다는 점에서 매우 획기적인 것이라 하겠다. 이
는 15세기 부정문의 짜임새에서 '-디/둘'의 의미가 '[[-ᄒ는 것]이/을 아
니/못 ᄒ다]'로 해석될 수 있다는 점에서도 타당성을 얻는다. 이 점에서
융합 과정을 통해 형성된 문법 형태소는 일반적인 어휘화와는 달리, 기
존의 문법적 특징을 완전히 탈피하지는 않는 것으로 보이는데, 부정문의
'-디'로 명사다운 성격을 그대로 유지한다.

1.4. '말다'의 성격

부정의 요소가 결합되지 않고, 용언 자체가 부정문을 구성하는 경우가
있다. 용언 '말다'가 결합된 부정문이 그 경우이다. '말다'는 어휘 자체로
[不, 罷, 休, 辭, 捨]와 같은 의미를 갖는다. 어휘 '말다'가 쓰인 경우로
다음과 같은 예를 들 수 있다.

(21) [不, 罷, 休, 辭, 捨] 를 언해한 '말다'
ㄱ. 楞嚴에 니른샨 가줄비건댄 平人이 妄量으로 帝王이로라 일쿧다
    가 제 쥬구믈 取텻ᄒ니 삼가디 마로미 올ᄒ녀 = 楞嚴 少尉 譬
    如平人이 自稱帝王ᄒ다가 自取誅滅텻ᄒ니 可不慎哉아.
                                                      (법화 7:157)
ㄴ. 싸히 幽深ᄒ니 늦 시스며 머리 비수믈 믓고 손 오나놀 거믄고
    놀며 글 닐구믈 마로라 = 地幽忘盥櫛客至罷琴書.
                                                      (두시초간 22:10)
ㄷ. 즈믄 지비 오직 싸홀 쓸오 門 닫고 사르미 이롤 말오 잇도다 =
    千室但掃地關人事休(두시초간 10:21)
ㄹ. 노폰 虛空애셔 蹢躅호믈 어드니 뎌론 프레 구믈어류미 마도다
    = 高空得蹢躅短草猶蜿蜒(두시초간 17:7)
ㅁ. 功을 일우고 잇는 디롤 일토소니 쓰며 마로미 ᄌ모 어디도다 =

功成失所用捨何其賢(두시초간 17:8)

(21ㄱ-ㅁ)은 '不/否, 罷, 休, 辭, 捨'에 해당하는 한자를 '말다'로 언해한 경우이다. (21ㄱ)은 '말다'가 '아니'와 같은 의미로 쓰인 경우이며, (21ㄴ)의 '罷'는 '그만두다'라는 뜻으로, (21ㄷ)의 '休' 역시 '그만두다'로, (21ㄹ)의 '辭'는 '사양하다, 물러나다', (21ㅁ)의 '捨'는 '버리다'의 뜻을 갖는다. 이와 같은 점을 고려한다면, '말다'의 공통된 의미는 [+중단]이 라고 할 수 있다. 이와 같은 '말다'의 [+중단]이라는 의미가 '-디 아니ㅎ 다/몯ㅎ다'라는 부정문 구조로 유추되면서, '-디 말다'라는 부정문을 만들 어 낸다.

　이와 같이 '-디 말다'가 만들어내는 부정문은 특별한 부정소가 없이 용 언 자체가 부정의 뜻을 갖는다. 이는 변형 생성 문법에서 '부정어 삽입규 칙(Negative Insertion)'에 따라 부정문이 생성되는 영어와는 달리, '말다'라는 어휘에 의해 부정문이 이루어진다.12) 이 점을 고려하여, '-디 말다'를 '-디 아니ㅎ다/몯ㅎ다'에 기대어 하나의 부정 요소로 설정하고자 한다.

1.5. 정 리

　15세기 부정문에서 부정소 '아니'는 명사, 부사, 보조용언에 쓰였다. 또한 '몯'은 부사와 보조용언에 쓰이며, 본래 부정 요소가 없던 '말다'는 '-디 말다'의 구조에 유추되면서 부정을 실현한다. 이러한 논의를 종합하 여, 15세기 부정문에 나타나는 부정소를 다음과 같이 정리할 수 있다.

---

12) 윤만근(1997)에서는 '부정어 삽입 규칙'에 의해 생성된 영어 부정문을 설명하고 있다. 이 규칙에 의하면, 긍정 서술문에서 첫째 조동사 또는 본동사 be 다음에 부정어 not을 삽입하고, 조동사 또는 본동사 be가 없을 경우에는 do를 지원해 주는 것으로 설명한다. 이러한 부정문은 영어의 경우 명령문에도 그대로 적용되나, 우리말에서는 명령문에서의 부정은 지움소 대신 '-지 말다'가 대신한다.

(22) 15세기 부정문에 나타나는 부정소
　ㄱ. 아니 ┌ 명사 : 〔 〕이 아닌 것
　　　　　 ├ 부사 : 용언 부정
　　　　　 └ 보조용언 : -디/-둘 아니 ᄒ다 〔ᄒᄂᆫ 것〕이/을 -〔아
　　　　　　　　　　　　　　　 니〕-ᄒ다

　　　　　 ┌ 부사 : 용언 부정
　ㄴ. 몯 ┤
　　　　　 └ 보조용언 : -디/-둘 몯 ᄒ다 〔ᄒᄂᆫ 것〕이/을 -〔몯〕 - ᄒ다

　ㄷ. 말다 : -디 말다

2. 15세기 부정문의 통사론적 특성

2.1. 의향법 제약

　부정문의 통사적 특징은 다른 문법 범주와의 제약 현상을 통해 확인될 수 있다. 이 점은 김승곤(1998)에서 제기된 바 있는데, 그 가운데 의향법에서는 명령문과 청유문에서 제약이 심하다.[13] 이와 같은 제약 현상은 긍정의 기저문에서 비롯되는 것일 수도 있고, 부정소가 결합할 수 없는 조건 때문에 비롯된 것일 수도 있다.

2.1.1. 체언 부정문 '아니다'

　체언 부정에 나타나는 '아니+이다'는 서술법, 의문법에 두루 쓰일 수

---

13) 의향법은 말할이가 들을이에 대한 의향을 드러내는 문법 범주이다. 이에 대한 갈래 설정도 학자마다 다소 차이가 있다. 허웅(1983)에서는 서술, 의문, 명령, 청유법을 설정하고 있으며, 이러한 태도는 권재일(1994)에서도 지켜진다. 이에 비해 고영근(1988)에서는 감탄법을 더 설정하고 있으며, 김승곤(1998)에서는 시킴과 꾀임을 '행위 요구 월'로 묶고자 하는 경향을 보이기도 한다. 이 글에서는 허웅(1983)의 갈래를 따른다.

있다. 그러나 명령법이나 청유법에는 쓰일 수가 없는데, 이는 체언의 상태를 설명하는 긍정의 기저문에서도 명령과 청유가 성립될 수 없기 때문이다. 다음과 같은 용법이 있다.

> (23) '아니다'의 의향법 제약
>> ㄱ. 서술법
>>> · 辟支佛이 <u>아니니라</u> (석보 13:61)
>>> · 스쵐 아뇨미 <u>아니라</u> (월석 1:36)
>> ㄴ. 물음법
>>> · 엇뎨 我 <u>아니오</u>.(원각 하 3-1:31)
>>> · 죽사리는 므슷 일로 갈아 혼가지 <u>아니오</u>.(남명 하:42)
>>> · 뉘 圓通 아닌고 (능엄 4:100)
>>> · 緊那羅는 … 사름 ᄀ토더 쓰리 이실써 사름민가 <u>아닌가</u> ᄒ야
>>>> (월석 1:15)
>>> · 엇뎨 네 眞性이 네게 性 두외는 거슬 眞實 <u>아닌가</u> ᄒ야
>>>> (능엄 2:38)
>>> · 子貢이 닐오디 先生ᄋᆞᆫ 病 <u>아니가</u> (남명 상 30)
>>> · 모돈 緣塵과 ᄆᆞᄆᆡ 念慮왜 和合 <u>아니잇가</u> (능엄 2:101)
>>> · 和尙이 니르샤미 達磨ㅅ 宗旨 <u>아니잇가</u> (육조 상 85)

(23ㄱ-ㄴ)과 같이 체언 부정은 '아니+이다'로 실현되며, 이에 대한 의향도 '아니-이다/오/인가/잇가'로 나타난다. 이 점에서 '-이다/오/인가/잇가'는 조사로 볼 수 있는데 허웅(1983)에서도 물음말을 포함한 '고-물음토씨'와 물음말을 포함하지 않은 '가-물음토씨'로 설명한다.[14)

 이와 같이 체언 부정문이 서술법과 의문법에만 쓰일 수 있는 까닭은 부정소 '아니'가 들어 있지 않은 긍정의 기저문에서도 명령과 청유가 가능하지 않기 때문이다. 예를 들어 '*우리 모두 학생이자'라든가 '*철수가 학생이어라'와 같은 문장은 성립될 수 없다. 따라서 긍정의 기저문이 성립되지 않는다면, 부정문도 성립되지 않는다는 결론을 내릴 수 있다.[15)

---

14) 허웅(1983) 367~370 참조

2.1.2. 부정부사 '아니'의 의향법 제약

부정부사 '아니'는 의향법 가운데서 서술법과 의문법에 올 수 있다. 먼저 서술법에서는 '-다/라'에 의해 실현되는 긍정의 기저문을 부정하는 것을 확인할 수 있다. 다음과 같은 예가 있다.

> (24) '아니'의 서술 부정
> ㄱ. 우리둘히 머리셔 와 이든 말ㅅ무로 舍利를 비숩노니 아니 주시
> 면 四兵이 이에 잇느니 모물 <u>아니 앗교리이다.</u> (석보 23:54)
> ㄴ. 布施ㅎ야도 그릿 혼조 초ㅎ야 뉘웃븐 무슴몰 <u>아니 호리라.</u>
> (석보 6:9)
> ㄷ. 俱夷 너기샤디 이 男子ㅣ 精誠이 至極홀씨 보비를 <u>아니 앗기놋</u>
> <u>다.</u> (월석 1:11)
> · 大迦葉이 五百 弟子 도려와 부텻 모물 보ᅀᆞ보려 홀씨 브를 <u>아니</u>
> <u>븓게 ᄒ시ᄂᆞ니라.</u> (석보 23:39)
> ㄹ. 둘흔 구지즈며 티거든 怒ᄒ 무슴 아니 내요미라. (월석 21:6)
> · 臣下둘히 닐오디 됴ᄒ 藥 몯 어들씨 命이 <u>아니 오라시리이다.</u>
> (월석 21:25)

(24ㄱ-ㄹ)은 '아니'가 용언 앞에 놓여 부정의 행위나 상태를 설명하고자 하는 의도를 드러낸다. 이 때 '아니'는 용언의 주체로서 표기되는 인칭에는 영향을 받지 않는다. 이 점에서 부정법에 대한 앞선 연구에서 비문법적인 문장으로 규정하는 예에 대한 정밀한 검증이 요구된다고 할 수 있는데, 예를 들어 김인숙(1985)에서 제시된 '그의 눈빛은 날카롭다'를 부정부사 '아니'로 부정할 경우 생성되는 '그의 눈빛은 *안 날카롭다'라는 구문이 비문법적인가라는 문제가 이에 속한다. 이 점에서 적어도 15세기 부정문에서 긍정의 서술문을 '아니'로 부정할 경우, 특별한 제약이 발견

---

15) 김승곤(1998)에서도 '아니다'는 서술법이나 의문법으로 쓰이어 다 성립되나, 명령법이
나 청유법은 성립되지 않는다고 밝힌 바 있는데, 이는 긍정의 기저문이 성립되지 않기
때문에 나타나는 현상이다.

되지 않음을 확인할 수 있다. 곧 (24ㄱ-ㄹ)은 인칭이나 단수 복수에 상
관없이 '-다/라'에 의해 실현되는 단순한 긍정의 서술문을 '아니'로 부정
할 수 있음을 보여준다. 이 점에서 느낌을 나타내는 어미 '-은뎌, -을쎠,
-마, -으리, -으니'16)와 같은 서술문의 '아니'부정문이 나타나지 않는다
는 사실은 '아니'가 단순 서술을 부정하는 기능을 수행함을 뜻한다고 하
겠다.

　다음으로 의문법에서는 의문사의 유무, 인칭에 따라 다소 차이가 있음
을 확인하게 된다. 허웅(1983)에서는 의문법의 체계를 '-은/을-'을 앞세
우는 인칭물음법과 '-으니/으리-'를 앞세우거나 서술격조사 어간에 바로
붙는 비인칭물음법으로 나눈 바 있다. 또한 이현희(1982)에서는 '-니여'
계는 [직접의문], '-ㄴ다'는 [2인칭의문], '-ㄴ가'는 [1·3인칭, 간접의
문]으로 체계화될 수 있다고 했다. 이 글에서는 허웅(1983)의 체계를
토대로, '아니'가 결합된 사례를 살펴보기로 한다.

　　(25) '아니'의 의문법 부정
　　　ㄱ. 2인칭 의문문
　　　　· 그디는 <u>아니 보노다</u> (남명 상 2)
　　　　· 네 이 念을 뒷던다 <u>아니</u> 뒷던다.(월석 9:35)
　　　　· 네 信ᄒᆞᄂᆞᆫ다 <u>아니 信ᄒᆞᄂᆞᆫ다</u> (석보 9:26)
　　　　· 일로 이제 ᄯᅩ 네게 묻노라. 네 엇뎨 <u>아니 드롫다</u> (능엄 4:56)
　　　　· 和尙이 니르샤ᄃᆡ 네　뎌ᄃᆞ려 어미 아니 나하신 젠 ᄆᆞ스글 닙더
　　　　　시니 ᄒᆞ야 엇뎨 <u>아니 므른다</u> (남명 상 31)
　　　ㄴ. 1·3인칭 의문문
　　　　· ᄒᆞᆫ 疑心은 부톄 <u>아니 다시 나신가</u> ᄒᆞ고 ᄯᅩ ᄒᆞᆫ 疑心은 다ᄅᆞᆫ 世界
　　　　　옛 부톄 아니 오신가 ᄒᆞ고 (석보 24:3)
　　　ㄷ. 비인칭 의문문
　　　　· 王이 湏達이ᄃᆞ려 닐오ᄃᆡ 네 스스의 弟子ㅣ 엇뎨 <u>아니 오ᄂᆞ뇨.</u>
　　　　　　　　　　　　　　　　　　　　　　　　(석보 6:29)
　　　　· 내 니르던 究羅帝 眞實로 그터더니 <u>아니터니.</u> (월석 9:36)

---

16) 허웅(1983) 487~495 참조

- 迷惑을 내려 <u>아니호려</u> (능엄 4:35)
- 須菩提여 가줄비건댄 사르미 모미 須彌山王 곧호면 쁘데 엇더
  뇨. 이 모미 크녀 <u>아니녀</u>.(금강 건 61)
- 如來ㅣ 네 燃燈佛所애 이셔 法에 得혼 고디 잇느녀 <u>아니녀</u>
  (금강 56~7)
- 부텨 授記호샨 比丘ㅣ <u>아니 겨시니잇가</u> (석보 24:33)

(25ㄱ-ㄷ)은 15세기 의문법의 체계에 따라 '아니'가 결합할 수 있는 사
례를 정리한 것이다. (25ㄱ)은 2인칭 의문문에서 '-(은/을)다'로 실현되
는 긍정문을 '아니'가 부정한 사례이며, (25ㄴ)은 1·3인칭 의문문의 의
문사가 없는 '-가'의문문을 '아니'가 부정한 사례이다. (25ㄷ)은 '-은/을-'
을 앞세우지 않는 '-가,-고'의 용법으로 허웅(1983)에서 '비인칭물음법'
으로 설명된 문장을 부정하는 사례이다. 이와 같은 쓰임에서 특이한 점
은 (25ㄴ)과 같이 1·3인칭 의문문에서 의문사가 들어있는 '-(을/은)고'
라는 의문형어미에는 '아니'가 들어가지 않는다는 점이다. 예를 들어
(26)와 같은 기저문을 부정하는 사례로 (26-1)이 나타나지 않는다는
뜻이다.

(26) 1·3인칭 의문문에서 의문사가 있는 경우
  ㄱ. 이 이론 엇던 因緣으로 이런 相이 <u>現호고</u>.(법화 3: 112)
  ㄴ. 이런 일이 慈悲 <u>어느신고</u>.(월인 기 144)
  ㄷ. 네 엇던 功德을 <u>뒷더신고</u>.(석보 24:37)

(26-1) '아니'부정의 경우
  ㄱ. 이 이론 엇던 因緣으로 이런 相이 *<u>아니 現호고</u>.
  ㄴ. 이런 일이 慈悲 어느 *<u>아니신고</u>
  ㄷ. 네 엇던 功德을 *<u>아니 뒷더신고</u>.

(26)에서 (26-1)이 도출되지 않는 까닭은 '의문사'가 들어감으로써, 말
할이가 '-ㄴ고'로 표현된 대상에 대해 어느 정도 확신을 갖고 있는 상태
에 대해 자문하는 형식으로 바뀔 가능성이 높기 때문이다.17) 이 점에서

(27)은 1·3인칭 의문사가 있을 경우, 부정 형식으로 '아니+이다'에 의해 실현될 가능성을 보여주는 셈이다.

(27) 1·3인칭 의문문의 부정
ㄱ. 뉘 圓通 <u>아닌고.</u>(능엄 4:100)
ㄴ. 곧 眞實ㅅ 네 性이어늘 엇뎨 眞實 <u>아닌가</u> 疑心ᄒᆞ야 내게 마기요ᄆᆞᆯ 求ᄒᆞᆫ다.(능엄 2:39)
ㄷ. 엇뎨 네 眞性이 네게 性 ᄃᆞ외ᄂᆞᆫ 거슬 眞實 <u>아닌가</u> ᄒᆞ야 네 疑心ᄒᆞ고 (능엄 2:38)

(27ㄱ)은 허웅(1983)의 1·3인칭법 의문문에 나타나는 부정의문문의 용법이다. 의문사가 있을 경우 '-ㄴ고'를 부정하는 문장은 (27ㄱ) 정도만 나타난다. 반면 (27ㄴ-ㄷ)은 (27ㄱ)과 같은 구조인데도 '-ㄴ가'가 나타난 경우이다. '-ㄴ고'와 '-ㄴ가'가 의문사에 의해 대립된다는 점을 고려했을 때, 이 경우는 '의문사 유무'에 따른 대립이 중화된 셈이다. 또한 (27)은 체언 부정의 (23ㄴ)과도 형태상 구분되지 않는다. 이러한 현상이 나타나는 까닭은 문법적으로는 정확히 분석해 내기가 힘든데, 이는 의문사와 의문어미 사이에 어떤 관계가 성립될 가능성을 보여줄 뿐이다.18) 다만 '아니'가 '-니여, -잇가'에 쉽게 붙을 수 있는 것은 '-니오, -잇고'와는 달리 '-니여, -잇가'가 [판정]의 의미를 담고 있는 의문어미이기 때문으로 추정된다.19)

---

17) 비인칭의문문의 사례에서는 의문사가 있는 '-니오'가 나타난다. 이 점에서 1·3인칭과 비인칭의문문의 정확한 용법을 구분할 필요가 있는데, 부정문 제약에서처럼 말할이의 확신, 혹은 제3자의 행위에 대한 설명 요구에서는 긍정으로 묻고자 하는 경향이 있었을 것으로 판단된다.

18) 또한 (26-1)이 나타나지 않은 까닭을 문헌의 빈곤에서 비롯된 것으로 본다면, (27)의 중화 현상도 큰 의미를 갖지는 않는다. 따라서 이 부분에서는 이 정도의 특징이 나타났다는 것만을 제시하고, 자세한 원인 분석은 다음으로 미루기로 한다.

19) 이현희(1982)에서는 '-니여'는 [+판정, +현실], '-뇨'는 [+설명, +현실], '-리여'는 [+판정, +추정], '-료'는 [+설명, +추정]을 드러낸다고 정리한 바 있다. 자세한 사항은 이현희(1982:31)을 참조할 수 있다.

2.1.3. 부정부사 '몯'의 의향법 제약

부정부사 '몯'은 서술법, 의문법에 결합할 수 있다.[20] 먼저 서술법은 동작
성 용언 앞에서 '그 동작을 할 수 없음'을 드러낸다. 다음과 같은 예가 있다.

(28) '몯'의 서술법 부정

ㄱ. 그 福이 그지 업서 몯 니르혜리라. (석보 23:6)
 • 내 佛眼이ㅣ로 三界옛 一切諸法을 다 보니 無明ㅅ 根源이 性이
  本來 解脫ㅎ야도 十方애 求ㅎ야도 곧 몯 어드리로다.

                                                    (석보 23:17)

ㄴ. 너 須陁洹이 비록 여스시 스로물 得ㅎ나 순지 ㅎ나홀 업게 몯
  ㅎㄴ니라. (능엄 4:105)

ㄷ. 光明이 하 盛ㅎ야 몯다 보ㅅ봉리러니 百千 閻浮檀金ㅅ 비치 몯
  ㄱ줄비ㅅ봉리러라. (월석 8:17)
 • 內使ㅣ 밤나지 니서 오ㄴ니 님그미 무ㅅ물 便安히 몯 너겨 ㅎ시
  놋다.(두시초간 6:18)

ㄹ. 그 數ㅣ 몯내 혜리러라 (월석 8:90)
 • 不能은 몯 ㅎㄴ다 ㅎ논 뜨디라 (석보 서 1-2)

(28ㄱ-ㄹ)은 용언의 주체와 상관없이 '몯'이 올 수 있음을 드러낸다. 다
만 이 경우 용언은 동작성을 띠고 있다는 점에서, 의문법이나 이음법의
'몯'과는 구별된다. 이는 '몯'이 근본적으로 행위의 가능 여부를 부정하는
의미를 지니고 있음을 드러내며, 의문문이나 이은문에 나타나는 상태성
용언 앞의 '몯'은 의미상 또다른 기능이 첨가되었을 가능성을 높여준다.
 다음으로 의문법에서 '몯'이 실현되는 경우를 살펴보자.

---

20) 이밖의 용법으로 청유법에 쓰이는 것처럼 보이는 사례도 있다. 예를 들어 '鼺鼺 沙門
위ㅎ야 精舍롤 지수려 ㅎㄴ니 우리 모다 지조롤 겻고아 뎌옷 이긔면 짓게 ㅎ고 몯 이긔
면 몯 짓게 ㅎ야지이다.(석보 6: 26)'에서 밑줄 그은 부분은 소망을 드러내는데, 이를
'몯 짓게 합시다'로 해석할 경우 청유법을 실현한 것이 된다. 그러나 이 경우 '몯'은 '-지
이다'를 직접 부정한 것이 아니라, '짓다'를 부정한 것이므로, 예외로 다루기로 한다.

(29) '몯'의 의문법 부정

　ㄱ. 2인칭 의문문 부정

　　· 나그내네 네 블디디 ᄒᆞᄂᆞ다 블디디 몯 ᄒᆞᄂᆞ다.(번노 상 20)

　　· 너희 그리 묏ᄀᆞ래 이셔 … 得道를 몯 ᄒᆞ얬ᄂᆞ다 (석보 24:26)

　　· 네 이만 큰 시절에 能히 이 이룰 ᄒᆞ던다 몯 ᄒᆞ던다.

　　　　　　　　　　　　　　　　　　　　　　　(내훈 3:32)

　　· 大德아 如來 니르시논 아홉 橫死룰 몯 듣ᄌᆞᄫᆡᆼᄂᆞ다.(석보 9:35)

　　· 묻노니 그듸는 이에 記知ᄒᆞᆫ다 몯 ᄒᆞᆫ다.(금강삼가 4:54)

　　· 大德아 如來 니르시논 아홉 橫死룰 매 몯 듣ᄌᆞᄫᆞ싫다

　　　　　　　　　　　　　　　　　　　　　　　(월석 9:56)

　　· 부톄 阿難ᄃᆞ려 무러 니르샤ᄃᆡ 네 이제 듣ᄂᆞᆫ다 몯 듣ᄂᆞᆫ다.

　　　　　　　　　　　　　　　　　　　　　　　(능엄 4:125)

　　· 師ㅣ 모든 사ᄅᆞᆷᄃᆞ려 ᄀᆞᄅᆞ쳐 무러 니르샤ᄃᆡ 보ᄂᆞᆫ다 몯 보ᄂᆞᆫ다

　　　　　　　　　　　　　　　　　　　　　　　(남명 상 2)

　ㄴ. 1·3인칭 의문문

　· 비들 만히 니르면 몯 살가 ᄒᆞ야 (석보 6:24)

　· 鴛鴦 夫人이 듣ᄌᆞᆸ고 比丘ᄃᆞ려 니르샤ᄃᆡ 내 몸도 좃ᄌᆞᄫᅡ 긇 ᄣᅡᄒᆡᆫ

　　가 몯 긇 ᄣᅡᄒᆡᆫ가.(월석 8: 93)

　· 두 사ᄅᆞᄆᆞᆫ 시러곰 닙긇 겨틔 둘가 몯 홀가 (두시초간 25: 10)

　·西京은 편안ᄒᆞᆫ가 몯 ᄒᆞᆫ가 (두시초간 18: 5)

　· 主守ㅣ 疏闊ᄒᆞ야 ᄆᆞᄉᆞᆷ 뿌믈 甚히 잘 몯 ᄒᆞᄂᆞᆫ가.

　　　　　　　　　　　　　　　　　　　　　　　(두시초간 7: 30)

　ㄷ. 비인칭 의문문

　· 부톄 니르샤ᄃᆡ ᄒᆞ다가 누니 能히 보ᄂᆞᆫ 거신댄 네 집 안해 이셔

　　門이 能히 보ᄂᆞ녀 몯 ᄒᆞᄂᆞ녀.(능엄 1: 66)

　· 부톄 阿難ᄃᆞ려 니르샤ᄃᆡ 네 닐옴 ᄀᆞᆮᄒᆞ야 根 안해 수머슈미 瑠璃

　　ᄀᆞᆮ홇딘댄 … 山河 보매 當ᄒᆞ야 瑠璃를 보리여 몯 ᄒᆞ리여.

　　　　　　　　　　　　　　　　　　　　　　　(능엄 1: 58)

　· 이 사ᄅᆞ미 得호 福德이 하려 몯 ᄒᆞ려 (금강 45)

　· 내 着 업수ᄆᆞ로 일후믈 ᄆᆞᄉᆞ미라 ᄒᆞ리잇가 몯 ᄒᆞ리잇가

　　　　　　　　　　　　　　　　　　　　　　　(능엄 1: 73)

　· 須菩提ㅣ 부텻긔 술ᄫᅩᄃᆡ 世尊하 ᄌᆞ모 衆生이 이 ᄀᆞᆮ호 말ᄊᆞᆷ 章句

　　듣ᄌᆞᆸ고 實호 信을 내리이시리잇가 몯 ᄒᆞ리잇가.(금강 건 32)

(29ㄱ-ㄴ)에서와 같이 부정부사 '몯'은 인칭의문법의 경우 2인칭 '-ㄴ다'
와 결합하며, 1·3경우 의문사가 없는 '-ㄴ가'형에만 결합하는 경우만 나
타난다. 이 점에서 1·3인칭의문문을 부정하는 부정의문문은 '〔아니,
몯〕~-ㄴ가' 형식만 존재한다는 것을 알 수 있다. 반면 (29ㄷ)에서와 같
이 비인칭의문문의 경우는 '-으니/으리여, -으니/으리잇가'와 같은 의문
어미가 붙는다. 이 경우도 '-으니/으리오' 형태가 나타나지 않는다는 점
은 주목할 만한데, 이현희(1982)에서는 '-니여'계 어미는 〔판정〕을 나타
내며, '-니오'계 어미는 〔설명〕을 나타낸다고 설명한 바 있다. 이는 허웅
(1983)에서 제시한 바와 같이 의문사가 없을 경우는 판정, 의문사가 있
을 경우는 설명을 드러내는 것과 같은 결과를 낳는다. 곧 '아니, 몯'이 의
문문을 부정할 경우 '-니여, -잇가'에 자연스럽게 붙을 수 있는 것은 〔판
정〕을 나타내는 의문문에서 부정을 실현할 수 있으며, 설명을 나타낼 경
우는 부정의문문을 쉽게 만들 수 없다는 뜻이 된다.

2.1.4. '-디 아니ᄒ다'의 의향법 제약

체언 부정문과 부정부사결합형 부정문과는 달리, '-디 아니ᄒ다'형 부
정문은 의향법 제약이 덜하다. '-디 아니ᄒ다'는 서술법, 의문법, 명령법
에 두루 쓰일 수 있다.
첫째, 서술법으로 쓰인 사례를 검토해 보자.

(30) '-디 아니ᄒ다'의 서술법
　ㄱ. 내 菩提心을 發티 아니ᄒ노라 (금강 곤 106)
　· 내 仁義禮智롤 아라 行ᄒ가니 너를 恭敬호미 맛당티 아니ᄒ니
　　라.(금강 건 21)
　· 우리도 兵馬 뒷노소니 저티 아니호리이다.(석보 23:54)
　ㄴ. 귓거시 精氣 앗디 아니호리라. (석보 9:26)
　· 三十二相이 八十 種好로 모물 莊嚴ᄒ야 一切 有情이 나와 다ᄅ
　　디 아니케 호리라.(석보 9:4)
　· 世尊이 잠잠ᄒ샤 말이디 아니ᄒ시니라. (석보 13:46)

ㄷ. 그 저긔 如來 큰 悲力으로 가슨믹로셔 브를 棺 밧긔 내샤 브티
시니 닐웻 스싀롤 모다 울쏘리 긋디 아니ᄒᆞ더라. (석보 23:45)

· 金剛經은 相 업수므로 宗 사ᄆᆞ시고 ⋯ 達磨ㅣ 西로 오샴브터 ⋯
이런ᄃᆞ로 見性ㅅ 法을 셰시니 世人이 ᄒᆞ다가 眞如 本體롤 스닛
보면 곧 法 셰요믈 븓디 아니ᄒᆞ시니라. (금강 건 서 5)

· 이스리 ᄆᆞ르디 아니ᄒᆞ얫도다 (두시초간 6:5)

(30ㄱ-ㄷ)과 같이 서술법에서 '-디 아니ᄒᆞ다'는 용언의 주체를 가리지
않고 쓰인다. 또한 '-디'에 앞서는 본용언도 동작성 용언뿐만 아니라 상
태성 용언까지 폭넓게 올 수 있다.

둘째, '-디 아니ᄒᆞ다'의 의문법 제약 현상을 살펴보자. 다음은 '-디 아
니ᄒᆞ다'가 의문법에 쓰인 경우를 정리한 것이다.

(31) '-디 아니ᄒᆞ다'의 의문법
ㄱ. 2인칭의문문
· 네 엇더 암홀 내야주디 아니ᄒᆞᄂᆞ다.(월석 7:17)
· 堂 알픳 東으로 가난 믌겨롤 보디 아니ᄒᆞᄂᆞ다

(두시초간 25:18)

ㄴ. 비인칭의문문
· 火性이 서르 侵勞ᄒᆞ야 滅티 아니ᄒᆞ류 疑心ᄒᆞ며

(능엄 4:39)[21]

· 부톄 阿難ᄃᆞ려 니르샤디 네 눈 ᄀᆞ모몰 當ᄒᆞ야 어드운 디 봃 제
이 어드운 境界 눈과 對ᄒᆞ녀, 눈과 對티 아니ᄒᆞ녀 (능엄 1:59)

· 아줄ᄒᆞᆫ 사르미 ⋯ 音聲으로 如來롤 求ᄒᆞ니 엇뎨 외디 아니ᄒᆞ
리오(남명 상 서 1)

· 그 지수메 氣象올 논화주니 됴ᄒᆞᆫ 긄句는 좃디 아니ᄒᆞ니아

(두시초간 15:25)

· 슬후미 이어긔 잇디 아니ᄒᆞ니아 (두시초간 7:14)

---

21) 이 경우 허웅(1983)에서는 '滅티 아니ᄒᆞ류'의 '-류'를 '-료'로 해석하고 , 멸티 아니홀
것인가로 해석한 바 있다. 또한 16세기 『번역소학』에서도 '제 힘 잇브디 아니ᄒᆞ며 제
쳔량 해자 아니홀 거시로디 그ᄃᆞ내 엇뎨 어딘 사ᄅᆞᆷ 도의디 아니ᄒᆞᄂᆞ니오.(번소 6:32)'
와 같은 용법에서 '-니오/리오'가 존재함을 확인할 수 있다.

(31ㄱ-ㄴ)에서와 같이 '-디 아니ᄒ다'의 의문법 결합은 2인칭의문문과 비인칭의문문에서만 결합된다. 1·3인칭을 드러내는 '-은/을고, -은/을가'가 나타나지 않는 까닭을 정확히는 알 수 없다. 다만 (31ㄴ)에서처럼, '-디 아니ᄒ다'는 [+판정]을 나타내는 '-니/리여'와 [+설명]을 나타내는 '-니오/리오'가 다 나타난다는 점은 '-디 아니ᄒ다' 구문의 성격을 드러내는 것으로 보인다. 왜냐 하면 이 구문은 속구조가 '[[-하는 것]을/이 아니ᄒ다]'로 설정될 수 있기 때문에, 판정이나 설명의 대상은 이미 '-디' 구문에 포함되게 된다. 곧 (31ㄴ)은 다음과 같이 분석될 수 있다.

> (31-1) '-디' 구문의 성격
> ㄱ. 火性이 서르 侵勞ᄒ야 滅티 아니ᄒ류 疑心ᄒ며
>   火性이 서르 侵勞ᄒ야 [[滅ᄒᄂᆞᆫ 것] 을 아니 ᄒ] -리오 疑
>   心ᄒ며
> ㄴ. 부톄 阿難ᄃᆞ려 니ᄅᆞ샤ᄃᆡ … 눈과 對ᄒ녀, 눈과 對티 아니ᄒ녀
>   부톄 阿難ᄃᆞ려 니ᄅᆞ샤ᄃᆡ … 눈과 對ᄒ녀, 눈과 [[對ᄒᄂᆞᆫ
>   것] 을 아니 ᄒ] -녀
> ㄷ. 아ᄌᆞᆯᄒᆞᆫ 사ᄅᆞ미 … 音聲으로 如來ᄅᆞᆯ 求ᄒ니 엇뎨 외디 아니ᄒ리오
>   아ᄌᆞᆯᄒᆞᆫ 사ᄅᆞ미 …音聲으로 如來ᄅᆞᆯ 求ᄒ니 엇뎨 [[외ᄂᆞᆫ 것]
>   이 아니 ᄒ] -리오
> ㄹ. 그 지수메 氣象ᄋᆞᆯ 논화주니 됴ᄒᆞᆫ 긄句ᄂᆞᆫ 좃디 아니ᄒ니아
>   그 지수메 氣象ᄋᆞᆯ 논화주니 됴ᄒᆞᆫ 긄句ᄂᆞᆫ [[좃ᄂᆞᆫ 것] 을 아니
>   ᄒ] -니아
> ㅁ. 슬후미 이어긔 잇디 아니ᄒ니아
>   슬후미 이어긔 [[잇ᄂᆞᆫ 것] 을 아니 ᄒ] -니아

(31ㄴ)을 (31-1)로 분석할 수 있다면, (25ㄷ)이나 (29ㄷ)의 부정부사 결합형이 용언에서 판단과 부정을 함께 드러내는 것과는 달리, [-ᄒᆞᄂᆞᆫ 것]에서는 부정 대상만을 표시하고, '-니/리여, -니/리오'에서 판단과 설명을 담당하는 문장으로 바뀌게 되는 셈이다. 따라서 부정부사의 경우 긍정과 부정을 판단하는 기준으로 작용하지만 '-디 아니ᄒ다'의 경우는 '-디'에 부정 대상을 포함함으로써 문장 전체의 판단과 설명과는 직접적

인 작용을 하지 않게 되는 셈이다.

셋째, '-디 아니ᄒ다'는 명령문을 부정할 경우에도 쓰인다. 다음과 같은 예가 나타난다.

> (32) '-디 아니ᄒ다'의 명령법
> ㄱ. 俱夷 니ᄅ샤ᄃ 그딋 말다히 호리니 … 내 願을 일티 아니케 ᄒ
>   고라. (월석 1:13)
> ㄴ. 力士ㅣ 내 몸 ᄒ야ᄇ리디 아니케 ᄒ쇼셔 (월석 7:37)

(32ㄱ-ㄴ)과 같이 '-디 아니ᄒ다'가 명령문에 쓰일 수 있는 까닭도 판정의문이나 설명의문에 모두 쓰일 수 있는 것과 같은 이치에서 설명된다. 곧 (32ㄱ)은 '내 원을 〔잃ᄂ는 것〕을 아니 하〕-게 하라'라는 의미를 담고 있는 셈이며, (32ㄴ)에서도 '내 몸 〔하야 ᄇ리는 것〕을 아니 하〕-게 해 주소서'의 뜻을 갖는다. 곧 '〔N〕을/이'의 의미를 갖는 명사절을 부정 대상으로 삼음으로써 '-고라, -쇼셔'와 같은 명령어미가 결합될 수 있는 것이다.

2.1.5. '-디 몯ᄒ다'의 의향법 제약

부정소 '몯'이 보조용언에 통합된 '-디 몯ᄒ다' 부정문의 의향법 제약도 서술법과 의문법으로 한정된다.

첫째, 서술법에서는 용언의 주체에 상관없이 '-디 몯ᄒ다'가 쓰일 수 있다. 다음과 같은 예가 발견된다.

> (33) '-디 몯ᄒ다'의 서술법
> ㄱ. 우리 …便安히 사디 몯ᄒ소라 (두시초간 8:43)
> ・ 勾漏令을 머리 붓그리노니 丹砂 무로몰 시러 ᄒ디 몯ᄒ노라.
>   (두시초간 6:18)
> ・ 善慧 對答ᄒ샤ᄃ 내 조ᄒ 힝뎌글 닷가 일업슨 道理롤 求ᄒ노니
>   죽사릿 因緣은 둗디 몯ᄒ려다 (월석 1:11)
> ㄴ. 李穡이 李春富ᄃ려 닐오ᄃ 아래 諫臣 주기신 저기 업스니 ᄒ다

가 주기시면 領相 일후미 일로브터 됴티 몯ᄒ리라.

(삼강행실도 고대본 충신 32)

ㄷ. 뎌의 머구미 能히 이롤 브르게 몯ᄒ면 밧긧 ᄆᅀᆞ미 能히 모몰
아디 몯ᄒ리로다.(능엄 1:54)

· 브ᅀᅦᆫ 져긔 불ᄀᆫ ᄆᅀᆞ미 허니 님금 臣下ㅣ ᄒᆞᆫ 지비 뒤외디 몯
ᄒ얫도다.(두시초간 7:15)

· 샹녜 相에 住티 아니ᄒᆞᆫ 布施롤 行ᄒᆞ야 一切 含生ᄋᆞᆯ 너비 恭敬ᄒᆞ
면 그 功德이 ᄀᆞᅀᅵ 업서 둘며 혜디 몯ᄒ리라.(금강 건 25)

ㄹ. 내 ᄆᅀᆞ미 돌아니라 옮기디 몯ᄒ리며 내 ᄆᅀᆞ미 돗 아니라 걷디
몯ᄒ리라 (남명상 26)

· 壇經이 後人의 節畧이 너무 하 六祖ㅅ 큰 오온 ᄠᅳ들 보디 몯ᄒ
ᄂᆞ뎌 (육조 서:7)

· 비록 根과 智왜 ᄀᆞᄌᆞ몰 得ᄒᆞ야도 六千報애 몯 마츠니 德이 圓티
몯ᄒ니라. (석보 19:25)

· 三毒ᄋᆞᆫ 믌 더푸미 속졀업시 나며 업ᄂᆞ니 닐며 업소미 자최 업서
어루 다ᄋᆞ디 몯ᄒ리로다 (남명 상 6)

(33ㄱ-ㄹ)에서와 같이, 서술법에서 '-디 몯ᄒ다'는 인칭에 상관없이 자연
스럽게 올 수 있다. 또한 '-디' 자리에 오는 용언도 동작성과 상태성을 모
두 취한다. 이 점에서 '-디 몯ᄒ다'와 '-디 아니ᄒ다'는 큰 차이가 없다.

둘째, 의문법에서의 제약 현상을 살펴본다. '-디 몯ᄒ다'가 의문법에
나타나는 용례는 다음과 같다.

(34) '-디 몯ᄒ다'의 의문법

ㄱ. 2인칭의문문

· ᄒ다가 ᄒᆞᄢᅴ 보ᄆᆞ로 일후믈 날 보미라 홇딘댄 내 보디 아니ᄒᆞᆯ
時節엔 엇뎨 내의 보디 아니ᄒᆞᄂᆞᆫ 고들 보디 몯ᄒᆞᄂᆞᆫ다.

(능엄 2:36)

ㄴ. 1·3인칭의문문

· 須菩提ㅣ 자ᄫᆞᆫ 病을 더디 몯홇까 저ᄒᆞ샤 (금강 곤 128)

· 感激ᄒᆞ야 거리치디 몯ᄒᆞᄂᆞᆫ가 ᄉᆞ랑ᄒᆞ더라.(두시초간 24:18)

ㄷ. 비인칭의문문

· 엇뎨 느출 <u>보디 몯ᄒᆞᄂᆞ뇨</u>.(능엄 1:60)
· 샹녜 行ᄒᆞ면 사ᄅᆞ미 눈 이셔 볼곤 힛 中에 處홈 ᄀᆞᆮ거니 어딜
  <u>보디 몯ᄒᆞ료</u>.(금강 건 89)
· 眞實로 볼기 아로미 맛당커늘 엇뎨 아<u>디 몯ᄒᆞᄂᆞ뇨</u>.

(능엄 1:50)

· 눈 ᄠᅥ 볼곤 디 보매 엇뎨 느출 <u>보디 몯ᄒᆞᄂᆞ뇨</u>.(능엄 1:60)

(34ㄱ)의 용법은 '-디 아니ᄒᆞ다'와 큰 차이가 없다. 그러나 (34ㄴ)에서, '-디 몯ᄒᆞ다'가 1·3인칭의문문을 실현하는 '-ㄴ가'와 결합할 수 있다는 점은 '-디 아니ᄒᆞ다'와의 차이라 할 수 있다. 이는 '-ㄴ가'가 들을이에게 바로 묻는 말에도 쓰이지만, 마음속의 의문을 품어보는 데에도 쓰인다는 점22)을 고려할 때, 부정소 '몯'을 사용하여 강한 의혹을 表現한 것으로 보인다.23) (34ㄷ)은 비인칭의문문으로 '-디 아니ᄒᆞ다'가 판정이나 설명을 나타내는 '-니여, -니오'에 다 쓰일 수 있었음에 비해, '-디 몯ᄒᆞ다'는 '-니오'와 같은 [+설명]의 의문문에 주로 쓰임을 드러낸다. 이는 들을이에게 어떤 상태의 긍정·부정을 확인하고자 하는 의도보다는, '당연히 그래야 하는데, 그렇지 못하다'라는 반문을 드러내는 것으로 볼 수 있을 것이다.

2.1.6. 명령문, 청유문에서 '-디 말다'의 쓰임

부정소 결합 양상에 따른 의향법 제약 현상은 부정문의 통사구조와 부정소의 의미와 밀접한 관련을 맺는다. 예를 들어, 의향법 제약에서 명령법과 청유법에는 제약이 매우 심한데, 명령과 청유에서는 부정문이 직접 쓰이지 않는다. 그 까닭은 명령과 청유가 행위를 요구한다는 점에서 부

---

22) 허웅(1983) 502쪽 참조
23) 이러한 용법은 부정소 '몯'의 의미가 '기대치를 설정하고, 그에 미치지 못함'을 드러낼 때 쓰임을 의미하는 것이라 하겠다. 글쓴이는 이러한 용법의 의미를 [+당위부정]이라고 부른다.

정 대상이라기보다는 긍정 대상이 되기 때문일 것으로 추정된다. 그렇기 때문에, 명령이나 청유에서는 '말다'라는 새로운 부정어를 사용하여 의향을 드러낸다.

(21)에서 제시한 바와 같이 '말다'는 어휘 자체로 [不, 罷, 休, 辭, 捨]와 같은 의미를 갖는다. 곧 '말다'의 공통된 의미는 [+중단]이라고 할 수 있다. 이와 같은 '말다'의 [+중단]이라는 의미가 '-디 아니ᄒ다/몯ᄒ다'라는 부정문 구조로 유추되면서, '-디 말다'라는 부정문을 만들어 낸다. 따라서 '-디 말다'는 '-디 아니ᄒ다/몯ᄒ다'로 실현할 수 없는 명령법과 청유법의 빈자리를 채울 수 있게 되는 것이다. 이 점에서 '-디 말다'의 의향법 제약은 명령법과 청유법에 관여할 수 있음을 짐작할 수 있는데, 다음과 같은 용법이 발견된다.

(35) '-디 말다'의 의향법 제약
ㄱ. 명령법
· 그 쁴 世尊이 文殊師利드려 니ᄅ샤디 … 受苦ᄅᄫᆡ 딕희여 이셔 빌리 잇거든 츠기 너겨 <u>모지 마라</u>24). (석보 9: 12)
· 노겨 不思議예 모로 기드리라 ᄒ시니 이제 구틔여 다시 노기디 <u>마롫디어다</u> (남명 상 40)
ㄴ. 청유법
· 나롤 楊馬ᄉ 쇠예 보아 머리 셰드록 서르 ᄇ리<u>디 마져</u> ᄒ더라
(두시초간 16:18)

(36) 의문법
· 浣花앳 늘근 한아비롤 와 볼다 <u>말다.</u> (두시초간 8:23)

(35ㄱ-ㄴ)에서와 같이 '-디 말다'는 명령법과 청유법에 주로 쓰인다. 간혹은 (36)과 같은 명령법에 쓰이기도 하나 자주 나타나는 표현은 아니다. 이 점에서 '-디 말다'의 부정 기능은 명령과 청유에서의 행위 중단 요

---

24) 이 경우 '모지 마라'에서 구개음화가 나타나는데, 15세기의 구개음화 현상은 매우 드물다. 따라서 '몯-이(을) 마라'가 이어진 표기처럼 보이기도 하는데, 정확히 알 수는 없다.

구를 드러내는 것으로 볼 수 있다. 이러한 행위 중단 요구는 16세기 이후로 서술법으로 전용되어 쓰이기도 한다.[25]

2.1.7. 정리

이상에서 논의한 바와 같이 부정문에서의 의향법 제약은 긍정의 기저문의 성립 여부, 부정소의 기능, 부정소의 의미에 따라 나타나는 현상으로 보인다. 이를 정리하면 다음과 같다.

(37) 부정법의 의향법 제약 현상

의　　향　　법			형태소	체 언 아니+ 이다	부사결합 아니	부사결합 몯	보조용언 -디 아니	보조용언 -디 몯	기 타 -디 말다
서 술 법			-다/라	0(토씨)	0	0	0	0	?
물 음 법	2인칭의문		-ㄴ다	0(토씨)	0	0	0	0	?
	1·3 인칭	+의문사	-ㄴ고						
		-의문사	-ㄴ가		0		0		
	비 인 칭	+설명(+의문사)	-니오		0		0		
		+판정(-의문사)	-니여		0	0	0		
명 령 법			-라				0(?)		0
청 유 법			-자						0

---

25) 16세기 이후 '말다'가 서술법에 쓰인 예를 들면 다음과 같다.

　ㄱ. 내 뒤 보기 <u>마다</u> = 我不要淨手(번노 상 37) = 안는다

　ㄴ. 義眞이 닐오디 아츠미 ᄀ장 지우니 長史는 우리와 ᄒᆞᆫ 집 ᄀᆞ티니 괴이히 너기디 <u>마와뎌 ᄒᆞ노라</u>(번소 7:13)

　ㄷ. 샤특ᄒᆞᆫ 거슬 막줄라 졍셩을 두어 禮 아니어든 듣디 <u>마ᄂᆞ니라</u>.(소학 5:90)

이 때 ㄱ은 '-기'를 '-디'와 같은 기능으로 볼 때, '-디 말다' 표현으로 볼 수 있으며, ㄴ은 '-디 말다'가 또다른 보조용언 '-아져 ᄒᆞ노라' 형태와 덧붙어 서술법을 실현한다. ㄷ은 '아니ᄒᆞ다'에서 유추된 표현으로 보이는데, 『번역소학』에서는 '禮 아닌 이리어든 듣디 아니ᄒᆞᄂᆞ니라(번소 8:10)'로 언해된 바 있다.

이와 같은 의향법 제약을 통해 부정소의 기능을 규칙화하면 다음과 같이 정리될 수 있다.

> (38) 부정소의 결합 법칙
> ㄱ. 부정소는 긍정의 기저문이 성립될 때 결합할 수 있다.
> ㄴ. 부정소 '아니'는 체언, 부사, 보조용언으로 쓰이며, '몯'은 부사,
>   보조용언으로 쓰인다.
> ㄷ. 부정소의 기능은 부정소가 이루어내는 문장 성분과 동일하다.
> ㄹ. 명령과 청유문에서는 '-디 말다'가 부정을 대신한다.

2.2. 이음법 제약

현대 국어에서는 이은문의 성격에 따라 부정법이 달라지지는 않는다. 그러나 15세기 국어에서는 반드시 부정문을 수반하는 연결어미가 존재한다. 이 점에서 15세기 부정법에서 이음법과의 제약 현상이 존재하는지, 존재한다면 그 까닭은 무엇인지를 살펴볼 필요가 있다.

이음법은 문장을 끝맺지 않고 뒤에 다시 다른 말을 이어가는 활용형의 한가지이다. 의향법이 말할이의 들을이에 대한 의향을 드러내는데 비해, 이음법은 앞뒤 말의 관계를 나타내기 때문에 매우 복잡하다. 허웅(1983)에서 지적한 바와 같이, 이음법은 여러 가지 어미변화 사이의 구별이 그리 엄격하지 않으며, 용법이 서로 겹치는 것들도 있다. 이 점에서 15세기 부정문과 이음법 사이의 제약 관계를 살필 때도 이음법의 체계를 명확히 할 필요가 있다. 이미 앞선 연구에서는 이러한 체계화에 많은 힘을 기울였는데26) 허웅(1983), 리의도(1990)에서 제시된 체계를 전제로 검토한다.27)

---

26) 이에 대해서는 허재영(1996)을 참조할 수 있다.
27) 허웅(1983)에서는 이음법의 하위체계를 16개로 나눈 바 있다. 이에 비해 리의도 (1990)에서는 허웅(1983)에서 설정된 '미침, 홉사, 힘줌, 되풀이법'을 두지 않고, 지 움법을 따로 설정하여 13개의 체계로 정리한 바 있다. 이 글에서 다루는 내용이 지움 법이므로, 이에 대한 관심을 표명한 리의도(1990)의 체계를 따른다.

15세기 이음법에서 부정문이 제약되는 현상은 양보법(불구법)에 국한
된다. 예를 들어 제약법(구속법)의 경우 다음과 같은 두 문장에서, 제약
법의 전절과 후절 사이에는 어떤 제약 관계가 성립된다고 볼 수 없다.

(39) 제약관계가 성립되지 않는 이음법
　ㄱ. 自然히 物이 <u>아니어니</u> 엇뎨 너 아니리오.(능엄 2:37)
　ㄴ. 佛法이 ᄒ마 佛法이 <u>아니어니</u> … 엇뎨 實이 이시리오.

(금강삼가 2:53)

(39ㄱ)은 '-어니'로 연결된 '물이 아니다'와 ' 너 아니리오' 사이에 부정문
과 부정문이 연결된 경우이다. 이에 비해 (39ㄴ)은 '佛法이 아니다'와
'實이 이시리오' 사이에서 부정문과 부정문이 연결되지 않음을 보여준다.
이 경우 연결어미 '-어니'는 부정문과 제약 관계를 맺는 것으로 볼 수 없
다.

2.2.1. 부정문을 수반하는 이음법

15세기 이음법에서 부정문과 필연적인 제약 관계를 맺는 연결어미가
존재한다는 사실을 주목할 필요가 있다. 이는 리의도(1990)에서 제시된
바와 같이 '-디/-돌'뿐만 아니라, '-디ᄫᅵ'도 있다. '-디ᄫᅵ'는 '-디/-돌'이 부
정의 보조용언와 통합될 때 나타나는 형식이 아니라, 이음법을 실현하면
서 부정문을 수반하는 형태소이다. 이 형태소는 '-디웨/-디위/-디외'와
같은 이형태가 존재하는데 이 형태소는 긍정의 마디(절)와 부정의 마디
를 이어준다. 이 어미의 의미는 '-지만'에 해당한다는 점에서 양보의 의
미를 갖는 것으로 볼 수 있지만, 현대 국어와는 달리 반드시 부정문만을
수반한다는 점에서 부정어미로 설정해야 한다. 다음과 같은 경우가 있
다.28)

---

28) 이에 대해서는 부정문의 변화 양상과 요인을 분석하는 장에서 다룰 것이다.

(40) -디위/-디비/-디웨/-디외 + 아니ᄒᆞ다/없다

ㄱ. 見이 **쑬이디위** 쑬 보ᄂᆞ니 아니니라.(능엄 2:92)

ㄴ. 고 기로 아로몰 사몷딘댄 고 기의 아로몬 根源이 觸이라 鼻 아
니며 空ᄋᆞ로 아로몰 사몷딘댄 空이 제 **아디위** 고 기는 반ᄃᆞ기
아디 몯ᄒᆞ려니ᄯᆞᆫ.(능엄 3:44)

ㄷ. 이런ᄃᆞ로 니ᄅᆞ샤ᄃᆡ 내 眞實 **文殊ㅣ디위** 이 文殊ㅣ 업스니이다
ᄒᆞ시니 (능엄 2:58)

ㄹ. 世尊이 … 滅度ᄒᆞ시니 우리 나라해셔 **供養ᄒᆞᅀᆞᆸ디비** 그듸내ᅀᅡ 私
利를 몯 어드리라.(석보 23ㅣ 52)

ㅁ. 내 모로매 阮舍애 와 놀오져 **ᄒᆞ디외** 이 湖灘올 져허 예 오미 아
니니라.(두시초간 18:20)

(40)의 '-디위'는 앞의 마디를 부정하는 어미이다. (40ㄱ)은 '쑬이지만
보는 것이 아니다'라는 뜻이며, (40ㄴ)은 '空이 제 알지만, 고 [코] 기는
반ᄃᆞ기 아디 몯ᄒᆞᆫ다'라는 의미로 풀이할 수 있다. (40ㄷ-ㅁ)의 해석도
이와 같이 '-지만'으로 해석할 경우 무리가 없다. 다만 이 어미는 15세기
에만 널리 쓰일 뿐 그 이후에는 보이지 않으며, 반드시 부정문이나 반어
문을 수반한다는 점에서 현대 국어의 양보어미와 동일한 기능을 한다고
볼 수는 없다.29) 이 어미는 16세기 이후로 설명을 나타내는 연결어미
'-오ᄃᆡ〉-되'와 합류된다.30)

---

29) '-디비/디위/디웨/디외'의 변화 과정에 대한 앞선 연구는 발견되지 않는다. 허웅
(1985), 리의도(1990)에서도 이 형태소가 부정법을 실현하는 어미로만 설정되었을
뿐, 다른 해석이 없다. 『우리말큰사전』이나 『이조어사전』에서는 '-지, -지만'으로 풀
이하여, 이 어미가 '-지'로 변화한 것처럼 설명하고 있는데, 이러한 설명에도 타당성이
발견되지 않는다.

30) 이에 대해서는 허재영(1999)에서 설명한 바 있다. 또한 '-디비'의 변화 과정은 16세기
부정문에서 설명하기로 한다.

2.2.2. 관용 표현

15세기 부정문에서 일부 관용 표현은 부정문과 긴밀하게 통합된다. 예를 들어 어간에 직접 '-도'가 반복하여 결합하는 경우가 있다.

> (41) 보조사 '-도'가 어간에 반복 결하된 경우
> ㄱ. 겨지븨 그에 브튼 더러본 이스리 업스며 마릿 기리 몸과 골봇며 킈 젹도 크도 아니ᄒ고 술히 지도 여위도 아니ᄒ니라.
>
> > (월석 1:25~26).
>
> ㄴ. 善容이 對答호ᄃᆡ 보도 몯ᄒ며 듣도 몯거니 므스기 快諾ᄒ봏리잇고.(석보 24:28)

(41ㄱ-ㄴ)은 '크도', '보도', '듣도'와 같이 '도'가 어간에 직접 결합된 경우이다. 이.경우는 어미 '-디'가 생략된 형태이다.

또한 시간을 나타내는 부사 다음에 보조조사 '도'가 이어지거나, 명사 다음에 '만도/마도'가 올 경우, 혹은 '명사+만 용언 어간 +어도'의 형식을 취할 경우에 부정의 형식을 취하는 것도 관용적 표현으로 이해할 수 있다. 다음과 같은 예가 있다.

> (42) 시간부사 + 한정 보조조사
> ㄱ. 잢간도 쉬디 몯ᄒ야 곧 塵劫을 디내야 迷惑ᄒ며 障難ᄒ야 고기 그므레 노돗ᄒ야 (월석 21:49)
> ㄴ. 잢간 信ᄒ야도 도로 ᄯᅩ 恭敬 아니터니 죽건디 비록 아니 여러 나리라도 아모 고대 간디 모ᄅᆞ노이다.(월석 13:9)
> ㄷ. 惡緣 지스며 鬼神 절ᄒ야 祭ᄒ야 魍魎이게 求호ᄆᆞᆯ 잢간도 말라 ᄒ노니 … (월석 21:105)
> ㄹ. ᄒᆞ믈며 命終홇 사ᄅᆞ미 生애 이셔 죠고맛 善根도 업서 各各 本業을 브터 제 惡趣受호미ᄯ녀니잇가.(월석 21:106)
>
> (42-1) 명사+만+도/ 마도[31]
> ㄱ. 엇뎨어뇨 ᄒ란ᄃᆡ 이 殺害ᄒ며 祭호미 터럭근만 힘도 亡人의게

　　　　利益호미 업고 오직 罪緣을 미자 더욱 … (월석 21:105)
　　ㄴ. 넷 사르미 닐오디 須彌ㅣ 크는 <u>터럭마도 업스며</u> …

　　　　　　　　　　　　　　　　　　　　　　(남명 상 57)

　　ㄷ. 善男子善女人이 佛法中에 죠고맛 善根올 <u>터럭만 듣글만 심거도</u>
　　　　受혼 福利롤 가줄비디 몯호리라.(월석 21:144)

(42ㄱ-ㄹ)과 같이 '죠간, 죠고맛' 다음에 '도'가 오는 경우 '몯호다, 아니
호다, 말다'와 같은 부정의 형식을 취한다. 그런데, 이와 같은 형식에서
는 반드시 부정소를 갖고 있는 부정문이 뒤따르는 것은 아니다. 이 점에
서 관용 표현을 인정할 수 있는지 여부에 대해서는 많은 논란이 따를 수
있다. 왜냐 하면, '없다'와 같이 낱말 차원에서 실현되는 부정문을 인정할
것인가는 앞에서 논의한 바와 같이 매우 혼란스럽기 때문이다. 그러나,
관용 표현의 경우는 '없다'가 〔있음〕을 전제하고, 이를 부정한 것으로 이
해할 수밖에 없다. 이는 곧 '없다'와 같은 낱말은 자체로 부정 표현이라
고 보기는 어렵지만, 〔있음〕을 전제하고, '있지 않다'는 의미를 가질 경우
는 부정문을 구성하는 것으로 보아야 함을 의미한다. 어떻든, 관용 표현
에서 부정문이 요구되는 것은 '죠간, 죠고맛'이라는 부사가 '도'에 의해 한
정되기 때문인 것으로 볼 수 있는데, 이러한 부사 다음에 한정을 뜻하는
'도'가 이어지지 않는 경우는 부정 표현을 수반하지 않는다.

3. 15세기 부정문의 의미

　부정법에서 부정소 '아니'와 '몯'은 부사나 보조용언으로 쓰일 때 서로
다른 의미를 갖는다. 이러한 의미는 부정문에서 기능을 정확히 분석해
낼 수 있을 때에만 이해될 수 있는 문제라 할 수 있다. 이 점에서 부정소
의 결합 양상과 의미를 살펴볼 필요가 있다. 이 부분에서는 '아니'와 '몯'

---

31) 15세기 국어에서는 '마도'가 비교적 널리 쓰였다. '마도'의 기원에 대해서는 명확히 밝힐
　　수는 없으나 '만+도'와 의미상 차이는 없다.

의 결합 향상을 살펴보고 의미 특성을 분석하고자 한다. 이중 부정도 부정소와 부정어의 의미 특성에 따라 구성된다는 점을 확인하고자 한다.

3.1. '아니', '몯'의 결합 양상

3.1.1. 부정부사 '아니'와 '몯'의 결합 양상

15세기 부정문에서 부정부사 '아니'는 대체로 용언 앞에서 용언을 부정하는 용법으로 쓰인다. 그러나 '아니'의 용법은 오늘날과는 다소 차이가 있다. 이러한 특징은 부정문의 실현 모습이 변화함을 의미한다. 15세기 '아니'가 결합하는 조건은 다음과 같다.

> (43) '아니'가 놓이는 위치
> ㄱ. 境界롤브터 ᄆᆞᆺ매 됴오며 <u>아니 됴오</u> 굴히요몰 니르와돌씨라.
> (능엄 4:16)
> ㄴ. 아바님 목수미 <u>아니 한 스싀</u>시니 어셔 밍ᄀᆞ라 받ᄌᆞᄫᅡᅀᅡ ᄒᆞ리이다.(월석 21:217)
> ㄷ. 닶간 信ᄒᆞ야도 도로 ᄯᅩ 恭敬 아니터니 죽건디 비록 <u>아니 여러 나리라도</u> 아모 고대 간디 모르노이다.(월석 21:27)

(43ㄱ)에 나타난 '아니' 결합형은 오늘날과 큰 차이가 없는 부정문이다. 이에 비해 (43ㄴ)은 '아니'가 '하다'라는 형용사를 수식하는 경우이다. 이때 형용사 '한'은 '스싀'를 수식하는 관형어이다. 또한 (43ㄷ)은 '아니'가 '여러 날이다'라는 용언을 수식하는 경우이다. 이 점에서 (43ㄴ-ㄷ)은 현대 국어 부정문과는 다소 차이가 있다. 그러나 이러한 경우에도 부정어 '아니'가 부정하는 범위는 '아니' 다음에 오는 '하다, 여러'와 같은 형용사나 부사라는 점에서 본질적인 차이는 없다. 다만 이러한 부정문이 특이한 짜임새로 보이는 것은 15세기 문장구조와 오늘날의 문장구조의 차이에서 비롯된 것이다. 곧 15세기에는 동일 성분의 수식어가 여러 개 놓일

수 있다. 이러한 짜임새로는 다음과 같은 것을 들 수 있다.

> (43-1) 동일 성분이 한 성분을 꾸미는 경우
>> ㄱ. 이런 어린 사르몬 제 邪曲흔 보몰 흐고 쏘 無量 有情이 큰 어려
>> 본 고데 쩌러디긔 흐느니 …(석보 9:13)
>> ㄴ. 阿難아 뎌 藥師琉璃光如來ㅅ 그지 업슨 菩薩行과 그지 업슨 工
>> 巧흐신 方便과 그지 업슨 큰 願을 내 흔 劫이어나 흔 劫이 남거
>> 나 너펴 닐올떤댄 劫은 쎨리 다ᄋ려니와 …(석보 9:29)
>> ㄷ. 갌간도 션고디 업수믈 알면 흐나콰 여스시 다 업서 몰곤 두려운
>> 거시 논호디 아니흐니라(능엄 4:97)

(43-1ㄱ-ㄷ)과 같이 15세기 문장구조에서는 명사를 꾸미는 관형어 앞
에 또다른 관형어나 부사어가 올 수 있다. 위의 (43-1ㄱ)에서 '곧'을 꾸
미는 관형어는 '크다'와 '어렵다'라는 두 형용사이다. (43-1ㄴ)에서 '방편'
을 꾸미는 관형어는 '그지없다'와 '공교흐다'이다. (43-1ㄷ)에서도 '몰곤'
과 '두려운'이 모두 '것'을 꾸민다. 이러한 짜임새는 현대 국어의 경우 '크
고 어려운, 그지엄고 공교흐신, 몰고 두려운'과 같이 연결어미 '-고'를 사
용하여 한 대상을 꾸미는 경우와는 다르다.32) 그런데 (43-1ㄴ-ㄷ)에서
는 '아니 한', '아니 여러'가 'ㅅ쇠, 날'을 꾸미는 구조이지만, '아니'가 부사
라는 점에서 뒤에 오는 'ㅅ쇠, 날'을 직접 꾸미는 것이라고 볼 수는 없다.
이 점에서 (43-1ㄴ-ㄷ)은 '아니'가 뒤에 오는 '한, 여러'를 부정 대상으로
삼고, 이러한 말도막이 다시 'ㅅ쇠, 날'을 꾸미는 구조로 해석할 수 있다.
이와 같이 해석한다면 (43-1ㄴ-ㄷ)도 (43-1ㄱ)의 해석 원리에서 벗어
나지 않게 된다.

이에 비해 '몯'의 결합 조건은 다소 단순하다. '몯'은 주로 동작성 용언
앞에서 용언을 부정하는 역할을 한다.33) 이러한 점에서 '몯'은 '아니'와는

---

32) 이러한 수식구조는 연결어미 '-고'의 기능과도 밀접한 관련이 있을 것으로 보인다. 예를
들어 '고히 ᄠ코 엷디 아니흐며…죱고 기디 아니흐며…(석보 13:8)'와 같이 15세기 문
헌에서는 '-고'가 긍정과 부정을 함께 잇는 경우가 많은데, 이러한 쓰임도 현대 국어의
용법과는 차이가 있는 것으로 보인다.

달리 놓이는 자리에서는 현대 국어와 큰 차이가 없다. 다음과 같은 예가
있다.

> (44) '몯'이 놓이는 위치
> ㄱ. 내 佛眼이ㅣ로 三界옛 一切諸法을 다 보니 無明ㅅ 根源이 性이
> 本來 解脫ᄒᆞ야도 十方애 求ᄒᆞ야도 곧 몯 어드리로다.
>
> (석보 23:17)
>
> ・ 부텨 니르시논 解脫을 우리도 得ᄒᆞ야 涅槃애 다ᄃᆞ론가 ᄒᆞ다소니
> 오ᄂᆞᆳ날 이 ᄠᅳ들 몯 아ᅀᆞᄫᅵ리로다.(석보 13:43)
> ㄴ. 너 須陁洹이 비록 여스시 스로믈 得ᄒᆞ나 순지 ᄒᆞ나홀 업게 몯
> ᄒᆞᄂᆞ니라. (능엄 4:105)
> ・ 너 須陁洹이 비록 여스시스로믈 得ᄒᆞ나 순지 ᄒᆞ나홀 업게 몯 ᄒᆞ
> 니라.(능엄 4:105)

(44ㄱ)은 현대 국어에서도 쉽게 발견할 수 있는 '몯'이며, (44ㄴ)은 현
대 국어와는 달리 '-게 ᄒᆞ-' 사이에 부정소가 왔다는 점에서 차이를 발견
할 수 있는 문장이다. 그러나 (44ㄴ)도 '몯'이 'ᄒᆞ다' 앞에 왔다는 점에서
는 큰 차이가 없다. 다만 '-게 ᄒᆞ-' 사이에 '몯'이 온 것은 '-게 ᄒᆞ-' 구조
의 결합력에 변화가 생긴다는 것을 의미하게 된다.

3.1.2. 보조용언에서 '아니', '몯'의 결합 양상

부정소 '아니'와 '몯'은 보조용언으로 쓰여 '-디 아니ᄒᆞ다'와 '-디 몯ᄒᆞ다'
를 만들어 낸다. 이 경우 15세기 부정문의 구조에서 '몯'과 '아니'는 보조
용언 앞에 놓이는 경우가 많다. 이 점은 본용언과 보조용언의 결합력이
변화하는 것으로 볼 수 있다. 이러한 현상에 대해서는 권재일(1986)의
의존동사 구문이 늘어나는 과정을 참조할 수 있는데34), 이러한 과정에

---

33) '몯'이 상태성 서술어 앞에 오는 경우가 아주 없는 것은 아니다. 예를 들어 '하다, 둏다'
와 같은 상태성 서술어를 부정하는 경우가 발견되기도 하지만, 이러한 용법은 예외적인
용법에 속한다.

서 의존명사나 보조용언의 결합에도 상당한 변화가 있을 것으로 판단된다. 이 과정에서 가장 두드러진 것이 '-게 ㅎ-'구조의 사동문을 부정하는 경우라 할 수 있다.

15세기 '-게 ㅎ-'구조의 사동문을 부정할 경우, 현대 국어와는 달리 '아니'와 '몯'이 '-게 ㅎ-' 사이에 놓일 수 있다는 점에서 차이를 보인다. 다음과 같은 경우를 살펴보자.

> (45) 사동문에서 부정소의 위치
> ㄱ. 初學을 외에 <u>아니</u> ㅎ면 부톄 印호더 (능엄 6:107)
> ㄴ. 뎌의 머구미 能히 이룰 브르게 <u>몯</u> ㅎ면 밧긧 므ᇫ미 能히 모믈 아디 몯ㅎ리로다.(능엄 1:54)
> · 너 須陀洹이 비록 여스시스로몰 得ㅎ나 순지 ㅎ나홀 업게 몯 ㅎ니라.(능엄 4:105)
> ㄷ. 우리 모다 지조롤 겻고아 뎌옷 이긔면 짓게 ㅎ고 몯 이긔면 몯 짓게 ㅎ야지이다(석보 6:26)

(45ㄱ-ㄴ)은 '-게 ㅎ-'구조의 사동문에서 '아니, 몯'이 보조용언 앞에 온 경우이다. 그런데 (45ㄱ)과 같이 사동문을 부정하는 경우 '아니'가 보조용언 앞에 결합되는 경우는 드물다. 그러나 (45ㄴ)과 같이 '몯'이 결합되는 경우는 빈번히 나타나는데, 이러한 용법은 본용언과 보조용언의 결합력이 긴밀하지 않았을 가능성을 의미한다. (45ㄷ)은 '-게 ㅎ-'가 (45ㄱ-ㄴ)에 비해 긴밀한 구성으로 보인다.35) 이와 같이 본용언과 보조용언이 이어질 때, 보조용언 앞에 부정소가 놓이는 경우로는 다음과 같은 사례가 더 발견된다.

---

34) 권재일(1986)에서는 허웅(1975)에서 설정된 15세기 의존동사가 14개인데 비해, 허웅(1983)의 현대 국어 의존동사는 24개임을 들어 의존동사가 늘어가고 있음을 확인하고, 내포문 어미에 따라 다시 의존동사 목록을 제시한 바 있다.

35) 사동문 '-게 ㅎ-'를 부정하는 경우, '아니, 몯'을 'ㅎ다' 앞에 놓는 사례는 16~7세기까지 이어진다. 그러나 현대 국어에서는 이러한 용례를 찾기가 쉽지 않다.

(46) 보조용언 앞에 부정소가 놓이는 경우

　ㄱ. 最後身은 뭇 後ㅅ 모미니 느외 죽사리 <u>아니</u> ᄒ야 부텨 ᄃ외실씨
　　　라.(월석 1:31)

　ㄴ. 性을 보면 自然히 本來ㅅ 眞을 得ᄒ야 工夫를 잇비 <u>아니</u> ᄒ리
　　　라. (능엄 2:42)

　ㄷ. 지블 度量ᄒ야 지수미 빗내 됴히 <u>아니</u> ᄒ노니 (두시초간 6:3)

　ㄹ. 이 내익 기 아쳗는 배니 출하리 주긇 분이언뎡 ᄌ손의 이런 힝
　　　덕 이슈믈 듣고져 <u>아니</u> ᄒ노라.(번소 6:13)

(46ㄱ-ㄹ)은 '죽사리 ᄒ다, 잇비 ᄒ다, 됴히 ᄒ다'와 같이 부사형어미
'-이'를 취할 때, 부정소가 보조용언 앞에 놓이는 경우이다. 이 경우 부정
소가 부정하는 대상은 본용언이 된다. 곧 '죽사리, 잇비, 됴히, 듣고져'가
부정 대상이 되는 셈이다.36)

3.2. 부정소 '아니'와 '몯'의 의미

　부정소 '아니'는 체언 부정, 부정부사결합형, '-디 아니ᄒ다'형에 두루
쓰인다. 이 때, '아니'가 결합하는 방식은 부정 대상이 무엇인가에 의해
달라짐을 앞에서 확인한 바 있다. 이에 비해 '몯'은 부정부사결합형과
'-디 몯ᄒ다'형으로만 쓰이게 되며, 부정부사 '몯'은 뒤에 오는 상태성 용
언의 경우 제약이 심하다. 이 점을 토대로 부정소 '아니'와 '몯'의 의미를
좀더 뚜렷이 이해할 수 있다.

3.2.1. 부정소 '아니'의 의미

　부정소 '아니'가 명사로 설정될 수 있다는 점은 15세기 국어에서 중요
한 특징이라 할 수 있다.37) 이는 한자말에서 차용된 파생접사가 일반화

---

36) 이러한 용법은 16세기 이후로는 점차 줄어드는 것으로 보인다. 그러나 16세기 이후에
　　빈번히 나타나는 '게얼리 아니ᄒ다'라는 표현에서 '아니'는 '게으르다'라는 본용언을 부정
　　하고 있음이 뚜렷이 드러난다.

되기 전에는 '아니'라는 부정어가 파생접사를 대신했을 가능성이 높다는 점에서 주목해야 한다. 일반적으로 '아니'가 쓰일 수 있는 상황은 다음과 같다.

(47) 부정소 '아니'의 쓰임

ㄱ. ᄆᆞᅀᆞ미 조차 잇ᄂᆞ니 ᄯᅩ 안콰 밧과 中間과 세 고디 <u>아니로소이다</u>.(능엄 1:63)

· 이 보미 비록 微妙히 精ᄒᆞᆫ 불건 ᄆᆞᅀᆞ미 아니나 둘찻 ᄃᆞᆯ ᄀᆞᆮ디위 ᄃᆞᆰ 그르메 <u>아니니라.</u>(능엄 2:27)

· 이 相ᄋᆞᆫ 欲愛의 나샨디 <u>아니시니</u> 엇뎨어뇨.(능엄 1:42)

· ᄒᆞ다가 듣디 몯ᄒᆞᆯ딘댄 ᄯᅩ 界의 ᄠᅳ디 <u>아닐씨</u> 다 올티 몯도다.
(능엄 3:41)

ㄴ. 幻 <u>아닌</u> 것도 오히려 나디 아니ᄒᆞ면 幻法이 엇뎨 셔리오.
(능엄 5:14)

· 내 이제 이ᄅᆞᆯ 본댄 覺性이 自然ᄒᆞ야 生 <u>아니며</u> 滅 <u>아니라</u> 一切ㅅ 虛妄顛倒ᄅᆞᆯ 머리 여희니 因緣과 뎌 自然이 <u>아닌</u> ᄃᆞᆺᄒᆞ도소니
(능엄 1:63)

· 理 <u>아닌</u> 딕 허러 ᄡᅳ릴 맛나ᄃᆞᆫ 求ᄒᆞᄂᆞᆫ 거시 그 처ᅀᅥᆷ 報ᄅᆞᆯ 니라고
(월석 21:67)

ㄷ. 妄ᄋᆞᆯ 닐어 眞ᄋᆞᆯ 나토면 妄과 眞괘 ᄒᆞᆫ 가지로 두 妄이니 오히려 眞과 眞 <u>아니</u>왜 아니어니 엇뎨 見과 所見이리오.(능엄 5:9)

· 그러나 내 오ᄂᆞᆳ나래 文殊ㅣ 업디 아니홀씨 그 中에 실로 이와 <u>아니</u>와 두 相이 업도소이다 (능엄 2:59)

· 無明 볼곰과 武名 볼겨 다오미 <u>아니며</u> 이ᄀᆞ티 老 아니며 死 아니며 老死ㅣ 다오미 아니예 니를며 (능엄 4:47)

ㄹ. 이 迷人이 險道中에 이셔 <u>아니</u> 한 ᄉᆞ이예 여러 가짓 獨ᄋᆞᆯ 맛냇거든…(월석 21:118)

· 잢간 信ᄒᆞ야도 도로 ᄯᅩ 恭敬 아니터니 죽건디 비록 <u>아니</u> 여러

---

37) '아니' 부정문에서 부정어말이 '아니'인지 아니면 '아니다'인지를 명확히 한정짓는 것은 어렵다. 이에 대해 남풍현(1976)에서는 '아니'라는 부사에 '-이다'라는 계사가 붙은 것으로 분석한 바 있는데, 이러한 견해는 '아니'라는 낱말이 존재하며, '아니다'는 '아니'에 '이다'가 녹아붙을 수 있다는 점에서 타당하다.

　　　나리라도 아모 고대 간디 모ᄅ노이다.(월석 21:27)
　　ㅁ. 그 ᄢᅴ 目連이 種種 方便으로 다시곰 술바도 耶輸ㅣ 갌간도 듣디
　　　　아니ᄒ실씨 目連이 淨飯王ᄭᅴ 도라가 이 辭緣을 술ᄫᆞᆫ대…
　　　　　　　　　　　　　　　　　　　　　　　　　　(석보 6:6)
　　・ 믈읫 아치 얻븐 야이 업스며 고히 ᄑᆞ코 엷디 아니ᄒ며 뷔트디
　　　아니ᄒ며 ᄂᆞᆺ비치 검디 아니ᄒ며 좁고 기디 아니ᄒ며 ᄡᅥ디여 굽
　　　디 아니ᄒ야 一切 ᄆᆞᆫ 相이 업서 …(석보 19:6)

(47ㄱ-ㅁ)에 나타나듯이 부정소 '아니'는 현대 국어와는 달리 매우 다양한 쓰임을 갖는다. (47ㄱ-ㄴ)과 같이 체언을 부정하거나, (47ㄷ)처럼 체언으로 쓰이는 경우, (47ㄹ)과 같이 관형어 앞에 오는 경우, (47ㅁ)과 같이 보조용언으로 쓰이는 경우 등이 나타난다.

　이와 같은 점을 고려할 때 15세기 부정법은 '아니'라는 부정소에 의해 실현된다.38) 곧 부정을 나타낼 때, 기본적으로 사용하는 요소로 '아니'가 있으며, 또다른 부정소 '몯'이나 '-디 아니ᄒ다'를 대신할 수 있는 '몯ᄒ다, 말다'와 같은 부정 표현은 '-디 아니ᄒ다'에 유추된 형식일 가능성이 높다. 곧 긍정의 기저문에 '아니'라는 부정소가 결합되어 부정을 표현하게 되며, 이 때 '아니'는 어휘나 통사적 방법에 따라 다양한 변형이 이루어진다.39) 이 점에서 부정문에 대응되는 긍정의 기저문이 무엇인가에 대한 논란이 끊이지 않았다. 그러나 모든 언어 현상이 역사성을 갖는다고 할 때, 부정소 '아니'가 쓰이는 다양한 자리를 검토한다면, 부정소의 문법적 의미와 어휘적 의미를 쉽게 이해할 수 있을 것이다.

---

38) 남풍현(1976)에서는 이 점에서 15세기까지의 순수한 부정사는 '아니'뿐이며, '몯-', '말-'은 다른 의미 자질을 가진 것이라고 해석한 바 있다.

39) 부정소 '아니'의 문법의미와 어휘적 의미에 대한 논란은 끊임없이 이어져 왔다. 최초의 연구는 박순함(1967)에서 비롯되었는데, 그는 부정부사결합형과 '-디 아니ᄒ다'형의 표면상 구조는 다른 문장이라 하더라도, 동의성을 지닌다면 두 문장의 기저구조는 같아야 한다는 논리를 세웠다. 이에 비해 송석중(1967)은 통사구조의 상이성을 토대로 두 가지 부정문의 기저구조가 다르다고 한 바 있다. 이러한 논의는 이기용(1979)에 의해 전자를 일원론, 후자를 이원론으로 이름붙여진 바 있는데, 부정소 '아니'가 변형에 의해서 서로 다른 부정문을 만드는 것인지, 아니면 기저구조가 다른 것인지에 대한 논의는 쉽게 결론을 내리기 어렵다.

(48) 부정부사 '아니'의 용법

　ㄱ. 형용사 앞에 올 경우

　　· 向온 <u>아니</u> 오란 요스시라.(월석 서:26)

　　· 七年을 믈리져 ᄒ야 出家를 거스니 跋提 말이고 <u>아니</u> 웃ᄫ니,
　　　七年을 믈리져 ᄒ야 出家를 일우니 阿那律 말이고 아니 올ᄒ니
　　　　　　　　　　　　　　　　　　　　　　　　　(월석 7:1)

　ㄴ. 동사 앞에 올 경우

　　· ᄒ마 一定ᄒ 體 업슬씨 마시 혀에서 <u>아니</u> <u>나ᄂ다</u>.(능엄 3:27)

　　· 講으로 온 예와 싸호샤 투구 <u>아니</u> <u>밧기시면</u> 나랏 小民을 사ᄅᆞ시
　　　리잇가.(용가 52장)

　부정부사 '아니'는 (48)에 나타나는 바와 같이 어떤 종류의 용언이든
지 가리지 않는다. 이는 '아니'와 '몯'의 기능이 뚜렷이 분화되기 이전에는
'아니'가 모든 부정을 실현했을 가능성을 높여주는 것이라 할 수 있다.
더욱이 다음과 같은 예는 '아니'와 '몯'의 의미가 분화될 상황인데도 '아니'
를 사용하고 있기 때문에 부정어로서 '아니'가 원형임을 드러내는 자료라
할 수 있다.

　(49) '몯ᄒ다'가 와야 할 자리에 '아니다'가 온 경우

　　ㄱ. 세존 : 須菩提여 ᄠ데 엇더뇨. 東方 虛空ᄋᆞᆯ 어루 思量ᄒ려 몯ᄒ려.
　　　　수보리 : <u>아니이다</u>, 世尊하.
　　　　= 須菩提야 於意에 云何오. 東方虛空을 可思量가. 不아. 不也
　　　　ㅣ이다.(금강 건 25)

　　ㄴ. 華嚴에 닐오디 처엄 發心ᄒ신 저긔 곧 正覺 일워 뒷논 慧身ᄋᆞᆯ
　　　ᄂᆞ몰 브터 <u>아디</u> <u>아니타</u> ᄒ시며 維摩애 닐오디 이 室에 든 사ᄅ
　　　미 오직 諸佛ㅅ 功德香ᄋᆞᆯ 듣다 ᄒ며 …(월석 14:71)

　(49ㄱ)은 세존의 물음에 가능 여부[능력]가 포함되어 있다. 이 경우 수
보리의 대답은 '몯ᄒ다'가 되어야 한다. 그러나 수보리의 대답에서 '아니
이다'로 언해된 점은 '아니/아니다'가 부정어로 널리 쓰였음을 드러내 준
다.40) (49ㄴ)에서 '알다'의 부정은 항상 '몯ᄒ다'를 취한다. 이는 '알다'

라는 낱말이 자신의 능력과 의지를 포함한 낱말이기 때문이다. 따라서 15세기 대부분의 문헌에서도 '아디 몯ᄒ다'를 취한다. 그러나 (49ㄴ)은 '몯ᄒ다'가 올 자리에 '아니ᄒ다'가 왔다는 점에서 '아니'와 '몯'의 기능 분화가 있기 전에는 '아니'가 부정어로 널리 쓰였을 가능성을 보여준다.41)

이와 같은 쓰임을 고려할 때, 부정어 '아니/아니다'는 체언이나 용언 모두를 부정하는 낱말로, '몯-'이 쓰일 자리를 차지하기도 했다. 그러나 15세기 '아니'가 항상 '몯-, 말-, 없-'의 자리를 대체하는 것은 아니다. 이 점에서 15세기 부정법은 의미상 대립된 체계를 이룬 것으로 파악되는데, 김동식(1980)에서 제시된 것처럼 '아니'가 '행동주의 의지 부정'과 '객관적인 서술 부정'을 아우르는 데 비해, '몯ᄒ다'는 '행동주의 능력 부정'이나 '평가 부정'의 의미를 갖는 경우가 많아진다.42) 이러한 의미 특성은 통사적 방법에 의한 부정법 발달과 함께 '아니'의 의미 축소가 이루어진 것으로 해석할 수 있다.

이와 같은 점을 고려할 때, 15세기 부정문에서 '아니'의 의미는 [+객관적 서술성], [+평가], [+당위]43)를 부정하는 폭넓은 기능을 갖고

---

40) 이와 같은 구문은 『금강경언해』, 『남명집언해』 등에서 '-ᄒ려 몯ᄒ려'와 같은 물음에 대한 대답으로 자주 나타난다. 이러한 15세기의 쓰임만으로는 '아니/아니다'가 '몯ᄒ다'와 분화되기 전, 부정어의 원형을 이룬다고 보기 어려우나, 남풍현(1976)에 따르면, 15세기 '아니'와 '몯'이 능력부정 여부에 따라 다른 기능을 수행한다 하더라도 본디 부정소는 '아니'였을 가능성이 높다는 점을 밝힌 바 있다. 반면 최남희(1996)에서는 고대국어 부정부사로 '不喩(안디), 不冬(안둘), 毛等(모둘), 毛如(몯다)'가 다 나타남을 밝힌 바 있는데, 이를 토대로 할 때 '아니, 몯'의 분화가 언제부터 이루어졌겠는지를 문헌상으로 확인하는 것은 매우 어려운 일일 것으로 생각된다.

41) 이 점은 현대 국어에서 '네가 알지 않고는 못 배길 걸'과 같은 구문에서 단순히 '않다'가 '알다'를 지우고, 다시 '배기다'에 가능 여부가 표현되는 부정 형식과는 다르다. 다른 동작이나 행위가 전제되지 않고, 순수하게 '알다'만을 지우는 자리에 '않다'가 오기는 어렵다. 예를 들어 '*너는 그를 알지 않는다.'나 '*내가 그를 알지 않았다.'와 같은 구문은 현대 국어의 경우에 쓰일 수 없다.

42) 김동식(1980)의 연구는 현대 국어를 대상으로 했다는 점에서 15세기에 그대로 적용시킬 수는 없다. 이 점에서 이호권(1987)이나 류광식(1990)에서는 언해자의 언해 의식 차이에서 비롯된 것으로 보거나 '-디 아니ᄒ다'와 '-디 몯ᄒ다'가 형용사를 부정할 경우, 의미상 중화될 수 있다는 이론을 제시한 바 있다.

43) [+당위부정]의 개념은 뒤의 '몯ᄒ다'를 참고한다. 이 부정은 단순한 '평가'와는 달리 '기대치를 충족시키지 못했을 경우'에 해당하는 부정으로 이해할 수 있다.

있으나, [+능력], [+평가], [+가능과 기대]를 부정하는 자리에서는
'몯'에게 기능을 넘겨주고 있는 듯이 보인다.44)

3.2.2. 부정소 '몯'의 의미45)

부정소 '몯'은 제한된 용법을 지닌다. 때로는 '몯 ᄒᆞ다'가 굳어져 한 낱
말로 보이기도 하는데, 앞장에서 언급한 바와 같이, 이 낱말은 부정부사
'몯'에 'ᄒᆞ다'가 붙어 파생된 낱말로 보아야 하기 때문에, '몯'을 부정소로
설정한 것이다. 일반적으로 '몯'이 쓰이는 조건은 다음과 같다.

> (50) [N] 을/이 몯 ᄒᆞ다
>> ㄱ. 이 다ᄉᆞᆺ ᄠᅳ디 이실ᄊᆡ 繙譯 몯 ᄒᆞᄂᆞ니라.(월석 8:25)46)
>> ㄴ. 疑心이 重ᄒᆞ면 話頭를 擧티 아니ᄒᆞ야도 自然히 알픠 나드리니
>>   ᄯᅩ 긷거호미 몯 ᄒᆞ리라.(몽산 16)

> (51) 몯 + 대신하는 동사 'ᄒᆞ다'
>> ㄱ. 그저긔 拘尸城엣 네 力士ㅣ 各各 七寶 횃ㅅ불 가져 드러 香樓를
>>   브티ᅀᆞᆸ다가 몯 ᄒᆞ야ᄂᆞᆯ ᄯᅩ 여듧 力士ㅣ 드러 브티ᅀᆞᆸ다가 몯 ᄒᆞ야

---

44) 이러한 기능 분화가 언제 일어났는가는 정확히 추론하기 어렵다. 그러나 허재영(1998
ㄴ)에서 일부 언급했듯이, 『번역소학』과 『소학언해』, 『번역노걸대』와 『노걸대언해』의
차이를 고려한다면, 16세기 이후에는 이 기능이 완전이 분화되었을 것으로 추론할 수
있다. 이에 대한 연구 보고는 다음 연구 과제로 미룬다.
45) 부정어 '아니/아니다'의 경우는 '아니'라는 명사가 부사로 쓰인 다음, '아니다'라는 서술어
로 바뀌었음을 확인할 수 있다. 이 점에서 '몯ᄒᆞ다'도 '몯'이라는 명사가 부사로 바뀐 다
음, '몯ᄒᆞ다'로 바뀌었을 가능성이 있는데, 15세기 국어로는 이를 확인할 방법이 없다.
따라서 이 글에서는 객관성을 유지하기 위해 명사 '몯'을 설정하지 않으며, 부사 '몯'은
통사적 방법에서 다루기로 한다.
46) '몯ᄒᆞ다'는 '몯 ᄒᆞ다'라는 두 낱말로 볼 수도 있다. 왜냐 하면 '能은 내 잘 ᄒᆞᆯ 씨오 所는
날 大ᄒᆞᆯ 境界라.(월석 2:22)'와 같이 '몯'과 '잘'이 부사로 쓰이기 때문이다. 그러나 이
석주(1992)에서 제시한 바와 같이 '몯ᄒᆞ다'는 '몯'과 'ᄒᆞ다' 사이에 다른 요소를 집어 넣
을 수 있는 가능성이 적다는 점(개방성이 적다는 점)에서 한 낱말로 처리하는 것이 좋
을 듯하다. 곧 '잘 ᄒᆞ다'는 '잘 몯 ᄒᆞ다'를 허용하는데 비해, '몯 ᄒᆞ다'는 '몯'과 'ᄒᆞ다' 사
이에 다른 수식어가 끼어드는 사례가 발견되지 않는다.

늘 쏘 열여슷 力士ㅣ 드러 브티ᅀᆞᆸ다가 몯 ᄒᆞ야늘 쏘 셜혼 여슷
力士ㅣ 드러 브티ᅀᆞᆸ다가 몯 ᄒᆞ야ᄂᆞᆯ 大迦葉이 力士ᄃᆞᆯ콰 一切 大
衆ᄃᆞ려 닐오ᄃᆡ 너희 아라라.(석보 23:45)

ㄴ. 功德 닷고ᄃᆡ 齋ᄒᆞ야 여러 善因 지ᅀᅩ매 니를면 이 命終ᄒᆞᆫ 사ᄅᆞ미
큰 利益 解脫ᄋᆞᆯ 得ᄒᆞ리잇가 <u>몯 ᄒᆞ리잇가</u>.(월석 21:45)

(52) 비교의 뜻을 갖는 경우
ㄱ. 香象ᄋᆞᆫ 뭇 힘센 象이니 열 네 엄 가진 象이 히미 雪山앳 ᄒᆞᆫ <u>白</u>
<u>象</u>만 몯 ᄒᆞ고 雪山ㅅ 白象 열희 히미 ᄒᆞᆫ 香象만 몯ᄒᆞ니라.

(월석 2:40)

ㄴ. 아ᄌᆞ마니ᄆᆞᆫ 大愛道ᄅᆞᆯ 니ᄅᆞ시니 大愛道ㅣ 摩耶夫人ㅅ 아ᇫ니미시
니 양지 <u>摩耶夫人만 몯 ᄒᆞ실ᄊᆡ</u> 버근 夫人이 ᄃᆞ외시니라.

(석보 6:1)

(53) 보조용언에 결합될 경우: 〔V-게/어/고져 〔몯〕 ᄒᆞ다〕
ㄱ. ᄒᆞᆫ 王ᄋᆞᆫ 發願호ᄃᆡ 罪苦ᄅᆞᆯ 몬져 度脫ᄒᆞ야 安樂ᄒᆞ야 菩提예 <u>니를</u>
<u>에 몯 ᄒᆞ면</u> 내 乃終내 成佛코져 願티 아니호리라 ᄒᆞ니

(월석 21:51)

ㄴ. 迦葉을 외다 호ᄃᆡ 慈悲心ᄋᆞᆯ 두ᄃᆡ <u>너비 몯 ᄒᆞ야</u> 가ᅀᆞ며닐 ᄇᆞ리고
艱難ᄒᆞ닐 조차 비다 ᄒᆞ니라.(능엄 1:35)

(50)의 '몯ᄒᆞ다'는 '몯'에 'ᄒᆞ다'가 붙어 파생된 낱말이다. (50ㄱ-ㄴ)의
'몯 ᄒᆞ다'는 〔+능력 부정〕을 드러낸다. (51)-(53)의 경우도 이와 같다.
이 점에서 15세기 '몯ᄒᆞ다'라는 부정어는 능력 부정을 드러낸다는 점에서
오늘날과 큰 차이가 없다. 곧 '몯ᄒᆞ다'는 '~을 몯ᄒᆞ다'라는 형식을 취하거
나, '-다가 몯ᄒᆞ다' 형식을 취하는 대신하는 동사로 쓰일 경우, 혹은 비교
나 보조용언 결합시 부정을 나타낼 경우 행동 주체의 능력 부정을 드러
낸다.47) 이 점에서 부정소 '몯'은 행위자의 능력과 밀접한 관련을 맺지

---

47) '몯ᄒᆞ다'라는 파생어와는 달리 '몯'이라는 부정부사의 의미는 다소 다르다. 이 점에 대해
서는 류광식(1990)에서도 지적되었듯이, 행동 주체의 능력 부정이나 평가 부정의 의미
를 담지 않는 경우가 많다.

만 반드시 그런 것은 아니다. 이러한 예로 다음과 같은 것을 들 수 있다.

   (54) 평가 부정

     ㄱ. 부텻긔 禮數흐ᅀᆞᆸ고 머리 몯 든 스싀예 極樂 世界예 가 나거든…

                                    (월석 8:97)

     ㄴ. 구즌 ᄆᆞᅀᆞᆷ로 貪ᄒᆞ며 怒ᄒᆞᆫ ᄆᆞᅀᆞᆷ과 맛당ᄒᆞ며 몯 맛당ᄒᆞᆫ 法 니르

        와도미 行陰이오 (월석 2:14)

     ㄷ. 婦人이 술봉디 大王ㅅ 말ᄊᆞ미ᅀᅡ 올커신마론 내 ᄠᅳ데 몯 마재이

        다.(월석 8:97)

   (55) 당위 부정

     ㄱ. 阿難아 ᄒᆞ다가 … ᄠᅳ데 엇더뇨. 이 사ᄅᆞ미 이 부텻긔 布施혼 因

        緣으로 福 得호미 하녀 몯 하녀.(능엄 10:89)

     ㄴ. 알핏 사ᄅᆞ미 아디 몯ᄒᆞ야 해 王難애 ᄢᅥ디여 刑罰 맛나ᄆᆞᆯ 몯 미

        처 셔 몬져 ᄇᆞᆯ쎠 말라주거 뎌 사ᄅᆞᄆᆞᆯ 보치 어즈려 주구매 니를

        에 ᄒᆞ리라.(능엄 9:117)

(54ㄱ-ㄷ)은 말할이의 기대치와 관련된 부정문이다. 김동식(1980)에서
는 이러한 부정문을 평가부정문이라고 부른 바 있다. 또한 (55ㄱ-ㄴ)은
'마땅히 그래야 할 것인데, 그렇지 못하다'라는 의미를 갖는 당위부정문
이다. 좀더 구체적으로 살펴본다면, (55ㄱ)에서는 '하다'를 기대치로 전
제한 뒤, 혹시 이에 미치지 못함을 우려하는 의미에서 '몯 하녀'를 덧붙
인 표현으로 볼 수 있다. 이러한 표현에서는 주로 '아니이다 世尊하'와
같은 대답이 이어지는 경우가 많은데, 이 점에서 [+당위부정]은 '아니'
에 대한 강조 표현으로 볼 수 있을 것이다. (55ㄴ)에서는 '미치지 않음'
을 당연시하고 이를 강조한 표현으로 볼 수 있다.

3.2.3. -디 아니ᄒᆞ다/몯ᄒᆞ다/말다

부정소 '아니'가 [객관적 평가]의 의미를 담당한데 비해, '몯'이 [능력,

가능과 기대, 평가]의 의미를 담당했다는 사실은 보조용언으로 쓰일 때
에도 부정소의 결합이 달라질 수 있음을 의미한다. 이미 앞 장에서 언급
한 바와 같이, 의향법 제약에서 물음법의 경우 '-디 아니ᄒ다'가 [판정,
서술 의문]에 두루 쓰이는데 비해, '-디 몯ᄒ다'는 [서술 의문]의 용법으
로 한정된다는 점은 결국 '몯'의 부정 의미가 제약적이었음을 뜻한다. 이
점에서 '-디 아니ᄒ다/몯ᄒ다/말다'의 의미 특성에 따라 부정문이 달리
나타날 수 있다.

먼저, 의미상으로 볼 때 '-디 아니ᄒ다'는 동사, 형용사와 같은 용언에
붙어, 용언을 부정한다. 이에 비해 '-디 몯ᄒ다'는 서술어의 주체의 능력
을 부정하며, '-디 말다'는 서술어의 중단이나 금지를 요구하는 경우에
쓰인다. 이에 대한 구체적인 사례를 살펴보자.

(56) -디 아니ᄒ다

  ㄱ. 그 ᄣ 目連이 種種 方便으로 다시곰 술봐도 耶輸ㅣ 잢간도 듣디
    아니ᄒ실ᄊ 目連이 淨飯王ᄭ 도라가 이 辭緣을 술ᄫᆞᆫ대…

                              (석보 6:6)

  ㄴ. 믈읫 아치 얼븐 야이 업스며 고히 平코 엷디 아니ᄒ며 뷔트디
    아니ᄒ며 ᄂᆞᆺ비치 검디 아니ᄒ며 좁고 기디 아니ᄒ며 ᄭ디여 굽
    디 아니ᄒ야 一切 믜본 相이 업서 …(석보 19:6)

(57) -디 몯ᄒ다

  ㄱ. 다ᄅᆞᆫ 相ᄃᆞᆯᄒᆞᆯ 實로 得디 몯ᄒᆞᆯᄊ 無相이오 一切法이 相 업서 得디
    몯ᄒᆞᆯ ᄃᆞᆯ 아라 三界예 願ᄒ야 求호미 업서 ᄂᆞ외야 三有ㅅ 生死業
    을 짓디 아니ᄒᆞᆯᄊ 無作이니 … (월석 13:5)

  ㄴ. 夫妻ᄒ야 ᄒᆡᆼ뎌기 조티 몯ᄒ야 輪廻ᄅᆞᆯ 벗디 몯ᄒᄂᆞ 根源일ᄊ 죽
    사릿 因緣이라 ᄒ니라.(월석 1:12)

(58) -디 말다

  ㄱ. 말라. 舍利弗아 다시 니르디 마라ᇫ ᄒ리니 엇뎨어뇨.

                              (석보 13:40)

  ㄴ. ᄃᆞ틀 모매 무티고 올ᄒ 소내 ᄯᅩᇰ 츩 그릇 잡고 양지 두리본 일

잇는 드시 ᄒᆞ야 일ᄒᆞ는 사ᄅᆞᆷ둘 더브러 닐오더 너희 브즈러니
ᄒᆞ야 게으르디 말라 ᄒᆞ야 方便으로 아ᄃᆞ러게 갓가비 ᄒᆞ니라.

(월석 13:22)

(56)~(58)에서는 보조용언에 의한 부정법으로 '-디 아니ᄒᆞ다/몯ᄒᆞ다/
말다'가 동사나 형용사에 모두 붙어 부정을 나타낼 수 있음을 뜻한다.
(56ㄱ-ㄴ)에서는 행위자 주체의 의지와 상관없이 부정을 드러내는 경우
에 쓰인 셈이며, (57ㄱ-ㄴ)은 행위자의 능력이나 당위에 대한 기대치에
미치지 못함을 나타내는데 쓰인 셈이다. 또한 (58ㄱ-ㄴ)은 금지나 중지
를 드러낼 때 쓰였다.

3.2.4. 이중 부정

15세기 부정문에서 부정어의 기능과 의미가 현대 국어보다 명확했을
것이라는 추론은 이중 부정 현상에서도 발견된다. 이 점에서 '부정의 부
정'이 과연 긍정인가라는 문제를 다시 검토해 볼 필요가 있다. 이는 궁극
적으로 '아니, 몯'이나 '아니ᄒᆞ다, 몯ᄒᆞ다, 말다'의 의미를 정확히 기술하
는 데도 도움이 될 것이다.

현대 국어의 이중 부정의 형식은 김승곤(1998)에서 여섯 가지로 제
시된 바 있는데48), 15세기의 경우 이러한 형식은 전혀 성립되지 않는
다. 그 까닭은 '아니'와 '몯'이라는 부정소의 의미 및 기능이 현대 국어와
는 달랐기 때문으로 판단된다. 특히 15세기 이중 부정은 동일한 부정어
를 부정 대상으로 삼지 않는다는 점이 특이하다. 곧 김승곤(1998)에서
제시된 '아니지- 아니하다' 형식은 드러나지 않는다.

이 점에서 15세기 이중 부정은 외형상으로는 성립되지 않는 것처럼

---

48) 김승곤(1998)에서는 ① 아니+-지 +못하다 ② 아니+-지+아니하다 ③ 못+-지 +아
니하다 ④ -지+못하면+ 안 +움직씨 ⑤ -지+아니하면 + 안 +움직씨 ⑥ -지+아니
하면+못+움직씨를 이중부정으로 설정한 바 있다. 그러나 15세기에는 ②는 출현하지
않으며, '아니ᄒᆞ미 업스리며/몯ᄒᆞ리며'와 같이 명사형으로 바꾸어 이중 부정을 표현하는
경우가 많다.

보인다. 예를 들어 '아니', '아니ᄒ다'를 부정하는 경우는 다음과 같은 용
법이 발견된다.

(59) '아니'를 부정하는 경우
　ㄱ. 蠻行이 두려이 ᄀ자샤 事애 나ᅀᅡ가 眞이샤 그 應身이 <u>아니 겨신</u>
　　<u>디 업거시ᄂᆞᆯ</u> 法會ㅅ ᄆᆞᄎᆞ야 東方브터 오샤ᄆᆞᆯ 뵈샤ᄆᆞᆫ …
　　　　　　　　　　　　　　　　　　　　　(법화 7: 160)
　· 그러나 衆生이 如來ㅅ 智慧 <u>아니 두니 업건마ᄅᆞᆫ</u> 아롬 어려우미
　　이 ᄀᆞᆮ호ᄆᆞᆫ 듣글 비ᄒᆞ시게 ᄀᆞ론 천처라 (법화 3: 165)
　ㄴ. 알ᄑᆡᆺ 塵의 分別이 ᄀᆞ리옴 <u>아니니 업스니</u> (능엄 2:33)
　· 體ㅣ 妙ㅣ <u>아니니 업슬ᄊᆡ</u> 서르 어긔디 아니ᄒ며 (법화 6: 63)

(60) '아니ᄒ다'를 부정하는 경우
　ㄱ. 이 經에 니ᄅᆞ실 싸ᄅᆞ미 … 절로 업스리니 能히 忍에 方便히 住
　　ᄒᆞ신 젼ᄎᆡ시니 忍은 住티 <u>아니 호미 몯ᄒ리로다.</u>=說斯經者ᄂᆞᆫ
　　… 自無ᄒ리니 爲能安住忍故ㅣ시니 則忍은 不可不宗也ㅣ로다.
　　　　　　　　　　　　　　　　　　　　　(법화 5:41)
　· 實로 法을 가지디 <u>아니 홈 업스며</u> 機ᄅᆞᆯ 니피디 아니홈 업슨 젼
　　ᄎᆡ라 (원각 서 1:63)
　ㄴ. 이 尙書의 期約을 도라보디 <u>아니ᄒᄂᆞᆫ</u> 주리 아니라
　　　　　　　　　　　　　　　　　　　　　(두시초간 10:24)
　· 眞實로 닐온 耳應홀 쩨 기픈 골 ᄀᆞᆮᄒᆞ야 大小 音聲이 몯디 <u>아니</u>
　　<u>ᄒ니 업도다.</u>(법화 6:35)
　ㄷ. 諸佛 護持ᄒᆞ시ᄂᆞᆫ 견ᄎᆞ로 諸天이 護持 <u>아니티 몯ᄒ리라.</u>
　　　　　　　　　　　　　　　　　　　　　(법화 5:55)
　· 凡夫ᄂᆞᆫ 生 이시면 滅이 이셔 滅ᄒᆞ니 能히 生티 <u>아니ᄒ디 몯ᄒ거</u>
　　<u>니와</u> 聖賢은 生이 거시며…(금강 후서 11)

이중 부정문은 '부정소'를 다시 부정하는 형식의 문장이다. 그런데 이
경우도 '없다'가 문제시된다. 앞의 관용 표현과 마찬가지로, 이중 부정에
서는 '없다'가 부정문을 다시 부정함으로써 긍정 표현을 드러내는 구실을
하게 된다.49) 따라서 (59~60)에 나타나는 바와 같이 〔〔부정소〕+없

다]의 구조도 이중 부정으로 다루어야 한다.

(59ㄱ)은 부정부사 '아니'가 부정한 '겨신디'와 '두다'를 '없다'라는 어휘로 부정한 셈이다. 이 경우 '아니'의 부정 대상과 '없다'의 부정 대상은 결국 '겨신디, 둔 이'가 되기 때문에 부정의 부정이 성립된다. 따라서 '아니 겨신디 없다'는 것은 '항상 있다'라는 속뜻을 가지며, 의미상 긍정이 된다. (60ㄴ)에서도 'ㄱ리옴 아니다, 妙ㅣ 아니다'라는 문장을 '없다'가 부정하는 셈이어서 이중 부정으로 해석된다. 그런데 15세기 이중 부정문에서는 보조용언으로 쓰이는 부정소를 같은 보조용언의 부정소가 부정한 문장은 나타나지 않는다. (60ㄴ)의 '아니ㅎ논 주리 아니라'는 뒤에 있는 '아니다'가 '줄'을 부정하기 때문에, 이 또한 보조용언 '-디 아니ㅎ다'가 겹쳐난 표현은 아니다. 다른 문장에서도 동일한 부정소가 겹치는 경우는 없음을 확인할 수 있는데, 이는 현대 국어에서는 '아니하지 않다'라는 형식이 없음을 의미한다.

이러한 부정법의 겹침 현상은 '몯ㅎ다'에서도 동일한 현상을 보인다. 다음은 '몯ㅎ다'를 부정하는 형식이다.

(61) '몯'을 부정하는 경우
· 一切 法이 괴외ㅎ야 오며 감 아니니 ㅎ마 감 아니며 몯 와슘 아니며 現히 니러슘 아닌 젼치니 그럴씨 ⋯ (원각 상 권4: 162)

(62) '몯ㅎ다'를 부정하는 경우
ㄱ. 흔 ㅁ슈믈 브터 나샤 應을 다 몯흔 디 업스샤몰 普門이시다 니르시고 (법화 7:102)
· 普賢은 德이 ㄱ독디 몯흔 디 업스샤미 니라샨 普ㅣ시고 (법화 7:156)

---

49) '없다'가 이중 부정에서 부정을 실현한다는 점은 문법화 과정을 참고하면 이해될 수 있다. 문법화란 '낱말(비문법적 요소)과 같은 언어 요소가 자체 의미를 잃어버리고 좀더 문법적인 구실로 바뀌어 가는 것'을 뜻한다. 이 점에서 '없다'를 부정을 실현하는 낱말로 볼 것인가와 상관없이, '없다'가 일정한 조건에서 부정의 의도를 드러내는 경우를 볼 수 있는데, 이중 부정도 이러한 유형의 하나로 보아야 한다. (문법화에 대해서는 허재영 1997 참조)

ㄴ. 根올 兼티 아니호면 아로미 아니오 塵올 兼티 아니호면 아디 몯
호미 아니니 (능엄 1:72)
· 權智 빗기 아디 몯홈 업스실식 니르샤디 自在오
(원각 상 권2:58)

'몯/몯호다'를 부정하는 경우는 '아니/아니호다'에 비해서는 매우 적다.
(61)~(62)와 같이 '몯'과 '몯호다'를 직접 부정 대상으로 삼는 경우는
많지 않은데, 이 경우도 '아니, 아니호다'처럼 같은 부정소에 의한 부정은
나타나지 않는다는 특징이 있다. (61)은 '몯'이 '오다'를, '아니다'가 '-옴'
을 부정 대상으로 삼는 경우이며, (62ㄱ, ㄴ)은 '몯호다'가 앞의 명사성을
띤 '-디'를 부정한 뒤에, 다시 뒤에 오는 부정어 '없다, 아니다'를 사
용하여 '몯호다'의 명사형을 부정하는 셈이다.
다만 '말다'의 경우는 어휘적인 의미가 살아 있는 경우가 많기 때문에
겹쳐나는 경우가 있다. '말다'는 다음과 같은 이중 부정문을 구성한다.

(63) '말다'를 부정하는 경우
ㄱ. 니건 ᄀᆞ술히 믌ᄀᆞ 되 反호니 시러곰 번게 쁘러 브리ᄃᆞᆺ 호몰 마디
몯호리라(두시초간 22:31)
· 블근 하ᄂᆞᆯ과 玄圃애 모모래 가며 오며 홀시 프른 쏘리와 金곳
ᄀᆞ튼 지치 辱올 마디 몯호놋다.(두시초간 25:54)
ㄴ. 두ᅀᅥ 어간 셴 머릿터리롤 어느 브리리오 온 번 罰ᄒᆞ는 기픈 잔
올 ᄯᅩ 마디 아니호노라.(두시초간 15:2)
· 樓ㅣ 노파 시름홀 ᄃᆞᆺᄒᆞ니 빗기 자본 뎌홀 부루믈 마디 아니ᄒᆞ느
다.(두시초간 15:52)
ㄷ. 다ᄅᆞᆫ ᄀᆞ올ᄒᆞᆫ 오직 表第 ᄯᆞᄅᆞ미니 오며 가몰 머다 ᄒᆞ야 마디 말
라 = 爲歷雲山問無辭莾棘深 (두시초간 7:19)
· 매롤 시름호미 업스란디 머므러 이슈매 ᄀᆞᆺ보몰 마디 말라 = 且
無鷹準慮留滯莫辭勞(두시초간 17:23)

(63ㄱ-ㄴ)은 '말다'에 '-디 아니호다/몯호다'가 이어진 부정법의 겹침으
로 보인다. 그런데 (63ㄷ)은 '말다'를 다시 '말다'로 부정한 것처럼 보여

다른 이중 부정문과는 달라 보인다. 이 점에서 '말다'의 부정문 구성 여부가 다시 재론될 필요가 있다. 왜냐 하면 '말다'의 의미는 '사양하다, 그치다, 금지하다'와 같이 다양한 의미를 갖는데, 이러한 문장을 모두 부정문으로 처리할 수 있겠는가 여부를 검토해야 한다는 뜻이다. 이 점에서 '마디 말라'와 같은 구조가 나타나는 경우는 '사양하다'의 의미에 한정됨을 중시할 필요가 있다. 이 용법은 『두시언해』에서만 보이는데, (63ㄷ)에서는 '사양하지 말라'라는 뜻으로 해석되는 사례가 된다. 이 경우는 '말다'의 일반적 의미인 [+중단]과는 달리 '행위자가 능동적으로 거부한다'는 의미가 두드러지기 때문에, 부정문으로 보지 않는 것이 효율적일 듯하다.

4. 정 리

이 장에서는 15세기 부정문을 대상으로, 부정소를 설정하고, 부정문의 통사론적, 의미론적 특성을 살피고자 했다. 이를 검증하기 위해 15세기 부정문에서 의향법 제약관계를 검토했으며, 부정문에 관여하는 연결어미와 관용 표현이 존재함을 검증했다. 또한 15세기 부정소의 의미를 검토하여, '아니'와 '몯'이 갖는 의미적 차이를 밝히고자 했다.

첫째, 부정소 설정에서는 '아니, 몯'을 중심으로, 부정소가 결합하는 모습을 정리하고자 했다. 이 과정에서 보조용언에 나타나는 '-디/둘'의 성격을 고찰하고자 했다. 곧 15세기 부정문에 나타나는 부정소는 '아니, 몯, 말다'이며 (21ㄱ-ㄷ)과 같이 결합한다. 또한 보조용언 '-디/둘아니 ᄒ다/몯ᄒ다/말다'의 '-디/둘'은 의존명사 'ᄃ'의 문법화 과정에서 나타난 것이다. 이러한 문법화 과정은 융합 과정으로 설명할 수 있다.

둘째, 15세기 부정문의 통사론적 특성으로는, (38)과 같은 부정소 결합 원칙을 설정할 수 있다는 점을 들 수 있다. 곧 부정소 '아니, 몯'은 긍정의 기저문이 성립 가능할 때 결합할 수 있으며, '아니'가 명사, 부사,

보조용언으로 쓰일 수 있는데 비하여, '몯'은 부사, 보조용언으로, '말다'는 명령문과 청유문에서 부정을 실현하는 것으로 설명할 수 있다. 또한 부정소 결합에 따른 의향법 제약은 표(37)과 같이 설정할 수 있으며, 이 음법에서는 제약 현상이 두드러지게 나타나지 않는 것으로 볼 수 있다. 다만 '-디비'나 관용화된 표현은 부정법과의 제약 현상을 보이는데, 이러한 형태는 차츰 양보법으로 녹아들거나, 관용 표현으로만 남게 된다.

셋째, 의미론적 특성으로는, 부정소 '아니'는 '아니+이다', 부정부사, '-디 아니ᄒ다'에 쓰이며, 부사로 쓰일 경우 동작성 용언이나 상태성 용언을 가리지 않음을 확인할 수 있다. 이에 비해 부정소 '몯'은 부정부사와 '-디 몯ᄒ다'로만 쓰이며, 부사로 쓰일 때에는 상태성 용언을 취하는 경우가 제한적이다. 반면 부정소가 이루어내는 보조용언 '아니ᄒ다, 몯ᄒ다'는 본용언에 상태성 용언과 동작성 용언을 제한하지 않는다. 이를 토대로 부정소 '아니'의 의미는 [객관적 서술 부정], [당위 부정]이나 [평가 부정]의 의미를 갖는 것으로 보았다. 이에 비해 부정소 '몯'은 [능력 부정]과 [평가 부정], [당위 부정]으로 쓰인다.

이중 부정에서는 '아니ᄒ디 아니ᄒ다'와 같이 하나의 부정소가 본용언과 보조용언 자리에 이어지지 않는다는 점이 두드러진다. 반면 '아니ᄒ미 업스리며/몯ᄒ리며'와 같이 명사형을 만들어 부정어를 붙이는 경향이 두드러진다. 이는 '-디 아니ᄒ다/몯ᄒ다'에서 보조용언이 형성되는 과정과도 관련이 있을 것으로 생각된다.

16세기 부정문

　문장의 구조나 문법범주의 실현 방법은 역사적으로 변화한다. 권재일 (1994)에서는 이러한 변화 양상을, 실현 방법이 바뀐 경우, 실현 방법 이 없어진 경우, 실현 방법이 바뀌지 않은 경우로 나누고 있다. 부정문 은 15세기나 16세기에 큰 변화가 없는 것처럼 보이지만, 자세히 살펴보 면 조금씩의 변화가 있음을 알 수 있다.

　이 장에서는 15세기 부정문을 토대로, 16세기에는 어떤 변화 과정을 겪고 있는지를 기술하는 것을 목적으로 삼는다. 이러한 작업은 궁극적으 로 언어 변화의 일반 원리를 설명하는 데 도움이 될 것이다.

　16세기 부정문은 15세기에 비해 큰 변화를 겪은 것으로 보이지는 않 는다. 이 점은 15세기에 나타나는 부정문의 짜임새가 16세기에도 대부 분 유지되고 있기 때문이다. 그러나 부정소의 결합 양상이나, 보조용언 결합형 부정문이 널리 쓰이게 되는 점 등은 주목할 만한 변화로 보인다. 이 점에서 16세기 부정문의 변화 양상은 다음과 같은 점을 중시할 필요가 있다.

  (1) 16세기 부정문의 변화 양상
    ㄱ. 부정소의 결합 양상에 변화가 있는가.
    ㄴ. 부정부사결합형에서 보조용언결합형 부정문이 늘어나는 까닭은
       무엇인가.
    ㄷ. '아니'와 '몯'의 의미상 변화는 없는가.

  이와 같은 관점에서 16세기 부정문의 통사론적 특성과 의미론적 특성
을 검토하여, 변화 양상을 살피기로 한다.

1. 16세기 부정문의 통사론적 특성

1.1. 부정소 결합 양상

  15세기 부정문에서 부정소 결합 양상은 제Ⅱ장에서 제시한 바와 같이
체언을 부정하는 경우와 용언을 부정하는 경우의 문장구조에 따라 달리
나타난다. 설명의 편의를 위해 이를 다시 제시하면 다음과 같다.

  (2) 부정소 결합 양상

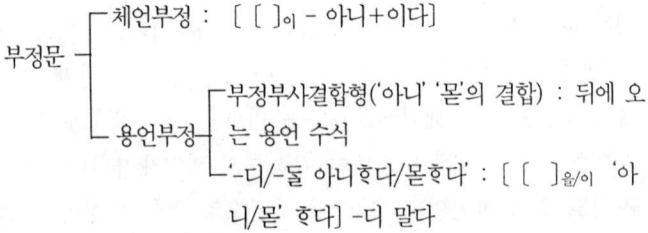

(2)의 부정소 '아니', '몯'의 결합 양상은 16세기 부정문에서도 큰 변화를 겪지는 않는다. 다만 '아니'가 체언으로 쓰이는 경우가 발견되지 않는다는 점, 보조용언형에서 '-디 아니ᄒᆞ다'의 구조가 '-디 아니다'처럼 보이는 경우가 많아진다는 점 등이 주요 변화로 꼽힐 수 있다.

첫째로, '아니'가 체언으로 쓰이지 않는다는 점에서, 15세기『능엄경언해』나『법화경언해』에 나타나는 '이와 아니왜' 같은 구조는 더 이상 나타나지 않는다. 그러나 '아니'가 명사와 같은 성격을 지녔을 것이라는 점은 다음과 같은 부정문을 [아니+이다]로 나눌 수 있다는 점에서 타당하다.

(3) '아니'의 명사다운 성격
ㄱ. 사롬이 아디 몯ᄒᆞ야도 慍티 아니ᄒᆞ면 쏘ᄒᆞᆫ 君子ㅣ 아나가.
　　　　　　　　　　　　　　　　　　　　　　　(논어1:1)
・다 人의 子ㅣ 아나가.(맹자 13:29)
ㄴ. 子ㅣ 골ᄋᆞ샤디 賜아 네 날로써 해 學ᄒᆞ야 識ᄒᆞᄂᆞᆫ 者ㅣ라 ᄒᆞᄂᆞ냐.
對ᄒᆞ야 골오디 그러ᄒᆞ이다. 아나ᄂᆞ니잇가.(논어 4:2)
・君子ᄂᆞᆫ 器ㅣ 아나ᄂᆞ니라. (논어 1:14)

(3ㄱ)은 의문조사 '-가/아'가 '아니'에 붙은 경우이다. 허웅(1983)에서는 이러한 경우, '아니'에 의문조사가 붙은 것으로 처리한 바 있으나, 허웅(1989)에서는 15세기와는 달리 '아니'에 다른 조사가 붙는 경우가 없다는 점을 들어(예를 들어 '아니를'과 같은 경우) 16세기부터는 풀이씨끝으로 처리한다.[1] 이러한 변화는 '아니'에 아직도 명사다운 성질이 남아 있음을 드러내는 것이며, 동시에 '아니+이다'에서 (3ㄱ)과 같은 구조가 사라지면서 '아니다'를 한 낱말로 인식할 가능성이 높아지는 셈이다.[2] (3

---

1) 허웅(1989) 104쪽 참조.
2) 우리말 품사 분류에서 지정사를 설정할 것인가라는 문제도 같은 맥락에서 이해될 수 있다. 최현배(1961), 허웅(1983)에서는 일관되게 '이나, 아니다'를 잡음씨로 보고자 한다. 특히 최현배(1961)에서는 '아니다'를 잡음씨로 보는 까닭을 '안+이다'로 분석하는 것을 취하지 않기 때문이라는 점을 분명히 하고 있으며(549쪽), 허웅(1983)에서는 잡음씨의 수효가 극히 국한되어 있는데가, 씨끝의 첫소리 /ㄷ/이 잡음씨에서 /ㄹ/로 변동하는 사례와 같이 특이한 변이형태를 취하는 경우가 있다는 점을 들어, 잡음씨를 설정하는 것이

ㄴ)의 경우도 15세기와 달라진 점은 없으나3), 확정법의 '-으니-'가 이어
진 뒤, 의향을 드러내는 어미가 붙는다는 점에서 '아니다'가 한 낱말처럼
인식될 수 있는 문장이다.

둘째로, 부정소 '아니, 몯'이 용언을 부정하는 경우이다. (2)에서 부정
부사의 쓰임이나 '-디 아니ᄒ다/몯ᄒ다'의 쓰임에서는 큰 변화가 없다.
그런데 특이한 점은 16세기 이후 '-디 아니ᄒ다'가 '-디 아니다'처럼 인식
되는 경우가 많아진다는 점이다. 예를 들어 다음과 같은 경우가 있다.

(4) -디 아니다
    ㄱ. 녜 잇다가 이제 더러 업슨디 아니며 (칠대 7)
     · 眞實 ᄇᆞ르몬 녜 잇다가 이제 더러 업슨디 아니며 (칠대 7)
    ㄴ. 그 말이 ᄉᆞ양티 아닌디라. (논어 3:17)
     · 즐겨 ᄀᆞᄅ치ᄂᆞ녀 즐겨 ᄀᆞᄅ치디 아녓ᄂᆞ녀 (번노 상 6)
    ㄷ. 上이 仁을 됴히 너기고 下ㅣ 義를 됴히 너기디 아닐 者ㅣ 잇디 아
       니니 (대학 27)
     · 더욱 窮ᄒ야 求티 아님이 업게 ᄒᄂᆞ니 (대학 10)
     · 니르디 아닐 바 업시 ᄒ다가 (대학 12)
     · 이 닐옴이 닷디 아니면 (대학 15)
     · 뎌 긔운니 ᄀᆞᆮ디 아니라 (정속 13)
     · 일로 니러나리니 엇디 납디 아니료.(정속 25)

(4ㄱ)은 15세기 흔히 볼 수 있는 체언 부정문이다. 이 문장은 '용언의
관형형(동명사형)'에 의존명사 'ᄃ'를 결합한 부정문인데, 16세기에 들어
와서는 이러한 말이 거의 나타나지 않는다.4) 반면 (4ㄴ)은 '-디 아니ᄒ

편리하다(412~413쪽)고 밝힌 바 있다. 그러나 15~16세기 부정문에서는 '아니'가 체
  언으로 구실한다는 점, '아니' 다음에 의문조사가 바로 이어질 경우가 많다는 점 등에서
  '아니다'는 '아니+이다'로 분석할 수 있을 것이다.
3) 15세기에도 이러한 문장은 많이 발견된다. 다음과 같은 예가 있다.
    · 辟支佛이 아니니라. (석보 13:61)
    · 일후미 둘 아니니라. (육조 상:44)
4) 『번역소학』, 『소학언해』, 『번역노걸대』, 『번역박통사』에서는 이러한 형식을 찾지 못했다.
  『칠대만법』에는 (4ㄱ)이 나타나는데, 16세기 이후 이러한 형식이 남아 있는 것은 문헌의

다'에서 'ㅎ-'가 줄어진 꼴로 생각할 수 있는 문장이다. '-디 아닌-'과 같이 'ㅎ-'의 흔적을 '닛/닌'의 ㄴ, ㅅ'이 보여주기 때문이다. 그러나 15~16세기까지 'ㅎ-'의 생략 현상이 그다지 심한 것 같지 않기 때문에, 과연 '-디 아닛/닌'과 같은 형태가 'ㅎ-'의 줄어든 형식인지는 명확히 밝히기 어렵다. 이러한 경향은 17세기로 가면서 더욱 늘어난다. 이에 비해 (4ㄷ)은 '-디 아니ㅎ다'에서 'ㅎ-'가 줄어든 경우로 볼 때, 'ㅎ-'의 흔적을 찾을 수 없는 문장이다.

여기에서 우리는 (4ㄱ-ㄷ)의 짜임새를 통해, '-디 아니ㅎ다'의 성격 변화를 다시 추정할 수 있다. 이는 곧 (4ㄱ)의 짜임새에서 (4ㄴ-ㄷ)이 유래되었다고 할 때, (4ㄴ-ㄷ)은 '-디 아니ㅎ다'가 줄어든 형식으로 볼 수도 있지만, '[용언어간]ㄴ/ㄹ+[ᄃ]ㅣ+[아니+이다]'와 같은 부정문 구조에서 관형형어미가 줄어든 형태로 볼 수도 있다는 뜻이다. 그렇다면, 부정소 '아니'의 결합 양상에서 체언 부정문과 '-디 아니ㅎ다' 부정문은 유사성을 띠기 때문에 같은 형식으로 나타날 가능성이 높아진다. 이를 정리하면 다음과 같이 나타낼 수 있다.

(5) '-디 아니다'와 '-디 아니ㅎ다'의 관계

〈15세기〉   〈16세기〉
[용언어간] ㄴ/ㄹ+ [ᄃ] ㅣ~아니다 【체언부정】 〉 [용언어간] + [ᄃ] ㅣ~아니다
[용언어간] + 디(어미)~ 아니ㅎ다 【용언부정】   [용언어간] +디~아니ㅎ다
체언부정문과 용언부정문이 다른 시기   용언부정문으로 바뀐 시기

(5)는 결국 '-디 아니ㅎ다'에서 '-디'의 유래를 다시 보여주는 셈이다. 곧 '-디 아니ㅎ다'의 '-디'는 의존명사 'ᄃ'가 결합된 형식이며, 15세기 이전에 '[용언]ㄴ/ㄹ+[ᄃ]이/을~[아니]+ㅎ다'와 같은 구조에서 관형형어미가 줄어든 뒤, '[아니]+ㅎ다'가 융합되어 한 낱말로 인식되면서 형성된 부정문이라고 할 수 있다. 이 점에서 16세기에 용언이 의존명사를 꾸미

보수성을 반영한 것이라고 판단된다.

는 과정에서 관형형어미가 줄어들 가능성을 보이는 표현이 남아 있다는
점은 시사하는 바가 크다. 다음과 같은 경우가 발견된다.

 (6) 관형형어미가 줄어든 경우5)
   ㄱ. 님금 셤교믈 어버이 셤기기 ᄃ시ᄒᆞ며 (번소 7:24)
    ・ 웃 관원 셤교믈 형 셤기기 ᄃ시ᄒᆞ며 (번소 7:24)
   ㄴ. 孔戡이 올ᄒᆞᆫ 일 하기예는 즐기 ᄃ시ᄒᆞ며 탐ᄒᆞᆫ 닷ᄒᆞ며
                   (번소 10:12)
    ・ 公權을 셤규디 公綽 셤기 ᄃ시ᄒᆞ야 쇠병ᄒᆞᆫ 저기 아니어든
                   (번소 9:105)

(6ㄱ-ㄴ)은 '-디'는 아니지만, 같은 의존명사 'ᄃ'의 결합형인 'ᄃ시'이라는
점에서 의존명사 앞의 관형형어미가 줄어드는 경우를 보여주는 셈이다.
그렇다면, '-디 아니ᄒᆞ다'의 '-디'도 의존명사 결합형에서 '-디 아니ᄒᆞ다/
몯ᄒᆞ다'라는 새로운 부정 형식을 만들어 낸 것으로 보아야 할 것이며, 아
울러 16세기에는 '-디 아니다'와 '-디 아니ᄒᆞ다'가 뒤섞여 쓰이는 까닭은
'-디'가 갖는 체언의 성격에 따라 '-디 아니ᄒᆞ다'에서 'ᄒᆞ-'를 생략하더라
도, 문법 구조에 어긋나지 않기 때문에 쉽게 'ᄒᆞ-'를 생략할 수 있었던 것
으로 보인다. 이러한 과정은 일종의 유추로 보는 편이 합리적일 것이다.

1.2. 부사결합형에서 보조용언형으로의 변화

 통사적 방법에 의한 부정문은 부사결합형과 보조용언 '-디 아니'형이
있다. 두 가지 부정문은 형성 과정이나 부정 대상이 다르지만6) 두 가지

---

5) 의존명사 'ᄃ시' 앞에서 관형형어미가 줄어든 경우는 『경민편언해』, 『율곡중용언해』와 같은
 17세기 자료에서도 발견된다. 다음과 같은 용례가 있다.
  ・金과 구슬을 앗기 ᄃ시ᄒᆞ시며 내 목숨을 보호ᄒᆞ ᄃ시ᄒᆞ니 (경민편 28)
  ・洋洋히 그 上의 잇 ᄃ시ᄒᆞ며 그 左右의 잇 ᄃ시ᄒᆞ니라. (율곡 중용 17)
 이러한 용법은 관습적으로 굳어져 화석화할 가능성도 있다. 예를 들어 '굶기를 밥 먹듯
 한다'에서 '먹듯하다'의 경우 '먹는 듯'의 '-는'이 생략된 형태이다.
6) 이에 대해서는 앞 장을 참고하기 바란다. 대체로 부사결합형은 뒤에 오는 서술어를 부정

부정문이 모두 허용될 수 있는 경우, 대체로 부사결합형에서 '-디 아니'
형으로 변화하는 경향이 우세하다. 이에 대한 문헌 자료를 검토하면 다
음과 같다.

(7) 『번역소학』과 『소학언해』

ㄱ. 부정부사 '몯'→ '-디 아니/몯ᄒ다'형으로

· 아비 丹州ㅅ ᄀᆞ올 원 가 겨시거늘 뫼ᅀᆞ와실제 글ᄒᆞ기를 닐우디
몯호모로 <u>고기 몯 먹게 ᄒᆞ시더니</u> 내 닛디 몯ᄒᆞ노라.(번소 9:103)
→ <u>고기 먹음을 허티 아니ᄒᆞ시더니</u> 내 敢히 닛디 몯ᄒᆞ노라.

(소학 6:96)

· 내 몸 져버ᄒᆞᄂᆞᆫ ᄆᆞᅀᆞᆷ로 사ᄅᆞ미 ᄆᆞ슴 져버리면 <u>셩현 디위예 몯</u>
<u>갈가</u> 분별 아니홀 거시니(번소 8:13)→ 샹녜 사ᄅᆞᆷ 외다ᄒᆞᄂᆞᆫ ᄆᆞ
ᅀᆞᆷ으로써 사ᄅᆞᆷ을 져버보면 <u>聖賢 地位예 니르디 몯홈을</u> 근심티 아
니ᄒᆞ리라.(소학 5:93)

· 녀느 동ᄉᆡᆼ이 효양ᄒᆞ리 업스니 <u>내 몯 도라와도</u> 네 내 어미를 효양
홀다.(번소 9:55) → 兄弟 효양을 ᄀᆞ초리 업스니 <u>내 도라오디 몯</u>
<u>홀디라도</u> 네 즐겨 내 어미를 효양홀다.(소학 6:50)

· 어딘 사ᄅᆞᆷᄃᆞ려 ᄂᆞ즈웨 ᄒᆞ여 이레 <u>몯 미츨 일을</u> ᄀᆞᄅᆞ치료 (번소
9:53) → 엇디 일즉 그뎌로 히여곰 ᄂᆞ저 <u>일에 밋디 몯ᄒᆞ라</u> ᄒᆞ리
오 (소학 6:49)

· 이 사ᄅᆞᆷ여, <u>ᄂᆞ미 몯 가지ᄂᆞᆫ</u> ᄆᆞ슴을 가져 이시며 (번소 9:73) →
이 손이여 사ᄅᆞᆷ의 能히 <u>딕킈디 몯ᄒᆞᄂᆞᆫ</u> 바를 딕킈며(소학 6:68)

· 일과 만힌여 <u>몯 미츤 배 잇거든</u>(번소 9:16) → 일과를 ᄒᆞ야 <u>니르</u>
<u>디 몯ᄒᆞ 배 잇거든</u> (소학 6:14)

· 일헛ᄂᆞᆫ ᄆᆞᅀᆞᄆᆞᆯ 거두어 그 모ᄆᆞᆯ 아름답게 ᄒᆞ면 엇디 녯 사ᄅᆞᄆᆡ게
<u>몯 미츠리오</u>(번소 8:24) → 노흔 ᄆᆞᅀᆞᆷ을 거두어 그 몸을 아름답
게 ᄒᆞ면 엇디 녯 사ᄅᆞᆷ의게 可히 <u>밋디 몯ᄒᆞ리오</u>.(소학 5:103)

· 長孫 夫人이 하 늘거 니 업서 <u>음식 몯 먹거ᄂᆞᆯ</u> (번소 9:29) → 長
孫 夫人이 낫 <u>먹디 몯홈ᄋᆞᆯ</u> 두어히로 (소학 6:26)

· 그 시절 오란 가문ᄃᆞᆯ히 다 <u>이리 몯 ᄒᆞ더라.</u>(번소 9:85) → 그

하는 형태이지만, '-디 아니'형은 '-디'가 명사다운 성격을 띤다는 점에서 '-을 아니ᄒᆞ다'의
구조를 갖는 것으로 해석한 바 있다.

시절 녯 가문과 오란 겨레들히 다 能히 <u>이긔디 몯호더라.</u>

(소학 6:75)

· 내 아싀 일 죽고 다믄 호 주식이 이시니 리예 <u>졀스케 몯 홀 거시</u>
<u>니</u>(번소 9:71) → 다믄 호 주식이 이시니 理예 可히 <u>긋디 몯홀</u>
<u>거시라.</u>(소학 6:65)

· 호다가 터럭 근마나나 몯 호미 이시면 다 내 무숨물 <u>다 몯호 싸</u>
<u>히니라</u>(번소 7:24) → 만일 털억 근타나 지극디 몯홈이 이시면
내 무옴이 <u>다호디 몯혼 배</u> 이심이니라. (소학 5:57)

ㄴ. 부정부사 '아니'→ '-디 아니/몯호다'형으로

· 公權을 뵈요뒷 듸 <u>아니 씐</u> 저기 업더라(번소 9:105) → 公權을
볼 제 일즉 씌 <u>씌디 아니티</u> 아니호더라.(소학 6:67)

· 눈물을 흘린대 모돈 본중엣 사롬돌히 <u>아니 울리</u> 업더니 (번소 9:
69) → 모돈 본중엣 사롬돌히 눈믈 <u>쓰리디 아니리</u> 업더니

(소학 6:64)

· 미양 다시곰 넑고 눈물 <u>아니 흘린</u> 적 업시호니 (번소 9:29) →
눈믈 <u>흘리디 아니키</u>(디) 아니호니 (소학 6:42)

· 또 서르 조차 이바디 회집호야 늦드러 붓그리디 아니호거든 또
눕도 고이히 <u>아니 너기</u>느니 (번소 7:16) → 또 서르 조차 이바디
회집호야 편편히 붓그림 업거든 또 므던히 너겨 괴이히 <u>너기디</u>
<u>아니호느니</u> (소학 5:49)

· 죄 잇거든 몬져 올호 대로 엳즈오면 힝혀 죄롤 <u>아니 주시려니와</u>
또 다시곰 소기숩디 몯홀 거시니 (번소 9:43) → 罪 잇거든 올호
대로 엳즈오면 거의 或 <u>노힘을 보려</u>니와 可히 소기기를 호디 몯
홀 거시니라.(소학 6:39)

· 진실로 그 호논 이리 쉽디 아니호 주를 보시면 또 편안티 <u>아니 너</u>
<u>기시니라.</u>(번소 7:4) → 진실로 히여곰 그 호더 쉽디 몯혼 줄을
보시면 또 <u>편티 몯호</u>시라.(소학 5:37)

· 下品엣 사룸 <u>그르쳐도 어디디 몯호느니 <u>아니 그르쳐도</u> 어디느닌
聖人 아녀 엇더니며 (번소 6:28) → <u>그르치디 아니호야</u>셔 어디느
닌 聖人 아니오 므서시며(소학 5:27)

· 혹 잇다감 <u>관더 아니 호더시니</u> 黚을 보실 저긔는 (번소 9:42) →
或 잇다감 冠 <u>쓰디 아니호샤더</u> (소학 6:38)

· 혼자 부귀롤 누리고 아숨물 어엿비 <u>아니 너기</u>면 후에 엇데 조샹올

싸 아래 가 뵈슥오며(번소 7:49) → 혼자 富貴를 누리고 권당을
<u>근심티 아니ᄒᆞ면</u> 다른 날애 엇디 뻐 조샹을 싸 아래 가 보ᄋᆞ오며
(소학 5:80)

· 내 몸 져버ᄒᆞᄂᆞᆫ 므슥므로 사ᄅᆞ미 므슴 져버리면 셩현 디위예 몯
갈가 <u>분별 아니ᄒᆞᆯ</u> 거시니(번소 8:13)→ 샹녜 사ᄅᆞᆷ 외다ᄒᆞᄂᆞᆫ 므ᄋᆞᆷ
으로써 사ᄅᆞᆷ을 져버보면 聖賢 地位예 니르디 몯홈을 <u>근심티 아니
ᄒᆞ리라.</u>(소학 5:93)

· 내 ᄉᆞ랑ᄒᆞ며 듕히 너기건마ᄅᆞᆫ 너희돌회 본받과뎌 <u>아니ᄒᆞ노라.</u>(번
소 6:14)→ 내 ᄉᆞ랑ᄒᆞ고 重히 너기거니와 너희 물이 효측홈을 願
<u>티 아니ᄒᆞ노라.</u>(소학 5:13)

· 셰간이 므스일이 밧비 ᄒᆞ다가 <u>그르 아니ᄒᆞᄂᆞ뇨.</u>(번소 9:53) → 世
間에 므스 일이 밧븐 後를 因ᄒᆞ야셔 <u>그르디 아니ᄒᆞᄂᆞ뇨.</u>
(소학 6:49)

· 어딘 이리어든 <u>젹다ᄒᆞ고 아니ᄒᆞ디</u> 말라 ᄒᆞ시니라(번소 6:15) →
어딘 거시 젹다ᄒᆞ야 뻐 <u>ᄒᆞ디 아니티</u> 말라.(소학 5:14)

· 五經읫 글 ᄠᅳᆮ과 셩현의 셩과 일후미 잇거든 다ᄅᆞᆫᄃᆡ <u>쓰기를 아니ᄒᆞ
노라.</u>(번소 8:39) → 五經읫 말와 믿 聖賢의 姓名이 잇거든 다ᄅᆞᆫ
ᄃᆡ <u>쓰디 아니ᄒᆞ노라.</u>(소학 5:118)

· 이런 ᄒᆡᆼ뎍 이슈믈 <u>듣고져 아니ᄒᆞ노라.</u>(번소 6:13) → 이런 ᄒᆡᆼ실
이심 드롬을 願<u>티 아니ᄒᆞ노라.</u>(소학 5:12)

· 졍졔히 ᄒᆞᆫ 후에ᅀᅡ 닐러 나모로 ᄒᆡ여듀미 업서 사ᄅᆞ미 빌이기를 <u>아
쳐러 아니 ᄒᆞ더라.</u>(번소 8:39) → 整齊홈을 기들온 후에 시러곰
니러나ᄂᆞᆫ 故로 ᄒᆞ여디미 업스니 사ᄅᆞᆷ이 그 求ᄒᆞ야 비로믈 슬희여
<u>ᄒᆞ디 아니ᄒᆞ더라.</u>(소학 5:117)

ㄷ. '-디 아니/몯ᄒᆞ다'형 → 부정부사 결합형으로

· 나라힌 졍스애 <u>참예티 몯게</u> ᄒᆞ며 지븨셔는 이를 웃듬ᄒᆞ여 몯ᄒᆞ게
ᄒᆞᆯ 거시니 (번소 7:36) → 나라히 可히 ᄒᆞ여곰 졍스를 <u>참예케 몯
ᄒᆞᆯ</u> 거시며 집의 可히 ᄒᆞ여곰 일을 젼쥬케 몯홀디니 (소학 5:68)

(8) 『삼강행실도』 고대본(15세기), 상백문고본(16~7세기 추정), 성균
관대본(17세기), 『동국신속삼강행실도』(17세기)7)

---

7) 이와 같은 경향은 『삼강행실도』 초간본과 중간본, 『동국신속삼강행실도』 가운데 '동국삼

ㄱ. 몯 누어셔 주그니라 (삼강 충신 32) → 편안티 몯ᄒᆞ야셔 죽다 (동국신속 1:충신 3)

ㄴ. 슬허 아니 먹ᄂᆞ 주리 아니라 (삼강 열녀 35)→ 슬허 아니 먹ᄂᆞᆫ디 아니라(동국신속 1:열녀6) → 부러 먹지 아니ᄒᆞᄂᆞᆫ 줄이 아니라 (성대본 열녀 35)

· 엇띠 셜리 아니 주기ᄂᆞ뇨.(삼강 열녀 32) → 나롤 수이 주기디 아니ᄒᆞᄂᆞ뇨.(동국신속 1:열녀 35)

(9) 『속삼강행실도』 초간(16세기)과 중간(17세기) 『동국신속삼강행실도』(17세기)

ㄱ. 내 사로믈 ᄎᆞ마 몯 ᄒᆞ리로다(속삼강 충신 5) → 내 ᄎᆞ마 몯 ᄒᆞᆯ 배라(동국신속 1:충신 2) → 내 살오믈 좃디 못ᄒᆞ리라. (중간 충신 5)

ㄴ. 아니 오라 尼山 縣監 ᄒᆡ여시니 (속삼강 효자 26)→ 아니 오라셔 니산현감 ᄒᆡ여시니(동국신속 1:효자 23) → 오래디 아니ᄒᆞ야 (속삼강 중간 효자 26)

· 아니 오라셔(속삼강 열녀 2) → 오래디 아니 녀셔 (중산 열녀 2)

· 맛뎌 아니ᄒᆞ더니 (속삼강 효자 32) → 반ᄃᆞ시 친히 ᄒᆞ더니(동국신속 1:효자 29) → 맛디디 아니ᄒᆞ더니 (중간 효자 32)

(10) 『번역노걸대』(16세기초기)와 『노걸대언해』(1670), 『중간노걸대언해』(1795)[8)]

ㄱ. 이 느즌 ᄃᆡ 일즉 아촘 밥을 몯 머거 잇고(번노 상 40) → 이리 느즌 ᄃᆡ 일즉 아촘 밥을 못 먹엇고(노걸대 상 36)→ 이 ᄣᆡ도록 일즉 朝飯을 먹지 못ᄒᆞ엿고(중간 상 36)

강행실도' 부분에서는 많은 차이를 보이지 않는다. 그 까닭은, 문헌의 보수성 때문으로 추측되는데, 이 점에서 같은 내용을 토대로 한 18세기의 『오륜행실도』 효자편과 견주어 본다면, 부사결합형에서 '-디 아니'형으로의 변화 양상이 뚜렷이 나타난다. 이에 대해서는 17세기 이후의 부정문에서 다룰 예정이다.

8) 이러한 경향은 『노걸대언해』와 『중간노걸대언해』에서 두드러진 차이를 보인다. 이는 부사결합형이 '-디 아니'형으로 바뀌는 경향이 17세기 이후에 두드러졌을 가능성을 의미한다. 이러한 경향은 앞의 『오륜행실도』와도 맥락을 같이 한다. 이 시기에는 '아니완출 ᄒᆞ거든(번노 상 45) → 사오나오면(노걸대 상 41, 중간 상 42)'와 같이 어휘화되는 경우도 있다.

- 그 버디 이제 미처 올가 **몯 올가**(번노 상 1) → 그 벗이 이제 미처 올가 못 올가(노걸대 상 1) → 그 벗이 이제 밋춘가 **밋지 못ᄒ가** (중간 상 1)
- 사ᄅᆞ미 ᄠᅳᆫ 쳔 풋 **몯 어드면** 가ᅀᆞ머디 몯ᄒᄂᆞ니라(번노 상 32) → 사ᄅᆞ미 ᄠᅳᆫ 財物 **엇디 못ᄒ면** 가옴여디 못ᄒ다 ᄒᄂᆞ니(노걸대 상 29) → 사ᄅᆞ미 橫財ᄒ면 가옴 여지 못ᄒ고(중간 상 29)
- ㄴ. 독벼리 내라 ᄒᄋᆞ야 외방의 **나ᄃᆞ리 아니 홀가**(번노 상 48) → 독벼리 내라 외방의 **나가디 아니랴**(노걸대 상 37) → 편벽히 내라 밧긔 **나가지 아니ᄒ랴**(중간 상 38)
- ᄯᅩ 人家로 드러가 밥 어더 머글 거시니 ᄯᅩ **아니 니ᄅᆞᄂᆞ녀**(번노 상 44) → ᄯᅩ 人家로 드러가 밥 어더 먹으리라. ᄯᅩ 아니 니ᄅᆞᄂᆞ냐(노걸대 상 39) → ᄯᅩ 人家예 드러가 밥 어더 먹기ᄅᆞᆯ **ᄉᆟᆫ치 못ᄒ리라**. ᄯᅩ 니ᄅᆞ지 아니ᄒᄋᆑᄂᆞ냐(중간 상 40)

위의 (7)~(10)에 나타난 문헌은 16세기를 기준으로 후대에 언어 변화를 확인할 수 있는 문헌들이다. 이러한 문헌에서는 부사결합형 부정문이 '-디 아니'형 부정문으로 변화하는 사례가 빈번히 나타난다. 그런데 (7ㄷ)과 같이 '-디 아니'형에서 부사결합형으로 바뀌는 사례는 매우 드물다. 이러한 변화 양상을 토대로 한다면, 부사결합형 부정문과 '-디 아니'형 부정문의 관계를 '단형부정문과 장형부정문'으로 설정하는 것은 적절해 보이지 않는다.

이 점에서 부사결합형과 '-디 아니'형은 비록 부정문의 속구조는 다르지만, 함께 쓰일 수 있는 경우에서는 전자가 통사적 구조에 가까운 반면, 후자는 형태적 구조에 가깝다는 가정을 할 수 있다.9)

---

9) 이 점은 김용경(1996)에서 밝힌 사동법과 피동법의 역사적 관련성과도 일치한다. 사동문의 경우는 형태론적 구성인 앞가지파생법에서 '-게 ᄒ-'의 구조로 변화하는데, 이러한 변화 모습은 피동문과의 충돌에서 비롯된 것으로 해석할 수 있다. 그러나 사동문을 부정할 경우, 15세기에는 '-게 몯 ᄒ-'와 같이 '몯'이 '-게'와 'ᄒ-' 사이에 들어가다가, 16세기 이후는 '몯 -게 ᄒ-' 또는 '-게 ᄒ디 몯-'으로 변화하는 양상을 고려한다면, '-게 ᄒ-' 구조도 형태론적 구조로 변화한다는 추정을 가능하게 한다. 그렇다면 '-디 아니' 부정문에서도 '-디 아니'는 형태론적 구조로 융합되는 것으로 추정할 수 있다.

1.3. 16세기 부정문의 의향법 제약

1.3.1. 의향법 제약

16세기 부정문의 통사적 제약 현상도 15세기에 비해 큰 변화는 없었던 것으로 보인다. 16세기 부정문이 의향법에 쓰이는 경우는 다음과 같다.

> (11) 체언을 부정하는 '아니+이다'
> ㄱ. 誠은 스스로 己롤 成홀 ᄯᄅᆞᆷ이 아니라 뼈 物을 成ᄒᆞ느니 (중용 37)
> · 혹 ᄀ로디 吾혼 사ᄅᆞ미 아니라 ᄒᆞ야도 (번소 6:30)
> · 구챠히 免홈은 臣이 원ᄒᆞᆫ 배 아니니이다.(소학 6:44)
> ㄴ. 급피 주거 녕티 아니혼 궛거시라 ᄒᆞ건마ᄂᆞᆫ 귿둘 엇디 식니ᄒᆞᆫ 어딘 사ᄅᆞ미 아니료.(정속 20)
> · 사ᄅᆞᆷ이 아디 몯ᄒᆞ야도 慍티 아니ᄒᆞ면 ᄯᅩ혼 君子ㅣ 아니가.(논어 1:1)

체언을 부정하는 '아니+이다'는 15세기와 마찬가지로 서술법과 의문법에 쓰인다. 명령법이나 청유법에 쓰이지 못하는 까닭은 긍정의 기저문이 성립될 수 없기 때문이다.

부정부사로 쓰이는 경우의 의향법 제약에서도 큰 변화의 모습을 찾기는 어렵다. 그러나 부정부사 '아니'와 '몯'의 기능이 구분되는 것처럼 보이는 사례가 발견되기도 하는데, 이는 의문법과 결합할 경우, 15세기 '아니'가 [판정:-니여], [설명:-니오]에 다 올 수 있었던 것과는 달리, '몯'이 이 자리를 대체하는 듯한 느낌을 준다. 다음의 예를 살펴보자.

> (12) 부정부사 '아니'의 의향법 제약
> ㄱ. 이는 사오나온 풍쇽이 흘러 오난디 아니 오라느라. (번소 7:16)
> · 밥이 입에 잇거든 비왇고 드롬으로 가고 조조 거를만 아니 홀디니라. (소학 2:15)
> · 孔子는 음식ᄒᆞ실 제 말ᄉᆞᆷ 아니 ᄒᆞ시며 자실 제 말ᄉᆞᆷ 아니 ᄒᆞ더

식다. (소학 3:14)

· 두워 두워 더로미 <u>아니</u> 하다.(번박 상:4)

ㄴ. 네 오늘 엇디 흑당의 <u>아니 간다.</u>(번박 상:49)

· 네 엇디 <u>아니 사온다.</u>(번박 상:63)

· 네 어제 張干의 싱싀레 므슴 연고로 <u>아니 온다.</u>(번박 상:66)

ㄷ. 독벼리 내라 ᄒᆞ야 외방의 나드리 <u>아니 홀가.</u>(번노 상 41)

· 미양 밥 먹고 이윽거든 무러 닐오디 <u>아니 빅 골폰가</u> ᄒᆞ며
(번소 9:79)

· 孟子ㅣ …태우ᄃᆞ려 닐어 ᄀᆞᆯ오샤디 子의 戟을 持ᄒᆞ얀ᄂᆞᆫ 士ㅣ 一
日에 세 번 伍ᄅᆞᆯ 失ᄒᆞ면 去홀가 <u>아닐가</u>(맹자 4:13)

· 이러ᄐᆞᆺᄒᆞᆫ 則 心을 動ᄒᆞ실가 <u>아니</u> ᄒᆞ시리잇가.(맹자 3:8)

ㄹ. 믈읫 글 비호몬 … 비호ᄂᆞᆫ 이리니 모든 션비ᄃᆞᆯ히 오래 어버싀롤
<u>아니 가</u> 뵈니 잇ᄂᆞᄮᅣ(번소 9:8)

· ᄯᅩ 人家로 드러가 밥 어더 머글 거시니 ᄯᅩ <u>아니 니르ᄂᆞᄮᅧ.</u>
(번노 상 44)

· 머구미 브르녀 <u>아니 브르녀.</u>(번노 상 42)

· ᄯᅩ <u>아니 됴ᄒᆞ녀.</u>(번박 상:39)

· 차디 <u>아니 시ᄂᆞ녀</u> (번박 상:12)

ㅁ. 엇디 그 긔벼롤 ᄌᆞ셰 <u>아니</u> ᄒᆞ신고.(무덤편지 51)

(13) 부정부사 '몯'의 의향법 제약

ㄱ. ᄒᆡ여 내 가고져 호디 ᄒᆞ령 겨시다 홀시 <u>몯 가</u> 잇소오리.
(무덤편지 24)

· 오래 <u>몯 보왜.</u>(번노 상:17)

· 비록 ᄀᆞᆯ오디 흑문을 <u>몯</u> ᄒᆞ엿다 ᄒᆞ나 나는 반ᄃᆞ시 흑문을 ᄒᆞ엿다
닐오리라.(소학 1:16)

ㄴ. 나그내네 네 블디디 ᄒᆞᄂᆞᆫ다. 블디디 <u>몯</u> ᄒᆞᄂᆞᆫ다.(번노 상:20)

· 네 이만 큰 시졀에 能히 이 이롤 ᄒᆞ던다 <u>몯 ᄒᆞ던다.</u>(내훈 3:32)

ㄷ. 그 버디 이제 미처 올가 <u>몯 올가.</u>(번노 상:1)

· 셩현 디위예 <u>몯</u> 갈가 분별 아니홀 거시라.(번소 8:13)

· 샹공하 이제 다 됴ᄒᆞ야 겨신가 <u>몯 ᄒᆞ야 겨신가</u> (박통 상:38)

ㄹ. 勘合 잇ᄂᆞ녀 <u>몯</u> ᄒᆞ녀.(번박 상:3)

· 쥬쉰하 쩍 잇ᄂᆞ녀 <u>몯</u> ᄒᆞ얏ᄂᆞ녀.(번노 상:22)

· 네 황호 다 ᄑᆞ냐 <u>몯</u> ᄒᆞ얏ᄂ녀. (번노 하:66)
ㅁ. 뉘 이긔며 <u>몯</u> <u>이긔니오</u>. (번노 하:37)
· 엇던 다ᄉᆞ로 우리둘히 이제ᄃ록 成佛 <u>몯</u> ᄒᆞ얏ᄂᆞ뇨. (선가 43)

(12ㄱ-ㅁ)은 15세기에도 모두 쓰였던 부정문이다. 그런데 (12ㅁ)과 같은 문장은 15세기에는 비교적 자주 쓰였으나, 16세기에 와서는 그 쓰임이 줄어든다. 이에 비해 (13ㅁ)은 15세기에는 자주 쓰이지 않던 표현이다. 이러한 용법이 16세기에 와서 늘어난 까닭은 부정부사 '몯'이 '-니오'로 실현되는 설명을 요하는 의문문에서 [당위]를 전제한 부정을 드러내고자 한 의도에서 비롯된 것으로 추정된다. 이러한 표현을 일종의 강조 표현이라 할 수 있을 것이다.

'-디 아니ᄒᆞ다'와 '-디 몯ᄒᆞ다'의 의향법 제약에서도 큰 변화를 찾기는 어렵다.

(14) '-디 아니ᄒᆞ다'
ㄱ. 쟉은이롤 ᄉᆞᆯ피디 몯ᄒᆞ얏거든 감(敢)히 큰 이롤 닐ᄋᆞ<u>디 아닐디니라</u>. (소학 2:75)
· 이 쟉되 드<u>디 아니ᄒᆞᄂ다</u>. (번노 상:19)
· 메우기옷 됴ᄒᆞ면 다 <u>긴티 아니ᄒᆞ도다</u>. (번박 상:19)
ㄴ. 너희 ᄒᆞ마 姑舅 兩姨예셔 난 형뎨로디 엇디 길로조차셔 더러운 말소믈 회피<u>티 아니ᄒᆞᄂ다</u>. (번노 상:16)
ㄷ. 몸온 어버의 가지니 감(敢)히 공경<u>티 아닐 것가</u>. (소학 3:1)
· 許子ᄂ … 엇디 紛紛히 百工으로 더브러 交易ᄒᆞᄂ고. 許子ᄂ 煩을 憚<u>티 아니ᄒᆞᄂ고</u>. (맹자5:21)
· 신쥬ᄂ 아조 샹<u>티 아니ᄒᆞ신가</u>. (무덤편지 51)
ㄹ. 엇디 시러곰 공경<u>티 아니ᄒᆞ리오</u>. (소학 2:27)
· ᄆᆞᄉᆞᆷ 술히 오ᄅᆞ<u>디 아니ᄒᆞ리오</u>. (번박 상:22)
· 孔子ㅣ 엇디 中道롤 欲<u>디 아니시리오</u> 마ᄂ (맹자 14:27)
· 그딘ᄂ 엇디 君子ㅣ 되<u>디 아니ᄒᆞᄂ뇨</u>. (소학 5:30)
· 엇디 혼자 저<u>티 아니ᄒᆞ더뇨</u>. (번소 9:64)
· 子ᄂ 엇디 政을 ᄒᆞ<u>디 아니ᄒᆞ시ᄂ니잇고</u>. (논어 1:17)

· 엇디 敢히 비호디 아니ᄒ리잇고 (소학 4: 21)
ㅁ. 내 다믄 나를 다으게 호미 욜티 아니ᄒ냐 (번소 9:30)
· 붓그럽디 아니ᄒ냐 (발심 31)
· 堅타 닐ᄋ디 아년느냐 (논어 4:34)
· 子ㅣ 禮를 學디 아니ᄒ얀느냐 (맹자 6:6)

(15) '-디 몯ᄒ다'

ㄱ. 夫子도 正애 出티 몯ᄒ다 ᄒ면 (맹자 9:10)
· 내 믈기리 넉디 몯호라. (번노 상:34)
· 네 날 소기디 몯ᄒ리라. (번박 상:73)
· 네 進ᄒ 바를 今日에 그 亡홈을 아디 몯ᄒ고녀 (맹자 2:23)
· 아희로 ᄒ여곰 관원을 ᄀ초고 듣디 몯ᄒ엿곤여 (소학 4:44)
ㄴ. 네 엇디 끼드라 슯피디 몯ᄒᄂ다 (번노 하:48)
ㄷ. 오늘 근사니 나디 몯홀손가 두드림곳 ᄆ차든 즉시 보내소.

(무덤편지 45)

· 오직 감당티 몯홀가 젓ᄉ거니와 (소학 2:46)
· 네 이 둜 그믐믜 가디 몯홀가 (번노 상:2)
ㄹ. ᄀ는 시리 분명히 다 잇느니 엇디 쓰디 몯ᄒ료. (번노 상:66)
· 알리로소녀, 아디 몯ᄒ리로소녀. (번노 상:6)
ㅁ. 네 能히 求티 몯ᄒ리로소냐. (논어 1:20)

(14)~(15)의 보조용언 부정문에서도 15세기에 비해 의향법 변화를 보이지 않는다. 그러나 (14~15,ㄴ)의 경우처럼, 2인칭 의문문에서 '아니ᄒ다, 몯ᄒ다'와 같은 형식이 나타나지 않는데, 이는 시제 선어말어미 '-ᄂ-'를 결합한 형식의 '아니ᄒ다, 몯ᄒ다'가 인용절처럼 쓰이는 경우가 있기 때문이다. 곧 인용절의 형식과 의문문의 형식 사이에 혼란이 올 수 있는데 이를 피하고자 한 것으로 보인다. 예를 들어 '나는 드로니 君子ㅣ 즐음씰로 <u>아니ᄒ다</u> ᄒ라(소학 4:42)'와 같이 때매김 형태소가 결합되지 않는 경우 인용절이 된다. 이러한 미세한 형태상의 차이를 제외하고는 의향법에서의 변화가 없는 셈이다.

부정소 '아니'와 '몯'이 결합된 부정문에서는 명령법과 청유법과 직접 연결되는 경우는 없다. 따라서 15세기 이후 명령이나 청유법에서 부정문을 실현할 경우는 '말다'를 써서 부정을 나타낸다. 이상과 같은 의향법 제약을 표로 나타내면 다음과 같다.

(16) 15~16세기 의향법 제약

의 향 법			형태소	체 언	부사결합		보조용언		기 타
				아니+이다	아니	몯	-디아니	-디몯	-디말다
서 술 법			-다/라	◎(토씨)	◎	◎	◎	◎	?
의문법	2인칭의문법		-ㄴ다	◎(토씨)	◎	◎	◎	◎	?
	1·3인칭	+의문사	-ㄴ고						
		-의문사	-ㄴ가		◎	◎		◎	
	비인칭	+설명(+의문사)	-니오		◎	△		◎	
		+판정(-의문사)	-니여		◎	◎	◎		
명 령 법			-라						◎
청 유 법			-자						◎

(17) 변화 모습

ㄱ. 서술법, 의문법, 명령법, 청유법에서 큰 변화는 없으나, 2인칭 의문법에서 '-디 아니ᄒᆞ다/몯ᄒᆞ다'와 같은 형태는 나타나지 않는다.

ㄴ. 의문문에서 의문사가 있는 경우 15세기에는 부사 '아니', 보조용언 '-디 몯'으로 실현되던 부정문이 16세기에는 부사 '몯'으로도 실현된다.

이상과 같은 변화에서 (17ㄱ)은 부정문의 변화와는 무관한 것으로 보이며, (17ㄴ)은 '몯'의 의미 특성이 뚜렷해진 것과 깊은 관련을 맺는 것으로 보인다.

1.3.2. 이음법 제약 : '-디비'와 '-되'의 합류[10]

16세기 부정문의 이음법 제약은 15세기와는 달리 거의 나타나지 않는다. 그 까닭은 15세기와는 달리 16세기에 와서는 전절과 후절을 이어줄 경우, '앞말을 긍정하고 뒷말에서 이를 부정하는 이음법'이 사라졌기 때문이다. 곧 15세기 '-디비'가 음운변화를 겪고, 설명이나 양보를 드러내는 '-되'와 합류되면서 사실상 부정 연결어미는 소멸된 셈이다.

좀더 구체적으로 설명한다면, 앞장에서 언급한 바와 같이 15세기에는 앞말을 긍정하고, 뒷말을 부정하는 연결어미 '-디비'가 있었다. 이 형태소는 'ㅸ'의 변화에 힘입어 '-디비〉-디위/디외'로 변화해 왔다. 그런데 15세기에서 '-디위'에 비해 '-디외'의 쓰임은 많지 않다. '-디외'는 『두시언해』에만 한두 개 나타날 뿐이다. 이 점에서 '-디위'와 '-디외'는 이형태이지만, '-디위〉-디외'로 변화했을 가능성이 높다. 왜냐 하면, 16세기에 이르러 어두운홀소리와 밝은홀소리의 교체가 심하기 때문이다. 이러한 양상을 보여주는 자료가 『삼강행실도』에 나타난다. 다음은 『삼강행실도』에 나타나는 용례이다.

> (18) 『삼강행실도』 고대본, 상백본 비교
>> ㄱ. 存吾ㅣ 구지조더 오직 나랏 도즈굴 議論ᄒᆞ디비 ᄂᆞ미 말 드르리
>> 여 ᄒᆞᆫ대 辛旽이 모로매 주규려커늘… (삼강 고대 충신 32)
>> ㄴ. 존외 구지조더 오직 나랏 도즈굴 의론ᄒᆞ됴예 ᄂᆞ미 말 드르랴 ᄒᆞᆫ
>> 대 신둔이 모로매 주규려커늘…(삼강 상백본 충신 32)

『삼강행실도』는 성종 12년(1471)에 간행된 뒤, 선조14년(1581)에 중간본이 간행된 것으로 알려져 있다. 이 판본에는 이본이 많기 때문에 다소 혼란을 주지만 홍윤표(1987)에 따르면, 고대본은 원본에 가깝고, 상백문고본은 중간본 이후의 것이다. 두 문헌은 언해 태도가 같지 않기 때문에 평면적인 비교는 하기 어렵지만 (18ㄱ-ㄴ)은 같은 내용을 같은

---

10) 문법형태소의 합류 현상은 허재영(1999) 참조

문장 형식으로 언해한 부분이어서 평면적 비교가 가능하다. 이 자료에서 '-디뷔'는 '-됴예'로 쓰여 '-디위'보다는 '-디외'가 나중 발달했을 가능성을 높여주는 셈이다.

그런데 16세기 문헌에서는 『삼강행실도』를 제외한 다른 문헌에서는 '-디위/디외'가 나타나지 않는다. 따라서 이 형태소는 소멸되었다고 해석할 수 있다. 그러나 이 형태소가 소멸된 원인과 과정에 대해서 관심을 가진 사람들은 없다. 이 점에서 다음 자료는, 이 형태소가 '-디위〉-디외 〉-되'로 변화했을 것이라는 추정을 가능하게 한다.

> (19) -디위/디외〉 -되
> ㄱ. 또 덥단 병 서르 튿디 아니케 호디 쑤그로 ᄀ마니 병ᄒ니 누은 평상 네모홀 각 ᄒ 붓식 쓰되 병ᄒ 사ᄅ몰 <u>아디 몯ᄒ게</u> 호미 됴 ᄒ니라.(분문온역 19)
> ㄴ. 또 뿍으로 病人의 누은 床 네 쓰를 各 ᄒ 붓식 ᄀ마니 <u>쓰되</u> 病人 이 <u>아디 몯ᄒ게</u> ᄒ라.(간이벽온방 15)

(19ㄱ-ㄴ)의 『분문온역이해방』과 『간이벽온방』은 16세기초기의 자료이다. '-되'의 쓰임이 빈번하지는 않지만, 이 시기의 설명형어미 '-오디'는 '-되'로 쓰이는 적이 없다는 점에서 '-디외'가 줄어들었을 가능성을 보여주는 자료이다. 곧 (19ㄱ-ㄴ)은 '-되' 다음에 '아디 몯ᄒ게 ᄒ-'라는 부정문을 수반한다는 점에서 15세기의 '-디뷔'구문과 일치한다. 이러한 경향을 보이는 자료로는 다음과 같은 것이 더 발견된다.

> (19-1) 『사서언해』에 나타나는 '-되'
> ㄱ. 子ㅣ ᄀᆯᄋ샤디 晏平仲은 人으로 더브러 交홈을 善히 ᄒᄂ다. <u>오라되</u> 敬ᄒ곤여.(논어 1:46)
> ㄴ. 子ㅣ ᄀᆯᄋ샤디 巍巍ᄒ다 舜과 禹의 天下롤 <u>두시되</u> 與티 아니ᄒ 심이여 (논어 2:34)

(19-1ㄱ, ㄴ)은 설명의 '-되'인지, 아니면 부정문을 수반하는 양보의 '-되'

인지 구분이 쉽지 않은 예시이다. 이는 『논어언해』가 간행된 시기적인 특성과도 일치하는데, 『사서언해』는 1587~1600년까지 언해되었다는 설이 일반적이다. 이 점을 고려한다면, 이 시기는 '-오디'가 '-되'로 뒤섞여 쓰이기 시작한 시기와 일치한다는 의미가 된다. 이러한 뒤섞임은 『소학언해』의 경우에도 비교적 뚜렷이 나타난다.

(20) 『소학언해』(1587)에 나타나는 설명법 '-되'
ㄱ. 張先生이 글오샤디 젹은 아히룰 글오치되 몬져 모롬이 안졍ᄒ고
(소학 5:2)
ㄴ. 林宗이 너기되 저를 위ᄒ야 쟝만ᄒᄂ니라 ᄒ더니
(소학 6:106)

(20ㄱ, ㄴ)은 (19ㄱ, ㄴ)이나 (19-1ㄱ, ㄴ)과는 달리 부정문을 수반하는 양보의 '-되'가 아니다. (20)에 나타나는 '-되'는 '-오디'에서 '-오-'가 탈락하면서 '-되'가 변화한 것이다. 이 점에서 16세기 말에는 '-디비'에서 변화한 '-되'와 '-오디'에서 변화한 '-되'가 뒤섞여 쓰이기 시작했을 가능성이 높다.

설명형어미 '-되'와 양보형어미 '-되'의 합류를 설명할 수 있는 자료는 더 발견된다. 다음과 같은 자료는 '-되'가 '-디비'에서 설명법의 '-되'와 합류되었음을 보여주는 경우이다.

(21) '-되'의 교체
ㄱ. 災變 ᄠᅳ디 기퍼 수비 모ᄅᆞ리니 陛下ㅣ 됴흔 政事ᄒ샤 맛골ᄆᆞ시디비 ᄀᆞᆺ 글 비혼 혀근 사ᄅᆞ미 마롤 ᄆᆞᄉᆞ마 드르시리잇고.
(삼강 고대 충신 7)
ㄴ. 직변 ᄠᅳ디 기퍼 수이 모ᄅᆞ리니 님금이 졍ᄉᆞᄂᆞᆯ 맛당이 닷그샤 의 디ᄅᆞ시ᄆᆞ로 ᄡᅥ 디답ᄒ쇼셔. ᄀᆞᆺ 글 비혼 혀근 사ᄅᆞ미 마를 ᄆᆞᄉᆞ마 드르시링잇고.(삼강 상백 충신 7)

(21ㄱ)은 15세기의 '-디비'가 부정문을 수반하는 양보형어미로 쓰인 경

우이다. 이에 비해 (21ㄴ)은 이 어미가 나타나지 않는 대신, 문장을 자
세히 풀이하여 언해했다. 그러나 앞의 (18)에 나타난 '-디ᄫᅵ'는 뚜렷이
설명형어미로 교체된 사례가 있다. 다음을 참고해 보자.

> (22) '-디ᄫᅵ'의 변화
> ㄱ. *存吾ㅣ* 구지조더 오직 나랏 도ᄌᆞᆯ 議論ᄒᆞ디ᄫᅵ ᄂᆞ미 말 드르리
>   여 ᄒᆞᆫ대 辛盹이 모로매 주규려커늘… (삼강 고대 충신 32)
> ㄴ. 존외 구지조더 오직 나랏 도ᄌᆞᆯ 의논ᄒᆞ니 ᄂᆞ미 말 드르랴 ᄒᆞᆫ대
>   신둔이 모로매 주규려커늘…(삼강 성균관대본 충신 32)
> ㄷ. 존외 둔이롤 눈 주어 쏘지즌대 둔이 …(동국신속 1:충신 3)
> ㄹ. 존외 눈을 브룹쓰고 둔을 쏘지즈니 둔이 …(오륜 2:충신 77)

(22ㄱ-ㄹ)은『삼강행실도』고대본, 성균관대본(연대 미상이나 17세기
이후의 자료일 듯),『동국신속삼강행실도』(1617),『오륜행실도』(1797)
에 실린 '충신 이존오'에 대한 기록이다. 언해자의 태도에 따라 다소 차
이가 있지만, 위에 제시된 문구는 같은 문장을 언해했다는 점에서 평면
적 비교가 가능하다. 곧 (22ㄱ)의 '-디ᄫᅵ'는 '-디외/됴예'로 변화한 뒤,
'-되'형태로 줄어들면서, 설명법어미 '-되'와 합류된 셈이다. 따라서 (22
ㄴ-ㄹ)에서는 '-으니, -은대'라는 설명법으로 교체되었다.

2. 16세기 부정문의 의미론적 특성

2.1. '몯'의 의미 특성이 뚜렷해짐

16세기 부정문에서 주요한 변화는 '몯'의 의미가 뚜렷해진다는 점이
다. 이미 의향법 제약에서도 언급한 바와 같이, 이 시기에 이르러 '아니'
와 '몯'은 뒤섞여 쓰이는 경우가 많은데, 이러한 사례는『번역소학』과
『소학언해』처럼 직접 견줄 수 있는 자료에서 확인된다.

(23) 『번역소학』과 『소학언해』
　　ㄱ. 아니ᄒᆞ다 → 몯ᄒᆞ다
　　· 모돈 션비둘히 오래 어버시롤 <u>아니 가 뵈</u>니 잇ᄂᆞ냐(번소 9:8)
　　　→ 모돈 션비 오래 어버이를 <u>보디 몯ᄒᆞ엿ᄂᆞ</u>이 인ᄂᆞ냐.(소학 6:7)
　　· 黔이 병이 하 병ᄒᆞ연디 석ᄃᆞᆯ이 ᄎᆞ더니 샹위 샹해 말미주믈 ᄌᆞ조
　　ᄒᆞ샤디 내죵내 병이 됴티 <u>아니ᄒᆞ거ᄂᆞᆯ</u> (번소 9:40) → 黔이 病
　　이 하 病ᄒᆞ연디 거의 석ᄃᆞᆯ이 ᄎᆞ거ᄂᆞᆯ 上이 샹해 말히 주심이 ᄌᆞ
　　조디 내죵애 <u>됴티 몯ᄒᆞ엿더</u>니 (소학 6:37)
　　· 글 비호기를 모로매 일과 ᄒᆞᄂᆞᆫ 법을 엄졍히 셰오 ᄒᆞᄅᆞ도 므슴 노
　　하 프러디게 호미 <u>올티 아니ᄒᆞ니</u>(번소 8:34) →글 비호ᄂᆞᆫ 공부
　　ᄂᆞᆫ 모롬이 이예 일과ᄒᆞᄂᆞᆫ 법을 嚴히 셰고 피히 ᄒᆞᄅᆞ도 노하 프러
　　<u>ᄇᆞ리디 몯ᄒᆞᆯ 거시니</u>(소학 5:113)
　　· 明道 先生이 니ᄅᆞ샤디 道의 <u>ᄇᆞᆰ디 아니ᄒᆞᆷ</u>은 다른 근텟 사오나온
　　道ㅣ 해ᄒᆞᆯ시니 녯 해ᄂᆞᆫ 갓가와 쉬 알리러니 이젯해ᄂᆞᆫ 기퍼 ᄀᆞᆯ히
　　요미 어렵도다.(번소 8:41)→明道 先生이 ᄀᆞᆯᄋᆞ샤디 道의 <u>ᄇᆞᆰ디</u>
　　<u>몯ᄒᆞᆷ</u>은 異端이 害ᄒᆞᆷ이니 녯 害ᄂᆞᆫ 갓가와 수이 알리러니 이젯 害
　　ᄂᆞᆫ 김퍼 분변홈이 어렵도다.(소학 5:119)
　　· 子弟 도외여셔 灑掃應對롤 편안히 <u>너기디 아니ᄒᆞ고</u> 버들 디졉ᄒᆞ
　　디 버듸게 능히 ᄂᆞ족디 <u>아니ᄒᆞ고</u>(번소 6:3) → 子弟 되야ᄂᆞᆫ 能
　　히 灑掃應對롤 편안히 <u>너기디 몯ᄒᆞ고</u> 벋을 디졉홈애ᄂᆞᆫ 能히 벋의
　　게 ᄂᆞ리디 <u>몯ᄒᆞ고</u>(소학 5:3)
　　ㄴ. 몯ᄒᆞ다 → 아니ᄒᆞ다
　　· 다 져를 받게 ᄒᆞ고 게가 우슴 우셔 말ᄉᆞ믈 <u>친친히 ᄒᆞ디 몯게</u> ᄒᆞ
　　더라(번소 10:12) → 다 졀을 받게 ᄒᆞ고 일즉 우움 웃고 말ᄉᆞᆷᄒᆞ
　　기를 관곡ᄒᆞ게 ᄒᆞ야 <u>ᄒᆞ믓ᄒᆞ게 아니ᄒᆞ더라.</u>(소학 10:12)
　　· 明府ᄂᆞᆫ 벼스리 놉고 덕이 듕ᄒᆞ시니 모몰 <u>가빈여이 몯ᄒᆞ실</u> 거시이
　　다 (번소 10:4) → 明府난 벼슬이 놉고 德이 重ᄒᆞ니 스스로 <u>가븨</u>
　　<u>야이 홈이 맛당티 아니ᄒᆞ니이다.</u>(소학 6:104)
　　ㄷ. 몯ᄒᆞ다 → 없다
　　· 주그며 살며 영화로이며 욕도요매 혼자 <u>달오미 몯ᄒᆞᆯ</u> 거시니(번소
　　9:48) → 죽으며 살며 영화로우며 辱도욤애 의리예 혼자 <u>달리홈</u>
　　<u>이 업슬</u> 거시니(소학 6:44)

(24) 『번역노걸대』와 『노걸대언해』
  ㄱ. 아니ᄒ다 → 몯ᄒ다
   · 우리 이 물둘히 믈 <u>아니</u> 머겻더니 ᄒ 디위 쉬요믈 ᄀ장히야든
     (번노 상 31)→ 우리 이 물둘ᄒ 일쥼 믈 머기디 아녓더니 (노
     걸대 상 28) → 우리 이 몰이 일즉 믈 <u>먹지 못ᄒ여</u>시매 (중간 상 28)
   · 이 쥬신이 ᄀ장 <u>졍졔티 아니ᄒ다</u>(번노 상 33) → 이 主人이 ᄀ
     장 <u>整齊티 못ᄒ다.</u>(노걸대 상 29) → 이 主人이 ᄀ장 <u>整齊치 못</u>
     <u>ᄒ다.</u>(중간 상 29)
   · 쥬신 형님 小人이 예와 널이ᅀᅩ더 셩도 <u>몬줍디 아니ᄒ얏다나</u>
     (번노 상 44) → 쥬인 형아 小人이 예와 널이오더 셩도 일즉 <u>몯</u>
     <u>디 아니ᄒ엿더니</u> (노걸대 상 40) → 主人아 우리 이 半日을 들
     레되 姓도 <u>뭇지 못ᄒ엿더니</u> (중간 상 40)
  ㄴ. 몯ᄒ다 → 아니ᄒ다
   · 너옷 <u>믿디 몯ᄒ야</u> ᄒ거든 다룬 뎜에 의론ᄒ야 보라 가되여(번노
     상 18) → 져컨대 네 <u>밋디 아니</u>커든 다룬 뎜에 시험ᄒ여 商量ᄒ
     라 가라.(노걸대 상 17) →
   · 나그내여 네 블디디 ᄒ눈다 블디디 <u>몯ᄒ눈다.</u>(번노 상 20)→ 나
     그너네 네 블 쯧기 ᄒ눈다 블 쯧기 <u>못ᄒ눈다</u> (노걸대 상 18) →
     나그너들 네 中火ᄒᄂ냐 中火ᄒ지 <u>아니ᄒᄂ냐.</u>(중간 상 18)
   · 내 블디디 몯ᄒ고 ᄇ롬 마시려(번노 상 20) → 내 블 쯧기 <u>못ᄒ</u>
     고 ᄇ롬 마사랴(노걸대 상 18) → 내 中火 <u>아니ᄒ고</u> ᄇ롬을 마
     시랴.(중간 상 18)

(23)~(24)에서 16세기 부정문에서는 '아니, 아니ᄒ다'에 비해 '몯ᄒ다'
의 쓰임이 훨씬 많아진 것으로 보인다. 이 점은 '몯ᄒ다'가 「능력, 평가,
당위 부정」의 의미를 확실히 해 줄 필요성이 점차 증가한 것으로 추정된
다.
  '아니'와 '몯'의 의미 영역이 확실해지면서, 이중 부정에서도 변화가 일
어나는 것으로 보인다. 이러한 변화의 주요 내용은, 15세기까지 보이지
않던 동일 형식의 부정어가 겹쳐날 수 있다는 것이다. 곧 '아니ᄒ디 아니
ᄒ다, 몯ᄒ디 몯ᄒ다'와 같은 부정에 대한 부정이 이 시기에 보이기 시작

한다.

2.2. 이중 부정

16세기 부정문에서 또 하나의 변화 양상으로 이중 부정문이 15세기와 다른 모습을 띤다는 점을 지적할 수 있다. 16세기 부정법의 겹침에서 두드러진 현상은 '아니다'와 '아니ᄒ다'의 경우, 같은 부정어가 이어날 수 있다는 점에 있다. 다음과 같은 경우가 이에 속한다.

(25) '아니ᄒ다'가 이어나는 경우
  ㄱ. 冉求ㅣ 굴오디 子의 道를 說티 <u>아니홈이 아니언마ᄂᆞᆫ</u> 힘이 足디 몯호이다.(논어 2:7)
  · 이 쏘ᄒᆞᆫ 威호디 猛티 <u>아니홈이 아니가.</u>(논어 4:71)
  ㄴ. 庸ᄒᆞᆫ 德을 行ᄒ며 庸ᄒᆞᆫ 言을 謹ᄒᆞ야 不足ᄒᆞᆫ 배 잇거든 敢히 勉티 아니티 아니ᄒ며 (중용 12)
  · 子ㅣ 굴ᄋ샤디 … 父兄을 셤기며 喪事를 敢히 힘 쓰디 <u>아니티 아니ᄒ며</u> 술의 困홈이 되디 아니홈이 므스거시 내게 인ᄂᆞᆱ뇨.
      (논어 2:45)

(25ㄱ)은 '아니홈'이라는 명사형에 '아니다'라는 부정어가 이어난 경우이며, (25ㄴ)은 '아니ᄒ-디 아니ᄒ다'가 이어난 경우이다. 이러한 쓰임은 16세기 전기까지는 잘 나타나지 않던 용법이다. 이러한 변화를 보여주는 자료가 『번역소학』과 『소학언해』이다. 두 자료에서 이중 부정문이 바뀐 사례로는 다음과 같은 것이 있다.

(26) 『번역소학』과 『소학언해』에서의 이중 부정문
  ㄱ. 公綽이 죽거ᄂᆞᆯ 仲郢이 호굴ᄋ티 그 버블 조차 公權을 셤규디 公綽 셤기듯ᄒᆞ야 쇠병ᄒᆞᆫ 저긔 아니어든 公權을 뵈요딋 디 <u>아니</u><u>ᄒᆞᆫ 저기 업더라</u>(번소 9:105) → 公綽이 죽음애 미처는 仲郢이 호굴ᄋ티 그 法을 조차 公權을 셤규디 公綽 셤굼ᄀ티 ᄒᆞ야 甚

히 病흔 저긔 아니어든 公權을 볼 제 일즉 씩 씌디 아니티 아
니호더라.(소학 6:97)

ㄴ. 내 미양 셩신 글워를 닐글 제 싁싁기 공경호야 마조 안쩌 아니
호 저기 업스며(번소 8:39) → 내 미양 聖人 글월을 닐글 제
일즉 엄슉히 공경호야 샹뎌티 <u>아니티 아니호며</u> (소학 5:117)

ㄷ. 소임엣 이룰 브즈러니 호고 녀느 일도 조심 <u>아니티 몯호느니</u> 이
느미 날 아로몰 구호논디라.(번소 9:54) → 소임엣 일을 브즈
러니 호고 그 다룬 일을 敢히 삼가디 <u>아니티 아니호노니</u> 뻐 알
옴을 求호는 배니라. (소학 6:50)

ㄹ. 안밧의 날 저기어든 씩 <u>아니 씐 저기 업스며</u> (번소 10:13) →
안셔 지예 날 적의 일즉 씩 <u>씌디 아니티 아니호더라.</u>

(소학6: 112)

ㅁ. 이러더려서 온 글워를 <u>다 손쇼 디답호디</u> 분 귿티 흐르는 드시
호야 머믈우디 아니호며(번소 10:8) → 멀먀 갓가온디 유무 글
월을 손조 디답디 <u>아니티 아니호디</u> 분귿티 흐르는 듯호야

(소학 6:108)

(26ㄱ~ㄹ)은 『번역소학』에서 '없다, 몯호다'와 '아니호다'가 겹친 표현이
『소학언해』에서는 '아니호다'가 겹친 표현으로 바뀐 경우이다. 이러한 변
화는 '아니호다'와 '몯호다'의 의미 영역이 뚜렷진데서 기인하는 것으로
보인다.

3. 정 리

이 장에서는 16세기 부정문의 변화 모습을 고찰하고자 했다. 16세기
의 부정문은 15세기에 비해 큰 변화를 보이지 않는다. 그러나 15세기에
비해 보조용언형 부정문이 널리 쓰인다는 점, 부정부사 '몯'이 설명을 나
타내는 의문사가 있을 경우에도 쓰인다는 점, '아니'와 '몯'의 의미 특성이
뚜렷해진다는 점, 이중 부정에서 같은 부정소가 겹쳐난다는 점 등이 주

요 변화 양상으로 지적될 수 있다. 이 글에서 논의한 바를 정리하면 다음과 같다.

첫째, 16세기 부정문에서 부정소 결합 양상에도 큰 변화는 없으나. 체언을 부정하는 경우 '아니+이다'라는 구조의 융합이 더 심해진 것으로 보인다. 이러한 융합의 결과 두 요소는 하나의 요소처럼 인식된다. 그러나 융합되기 이전의 요소가 쓰이는 경우도 있는데, 이러한 용법은 극히 제한적이다.

둘째, 16세기에 이르러 통사적 방법에 의한 부정문은 부정부사결합형과 보조용언형이 다 허용될 수 있는 구문일 경우, 보조용언부정문이 일반적으로 쓰이고 있다. 이러한 현상은, 피동문이나 사동문과 마찬가지로 통사론적 구조인 '-디 아니ᄒ다/몯ᄒ다'가 형태론적 구조인 '-디아니ᄒ다/-디몯ᄒ다'로 인식되기 때문일 가능성이 높다.

셋째, 16세기 부정문의 통사론적 특성에서는 의향법 가운데 의문사가 있는 설명의문문에도 '몯'이 쓰이게 된 점이 특징이라 할 수 있다. 이는 '몯'의 의미 특성이 [당위] 의미를 뚜렷이 갖기 시작한 것으로 풀이된다. 또한 15세기 앞말을 긍정하고 뒷말을 부정하는 '-디ᄫ'가 설명이나 양보를 드러내는 어미 '-되'와 합류된다는 점도 중요한 변화라 할 수 있다. 이때 합류 조건은 두 가지 문법적 요소인 X, Y가 형태나 기능상 유사해야 하며, 합류 결과는 문법적 요소 X와 Y의 기능 가운데 하나는 소멸하거나 변화를 겪게 된다.

넷째, '몯'의 의미특성이 뚜렷이 드러나는 경우가 많다. 이러한 경향은 비교가 가능한 문헌 자료에서도 '아니'가 '몯'으로 교체되는 사례에서 뒷받침된다.

다섯째, 이중 부정에서 '아니ᄒ디 아니ᄒ다'와 같은 부정소를 부정하는 부정 형식이 나타난다는 점이 특이하다. 이러한 변화도 궁극적으로는 의미상의 변화로 생각된다.

17세기 부정문

　16세기 후반부터 시작된 음운, 문법 변화는 17세기 이후에 이르러 근대국어의 모습을 갖추기 시작한다.1) 부정문의 변화도 예외는 아니어서, 이 시기 이후 음운이나 표기를 비롯하여, 부정소의 통사, 의미적인 변화의 모습이 두드러지기 시작한다. 이 장에서는 17세기 부정문의 변화 모습을 기술함을 목적으로 한다.

---

1) 국어사에서 시대를 구분하는 기준은 언어 변화의 모습에서 비롯된다. 일반적으로 17세기 이후의 국어를 근대국어로 부르는데는 이견이 없다. 이 점에서 홍윤표(1994)는 국어사 시대구분의 기준, 자료 등을 일목요연하게 정리한 업적으로 평가될 수 있다. 이 글에서 논의한 근대국어 자료는 홍윤표(1994)를 참고했다.

I. 17세기 부정문의 통사론적 특성

1.1. 부정소 결합 양상

15세기 이후 17세기까지 부정문의 통사적 짜임새에는 큰 변화를 보이는 것 같지 않다. 다만 일부 부정문에서는 미세하나마 짜임새에 변화가 일어나는 경우가 있는데, 이를 살펴보기로 한다.

첫째, 17세기 이후에는 15~16세기에 보였던 [[N]을 [부정소:아니/몯] ᄒᆞ다]와 같은 구조에서 조사 '을'이 줄어들면서 [부정소＋ᄒᆞ다]가 한 낱말처럼 굳어지는 경우가 많다. 이러한 부정문은 '[[N]을 ᄒᆞ다] 〉 [N] ᄒᆞ다'와 같은 변화 과정을 거친 타동사로, 부정소 '아니,몯'이 'ᄒᆞ다' 앞에 결합하는 문장이다. 이러한 문장에서도, '[[N]을 ᄒᆞ-디 아니ᄒᆞ다/몯ᄒᆞ다]'와 같이 '[[N]을 ᄒᆞ다]'를 보조용언 '-디 아니ᄒᆞ다'로 부정하는 경향이 나타난다. 다음과 같은 보기가 있다.

(1) [[N]을 아니/몯 ᄒᆞ다]
　　ㄱ. 머리 빗기 놋싯기롤 아니 ᄒᆞ고 (동국신속 효자 7~55)
　　　· 솔고기 먹기롤 아니 ᄒᆞ더라.(동국신속 효자 6~16)
　　　· 새배 보기롤 게얼리 아니 ᄒᆞ며 (동국신속 효자 8~28)
　　　· 내 비록 盜賊을 아니 ᄒᆞ나 (경민 11)
　　ㄴ. 믈읫 겨집이 두서둘 월경 아니 ᄒᆞ야 (태산 9)
　　　· 예방ᄒᆞ면 뎐염 아니 ᄒᆞᄂᆞ니라.(언해두창 상:7)
　　　· 탸독을 프러브려 회역 아니케 ᄒᆞᄂᆞᆫ 방문이라.(언해두창 상:3)
　　ㄷ. 진실로 읻ᄂᆞᆫ 거시며 사롬의 졍앤 덛덛ᄒᆞᆫ 일이라 쟈랑ᄒᆞ기롤 ᄒᆞ디
　　　　아니ᄒᆞ며 (여훈 하:24)
　　　· 너무 기리기롤 ᄒᆞ디 아니ᄒᆞ야 (여훈 하:24)
　　　· 므론 온갖 밧긔 政스롤 ᄒᆞ나토 참預-티 아니ᄒᆞ고(여훈 상:19)
　　　· 將춧 唐虞에 ᄉᆞ양-티 아니ᄒᆞ고 (여훈 상:9)

(2) 〔[N]을 ᄒᆞ다 아니/몯ᄒᆞ다〕

ㄱ. 아바님이 할마님 ᄠᅥ나기룰 **몯** ᄒᆞ여시니 (동국신속 효자 6~8)
· 시러곰 말ᄉᆞᆷ 드롬을 ᄌᆞ셰이 **못** 홈을 恨ᄒᆞ더니 (가례 1:14)
· 可히 그 **奢侈**ᄒᆞ믈 縱ᄌᆞ히 **몯 홀** 거시며 (여훈 하:29)
· 能히 그 **孝**룰 극진히 **몯** ᄒᆞ면 (여훈 하:5)

ㄴ. 아홉 ᄃᆞᆯ애 말 **몯-ᄒᆞ니** 이 므슴 병고.(태산 47)
· ᄌᆞ식 빈 겨집이 말 **몯-ᄒᆞ**ᄂᆞᆫ 증이라 (태산 47)
· 난츌 **분변 몯-ᄒᆞ**면 역ᄒᆞ니라. (언해두창 상:31)
· 다시 **슈퇴 몯** ᄒᆞᄂᆞ니 (태산 3)
· **聖德**이 말로 가히 일홈 **못 홀** 거시오 (여훈 상:8)

ㄷ. **샹녜**룰 다 ᄒᆞ디 **몯** ᄒᆞᆷᄋᆞ로 ᄡᅥ ᄒᆞᆯ 삼더니 (동국신속 효자 1~47)
· 내 시러곰 **祭祀-**티 **몯-홀**신니라 (가례 1:19)
· 만일 夫ㅣ 어디디 몯ᄒᆞ면 **졔御-**티 몯ᄒᆞ고 (여훈 상 :45)
· **賤**ᄒᆞᆫ 이ᄂᆞᆫ ᄯᅩ 시러곰 **ᄒᆞ디 몯홀** 배 이신 고로(가례 1:7)

(1ㄱ, 2ㄱ)은 〔[명사] 을/를 ᄒᆞ다〕라는 통사 구조를 갖는 짜임새이다. 이러한 말은 조사가 생략되면서 파생어를 형성하게 되는데, 한 낱말로 굳어지기 전까지는 부정소가 'ᄒᆞ다' 앞에 들어간다. 이러한 짜임새에서 (1ㄴ, 2ㄴ)과 같이 조사가 생략될 경우도 부정소의 위치에 변화가 없다. 그런데 17세기 이후에는 이러한 짜임새를 갖는 말에서 파생어 '〔 〕 ᄒᆞ다'를 본용언으로 삼고 '-디 아니/몯'을 취하거나, 아예 〔[체언] -ᄒᆞ기를 ᄒᆞ다〕라는 통사적 짜임새로 바꾼 뒤, '-디 아니/몯'과 같은 부정보조용언를 붙이는 경향이 있다. (1ㄷ, 2ㄷ)은 이러한 경우에 속한다. 이와 같은 부정문이 늘어남으로써, 부사결합형보다 보조용언형 부정문이 훨씬 많아지는 것으로 보인다.

둘째, 일부 문헌에서는 15~16세기에 나타났던 '-ᄃᆞᆯ 아니/몯' 대신에 '-ᄃᆞᆫ 아니/몯'이 나타나기도 한다. 이러한 형태는 '-디ᄂᆞᆫ'이 줄어든 꼴로 보인다.

(3) -돈 아니/몯
ㄱ. 니르시미 그르돈 아니ᄒ거니와 (첩해 2:11)
ㄴ. 뎌러타 이러타 쇼돈 아니커니와 (첩해 4:13)
ㄷ. 내 말을 기리시니 깃브옵거니와 고디 듫돈 아니ᄒ외 (첩해 1:19)

(3ㄱ~ㄷ)은 자주 나타나는 형태는 아니다. 이러한 경향은 문헌에 따라 나타나는 빈도가 매우 다르다. 특히 '-도 아니/몯ᄒ다'나 '-돌 아니/몯ᄒ 다'와는 달리 '-돈 아니/몯ᄒ다'는 극히 예외적으로만 나타난다.

1.2. 17세기 부정문의 의향법 제약 현상

17세기 부정문에서 의향법이나 이음법 제약관계에서도 미세한 변화가 엿보인다. 이러한 변화는 궁극적으로 의향법 실현 방법이나 이음법 실현 방법에서 기인한 것으로 보이지만, 부정소 '아니, 몯'의 통사나 의미 변화 와도 관련이 있을 것으로 보인다. 이 시기의 부정소 '아니'의 의향법 제 약은 다음과 같다.

(4) 체언을 부정하는 '아니+이다'
ㄱ. 다리롤 딜은 후에 孝ㅣ 됨이 아니니라.(경민 35)
・ 일시애 검기는 더뎌 아니라.(언해두창 상:36)
・ 아오 만쌍이 주검즉디 아니니라.(동국신속 효자 7~32)
ㄴ. 이 거즛말인가 거즛말 아닌가 (중간노걸대 상:6)
・ 엇지 다 죠흔 兄弟ㅣ 아니리오.(중간노걸대 상:6)

(5) 부정부사 '아니'
ㄱ. 삭망졔롤 폐티 아니ᄒ며 술고기 먹기롤 아니 ᄒ더라.
(동국신속 효자 6~16)
・ ᄒ 적도 지븨 아니 니르니라. (동국신속 효자 2~15)
・ 다ᄉ 쏠을 졔ᄉᄒ기놀 평싱과 달리 아니 ᄒ니라. (동국신속 효자 1~7)
ㄴ. 네 졈의 인는 부톄 인느니 엇디 공양 아니 ᄒ는다 ᄒ니
(경민 33)

- 送使로셔 이러셔는 오라. 더러셔는 <u>아니 온다.</u>(첩해 2:13)
- 그더 한어버이로브터 … 멀리 듁녕 밧긔 벼슬ᄒ니 엇디 고든 말 ᄒ야 스스로 변졍 <u>아니 ᄒᄂᆞ다.</u>(동국신속 충신 5)

ㄷ. 쏘 아니 니ᄅ셔도 얼현이 <u>아니 ᄒ오리.</u>(첩해 1:21)
- 封進宴을 수이 ᄒ올쩌시니 그 저긔 <u>아니 보올까</u>(첩해 2:5)
- 그 삑는 병이 됴ᄒᆞᆫ 일도 잇ᄉ올 쩌시니 <u>아니 뵈오링잇가</u>(첩해 2:6)
- 엇지 저로 ᄒ여 먹게 <u>아니 ᄒ랴.</u>(중간노걸대 상:38)

(6) 보조용언 '-디 아니ᄒ다'

ㄱ. 다만 졔(祭)홀졔 풍셩(豊)ᄒ며 강새(殺)ᄒ며 드므리ᄒ며 조조ᄒ 기만 동(同)<u>티 아니타</u> ᄒ고 (가례 1:8)
- 禮예 업슬시 이졔 取<u>티 아니ᄒ노라.</u>(가례 1:29)
- 쏘ᄒᆞᆫ 분墓의 告ᄒ다 닐<u>ᄋᆞ디 아니ᄒᆼᆻ더라.</u>(가례 1:35)

ㄴ. 이러면 네 허믈<u>치 아니홀짜</u>(중간노걸대 하:7)

ㄷ. 夫ㅣ 그 안해를 공경ᄒ고 … 엇디 可히 禎祥ㅣ <u>되디 아니ᄒ리오</u>
(여훈 하:14)

- 쏘 엇디 어딘 婦ㅣ <u>되디 아니ᄒ리오</u>(여훈 하:5)
- 도라보건댄 아롬답디 <u>아니ᄒ랴</u>(경민 37)
- ᄒᆞᆫ 번 靜ᄒ거든 可히 삼가<u>디 아니홀 것가</u>(여훈 상:47)
- 客人이 와야 亭主ㅣ <u>보디 아니ᄒᆞ옵ᄂ가</u>(첩해 1:32)
- 우리는 一番 特送이오니 몬져 보심이 올<u>티 아니ᄒᆞ온가</u>(첩해 1:14)
- 그러<u>티 아니니잇가</u>(가례 1:36)
- 내 父母의 ᄉᆞ랑ᄒ시는 배어든 내 그 可히 뻐 ᄉᆞ랑<u>티 아니ᄒ랴.</u>
(가례 2:13)

ㄹ. 긔일을 돌히 사겨 후셰로 ᄒ여곰 닏<u>디 아니케 ᄒ다.</u>
(동국신속 1~64)

- 혹 죠ᄒᆡ 심지를 기름 무텨 두어 다시 아오<u>디 아니케 ᄒ라</u>(태산 69)
- 우리도 日記를 보고 슮ᄉ오니 이후란 이러<u>티 아니케 니ᄅᆞ옵소</u>
(첩해 2:11)

(4)~(6)은 부정소 '아니'가 결합한 용법에서의 의향법을 드러내는 경우이다. 16세기에 비하여 용례상 큰 변화는 없는 것으로 보인다. 그런데,

사실은 (4ㄴ), (5ㄴ-ㄷ)과 같이 체언, 혹은 부사결합형 부정문에서의 의문법은 쉽게 찾기 어렵다. 어떤 경우는 문헌의 보수성(중간본이나 복각본)에 의해 앞선 시기의 잔재가 남은 것이 아닌가라는 의구심마저 들 정도로 희박하다. 이러한 정도성을 제외한다면, 17세기 부정문에서도 부정소 '아니'는 체언을 부정할 경우, 서술법과 설명이나 판정을 드러내는 의문법에 모두 올 수 있으며, 2인칭의문문에는 올 수 없다. 또한 부사 '아니'는 설명법, 2인칭의문문, 1·3인칭이나 비인칭의 설명, 판정의문문에 모두 올 수 있다. 이러한 경향은 '-디 아니'도 유사하다. 그러나 '-디 아니'의 경우는 2인칭에 쓰이는 사례를 자주 찾기 어려웠다.2) 또한 '-디 아니'의 경우는 다른 보조용언 '-게 ᄒ다'를 붙여 시킴을 실현할·수 있다.
이에 비해 부정소 '몯/못'은 다음과 같은 의향법 제약을 갖는다.

    (7) 부정부사 '몯'
        ㄱ. ᄆ춤내 초여드랜날 쟈브니만 몯 ᄒ니라 (언해두창 상:5)
         · 졍긔 츠나와 겨집 혈긔 쇠ᄒ니ᄂ 다 틱긔 몯 되ᄂ느니라 (태산 1)
         · 훈방문의 산젼의 져지 나면 ᄌ식을 해 몯 기르ᄂ느니라 (태산 51)
        ㄴ. 방의 도라가기도 잘 못ᄒ올가 너기ᄂ이다 (첩해 3:19)

    (8) 보조용언 '-디 몯ᄒ다'
        ㄱ. 南北으로 서ᄅ 重첩ᄒ니 아디 몯게이다 (가례 1:14)
         · 뎡난의 효ㅣ 뼈 더어디 몯ᄒ리로다 ᄒ시고 (동국신속 효자 1~19)
        ㄴ. 네 아지 못ᄒ다 (중간노걸대 상:24, 46, 하:3,,30)
         · 비리라써 눈 주ᄂ니 엇디 붓쯔러움을 아디 몯ᄒᄂ다.(경민편 서 5)
        ㄷ. 다만 四代 以上이면 곧 可히 祭티 몯ᄒ리잇가 (가례 1:36)
         · 반ᄃ시 舅곳ᄭ 孝롤 줄을 아디 몯ᄒ올가 져허 ᄒ노라 (여훈 상:28)
         · 子ㅣ 能히 그 義롤 다 아라 이 道롤 조차 말믜암디 몯ᄒ올가 져허
           ᄒ노라 (여훈 상:27)
         · 져컨댄 俗을 좃기롤 免티 몯ᄒ올가 ᄒ노라 (가례 1:35)

─────────────

2) 이러한 변화는 17세기 의문법의 변화와도 밀접한 관련을 맺을 것으로 보인다. 이 시기 의문법은 인칭이나 의문사의 유무에 따라, 의문형어미가 규칙적으로 붙지 않는 경향이 늘어난다. 이에 대해서는 허재영(2000ㄷ)을 참고할 수 있다.

- 다리 힘이 업스와 오래 셔<u>디 못ᄒᆞ올가</u> 엿ᄌᆞᆸᄂᆞ니 (첩해 3:7)
ㄹ. 다 글월 빙가라 귀 알외여 시러곰 쓰<u>디 몯ᄒᆞ게 ᄒᆞ라</u> (가례 1:22)
- 祠堂 인ᄂᆞᆫ 집은 宗子ㅣ 世셰로 디킈여 ᄂᆞ호<u>디 몯ᄒᆞ게 ᄒᆞ라</u> (가례 1:11)

(7)~(8)에서도 부정부사 '몯'의 의향법 제약은 서술법과 의문법으로 한정된다. 특히 (7ㄴ)과 같이 부정부사가 의문문에 사용되는 경우는 용례를 찾기가 매우 어려운데, 이 또한 부사결합형 부정문이 의향법을 실현하는 사례가 줄어들기 때문이다.3) 반면 (8ㄱ-ㄹ)과 같이 보조용언 '-디 몯ᄒᆞ다'로 실현되는 부정문은 서술법, 의문법, 명령법에 자주 쓰인다. 이 가운데 (8ㄴ-ㄷ)과 같이 의문문에서 인칭이나 판정, 설명을 가리지 않게 된 점은 15세기 이후 꾸준히 늘어가는 경향을 보인다.

이와 같은 부정소 '아니, 몯/못'의 의향법 제약관계를 표로 나타내면 다음과 같이 정리할 수 있다.

(9) 15. 16. 17세기 부정문의 의향법 제약

의 향 법		형태소	체언 아니+ 이다	부사결합 아니	몯	보조용언 -디 아니	-디 몯	기 타 -디 말다
서술법		-다/라	◎(토씨)	◎	◎	◎	◎	?
의문법 2인칭의문		-ㄴ다	◎ ?	○(▽)	◎	◎	◎	?
1·3인칭	+의문사	-ㄴ고						
1·3인칭	-의문사	-ㄴ가		◎	◎		◎	
비인칭	+설명(+의문사) 합류 +판정(-의문사) 경향		◎(▽)	◎(▽)	◎(▽)	◎(△)	(△)	
명령법		-라				(△)	(△)	◎
청유법		-자						◎

(◎:변화없음, △:용례 늘어남, ▽:용례 줄어듦, ?:사용 가능성은 있으나 발견 되지 않음)

---

3) 부사결합형 부정문이 줄어드는 경향은 제Ⅴ장의 (11)의 통계를 참조할 수 있다.

1.3. 보조용언형 부정문의 증가

17세기 부정문의 변화 가운데 하나는 부정소의 역할이 달라진다는 점이다. 그 가운데 첫째는, 부정부사 '아니', '몯'의 쓰임이 줄어들고 '-디 아니ㅎ다/몯ㅎ다' 형태가 늘어난다는 점을 들 수 있으며, 둘째로는 '아니' '몯'의 위치도 수식을 받는 말 바로 앞으로 고정되는 경향이 높아진다는 점을 들 수 있다.

먼저, 보조용언 구문에서 본용언과 보조용언 사이에 자리하던 '아니, 몯'이 남아 있는 경우와 달라진 경우가 있다. 다음과 같은 경우가 이에 속한다.

> (10) V1-게/이/고져/어 [부정소] V2(ㅎ다)
>
> ㄱ. 누어셔 나홈 닐온 산뫼 졋바누어 등을 펴 둣끠 다히고 몸을 굽<u>게 아니</u> ㅎ면 족식이 날길홀 일티 아니ㅎ야 (태산 22)
>
> · 족식 빈 겨집이 몸을 펴 돈니기를 <u>즐겨 아니</u>-코 (태산 21)
>
> · 다솟 쑬을 제亽ㅎ기눌 평싱과 <u>달리 아니 </u>ㅎ니라
> (동국신속 효자 1~7)
>
> · 말솜 드롬을 <u>즈셰이 못 홈을</u> 恨ㅎ더니 (가례 1:41)
>
> ㄴ. 가묘애 못 <u>들게</u> ㅎ올 도리 잇ᄂ니잇가
> (언간:122번, 윤선도, 효종8년)4)
>
> · 싀동싱님네 집 말솜을 일졀 <u>몯 ㅎ옵게</u> <u>ㅎ옵쇼셔</u>
> (언간:133번 송시열, 효종5년)
>
> ㄷ. 힝역을 자바 붇디 <u>몯</u>ㅎ게 ㅎᄂ니 (언해두창 상:26)
> 〈모쥐 능히 힝역을 붇게 ㅎᄂ니 (언해두창 상:40)〉

(10ㄱ)은 15~16세기에 본용언과 보조용언이 이어질 경우, 부정소가 그 사이에 들어가는 문장과 같다. 17세기 글말 중심의 부정문에서는 보조용언이 이어질 경우, 본용언 다음에 부정소가 들어가는 것이 일반적이

---

4) 언간은 김일근(1986)을 참고할 수 있다. 이 글의 언간은 이를 토대로 한 것이며, 문헌 연대도 김일근(1986)을 토대로 했다.

다. 그러나 (10ㄴ)은 부정소의 위치가 본용언 앞으로 자리바꿈을 했다. 이러한 쓰임새는 입말 중심의 문헌에서 자주 나타나는데, 오늘날의 부정문도 이 경향을 벗어나지 않는다. 또한 (10ㄷ)은 '-게 ᄒᆞ-'구조의 명령문을 부정할 때, '-디 몯-ᄒᆞ게 ᄒᆞ-'의 구조로 변화한 경우이다. 이는 〈 〉안의 자료와 견준다면, 부정문에의 변화가 생겼음을 뜻하게 된다. 이와 같은 입장에서 부정문을 부정하거나 다른 보조용언을 부정할 경우, 부정소는 본용언 앞으로 옮기거나 '-디 아니/몯'형으로 바뀜을 확인할 수 있다.

다음으로, 부사결합형에 비해 '-디 아니ᄒᆞ다'형이 늘어나는 경향이 매우 심하다. 이러한 현상은 15, 16, 17세기별 문헌에 쓰인 부정문이 통계에 의해서도 확인된다. 이해를 돕기 위해 15세기『석보상절』, 16세기『번역노걸대』, 17세기『동국신속삼강행실도』의 효자도[5]에 나타나는 부정 형식의 비율을 비교해 볼 수 있을 것이다.

(11) 부정형식의 분포
ㄱ. 15세기:석보상절

형 식		부사결합형		보조용언형	
		㉠ 아니	㉡ 몯	㉢ -디 아니	㉣ -디 몯
사용 개수	의향법	15	20	15	4
	이음법	30	72	76	25
		45	92	91	29
	총계	137 (53.30%)		120 (46.70%)	
전체비율 (257:%)		17.50	35.79	35.41	11.28

5) 문헌은 문헌의 보수성을 띠고 있다. 따라서 중간본이나 복각본, 혹은 앞선 문헌을 참고로 한 문헌은 앞선 시기의 언어 관습을 이어받을 것이라는 점을 당연하다. 따라서 여기에서 대상으로 삼은 문헌은 앞선 문헌의 영향을 비교적 덜 받은 당시대의 창작물을 대상으로 삼고자 했다.

ㄴ. 16세기 : 번역노걸대

형 식		부사결합형		보조용언형	
		㉠ 아니	㉡ 몯	㉢ -디 아니	㉣ -디 몯
사용 개수	의향법	9	8	27	26
	이음법	10	11	33	46
		19	19	60	72
	총계	38 (22.35 %)		132 (81.65%)	
전체비율 (170:%)		11.18	11.18	35.29	42.35

ㄷ. 17세기 : 동국신속삼강행실도, 효자도

형 식		부사결합형		보조용언형	
		㉠ 아니	㉡ 몯	㉢ -디 아니	㉣ -디 몯
사용 개수	의향법	25	2	100	9
	이음법	26	4	243	47
		51	6	343	56
	총계	57 (12.50 %)		399 (87.50 %)	
전체비율 (456:%)		11.18	1.31	75.88	12.28

〈표 읽는 법〉
① 형식 : 부사결합형과 보조용언결합형
② 사용개수 : 의향법과 이음법에 나타나는 모든 개수
③ 총계(비율) : 총계에 있는 비율은 부사결합형과 보조용언형의 비율
④ 비율 : 부사결합형과 보조용언형 전체에서 차지하는 비율

(11ㄱ-ㄷ)에서 확인할 수 있듯이, 부정문은 부사결합형에서 보조용언결합형이 늘어가는 양상으로 변화해 왔다. (11ㄱ)은 부사결합형과 보조용언형이 비슷한 비율로 쓰임을 알 수 있다. 그런데 이 표에서는 15세기(46.70%)에 비해, 16세기(81.65%), 17세기(87.50%)로 갈수록 보조용언형이 매우 늘어남을 보여준다. 또한 부정소 '아니'와 '몯'이 쓰이는

상관관계도 드러나는데 각표에서 ㉠+㉢, ㉡+㉣의 비율은 15세기 50.90
:49.10%에서 16세기 46.47:52.53%, 17세기 87.06:12.84%로 변화
해 간다. 이러한 변화는 보편적으로 부정문을 실현할 경우는 '아니'에 의
해, 특별한 의미가 부가될 경우6)에 부정소 '몯/못'이 쓰일 수 있음을 뜻
하는 것이라 하겠다.

이와 같은 보조용언결합형 부정문이 늘어나는 까닭을 정확히 추론하기
는 어렵다. 그러나 이러한 문장의 증가는 사동문이나 피동문과의 관련성
을 추정해 볼 수 있는데, 사동문과 피동문도 파생접사를 붙여 실현되던
것이 '-게 ㅎ다/되다'와 같은 통사적 구조로 바뀌어 실현되는 경우가 많
아진다. 곧 보조용언를 취한다는 점에서는 사동문, 피동문과 부정문의
통사구조가 유사하기 때문에 유사한 통사구조를 짜맞추려는 유추 현상이
작용한 것으로 추정할 수 있다.7)

2. 17세기 부정문의 의미론적 특성

17세기 부정문의 의미 특성은 부정소 '아니', '몯/못'의 의미 자질이 비
교적 명확히 구분된다는 특징을 갖는다. 이는 (11)에서 '아니'와 '몯'의
쓰임에 변화가 있다는 것에서 어느 정도 추측할 수 있다. 곧 15세기 이
후 보편적으로 쓰이던 '아니' 대신에 '몯'이 들어가는 경우, '몯'의 의미 영
역이 뚜렷해질 수밖에 없다. 이러한 현상은 16세기에서 검토된 바와 같

---

6) 부정소 '몯/못'의 특별한 의미는 '능력, 평가, 당위'와 같은 것을 말한다.
7) 물론 이러한 추정에는 무리가 따를 수 있다. 왜냐 하면, 사동·피동문의 기능이나 실현
   방법이 부정문과 차이점을 보이기 때문이다. 사동·피동문은 파생접사를 붙여 실현되던
   것이 통사적 구조로 바뀌어 실현되는 형태가 늘어간다. 반면 부정문은 부사결합형도 통
   사론적 구조라 보아야 하기 때문에 통사론적구조에서 다른 통사론적구조로 바뀌어 가는
   형태이므로, 유추에서 전제하는 기본형을 설정하기 어렵다. 곧 기준형 A를 B가 닮아가
   는 형태가 유추라는 점을 고려할 때, A가 B로 변화하는 경향을 C가 닮아갈 수 있겠는가
   라는 문제가 남는다. 그러나 언어 변화의 원리로 짜임새를 맞추고자 하는 경향을 고려한
   다면, 보조용언형 부정문의 증가는 다른 범주인 사동·피동문과의 관계일 가능성을 제기
   할 수 있다.

이 같은 문헌을 두 번 이상 언해한 비교 자료를 통해서도 뚜렷이 드러난다. 또한 16세기 비교적 많이 보이던 동일 부정소에 의한 이중 부정문이 17세기에 와서는 많이 줄어든다. 이 점도 '아니'와 '몯'의 의미 특성에서 기인한 것으로 보인다.

2.1. '아니, 몯'의 의미 영역

15세기 이후 '아니'와 '몯'의 의미에는 커다란 변화는 없는 것으로 보인다. 곧 15세기 문헌에 쓰이는 '아니'의 〔+객관적 서술성〕, 〔+평가〕, 〔+당위〕에 대한 부정의 의미와, '몯'의 〔+능력〕, 〔+평가〕, 〔+당위〕에 대한 부정 의미는 큰 변화가 없다. 그러나 16세기 초간본 문헌의 '아니'가 중간본에서는 '몯'으로 교체되는 경우가 많았듯이, 17세기 문헌에서는 '아니'와 '몯'의 의미 영역이 더욱 뚜렷이 분화한 것으로 볼 수 있는 사례가 비교적 자주 나타난다. 이러한 예를 좀더 구체적으로 살펴보자.

> (12) '알다'에 붙는 부정소의 변화
> ㄱ. 華嚴에 닐오디 처엄 發心ᄒ신 저긔 곧 正覺 일워 뒷논 慧身을 ᄂᆞ몰 브터 아디 아니타 ᄒᆞ시며 (월석 14:71)
> ㄴ. 반ᄃᆞ시 舅곳긔 孝롤 줄을 아디 몯홀가 저허 ᄒᆞ노라(여훈 상:28)
> ・ 南北으로 서ᄅᆞ 듕텹ᄒᆞ니 아디 몯겐이다.(가례 1:14)
> ㄷ. 왕이 ᄠᅳ디 아시디 아니ᄒᆞᄂᆞ 둘 알고 (권념요록: 왕랑반혼전)
> ㄹ. 可히 ᄡᅥ 夫롤 공경홈을 아디 아니티 몯홀 거시니 夫롤 공경홀 道理롤 알면 (여훈 상:28)

(12ㄱ)은 15세기의 경우라면 '몯'이 와야 할 자리에, '아니'가 온 경우의 보기이다. 17세기에 이르러서는 이러한 용법이 거의 발견되지 않는다. (12ㄴ)에서와 같이, 〔+능력, +평가, +가능과 기대〕의 자리에서는 '아니'가 '몯'에게 자리를 넘겨주는 셈이다. (12ㄷ)은 체언이 말할이가 아닌 다른 사람일 경우 '아니ᄒᆞ-'를 써서 '알다'를 부정하는 경우인데, 이러한

용법에서는 행위자와 말할이가 서로 다르기 때문에 〔+능력〕을 드러낼 이유가 없는 문장이므로, '몯'을 쓰지 않았다. 또한 (12ㄹ)과 같이 이중 부정문에서는 '알다' 다음에 '아니'가 이어나는 경우가 있는데, 이 경우도 그 다음에 '몯'이 거듭남으로써, '아니' 본래의 의미를 약화시키고 있다.

2.2. 이중 부정

17세기 이중 부정문의 구조에도 미세한 변화가 보인다. 이러한 경향은 15세기에 나타나던 '아니ᄒᆞ미 몯ᄒᆞ리며'와 같은 구조가 더 이상 보이지 않는다는 점에서 통사 구조의 변화를 엿볼 수 있다는 점과, 의미상 '몯'의 〔+능력, +평가, +당위〕 기능이 뚜렷해짐에 따라 부정부사 '몯'을 '아니ᄒᆞ-/몯ᄒᆞ-'로 부정하는 문장이 좀처럼 눈에 뜨이지 않는다는 점 등으로 정리할 수 있다. 다음의 보기는 17세기 드러나는 전형적인 이중 부정문이다.

> (13) '아니'를 부정하는 이중 부정문
> ㄱ. 婦ㅣ 되얀ᄂᆞ 者… 아래로 後世롤 니오니 重티 <u>아니티 아니ᄒᆞ니라.</u>
> (여훈 상:46)
> ㄴ. 可히 敎롤 아디 <u>아니티 몯홀</u> 거시오 (여훈 상:16)
> ㄷ. 진실로 可히 뻐 ᄒᆞᆯ도 <u>아니 닷디 몯홀</u> 거시오 (가례 서:2)

(13ㄱ-ㄷ)에서와 같이, 17세기 이중 부정문은 부정부사 '아니'를 '아니ᄒᆞ-/몯ᄒᆞ-'로 부정하는 경우와, 보조용언 '아니ᄒᆞ-'를 다른 보조용언 '아니ᄒᆞ-/몯ᄒᆞ-'로 부정하는 경우이다. 그런데 17세기 이중 부정문에서는 제Ⅲ장의 (61~62)와는 달리 부정소 '몯'을 다시 부정하는 문장이 발견되지 않는다. 다만 다음과 같이 이은문에서만 '몯'이 이어나는 경우가 있다.

> (14) '몯/못'을 부정하는 경우
> ㄱ. 댱모 뫼옵고 고셰 편히 ᄒᆞ소. ᄌᆞ식들게 우무 스디 <u>못ᄒᆞ여 못ᄒᆞ</u>

뇌 (언간 9)

ㄴ. 편티 <u>못호옵셔 못 드러 오옵</u>새(언간 148)

(14ㄱ-ㄴ)은 엄밀히 말하면 이중 부정문이라고 보기 어렵다. 다만 (14
ㄱ)과 같이 '못'이 반복됨으로써 강조의 효과를 내는 문장이다. 이와 같
은 '몯/못'이 이어나는 경우를 제외하면, '몯 V 아니호-/몯호-'의 구조나
'몯호디 아니호-/몯호-'의 짜임새를 갖는 문장이 나타나지 않는 셈이다.
그러나 이러한 문장이 나타나지 않는다고 해서, 실제로 17세기 부정소
'몯'을 부정하는 이중 부정문이 쓰이지 않았다고 보기는 힘들 것 같다.
이는 단지 글말의 특성에서 기인한 것일 뿐이며, 문헌에 '몯'을 부정하는 문
장이 나타나지 않는 중요한 까닭은, '아니'에 비해 '몯/못'이 강한 부정의 의
미를 담고 있었기 때문으로 보인다. 이러한 가능성은 김승곤(1998)에서
제시한 현대 국어의 이중 부정문 짜임새와 견주어 볼 때, '못'을 '아니호-'로
부정하는 문장이 비교적 쉽게 발견된다는 점을 고려할 때, 15~16세기
나타났던 문장이 17세기에만 단절되었다고 볼 수 없음을 의미한다.

3. 정리

이 부분에서는 17세기 부정문의 변화 양상을 살펴보고자 했다. 17세
기 부정문은 음운이나 표기면에서 변화를 겪기 시작하며, 통사적인 차원
에서도 미세한 변화를 보이기 시작한다. 이를 요약하면 다음과 같이 정
리된다.

첫째, 통사적 차원에서 '-디논'이 줄어든 '-돈 아니/몯호다'가 나타난다
는 점이 특이하며, 의향법에서도 의문문에 대한 제약 현상에 변화가 보
인다. 특히 '아니, 몯'이 부정부사로 쓰이는 경우보다 보조용언으로 쓰이
는 경향이 우세해지면서, 의문문에 대한 의향법 제약 관계를 살피기가
곤란할 정도로 용례가 줄어든다. 또한 전반적으로 부정부사결합형보다는
보조용언형 부정문이 일반화되는 경향을 보인다.

둘째, 의미상 '아니'와 '몯/못'의 쓰임이 명확히 구분되는 시기라고 할
수 있다. 이러한 가능성은 16세기에 이어 17세기에는 〔+능력〕, 〔+평
가〕, 〔+당위〕를 나타내야 할 자리에는 대체로 '몯/못'이 온다는 점을 고
려한 것이다.

18세기 부정문

18세기 부정문의 변화는 17세기에 비해 훨씬 더 근대국어의 모습을 갖추고 있다. 이 시기에는 음운·표기, 통사적 차원에서 부정소의 결합 양상, 의미적 차원에서 이중 부정문의 특성 및 부정극성어(부정의 짝말) 성립 따위를 주목할 필요가 있다.

Ⅰ. 18세기 부정문의 통사론적 특징

1.1. 부정소의 결합 양상

15세기부터 17세기에 이르기까지 부정소의 결합 양상에는 다소 변화가 있었다. 앞에서 알아본 것처럼, '아니'가 체언으로 쓰이던 15세기와는 달리, 16세기 이후로는 '아니' 자체가 체언으로 쓰이는 경우는 없다. 그러나 17세기에서 18세기에 이르는 과정에서 체언을 부정하는 '아니다'가 특이하게 쓰이는 경우나, 다른 보조용언을 부정할 경우 용법상의 변화를 가져오는 사례가 많다.

먼저, 체언을 부정하는 '아니다'의 '아니'가 문장에서 순서를 뒤바꾸어 마치 부사처럼 쓰이는 경우가 있다. 다음과 같은 보기가 이에 속한다.

　　(1) 체언을 부정하는 '아니다'의 순서 바꾸기
　　　　ㄱ. 뜻에 ᄌᆞ식 만호믈 즐여 아니 ᄒᆞ니 <u>아니</u> 이룰 응ᄒᆞᆼ민가
　　　　　　　　　　　　　　　　　　　　　　　　　　(종덕신편 하:5)
　　　　ㄴ. 일노 말믜아마 가야믜 목숨이 보젼호믈 어드니 <u>아니</u> 이 일이냐
　　　　　　　　　　　　　　　　　　　　　　　　　　(종덕신편 상:34)
　　　　ㄷ. [이룰 응ᄒᆞᆷ/이 일]이 아니-ㄴ가/이냐

(1ㄱ-ㄴ)의 '아니'는 의문문에만 나타난다. 이 문장의 구조는 (1ㄷ)으로 보아야 할 것이다. 그렇다면, '아니'는 강조를 드러내기 위해 순서를 바꾼 것으로 보이는데, 이러한 용법은 앞선 시기에는 나타나지 않는다.

다음으로, 용언을 부정하는 경우, 사동문이나 다른 보조용언를 수반하는 문장에서 부정소의 결합 양상에 변화가 보인다. 일반적으로 15~17세기까지의 부정문에서 '아니, 못'이 다른 보조용언 앞에 놓일 경우, 본용언과 보조용언 사이에 놓이는데, 18세기 이후에는 '못'에서는 대부분 '-디 못-' 형태로 바뀌어 간다. 다음과 같은 경우를 살펴보자.

　　(2) 사동문에서 부정소 '못'의 위치
　　　　ㄱ. 일노 뻐 ᄌᆞ긍 뜻을 깃브시게 못 ᄒᆞᆸ고 …(속명의록 2:27)
　　　　　・ 의예 가히 오래 욕되게 못 홀디라 (종덕신편 하:16)
　　　　ㄴ. 사름으로 ᄒᆞ여곰 <u>보디 못ᄒᆞ게</u> ᄒᆞ라 (속명의록 1:24)
　　　　　・ 제 뜻에 어그지 <u>못ᄒᆞ게</u> ᄒᆞ야 (명의록 2:70)
　　　　　・ 죄인으로 ᄒᆞ여곰 <u>아디 몯ᄒᆞ게</u> ᄒᆞ고 …(천의소감 2:45)

(2ㄱ)은 15~17세기까지 자주 나타나는 사동문에서의 부정소 '못'의 위치가 그대로 드러나는 경우이다. 이러한 구조는 5.3.1에서 논의한 바와 같이 타동사를 취하는 부정문에서도 마찬가지이다. 이러한 구조가 (2ㄴ)과 같이 '-디 못-'의 구조로 변화해 가는 경향이 두드러진다. 곧 (2ㄱ)이나 타동사를 취하는 부정문에서 '-게 못 ᄒ다', '〔 〕을 못 ᄒ다'의 짜임새가 '-디 못ᄒ게 ᄒ다'나 '〔 〕ᄒ디 못ᄒ다'로 굳어져 간다. 이러한 경향은 16~7세기부터 이어져 온 부정부사결합형 부정문에 비해 보조용언결합형 부정문의 구조가 늘어감을 그대로 반영하는 경우라 하겠다. 그러나 18세기까지는 아직도 '-어/게 아니 ᄒ다'와 같이 부정소 '아니'는 본용언와 다른 보조용언 사이에 놓이는 경우가 많다. 다음과 같은 경우는 '아니'가 '-어/게' 다음에 오는 경우이다.

(3) '아니'의 위치

ㄱ. 맛당이 서로 힝ᄒ야 어긔게 <u>아닐</u>지니 경등이 ᄯᅩᄒ …

(명의록 차ᄌ 9)

· 만일 그 죄롤 바르게 <u>아니</u> ᄒ오시면 엇더ᄒ오리잇가

(천의소감 2:10)

ㄴ. 그듸 일을 위틱히 ᄒ고져 <u>아녓</u>ᄂ니 …(종덕신편 하:25)

· 쟝촛 죽게 되어시되 근심티 아니ᄒ고 새 니ᄅ러도 ᄯᅩᄒ 깃거 <u>아</u>니 ᄒ니 (종덕신편 중:10)

ㄷ. 쥬공이 관슉 채슉을 죽이시매 의친에 구애 <u>아니</u> ᄒ시니

(명의록 2:39)

· 복빙은 곳 북문 샹궁이라 다 승복 <u>아니</u> ᄒ니 …

(속명의록 1:10)

(3ㄱ-ㄷ)과 같이, 부정소 '아니'의 위치는 18세기까지도 비교적 자유로웠다. 이는 '못'에 비해 '아니'가 의미상 제약을 덜 받는 것을 의미하는 것으로 보인다. 이에 비해 (2ㄱ)과 같이 비교적 자유롭던 '못'이 '-디 못-'으로 굳어지는 까닭은 부정소 '못'이 '아니'에 비해 뚜렷한 의미를 갖기 때문에, 용법상의 제약도 심해지는 것으로 추측된다.

또한 이 시기에 '-도 아니/못ᄒ다'나 '-든/둘 아니/못ᄒ다'의 짜임새를 갖는 부정문도 매우 줄어들었다. 다음과 같은 보기가 있다.

(4) '-도/든/둘 아니/못ᄒ다'
    ㄱ. 고이 업세라 당시 만튼 아니ᄒ다 (언간 11)
     · 가보라 ᄒ니 우도 아니ᄒ고 나가니 (언간 81)
    ㄴ. 나라 법을 중히 ᄒᄂᆞᆫ 도리에 가히 명ᄒ야 그치라 ᄒ도 못ᄒ고 …
                                          (속명의록 2:23)

     · 춤아 눕들 몯ᄒ오니 (인어대방 1:14)
     · 나와 보들 아니ᄒ니 과연 無情ᄒ외 (인어대방 4:13)

(4ㄱ)은 15~16세기에는 비교적 자주 나타나던 구조이다. (4ㄴ)과 같은 구조도 17세기 『첩해신어』에서 자주 나타난다. 그러나 18세기에 와서는 매우 줄어드는데, 점차로 생략 구문이나 '-둘/든'이 쓰이는 부정문 등이 소멸해 가는 경향을 보여준다.

1.2. 18세기 부정문의 의향법 제약

18세기 부정문의 의향법 제약도 17세기와 크게 다르지 않다. 이 시기 문헌에 나타나는 의향법 관계는 다음과 같은 자료가 주를 이룬다.

(5) 18세기 '아니' 결합형 부정문의 의향법 제약
    ㄱ. 역격 되옴이 오란지라 홀노 ᄉᆞ사된 재 가히 다ᄉᆞᆯ 쑨 아니로다
                                          (명의록 1:9)
     · 김종슈의 일을 운운ᄒᆞᆫ 말이 엇지 ᄯᅩᄒᆞᆫ 너희 도당의 말이 아닌가
                                        (명의록 2:52)
    ㄴ. 신이 국리의 집에 가고 국리ᄂᆞᆫ 아니 왓ᄂᆞ이다 (속명의록 1:35)
     · 곳 어버이 섬기며 님금 섬기옵ᄂᆞᆫ ᄒᆞᆫ 큰 ᄆᆞ더니 댱ᄌᆞ셔명의 엇지
     아니 닐넛ᄂᆞ냐 (어제백행원 17)
     · 약원 졔신이 서로 도라보아 ᄀᆞᆯ오디 공윤의 말이 아니 마ᄌᆞᆺᄂᆞᆫ가
                                          (천의소감 2:6)

- 조리ᄒ면 <u>아니</u> 됴ᄒ랴(언간 15)
- 딘뎡ᄒ면 서ᄅ <u>아니</u> 보링잇가 (언간 32)

ㄷ. 셩인을 기ᄃ려도 의혹<u>지 아닐지라</u> (명의록 차ᄌ 8)
- 샤후의ᄂ 다 믿ᄃ디 아녀시니 법에 다 <u>죽지 아니리라</u>

(종덕신편 중:28)
- 인싱이 이에 니ᄅ매 엇지 불샹<u>치 아니리오</u> (윤음 유호셔 3)
- 뉘 일홈을 도라보고 의롤 싱각<u>지 아니ᄒ리잇가</u> (명의록 젼문 7)
- ᄯ오 오늘 신ᄌ된 쟤 …<u>가히 두렵지 아니ᄒ랴</u>

(명의록 하찬집쳥 젼교 3)
- 너ᄂ ᄯ오 엇디ᄒᄒ야 <u>가지 아니ᄒ엿ᄂ다</u> (박통신 2:57)
- 네 감히 바로 <u>고티 아니ᄒᄂᄂ냐</u> (속명의록 1:14)
- 네 오늘 엇디 글 비호라 <u>가디 아니ᄒ엿ᄂ뇨</u> (박통신 1:47)

(5ㄱ-ㄷ)에 나타나는 바와 같이 18세기 부정문의 의향법 제약 관계는 17세기에 비해 크게 달라진 것이 없다. 곧 서술법의 '-다/라'에는 세 가지 짜임새에서 모두 자유롭다. 의문법에서도 '-ㄴ다, -ㄴ가/고'에 두루 나타날 수 있는데, 17세기 비인칭의문문의 합류 현상이 인칭의문문까지 이어지는 경향이 부정문에도 그대로 반영된다.[8) 또한 명령법이나 청유법에는 나타나지 않는다.

이 시기 두드러진 변화 가운데 하나는 '아니'라는 부정부사의 쓰임이다. 16~17세기 초간본과 중간본의 비교를 통해 두드러지게 나타나던, 부정부사의 보조용언화 경향이 이 시기에 영향을 미친 것으로 추정되는데, 이러한 경향은 격식을 갖춘 언어가 반영된 문헌일수록 심하다. 반면 언간과 같이 실제 언어를 반영하는 경우는 '아니'가 용언 앞에 와서 의향법을 실현하는 예는 많이 나타난다.[9) 그러나 입말을 반영하는 부사 '아

---

8) 의문법은 15세기 인칭과 판정, 설명의 기능에 따라 체계가 나뉜다. 그런데 이러한 체계가 허물어지는 시기는 17세기 이후로 보인다. 더욱이 18세기에는 인칭과 비인칭의 대립이 매우 혼란스러운데, 이에 대해서는 허재영(2000ㄷ)을 참조할 수 있다.
9) 언간과 같이 입말을 그대로 반영하는 문헌에서 부사 '아니'가 의향법에 많이 쓰이는 까닭은 자세히 알기 어렵다. 그러나 어쩌면 '아니'는 '-디 아니ᄒ-'에 비해 간결한 언어 형식이므로, 강조의 의미가 살아나기 때문이 아닐까 추정된다. 이러한 경향은 '아니'의 줄어진 형식인 '안이, '아니'보다 훨씬 더 제약이 심하다는 점과도 상통한다. 곧 '이 아니 사람인

니'도 의향법을 실현할 때, 미세한 변화가 엿보이기 시작한다. 예를 들어
언간(김일근:1986)에는 '아니'가 의향법에 실현된 다음과 같은 사례가
나타난다.

> (6) 언간에 나타난 '아니'의 의향 실현
>   ㄱ. 서술법
>   · 이제논 아희들흘 츠싱 젼터 <u>아니 기르려</u> 흐노라 (언간 48)
>   · 그제 뎡즈 터흘 갑 도도노라 <u>아니 흐다</u> 흐더니 (언간 67)
>   ㄴ. 의문법
>   · 글월보고 네 증은 담증이로다 調理흐면 <u>아니 됴흐랴</u> (언간 15)
>   · 분별 말라 즈연 <u>아니 됴히</u> 흐랴 (언간 17)
>   · 져그나 딘뎡흐면 서르 <u>아니 보령잇가</u> (언간 32)
>   · 너는 어이 이번의 <u>아니</u> 드러온다 (언간 41)
>   · 밥을 일졀 <u>아니 먹는가</u> 시브니 (언간 96)
>   · 약삼아 먹어야 원긔롤 <u>아니 도으랴</u> (언간 96)
>   · 더옥 므슴 샤외롤 <u>아니 흐오리잇가</u> (언간 122)
>   · 그젹의 <u>아니</u> 다힝흐야 흐오시리잇가 (언간 123)
>   · 져믄 사룸이니 즈연 <u>아니 흐리오랴</u> (언간 129)
>   · 셜운 일만 싱각고 혬을 <u>아니 혜옵시ᄂᆞ니잇가</u> (언간 129)
>   · 예 일은 진셔의 흐여시니 <u>아니 드르시리잇가</u> (언간 132)
>   · 나히 이리 만흐시니 죽는 거시 <u>아니 편흐가</u> (언간 137)
>   · 말ᄀᆞ 투야 깁고 희미흐니 <u>아니 고이흐가</u> (언간 205)
>   · 히쥐 가실젹텨로 나돈니고 요란히 구는가 글 <u>아니 넑는가</u>
>   (언간 보 12)
>   · 글이나 챡실히 넑고 나돈니거나 <u>아니 흐는다</u> (언간 보 12)

(6ㄱ)과 같이 '아니'가 서술법을 실현하는 경우는 극히 드물다. 그러나
(6ㄴ)과 같이 '아니'가 의문법을 실현하는 경우는 비교적 많이 쓰인다.
그런데 (6ㄱ)의 '아니'는 말할이의 의지나 인용절 안은 경우라는 점에서,

가와 같은 순서가 바뀐 문장의 생성 가능성은 있으나, '이 *안 사람인가'와 같은 문장은
생성 가능성이 없다. 따라서 부사결합형 부정문은 보조용언형 부정문에 비해 강한 부정
의 의미를 갖게 될 가능성이 높아진다.

말할이의 느낌이나 강조의 의향을 드러내는 것처럼 보인다. 이 점에서 16세기 이후 계속되어 온, 부사결합형 부정문의 보조용언결합형 부정문로의 변화에는 일정한 방향이 성립되는 것 같다.

부정소 '못'의 의향법 제약도 17세기와 크게 달라진 바는 없다. 다음과 같은 보기를 살펴보자.

> (7) 부정소 '못'의 의향법 제약
> ㄱ-1). 곳 感激호믈 다 <u>못 ㅎ리라</u> (박통신 1:9)
> ㄱ-2). 그 쳐드려 닐너 굴오더 내 녀♡는 혼인 <u>못 홀가</u> 근심 말나 ㅎ
> 고 (종덕신편 상:17)
> · 네 이지 병이 다 됴핫는가 <u>못 ㅎ엿는가</u>(박통신 1:37)
> · 아지 못게라 바드신가 <u>못 바드신가</u> (박통신 3: 15)
> ㄴ-1). 곳 스므냥을 던당ㅎ여도 당시롱 쓰기에 넉넉<u>지 못ㅎ여라</u>
> (박통신 1:23)
> · 工夫룰 엇디 못ㅎ여 가<u>지 못ㅎ노라</u> (박통신 1:23)
> ㄴ-2). 뉘 이 무리의 난역이 되는 줄을 아지 <u>못ㅎ리오</u> (명의록 차즈 5)
> · 오죽히 고초 남감ㅎ랴 죵죵 닛<u>지 못홀다</u> (언간 보 45)
> · 가지가지 ㅁ옴을 덩<u>치 못홀가</u> 시브다 (언간 54)

(7ㄱ, ㄴ)에 나타난 바와 같이 부정소 '못'도 부사로 쓰이는 경우나, 보조용언으로 쓰이는 경우 모두 서술법과 의문법에 올 수 있다. 또한 의문법의 합류 현상에 따라 18세기 부정문도 인칭이나 판정을 가리지는 않는 것으로 보인다.

2. 18세기 부정문의 의미 변화

18세기 부정문은 통사적 차원보다는 의미적 차원에서의 변화가 심했던 시기로 보인다. 이러한 변화는 이중 부정문의 구조와 부정극어[10]가 생겨난다는 점을 꼽을 수 있다.

2.1. 이중 부정문의 변화

우리는 16, 17세기의 이중 부정문에서 같은 부정소가 이어나는 이중
부정문의 모습을 살펴본 적이 있다. 특히 '아니ᄒᆞ미 아니다, 아니티 아니ᄒᆞ
다'와 같이 '아니'가 이어나는 이중 부정문은 16세기 이후로 빈번히 쓰였던
이중 부정문이라는 사실도 밝혀낸 바 있다. 그런데 18세기에 와서는 '아니'
와 '못'의 의미 영역에 변화를 입은 듯한 이중 부정문이 매우 생산적이다.
이 시기에 나타나는 이중 부정문으로는 다음과 같은 유형이 있다.

(8) 18세기 '아니'를 다시 부정하는 이중 부정문
ㄱ. 일즉 흉흉ᄒᆞᆫ 무리 일즉 경으로 ᄡᅥ 역적이 <u>아니라 아니ᄒᆞ되</u> 이에
ᄡᅥ …(천의소감 1:45)
ㄴ. 성현의 말ᄉᆞᆷ이 어ᄂᆡ <u>아니 됴ᄒᆞ 거시 아니로ᄃᆡ</u> 내 어려신 ᄣᅢ 우연
히 뎡ᄌᆞ의 … (종덕신편 서:6)
ㄷ. 가히 부녀로ᄡᅥ 거릿겨 <u>아니 뭇디 못ᄒᆞ</u>올ᄲᅥ시니 …
(속명의록 1:26)
· 죄인을 가히 ᄒᆞᆫ번 <u>아니 뭇디 못ᄒᆞᆫ</u> 진실노 성교 ᄀᆞᆺᄌᆞ오이다.
(속명의록 2:17)
· 네 ᄯᅩ ᄒᆞᆫ가히 <u>아니 드디 못ᄒᆞ리라</u> (천의소감 4:46)
ㄹ. 그 무함ᄒᆞᆫ 졔인은 찬ᄒᆞ고 극ᄒᆞ미 ᄀᆞ티 <u>아니티 아니ᄒᆞ되</u> 내 깁히
다ᄉᆞ리디 아니ᄒᆞ믄… (천의소감 2:56)
· 그 ᄣᅢ ᄉᆞ롤 셰오오시미 급디 <u>아니티 아니ᄒᆞ되</u> 뎐셕의 하슌ᄒᆞ오실
ᄣᅢ의 셰인이 아덕 두어히롤 보와 졍궁 겨오셔 ᄉᆞ남의 경시 업ᄉᆞ
오시고 …(천의소감 1:10)
ㅁ. 대힝됴 셩덕에 이 누ᄒᆞ미 업ᄉᆞ믈 알게 <u>아니티 못ᄒᆞ</u> 거시오
(천의소감 2:56)

---

10) 부사 가운데는 반드시 부정문을 수반하는 것들이 있다. 이러한 부사를 앞선 연구에서는
부정극성어 또는 부정극어라 불렀다. 글쓴이는 학위 논문에서 이를 '지움의 짝말'이라
고 이름붙인 바 있으나 이해의 편의를 돕고자 '부정극성어'라는 용어를 다시 살려 쓴다.

- 안치의 쳥을 가히 좃디 <u>아니티 못</u>호시리이다 (천의소감 2:60)
- 그 흉흔 꾀롤 쥬무ᄒᆞ던 졍상을 가히 구힉지 <u>아니치 못ᄒᆞ</u> 거시니 맛당이 …(명의록 2:28)
- 이 弊롤 가히 업시티 <u>아니티 몯ᄒᆞ</u> 거시니라 (어제훈서 23)
ㅂ. 복합수 일의 윤종을 <u>아니ᄒᆞ오실 ᄲᅢ</u> 아니라 …(천의소감 1: 34)
- 진실노 이 무리의게 칙망ᄒᆞ기 어렵거니와 딩토롤 <u>아니홀 ᄯᆞ롬이 아니라</u> 이제 도로혀 이 역적으로 ᄡᅥ 종샤롤 평안이 혼 공이 잇다 일ᄏᆞᆺ고 …(천의소감 1:75)
ㅅ. 더러온 류의 딘멸ᄒᆞᄆᆞᆯ 보기롤 쾌히 너기지 <u>아니리 업스오니</u> … (속명의록 차ᄌᆞ 6)
- 므릇 위안ᄒᆞᄂᆞᆫ 도리롤 <u>아니ᄒᆞ미 업스오시니</u> …(천의소감 1:65)

(8ㄱ-ㅂ)은 부정소 '아니'를 다시 부정하는 이중 부정문이다. 이 가운데 (8ㄱ)은 '[역적이 아니다]'라는 인용절을 '아니ᄒᆞ다'라는 용언으로 부정하는 경우이다. 곧 체언 부정문을 용언으로 다시 부정한 경우이므로 이중 부정문이 된다. (8ㄴ)은 부정부사 '아니'의 꾸밈을 받는 체언을 '아니다'라는 체언 부정문으로 지운 경우이며, (8ㄷ)은 부사 '아니'를 용언으로 부정한 경우이다. (8ㄹ-ㅁ)은 보조용언 '아니ᄒᆞ다'를 '아니ᄒᆞ-디 아니/못ᄒᆞ다'로 부정한 문장이며, (8ㅂ)은 보조용언 '아니ᄒᆞ다'가 체언을 꾸미고 다시 이를 '아니다'로 부정한 문장이다. (8ㅅ)은 '아니ᄒᆞ다'의 명사형을 '없다'로 부정한 경우인데, 이 경우 '없다'는 의미상 부정을 드러낸 것일 뿐, 부정소가 겹친 경우는 아니다.

이 때 주목할 점은 첫째, (8ㄷ), (8ㄹ-ㅁ)과 같은 이중 부정문에서 부정어를 다시 부정할 경우 뒤에 오는 부정어로 '아니'가 쓰이는 경우가 몹시 줄어든다는 점이다. (8ㄷ)에서는 [아니-V-디 못-]만 나타날 뿐, [아니-V-디 아니-]의 짜임새는 나타나지 않는다. 또한 (8ㄹ-ㅁ)에서도 (8ㄹ)과 같은 [아니ᄒᆞ-디 아니-]보다는 (8ㅁ)과 같은 [아니ᄒᆞ-디 못-]이 훨씬 생산적이다. (8ㄹ)은 『천의소감언해』의 경우 여기에 제시된 두 가지 이외에는 발견되지 않는다. 둘째로, (8ㅅ)과 같이 '아니ᄒᆞ다'의 명사형을 다시 부정하는 경우, 16~7세기처럼 '아니다'가 다시 붙는 경우는 발견되지 않는다. 이러한 변화는 '아니'를 부정할 경우, '못'이 이어남으로써 의미상 [당위]를 강조하고자 하는 것처럼 생각된다. 다시 말해서, (8ㄷ)처럼 '아니 묻디 못ᄒ올쩌시니'는 '당연히 물어야 함'을, '아니 묻디 못ᄒ믄'은 '당연히 물었음을', '아니 드디 못ᄒ리라'는 '당연히 들음'을 나낸 것으로 보인다. 또한 (8ㅁ)에서도 '당연히 ~하게 한다'는 것을 강조하기 위해 이중 부정문을 쓴 것으로 보인다.

이에 비해 부정소 '못'을 다시 부정하는 문장은 자주 나타나지는 않는다. 다음과 같은 보기가 있다.

> (9) 부정소 '못'을 다시 부정하는 경우
> ㄱ. 평치 못ᄒ오신 긔후 <u>못 ᄒ오시리 아니ᄒ오신다</u> …(언간 191)
> · 그 째 쳬후 대단이 <u>못 ᄒᆞᆸ시든 아니 ᄒᆞᆸ신가</u> 시브오니
> (언간 195)
> ㄴ. 역적의 괴슈를 구ᄒ지 <u>못홀 줄을 아지 못ᄒ미 아니로되</u> …
> (윤음 유듕외대쇼 12)
> ㄷ. ᄒᆞᆫ갓 能히 널며며 요디 <u>몯 홀 ᄯᆞᆫ이 아니라</u> ᄒᆞᆫ 넘녀의 올ᄒ매 …
> (어제훈서 5)
> · 셔울 가 뎡ᄒ셔도 <u>못 될 ᄯᆞᆫ이 아니라</u> (언간 123)
> · 긔운 이러 <u>못 ᄒ오신 일은 업스오신가</u> 십으오니 (언간 194)

(9ㄱ)은 부정부사 '못'을 다시 부정한 경우이며, (9ㄴ)은 '-디 못-'을 다시 부정한 경우이다. (9ㄷ)은 부정부사 '못'의 꾸밈을 받는 용언을 다시 체언으로 바꾸어 부정하는 경우이다. 이러한 세 가지 짜임새의 부정문이 발견되기는 하지만, '아니'를 다시 부정하는 문장에 비해 생산적이지 않다. 이는 부정소 '못'이 '아니'에 비해 이미 [능력, 당위, 평가]의 의미를 획득함으로써, 이중으로 부정할 실익이 많지 않았기 때문이었을 가능성을 보여준다.

2.2. 부정극성어

현대 국어에서는 반드시 부정문에만 나타나는 말이 있다. 이러한 말은 부사일 경우도 있고, 이름씨일 경우도 있다. 이에 대한 앞선 연구로는 김용람(1994), 남승호(1998) 등이 있다. 예를 들어 '아무도, 전혀, 결코, 별로, 차마'와 같은 말들은 반드시 부정문에서만 쓰이는 것으로 풀이된다. 예를 들어 다음과 같은 경우가 있다.

> (10) 현대 국어에서의 부정극성어
> ㄱ. 철수는 <u>아무도</u> *좋아한다.
> ㄴ. 철수는 <u>아무도</u> 안 좋아한다.
> ㄷ. 철수는 <u>아무도</u> 좋아하지 않는다.

(10ㄱ-ㄷ)은 김용람(1994)에서 제시한 예이다. 이 월에서 '아무도'는 긍정문에서는 나타날 수 없으며, 반드시 부정문에서만 나타난다. 앞선 연구에서는 이를 '부정극어'로 이름붙였다. 남승호(1994)에서도 '부정극어란 한 문장에서 그것이 나타나기 위해 부정의 표현이 반드시 수반되어야 하는 표현들'이라고 정의하고 있다.

그런데 문제는 옛말에도 이러한 극성어가 있었는가 여부이다. 궁극적으로 (12ㄱ-ㄷ)의 '아무도'는 '아무'라는 낱말 때문에 부정을 수반하는 것이 아니라, [아무+도]가 합쳐졌을 경우에 한하여 부정을 수반한다. 이점에서 우리는 앞서 논의한 15세기 부정문에서 양보법의 관용 표현을 주목할 필요가 있다. 곧 '-어도'가 반복될 경우, '시간부사+한정보조조사'가 이어날 경우, 부정문을 수반하는 사례가 있었다는 사실이다.

반면, 18세기는 부사 가운데 부정문과 밀접한 관계를 갖는 낱말이 형성된다. 이러한 부정극성어로 볼 수 있는 '츠마(춤아), 결단코' 등이 두드러진다. 그런데, 이러한 낱말이 과연 부정문을 반드시 수반하는가는 좀 더 고찰할 필요가 있다. 다음을 살펴보자.

(11) 추마(춤아)

ㄱ. 감히 흉셔를 나와 뻐 번복홀 계교를 ᄒ고 ᄆ춤내 이에 <u>춤아</u> ᄒ
지 못홀 말노 뻐 ᄉ연히 탕셜ᄒ야 (명의록 2:65)

· 녯날을 싱각ᄒ옵ᄂ는 ᄆ움이 ᄀ졀ᄒ되 <u>춤아</u> 자지 못ᄒ야 붇너 쓰
이니 견의 하교ᄒ 거슬 비록 언문으로 번역ᄒ야 반포ᄒ야시나 …
(어제 경민편 7)

· 더옥 쓸을 기ᄅ디 아니ᄒ야 처음으로 나면 믄득 춘 물의 ᄌᆷ가
죽이니 그 부모도 ᄯᅩᄒ <u>춤아</u> ᄒ디 못ᄒ야 다 눈을 ᄀᆷ고 …
(종덕신편 하:4)

ㄴ. 불힝ᄒ야 파망ᄒ야시니 내 엇디 <u>춤아</u> 노예를 <u>삼으리오</u>
(종덕신편 중:7)

· 오회라 엇디 춤아 니르랴 (속명의록 차ᄌ 7)

· 이 엇디 人君의 피히 <u>춤아</u> 홀 배리오 (어제훈서 22)

(12) 결단코

ㄱ. 그 나라 시비를 붉히고 사ᄅᆷ의 ᄆ움을 뎡ᄒᄂ는 도리에 <u>결단코</u> 그
만ᄒ지 못ᄒ리니…(명의록 2:70)

· 말을 듯고 보니 <u>결단코</u> 평인이 아니니 엇지 반듯시 깁히 칙망ᄒ
리오 (명의록 2:4)

· 죽어도 내 죽디 <u>결단코</u> 네게 미뢰디 아니ᄅᆞ라 (천의소감 3:10)

ㄴ. ᄒ두번에 지나지 못ᄒ여셔 <u>결단코</u> 됴ᄒ리라 (박통신 3: 12)

· 대뎌칙을 ᄆ돌미 스스로 밧고지 못홀 범녜 이시니 <u>결단코</u> 가히
혼잡ᄒ야 뻐 삼가며 … (명의록 서울대본 1)

(11ㄱ)과 (12ㄱ)에서 '춤아, 아니'는 다른 부사와는 달리 부정문과 밀접
한 관계가 있다. (11ㄱ)은 외형상은 부정문이 아니지만, 속뜻으로는 부
정의 의미를 갖는다. 이에 비해 (11ㄴ)은 '결단코'가 이끄는 절은 부정문
이 아니다. 오히려 전절(앞마디)이 부정문이고, 이어진 절(뒷마디)은 긍
정문이다. 따라서 '결단코'는 부정문과 깊은 관련을 맺고 있으나, 반드시
부정문을 수반한다고 할 수는 없다. 이 점에서 부정극성어가 있을 수 있
는가가 문제시된다.11) 그러나 (11~12)와 같이 전절이나 후절, 혹은

속뜻에서 부정을 드러내는 경우에만 쓰일 수 있는 낱말이 있다는 점에서 부정극성어를 설정할 근거는 충분하다.

이와 같은 부정극성어 형성은 16세기부터 시작된 듯하다. 그러나 16세기의 경우 '춤아(ᄎᆞ마)'를 제외한 다른 낱말은 보이지 않기 때문에, 극성어 무리가 문법 현상으로 나타난 것 같지는 않다. 반면 17세기 이후, 18세기에 이르러서는 '춤아, 결단코' 등이 대체로 부정문과 밀접한 관계를 갖는 낱말로 바뀌어 간다.

이와 같은 극성어의 형성 요인은 낱말 자체가 갖는 의미에 있다. 곧 '춤아'는 '춤다'에서, '결단코'는 '결단ᄒᆞ다'에서 온 것으로 보인다. 곧 '춤-아, 결단ᄒᆞ-고'는 〔용언어간(Vt)-굴곡접사(ending)〕의 짜임새를 갖는 언어 형식으로 앞말을 뒤집는 구실을 했는데, 이 시기에 와서 완전한 한 낱말로 굳어지면서 부정의 짝말처럼 바뀌게 된 것으로 볼 수 있다. 이러한 낱말의 형성 과정을 일부 언어학자들은 '어휘화(lexicalization)' 혹은 '어휘소되기'라 부른다.[12] 부정극성어가 이와 같은 어휘화 과정을 거치면서 형성되었을 것이라는 근거는 다음과 같은, 문법상의 규칙성을 드

---

11) 이는 현대 국어에서 부정극성어로 알려진 '전혀'의 경우에도 적용된다. 다음 보기를 살펴보자.

　ㄱ. 그는 전혀 기뻐하는 모습을 보이지 않았다.
　ㄴ. *그는 전혀 기뻐하는 모습을 보였다.
　ㄷ. 달에는 물이 전혀 없다.
　ㄹ. *달에는 물이 전혀 있지 않다.
　ㅁ. 그는 나와는 전혀 다르다.
　ㅂ. 그는 나와는 전혀 같지 않다.

위의 (ㄱ-ㄴ)은 '전혀'가 긍정문에서는 문법적인 문장을 이루지만, 부정문에서는 허용되지 않는 경우이다. 반면 (ㄷ-ㄹ)은 '없다'라는 낱말에는 어울리지만, 부정의 형식을 갖는 '전혀 있지 않다'에는 어울리지 않는 문장이 된다. 또한 (ㅁ-ㅂ)에서는 '다르다'와 '같지 않다'라는 두 문장에 모두 어울린다. 이 점에서 반드시 부정문에만 쓰이는 낱말은 존재한다고 볼 수 없다. 그러나 김용람(1994)의 '아무도'나 '결코, 별로' 등은 반문을 나타내는 의문문을 제외하고는 부정문과 관련을 맺는다. 곧 반문을 나타내는 의문문은 표면에 긍정이 드러날지라도 부정의 의도를 실현한다는 점에서 부정극성어는 인정될 수 있다.

12) 김철남(1997)에서는 어휘소되기라는 이름을 붙이고, '문법적인 구성이 언어 변화로 말미암아 규칙성을 잃고 하나의 어휘로 굳어지는 현상'이라고 정의한 바 있다.

러낼 경우 명백해진다.

(13) '춤아'와 '결단ᄒ고'가 어미 의미를 드러내는 경우
ㄱ. 효경의 뉘 감히 〔춤-아〕 흉언을 지어내야 뻐 그 역모를 발뵈니
대개 흉당이 상히 건져 더리 ᄒ고 다 조성끠 나오시다 ᄒ야 …
(천의소감 2: 27)
ㄴ. 션대왕 병환이 날노 더ᄒ시고 디뎡홀 의논이 즉시 〔결단-ᄒ지〕
못ᄒ고 …(명의록 2:49)
· 비록 인군의 놉흠으로도 가히 더 앙치 못ᄒᄂ지라 이럼으로 ᄉ
죄를 〔결단-ᄒ매〕 죽지 아니ᄒ야셔 반ᄃ시 결안을 밧고…
(명의록 2: 20)

(13ㄱ-ㄴ)의 '춤아'는 '춤다'라는 의미가, '결단ᄒ-지/매'의 경우는 '결단ᄒ
다'의 의미가 그대로 살아 있는 문장이다. 곧 용언어간의 교체라는 문법
의 규칙성을 그대로 간직하고 있기 때문에, 부정문과 깊은 관계를 맺을
이유는 없다. 그러나 이러한 낱말이 (11~12)와 같이 한 낱말로 굳어지
면서 부정문과 관계를 맺게 된다. 이러한 요인은 극성어의 의미가 '앞말
을 뒤집거나 부정하고자 하는 의도'를 획득했기 때문인 것으로 보인다.
이러한 요인은 '젼혀'와 같이 긍정과 부정에 모두 쓰일 수 있는 부사가
부정문 쪽으로 이끌려 가는 현상에도 그대로 적용될 것으로 보인다. 이
점에서 18세기 '젼혀'가 부정의 짝말이 아닌 이유를 확인할 수 있는데,
이 낱말은 '오로지'의 뜻을 갖는 경우가 많다.13)

---

13) 곧 '젼혀'는 '젼(專)ᄒ-이어(오로지 하여)'와 같은 낱말에서 굳어졌을 가능성이 높다. 만
약 '오로지 하여'의 뜻을 갖는 낱말이라면, 굳이 부정문을 수반할 이유가 없게 된다.

3. 정 리

18세기 부정문은 17세기에 비해 큰 변화를 겪은 것으로 보이지는 않는다. 이러한 모습은 음운·표기상의 문제나 통사론적 입장, 의미론적 입장에서 모두 비슷하다. 그러나 17세기에 이루어진 변화가 18세기까지도 점진적으로 이어지고 있으며, 일부 변화는 17세기에 보이지 않던 모습도 보인다. 이상에서 논의한 바를 정리하면 다음과 같다.

첫째, 부정소 결합 양상에서 부사결합형보다 보조용언결합형이 많아지는 것은 17세기와 같은 맥락에서 이해할 수 있다. 이 과정에서 체언을 부정하는 '아니다'가 의문문에서 순서를 바꾸거나, 부정소 '못'이 '아니'에 비해 문장에 놓이는 자리의 제약을 심하게 받는 것으로 보인다. 이러한 경우는 사동문의 경우 '-게 못 ᄒᆞ다'가 '-게 ᄒᆞ디 못ᄒᆞ다'로 굳어져 가는 경향에서도 확인된다.

둘째, 18세기 의향법 관계는 17세기에 비해 큰 차이가 없다. 다만 의문문의 합류 현상이 부정문에도 적용된다.

셋째, 의미상 '아니'와 '못'의 영역이 뚜렷해지는 경향도 17세기와 마찬가지이다. 그 가운데 이중 부정문은 '아니'에 비해 '못'의 제약이 훨씬 많아졌음을 확인할 수 있다. 이는 '못'의 [당위, 능력, 평가]라는 의미가 더욱 뚜렷해짐을 반영하며, 따라서 이중 부정문로 의미를 드러내지 않아도 말할이의 의도가 드러나기 때문일 것으로 추정된다.

넷째, 부정극성어가 어휘화 과정을 통해 형성된 것으로 보인다. 이러한 어휘화 과정은 다음 시기의 부정극성어 형성에도 영향을 미칠 것으로 판단된다.

19세기 부정문

19세기 부정문의 변화 모습은 음운 및 표기상에서 부정소 '아니'가 축약된다는 점, 부정부사의 기능에 다소 변화가 있다는 점, 부정극성어의 형성 과정이 좀더 뚜렷해진다는 점 등을 들 수 있다. 이 시기의 부정문의 변화 양상은 현대 국어로 변화하는 과정의 바로 전 단계에 해당된다.

I. 19세기 부정문의 통사론적 특징

1.1. 부정소 결합 양상

19세기 부정문에서도 부정소의 결합 양상이 크게 바뀌지는 않는다. 다만 미세한 변화는 보이는데, 첫째, 사동문이나 다른 보조용언을 부정할 경우, 부사결합형이 '-지 아니/못ᄒ다'형으로 바뀌어 나타나는 경향이 현저하다. 이러한 경향은 15~18세기까지 주류를 이루던 [V-어/고져/게/이 [아니/몯] ᄒ다]형이 [V-어/고져/게/이 ᄒ-지 [아니/못] ᄒ다]로 바뀜을 의미하며, 또한 사동문이나 보조용언이 통사론적 구조에서 형태론적 구조로 변화하고 있음을 의미하는 것이라고 볼 수 있다. 다음과 같은 보기가 이에 속한다.

(1) 사동문, 또는 다른 보조용언을 부정할 경우
ㄱ. 믈얼 근ᄒ지 안커던 것지 ᄋ니ᄒ고 부모의 춤과 코믈을 뵈이게 ᄒ지 아녀느라 (여소학 1:28)
· 우서도 니ᄤᆞᆯ의ᄀ 보이게 ᄒ지 ᄋ니ᄒ며 노ᄒ여도 꾸짓기에 이르지 ᄋ니ᄒᄂ니 (여소학 1:33)
ㄴ. 부모와 구고의 명을 거시리지 ᄋ니ᄒ며 게을니 ᄒ지 아니ᄒ고 음식얼 주시거던 비록 질기지 ᄋ니ᄒᄂ 거시라도 맛본 후에 기ᄃ리며 …(여소학 1:28)

둘째, '-돌/든/도 아니/못ᄒ다'의 짜임새에서 문헌별 차이가 심하다는 점이다. 특히 『여소학』(필사본)에서는 이러한 표현이 매우 많은데, 이는 18세기까지 줄어들던 이 형식의 짜임새를 뚜렷이 보여주는 셈이다. 다음과 같은 보기가 있다.

(2) -돌/든/도 아니ᄒ다/못ᄒ다
ㄱ. 나도 샹한이 아ᄆ려도 믹찰이 흐리돌 아니 ᄒ니 민망ᄒ기 ᄀ이 업서ᄒ노라 (언간 109)
· ᄒ다가 내게 들려 사문ᄒ오니 셩명은 니로돌 아니 ᄒᆞᆸ고
(언간 127)
ㄴ. 부인이 ᄌ식을 비미 기우려 ᄌ도 안코 기우려 안또 안코 기우려 스도 안코 샤미를 먹도 안코 볼ᄋ게 베이지 ᄋ니ᄒ여도 먹지 안코 ᄌ리ᄀ 밟지 ᄋ니 ᄒ여도 안찌 안코 눈에 악ᄒ 빗슬 보도 안코 귀예 음란ᄒ 소리도 듯지 안코 (여소학 2:10)

(2ㄱ-ㄴ)의 짜임새는 '말다'에서도 마찬가지로 나타난다.

    (3) -덜 말다

        ㄱ. 욕심을 뜨르 ㄱ지 못ᄒ며 … 은밀ᄒ 닐얼 엿보덜 말며 남의 잘못

          한 닐얼 말ᄒ지 말며 …(여소학 1:20)

        ㄴ. 발얼 기우려 스지 말며 두 발얼 뻣고 안찌 말며 업듸려 조덜 말

          며 수구러워도 벗덜 말며 더워도 치마를 것지 말라

                                              (여소학 1:20)

        ㄷ. 발얼 둥구려 뜨도 말며 크게 뜨도 말며 먹을 쩨 불도 말며 입속

          의서 소리ᄂ게 먹도 말며 길게 ᄆ시도 말며 국건지럴 입으로 ᄆ

          시도 말며 븨어 먹던 어육얼 그릇세 되놋치 말며 뻬럴 끼무지 말

          며 기럴 주도 말며 니럴 쏘시지 말라 (여소학 1:20)

    셋째, 〔N을 아니/못 ᄒ다〕의 짜임새가 〔N을 ᄒ지 아니/못ᄒ다〕처럼 굳어지는 경우가 많다. 다음과 같은 보기가 있다.

    (4) N을 아니/못ᄒ다

        ㄱ. 부모의게 욕을 끼치기럴 싱각ᄒ야 악ᄒ 닐얼 ᄒ지 안너니라

                                              (여소학 1:29)

        ㄴ. 부모ㄱ 계시거던 감히 졔 몸얼 임의로 ᄒ지 못ᄒᄂ니

                                              (여소학 1:31)

    넷째, 18세기에 잠시 보이던 체언을 부정하는 '아니다'가 순서를 바꾸는 현상이 일부 지속된다. 다음 보기가 있다.

    (5) 체언을 부정하는 '아니다'의 순서 바꿈

        ㄱ. 원편 볼기짝의 붓쳐시면 긔 아니 묘리가 잇깃ᄂ냐

                                            (남원고사 1:21)

        ㄴ. 얼널 상ᄉ더 갈텬시젹 빅셩인가 우리 아니 슌민인가

                                            (남원고사 1:21)

1.2. 19세기 부정문의 의향법 제약

19세기 부정문에서 부정소에 따른 의향법 제약도 큰 변화는 보이지 않는다. 다만 미세한 변화의 모습이 보이기도 한다.

이 가운데, 체언을 부정하는 '아니다'와 용언을 부정하는 '-지 아니ᄒ다/못ᄒ다'는 18세기에 비해 큰 변화를 찾을 수 없다. 그러나 17~18세기와는 달리, 이 시기 문헌에서는 부정부사 '아니, 못'이 결합된 부정문이 비교적 많이 나타나기 때문에 의향법 제약 관계를 좀더 뚜렷이 밝힐 수 있다.14) 이를 좀더 구체적으로 살펴보자.

첫째로 체언을 부정하는 '아니다'의 경우, 서술법, 의문법에 제약없이 쓰이며, 명령법과 청유법에는 제약되는데, 이는 앞선 시기와 큰 변화가 없다. 다음과 같은 보기가 있다.

> (6) 체언을 부정하는 '아니다'
> ㄱ. 세폭 즈락의 하 밍물은 <u>아니로다</u> (남원고사 3:20)
> · 웨들 그리구노 냥반 디졉 <u>아니로세</u> (남원고사 4:22)
> ㄴ. 승평연월이 세곌가 오왕셩덕 <u>아니신가</u> (남원고사 4:27)
> · 녀계에 왈 지금 스람덜언 ᄋ딜 ᄀ리츨 줄만 알고 똘 ᄀ리츨 줄언 모로니 또ᄒ ᄀ리운 소견이 <u>ᄋ니냐</u> (여소학 1:4)

둘째로, 용언을 부정하는 경우, 보조용언형 '-지 아니ᄒ다/못ᄒ다'의 경우도 큰 변화를 보이지 않는다. 이 경우도 서술법, 의문법에 제약없이 쓰이며, 명령법의 경우는 '-아니ᄒ게 ᄒ라'와 같이 부정의 보조용언을 다시 '-게 ᄒ다' 형식으로 바꾼다는 점에서 큰 변화가 없다. 다음의 보기가 있다.

---

14) 앞에서 알아본 바와 같이 16세기 이후 부정부사가 쓰인 부정문이 보조용언형 부정문으로 바뀌는 현상이 있었다. 이러한 현상은 글말 중심의 언해문에서 부정부사가 결합된 부정문을 상대적으로 줄인 결과를 낳았는데, 19세기 입말 중심의 문헌에서는 '아니, 못'이 결합된 부정문을 비교적 많이 찾을 수 있다.

(7) 보조용언형 부정문과 의향법

ㄱ-1). 이 아희야 그러치 아니ㅎ다 (남원고사 1:17)

ㄱ-2)..이고 망측ㅎ여라 셩가시지 아니ㅎ오(남원고사 5:21)

ㄱ-3). 머리 우희 손을 언고 기드릴 졔 바라는 눈으 쑤러지지 아니케 ㅎ옵쇼셔 (남원고사 2:38)

ㄴ-1). 여츠 고로 뜻과 갓지 못ㅎ고나 (남원고사 2:31)

ㄴ-2). 폐문 션하ㅎ단 말 듯도 보도 못ㅎ엿쇼 (남원고사 1:38)

ㄴ-3). 호 겹도 허비치 못럴 거시오 잡거술 너치 못허게 허미 올ㅎ니라 (규합 21 뒤)

셋째로, 용언을 부정하는 부정부사결합형은 다소 변화가 있는 것으로 보인다. 그 가운데, '못'은 변화의 모습을 찾기 어렵다. 그러나 '아니'는 서술법보다는 의문법에 훨씬 자유롭게 쓰인다. 한 예로 『남원고사』에는 '아니'가 의향법을 실현하는 문장이, 서술법에서 9개, 의문법에서 29개가 발견된다. 다음과 같은 예가 있다.

(8) 부정부사 '아니'의 쓰임

ㄱ. 고 년이 그런 줄 몰낫더니 밉기가 곳 고초로세 죵시 풀이 아니 쥭네 (남원고사 3:38)

· 그 말을 너의 어머니 다려 아니 ㅎ엿나 보고나 (남원고사 1:40)

· 나 몬져 버슨 후의 너는 아니 버스랴나 보다 (남원고사 2:21)

· 네 비위에 아니 맛나 보고나 (남원고사 1:39)

· 쇼인의 눈의는 아모것도 아니 뵈느니다 (남원고사 1:15)

· 츈향의 니른 말이 빅초롤 다 심어도 디는 아니 심은다 ㅎ오 (남원고사 2:33)

· 혼빅이라도 님을 아니 니즈리라 (남원고사 4:40)

· 힉가 아직 아귀도 아니 터쇼(남원고사 1:36)

· 셔산의 빗겨 죵시 아니 넘어가오 (남원고사 1:37)

ㄴ. 권쥬가가 업스면 줄싼기에 슐이 아니 드러가나 (남원고사 5:20 앞)

· 그 스이 몸이나 일향ㅎ옵시고 발병이나 아니 낫소 (남원고사 5:8 앞)

· 금일 좌긔의 뭇거든 반합에 허락ㅎ면 엇지 아니 죠흘소냐 (남원고사 5:28 앞)

- 나 죽고 님 죽으면 그졔야 원슈 되야 나 조코 님 조흐면 그 <u>아니</u> <u>연분인가</u> (남원고사 4:10 앞)
- 나 죽는 꼴 보기 슬려 <u>아니 오나</u>. (남원고사 5: 28 뒤)
- 네 고을에 유명혼 것 드런지 오려거든 여긔 <u>아니 잇느냐</u>
  (남원고사 3:6 앞)
- 네 어미 월민가지 싱급살을 먹을 거시니 네 <u>아니 가면</u> 그만 잇슬 듯 <u>시부냐</u> (남원고사 1:22 앞)
- 녯일을 솜솜 셰아리니 엇지 <u>아니 셜운손냐</u> (남원고사 4:11 앞)
- 니도령 말이 <u>아니 뵈단 말이</u> 언인 말이니 원시롤 <u>못흐느냐</u>
  (남원고사 1:15 뒤)
- 만일 읍듕 스람드리 그놈인 쥴 알낭이면 손가락질 지목ᄒ여 츈향 의 셔방 츈향의 셔방 ᄒ랑이면 이 <u>아니 슈치흐냐</u>
  (남원고사 5:27 뒤)
- 모든 션비 고이 역여 의논ᄒ더 그 걸인의 형상 보니 불승비감 불 금유쳬 그 <u>아니 고이흐냐</u> (남원고사 4:24 뒤)
- 미당가젼 아희놈이 눈쌀이 <u>아니 상홀쇼냐</u> (남원고사 1:21 앞)
- 본관이 만일 닌 쥴 알면 필연 슈욕뵐 거시니 근들 <u>아니 위티흐냐</u>
  (남원고사 5:11 앞)
- 분뷔 지엄ᄒ시니 뉘 분부라 <u>아니 ᄀ고</u> 뉘 령이라 <u>거슬소냐</u>
  (남원고사 1:21 앞)
- 삼형살긔 씌여시니 이 <u>아니 고이흐냐</u> (남원고사 5:2 뒤)
- 셔방님은 어듸 가고 잇쩌가지 <u>아니 오노</u> (남원고사 5:27 뒤)
- 셔울은 평안이 단녀와셔 노독이나 <u>아니 낫쇼</u> (남원고사 3:15 앞)
- 슈쇄혼 후 집도 업는 거어지라 엇지 <u>아니 셜울 손가</u>
  (남원고사 4: 39 앞)
- 꿈을 쩨여나셔 ᄒ는 말이 이 꿈 <u>아니 슈샹흔가</u> (남원고사 4:39 뒤)
- 쑥두덕 쑵벅 구을니는 쇼리 근들 <u>아니 경일소냐</u> (남원고사 4:20 뒤)
- 얼널 얼널 샹스디 갈텨시젹 빅셩인가 우리 <u>아니 슌민인가</u>
  (남원고사 4:27 앞)
- 왼편 볼기짝의 붓쳐시면 긔 <u>아니 묘리가 잇깃느냐</u>
  (남원고사 1:21 뒤)
- 우리네가 <u>아니 가면 뉘가 가리</u>. (남원고사 3:41 앞)
- 우지 마라 우지 마라 너도 셰상 볼 날이 <u>아니 이시랴</u>

(남원고사 5:13 뒤)
- 이제야 허리 펴즈. 이 <u>아니</u> 즐거오냐 (남원고사 2:12 앞)
- 즈네네들 싱심이나 니 돈 지고 <u>아니</u> 쥴가 (남원고사 5:35 앞)
- 즈즌줄이 다 춘향이라 이 <u>아니</u> 밍낭호가 (남원고사 1:33 뒤)
- 초부 하나 시절가 흣터 불샹코 가련호다 인들 <u>아니</u> 불샹호가
  (남원고사 4:34 뒤)
- 평싱의 소원이라 엇지 <u>아니</u> 감축호리. (남원고사 4:18 앞)

(8ㄱ-ㄴ)과 같이 '아니'는 서술법보다 의문법에 훨씬 많이 나타난다. 그런데 (8ㄱ)과 같이 서술법에 쓰이는 경우는, 말할이의 의지나 감정을 드러내는 것으로 볼 수 있는 문장이 많다. 곧 '-네, -고나'와 같은 말할이의 감정을 드러내는 어미과, '-나/어 보다'와 같은 보조용언, '-리라'와 같은 의지를 드러내는 어미이 이어질 경우의 문장이라는 점이 특이하다. 이러한 경향은 18~19세기에 이루어진 언간의 경우도 마찬가지이다.15) 이 점에서 부정부사 '아니'가 쓰인 문장은 말할이의 감정이나 강조의 의미를 드러내기에 적합한 부정문으로 볼 수 있다.

그러나 같은 부정부사 '못'은 이와는 다른 경향을 나타낸다. 곧 '못'은 서술법이나 의문법에서 별다른 제약 없이 쓰인다. 이는 '못' 자체가 이미 '능력, 당위, 평가'를 부정한다는 점에서 '아니'와는 달리 특별한 자질을 갖고 있음을 뜻한다. 다음과 같은 것이 있다.

(9) 부정부사 '못'의 의향법
ㄱ. 나는 어이 인제 낫노 졍에 겨워 <u>못 견딘깃다</u> (남원고사 2:10)
ㄴ. 구실에 다흐여셔 못 오던가 지날 길이 업셔 놀면셔도 <u>못 오시든</u>
   <u>가</u> (남원고사 3:15)
- 우리 낭군 엇지 그리 <u>못 오는고</u> (남원고사 4:9)

---

15) 김일근(1991)에서 정리한 자료에는 서술법 4개, 의문법 14개가 나타난다. 그런데 서술법에 나타나는 '아니'도 '아니 바들 거시니 알라(언간 51), 아니 기려려 흐노라(언간 48)'과 같이 말할이의 의지를 나타내는 경우가 많다.

(9ㄱ-ㄴ)의 '못'은 서술법이나 의문법에서 자유롭게 올 수 있다. 또한 나타나는 빈도에서도 비슷한 비율을 보인다. (『남원고사』의 경우 서술법 16개, 의문법 10개가 나타난다)

이와 같은 경향에서 우리는 16~18세기까지 이어온 부사결합형과 보조용언결합형의 부정문 관계를 다시 정리할 수 있다. 곧 16세기 이후로 진행되어온 부사결합형 부정문이 보조용언결합형의 부정문으로 바뀌는 현상이 19세기에 와서 뒤집어진 것은 아니라는 점이다. 다시 말하면, 부사결합형보다는 보조용언결합형 부정문이 훨씬 생산적이었으며, 19세기에 빈번히 발견되는 '아니'는 앞선 시기에 비해 제약된 형태의 부정문이다.

2. 19세기 부정문의 의미론적 특성

19세기 부정문의 의미 변화 양상도 18세기에 비해 두드러진 것은 없다. 그러나 부정소 '아니, 못'과 함께 '말다'의 쓰임이 매우 다양해진 점은 주목할 만하다. 또한 부정극성어 형성 과정도 좀더 살펴볼 만한 것이 있다.

2.1. '말다'의 의미 확장

15세기부터 18세기까지 '말다'는 주로 어떤 행위를 금지하는 뜻으로 쓰여왔다. 간혹은 허재영(1998ㄱ)에서 밝힌 바와 같이 [중지]의 뜻을 갖는 경우가 있었다. 그렇기 때문에 '-디 말다'는 명령문, 청유문에 많이 쓰이며, 간혹은 '말다'가 '아니ᄒ다'를 대체하는 경우가 발견되기도 한다. 그러나 19세기에서는 '말다'가 '아니ᄒ다'를 대체하는 사례가 매우 많아진다. 다음과 같은 보기가 있다.

(10) '말다'의 의미 확장
ㄱ. 돈 혼 푼 쥬는 일이 이 쩌가지 업더고나 이 원슈의 놈은 <u>보든</u>

<u>마</u> 옷 파라라 노리기 파라라 호수시겨라 잘 먹여라 엇지흔
곡졀이니 좀 아ᄀ고나 (남원고사 5:10)
· 구린내가 엇지 <u>독흐던지 마던지</u> 곳 코흘 ᄲᅩ는지라
(남원고사 5:22)16)
ㄴ. 네가 <u>나지롤 마랏거나</u>, 니가 너롤 몰나거나 부지다언ᄒ고 죽을
밧긔 홀 일 업다 (남원고사 2:22)
· 취침 기드려셔 <u>가거나 말거나</u> ᄒ옵쇼셔 (남원고사 1:37)
· 곤즛는 ᄯ 곤지니 츈향이는 곤이 되어 <u>늦지 말고</u> ᄒ곳의셔 달과
ᄀᆺ치 기러 이셔 (남원고사 5:22)

이와 같은 변화는 '말다'의 [금지, 중단]이라는 의미가 점차 확장되어
'아니다'를 대체하는 경우가 많아졌음을 의미한다.

2.2. 관습적으로 부정을 나타내는 말 형성

19세기 부정문에서 가장 두드러진 점은 부정극성어가 늘어난다는 점
이다. 임유종(1998)에서 밝힌 바와 같이, 현대 국어의 부정극성어(부정
호응 부사)로는 '전혀, 결코, 절대로, 과히, 조금도, 별로, 통, 도무지,
도저히' 등이 있다. 그러나 19세기까지는 부정극성어로 볼 수 있는 부사
가 별로 많지 않았다. 18세기부터 널리 쓰이던 '춤아, 결단코' 정도가 부
정문을 수반하는 부사로 쓰이는 정도였다.
이와 같이 부정극성어는 부정문에 쓰이지 않아도 좋던 말들이 관습적
으로 부정을 의미하는 경우에 형성된다. 이처럼 관습적으로 부정을 실현
하는 사례로는 '그만'이 더 있다. 그런데 '그만'의 경우, 관습적 부정 표현
으로 바뀌는 과정이 19세기에 드러난다. 다음과 같은 사례가 있다.

---

16) '독흐던지 마던지'는 '독하든지 말든지'의 뜻이다. 일반적으로 동사 다음에 '-든지 마든지'
가 올 경우, [중단]의 뜻을 갖는다. '독흐던지 마던지'는 중단이 아니라 부정 표현으로
볼 수밖에 없다.

(11) '그만'의 부정 표현

    ㄱ. 이 스람들 그만 두소 보아ᄒᆞ니 그리야도 쳘곳 칠셰 당초의ᄂᆞᆫ 외
       입ᄒᆞ고 …(남원고사 4:22)

    ㄴ. 아셔라 졈고 그만 ᄒᆞ여라. (남원고사 3:9)

(11ㄱ-ㄴ)는 부정소가 들어 있지 않지만, 의미상으로는 부정을 실현하
는 경우라 할 수 있다. 이는 발화 상황을 고려하여, '그만 두다'가 '더 이
상 하지 않는다'라는 의미를 갖는 경우이다. 이러한 표현은 항상 부정을
실현하는 것은 아니다. 이 점에서 우리는 18세기 부정극성어 형성 과정
에서 '춤아, 결단코'가 낱말 의미를 강하게 지니고 있을 경우, 부정문을
수반하지 않는다는 사실을 확인한 바 있다. 이러한 경향은 '그만'에서도
나타난다. 다음과 같은 경우는 부정의 의미를 갖지 않는 '그만'이다.

(12) 부정의 의미가 없는 '그만'

    ㄱ. 나갈 젹 병셰롤 아랏던 거시매 일뎡 더 알파 ᄒᆞᆫ가 일쿳고 념ᄒᆞ
      더니 수이 <u>그만이나</u> ᄒᆞ야 니일 드러온다 (언간 36)

    • 이런 일긔예 긔운 <u>그만이나</u> ᄒᆞ가지로 디내오시니 (언간 179)

    ㄴ. 근본 업슨 쑤지람과 망녕도이 헤아리ᄂᆞᆫ 말을 느리며 주리미 <u>그만</u>
      <u>키를</u> 이긔지 못ᄒᆞ니 (윤음 중외대쇼 4)

    ㄷ. 요망흔 말 다시 말고 안심ᄒᆞ라. 너 ᄒᆞ라ᄂᆞᆫ 디로 다 ᄒᆞ면 <u>그만이</u>
      <u>지</u>.(남원고사 5:10)

(12ㄱ)에서 '그만'은 〔그(대명사)＋만(한정, 비교 보조조사)〕의 짜임새
를 갖는 표현임을 확인할 수 있다. 곧 '그 정도'라는 뜻으로 풀이된다.
(12ㄴ)도 부정문을 수반했지만, 의미상은 큰 차이가 없다. (12ㄷ)은 '되
었다'라는 의미로 풀이된다. 이와 같이 부정 의미가 없는 '그만'이 앞의
(11ㄱ-ㄴ)과 같이 행위를 나타내는 말에 이어질 경우 '두다'와 합쳐져
〔중지〕를 나타내는 부정 표현으로 굳어진다. 이러한 관습적인 표현은 '춤
아, 결단코'가 낱말 의미를 상실하면서 부정극성어로 바뀌어 가는 과정과
같은 이치라고 볼 수 있다.

부정극성어가 오늘날처럼 굳어지는 과정은 20세기에 들어온 뒤부터의 일로 보인다. 또한 현대 국어에서도 부정극성어가 반드시 부정을 실현하지 않는 경우가 있을 수도 있는데, 이는 극성어 본래의 낱말 의미나 형태 구조가 뚜렷이 인식될 경우에 한한다. 예를 들어 다음과 같은 표현을 고려할 수 있다.

> (13) 현대 국어에서 부정극성어
> ㄱ. 철수는 전혀 밥을 먹지 않는다.
> ㄴ. 문제는 상황이 전혀 다르다는 점에 있다.

(13ㄱ)은 '전혀'가 부정문을 수반하지만, (13ㄴ)은 부정문을 수반하지 않는다. 이 점에서 부정의 짝말이 관습적으로 굳어진 표현이라는 점을 고려하지 않을 경우, 부정문의 범위에 '모르다, 다르다'와 같은 어휘 범주까지 포함시키는 결과를 낳기 때문에, 부정문의 연구 대상을 체계화하기 어려운 결과를 낳기도 한다.

3. 정 리

19세기 부정문은 18세기에 비해 큰 변화가 없다. 다만 사동문에서 부정소가 '-게 ᄒ-'사이에 놓이지 않고, '-게 ᄒ-디 [부정소]'의 구조로 바뀌었다는 점, 통사적 차원에서 부정부사 '아니'가 의문문에 많이 쓰인다는 점, 부정극성어 형성 과정을 보인다는 점 등을 지적할 수 있다. 더욱이 부정극성어도 비교적 미미하여, '춤아, 결단코' 정도로 한정할 수밖에 없다. 이러한 변화를 통해, 우리는 부정문의 변화가 16세기 이후 19세기에 이르기까지 그다지 심하지 않았음을 확인할 수 있다. 이 점에서 부정문은 다른 문법 범주와는 달리 통시적인 변화를 크게 겪지 않는 문장[17]

---

17) 이 점은 다른 문법 범주도 마찬가지로 볼 수 있다. 소쉬르는 공시와 통시를 구별하면서, '통시적 과정과 그 결과의 공시적 체계 사이에는 밀접한 관계가 있을 수 있으나,

이라 볼 수 있을 것이다.

통시적 발달의 원인은 그 자체에 있다. 언어 체계는 직접 바뀌지 않는다. 그것은 원래
변화하지 않는 것이다.'(김방한 1998 129쪽 참조)라고 한 바 있는데, 부정문에 변화
를 줄 수 있는 다른 요소들에 큰 변화가 없다면, 부정문 자체의 변화도 미미할 수밖에
없다.

VIII

부정극성어의 형성 및 변화

　부정문 연구에서 지속적인 관심의 대상 가운데 하나는 반드시 부정문
만을 수반하는 어휘가 존재한다는 사실이었다. 이환묵(1977)에서는, 부
정문이나 긍정문 어느 하나에서만 나타나는 어구를 극성어라 부르는데,
부정극성어는 부정문에만 나타나는 어구이다. 이 때 유의할 점은 부정극
성어가 수반하는 부정문은 문장 구조상은 부정문이 아니지만, 의미상 부
정문으로 볼 수 있는 문장까지를 포함한다. 따라서 문법 범주상 부정법
에 사용되는 언어 형식을 부정극성어로 보아야 한다. 이와 같은 부정극
성어는 통시적으로 존재 여부를 검증하기는 쉽지 않은데, 그 까닭은 부
정극성어는 주로 어휘 단위로 나타나기 때문이다. 그렇기 때문에 어휘적
부정극성어는 17~8세기까지 나타나지 않는 것으로 보이므로, 우리말에
서 부정극성어가 언제부터, 왜 형성되었는지를 이해하는 것은 쉬운 일이
아니다. 더욱이 앞선 연구에서의 부정극성어는 현대 국어를 대상으로,
의미·화용론적 방법으로 접근하는 것이 일반적이었으므로, 통시적 차원

에서의 부정극성어 형성과 변화 과정을 살펴볼 필요가 있다.

부정극성어의 형성 과정을 검증하는 일은 '어제의 통사론이 오늘의 형태론'이라는 문법변화의 일반적인 원리를 고려할 때, 반드시 불가능한 일만은 아니다. 이미 허재영(1999ㄴ)에서 밝혔듯이, 17~8세기까지는 반드시 부정법과 호응하는 어휘를 찾기는 어렵다. 다만 씨끝 '-디비'나 '시간부사+한정보조사', '명사+만+도'의 경우 '없다'를 비롯한 부정문을 취하므로, 이 경우 부정극어 형성과 관련이 있을 것으로 볼 수 있다. 그러나 16세기 이후 편지글에 빈번히 쓰인 '아무라타'는 '없다, 모르다, 아니/몯'을 취하므로 부정극어로 볼 수 있다. 이 글에서는 부정극성어의 유형과 발달 과정을 기술, 설명함을 목적으로 한다.

I. 부정극성어의 개념

1.1. 개념과 연구 대상

부정극성어 연구를 위해서는 먼저 부정법의 개념 규정이 필요하다. 이 책에서 일관되게 지켜온 바와 같이 문법 기술은 문장구성을 중시하는 문장 구성론과 문법적 기능을 중시하는 문법 범주론의 두 가지 관점이 존재할 수 있다. 이 글에서는 문법범주로서 부정법의 개념을 권재일(1994), 허재영(1999ㄱ)에서 제시한 바와 같이 문법적 기능을 중심으로, '주어진 언어 내용을 의미적으로 부정하는 방법'으로 규정한다. 따라서 부정법 실현 층위는 어휘적 방법(없다, 모르다), 파생적 방법(접두사 비-, 무-, 불/부-), 통사적 방법(부사결합형, 보조용언결합형)에 의해 실현되는 것으로 볼 수 있다.

이러한 관점에서 부정극성어는 특정 어휘나 구가 반드시 부정문 또는 부정법을 수반하는 언어 형식이라고 규정할 수 있다. 그러나 부정극성어는 시대에 따라 쓰임새가 다르고, 'ᄀᆞᆺ없다'와 같은 일부 어휘는 통사적 부정 형식이 어휘화 되어 부정극성어인지 아닌지를 구분하기 어렵게 만들기도 한다. 이러한 문제를 고려하여 이 글에서는, 15~17세기와 18세기 이후로 나누어 부정극성어를 기술하고자 한다. 이와 같이 시기를 나누는 까닭은 문법범주로서 부정법의 통시적 변화가 심하지 않았다는 점과 문헌에 나타나는 부정극성어가 18세기 이후에 급격히 많아졌다는 점을 고려한 것이다. 또한 부정극성어의 유형을 어휘로 존재하는 경우와 통사적 구조로 존재하는 경우로 나누어 기술한다. 시정곤(1997ㄱ)에서는 부정어를 어휘적 부정어와 통사적 부정어로 나누어 제시한 바 있는데, 이는 부정극성어의 경우도 적용될 것이라고 생각된다. 따라서 부정극성어를 두 가지 형태로 나누어 유형별 자료 확인을 한 뒤, 이를 바탕으로 부정극성어의 변화 과정과 요인을 고찰하고자 한다.

1.2. 부정극성어 연구 경향

부정문에서 극성어에 관심을 기울인 것은 이환묵(1977)에서부터이다. 이러한 관심은 의미론적인 차원에서 시작되었는데, 점차로 통사구조의 특성으로까지 확대되는 경향을 보인다. 특히 김영희(1988)에서는 부정극성어의 허가 조건과 양상을 살피고자 했으며, 시정곤(1997ㄱ, ㄴ, ㄷ)에서는 부정극어의 허가 조건과 의미상의 특징을 아울러 검토하고자 했다. 이러한 연구에서 중점적으로 검토 대상이 된 어휘는 '그다지, 별로, 밖에' 등이다. 이와 함께 남승호(1998)에서는 '아무 것도, 더 이상, -기 전에' 등의 구문까지 포함한 논의를 진행했다. 이러한 연구를 종합해 볼 때, 부정극성어 연구는 공시적인 차원에서 의미론적으로 접근하고자 한 경향이 우세했음을 알 수 있다. 그렇기 때문에 통시적으로 '전혀, 별로'와 같은 어휘가 부정극성어가 되는 까닭에는 상대적으로 관심이 적을 수밖에 없었다.

2. 부정극성어의 유형과 변화

2.1. 15~17세기 단어형 부정극성어

2.1.1. 'X+없다'의 구조에서 'X 요소

15세기 문헌에서 부정문만을 취하는 어휘는 찾기 어렵다. 다만 'ᄀ (ᄌ)없다'와 같이 '없다'가 굳어져 한 어휘처럼 보이는 경우와 '아ᄆ라토' 가 나타난다. 그 가운데 'X+없다'와 같은 어휘에서 X를 독립된 요소로 간주한다면, 이 요소는 부정어 '없다'만을 취하는 형식이 된다. 그 까닭은 다음과 같이 15세기에는 X가 '잇다'와 '없다'를 모두 취하다가 후대에는 '없다'만 취하는 어휘가 존재하기 때문이다. 이러한 어휘로는 '긎/그지'가 있다.

(1) X+없다/잇다
ㄱ. 열 닐구벤 내 成佛ᄒ야 <u>그지 업슨</u> 나랏 無數 諸佛이 내 나라홀
모다 일크라 讚嘆 아니ᄒ시면 正覺 일우디 아니호리이다

(월석 8:62)

· 열 둘헨 내 成佛ᄒ야 나랏 有情이 光明이 <u>그지 이셔</u> 那由他 百千
億佛 나라홀 몯 비취면 正覺 일우디 아니호리이다 (월석 8:61)
ㄴ. 無邊은 ᄌ업슬 씨라 (월석 8:39)
· 般若ㅣ <u>ᄌ업수믄</u> 法性ㅅ 本眞올 ᄉ뭇 아라…(선종영가 하:82)

(1ㄱ)에 나타나는 '그지'는 명사 '긎(긑)'이다. 이 말은 '잇다'나 '없다'를 모두 취한다. 반면 (1ㄴ)은 'ᄀ(ᄌ)'이 '없다'만을 취한다. 이 점에서 (1 ㄴ)도 본디부터 '없다'만을 취한 어휘인지 아니면 부정과 긍정을 가리지 않는 낱말이 어느 시기부터 '없다'만을 취하게 된 것인지 분명하지는 않다. 그러나 명사 'ᄀ(ᄌ)'이 [끝]을 뜻하는 어휘라는 점을 고려한다면 '없다'가 붙어 어휘화된 것으로 볼 수 있다. 또한 (1ㄱ)도 16세기 이후의

문헌에서는 모두 '그지-없다'만 나타나는데, '그지-없다'의 어휘화가 15세기 전후에 일어났음을 보여준다. 다음과 같은 예가 이에 해당한다.

    (2) 그지-없다

      ㄱ. 坯 아주바니몬 그리도록 겨시다가 니도히 가시니 지극 서온코 <u>그지 업다</u> (순천 74)

      ㄴ. 개동이 아나롤 유/// <u>그지업다</u> 엇디 그런고 (순천 151)

(2ㄱ-ㄴ)과 같은 용법은 순천김씨묘 출토 간찰에서 흔히 볼 수 있다. 이 시기 다른 문헌에는 이 낱말이 나타나지 않으나 순천김씨묘 출토 간찰에는 25회가 나타나며, 모두 '없다'를 취한다. 이와 같이 'X+잇다/없다'에서 'X+없다'로 굳어지는 어휘로는 다음과 같은 것들이 더 있다.

    (3) 'X+없다'의 어휘화

      ㄱ. 가니 몬 두어 가느니라 열오니 <u>쇽졀업다</u>[18] (순천 29)

      ・ 셜워ᄒᆞᄂᆞᆫ 이리사 내 모르랴ᄒᆞᄂᆞᆫ 다 도망ᄒᆞ던 거시니 주다 <u>쇽졀다</u> 앗기돈 아녀도…(순천 78)

      ・ 네 뷔는 시 연 냥도록 더 드려 ᄲᅥ더 이리 괘이 아니 ᄲᅳ고 열오니 질재 배니 가리 마자다마ᄂᆞᆫ <u>쇽져리랴</u> 딕녕 ᄀᆞ숨도 이제야 미니 …

                                                    (순천 35)

      ㄴ. 그도 몬ᄒᆞ고 셜워 몬 보내니 <u>실업시</u> 잇쏘…(순천 9)

      ・ 깃브미 <u>ᄀᆞ이업서</u> ᄒᆞ거니와 …(순천 17)

      ・ 우여니 <u>부졀업스랴</u> 병 든 모미 셜워 …(순천 69)

      ㄷ. 이제는 다리를 ᄡᅳ디 몬ᄒᆞ고 <u>어히업시</u> 되어 인노라(순천 15)

(3ㄱ)은 '그지'와 마찬가지로 '쇽졀'이 독립된 어휘처럼 쓰인다. 반면 (3ㄴ-ㄷ)의 여러 어휘들은 '없다'가 붙어 어휘화된 것들이다. 곧 (3ㄴ)에서

---

18) '쇽졀없다'는 15세기 자료에서도 자주 나타난다. 반면 '쇽졀-잇다'는 보이지 않는다. 이 점에서 'ᄀᆞᆺ-없다, 쇽졀-없다'는 15세기 'X-없다'류의 어휘로 굳어진 것으로 볼 수도 있다. 그러나 '쇽졀없다'의 경우 〈순천김씨묘출토 언간〉에 '쇽져리랴'가 나타난다는 점에서 '쇽졀'이 독립될 가능성도 있음을 배제할 수 없다.

'실, 부졀(부질), ᄀᆞ이'는 독립된 낱말로 쓰일 수도 있지만, '없다'가 붙어 한 어휘로 굳어진 것으로 보이며, (3ㄷ)의 '어히-없다'에서 '어히'는 독립된 어근이 되지 못한다. 이와 같이 'X+없다'가 융합되어 형성된 어휘는 형식상으로는 X가 부정어 '없다'만을 취한 경우이므로 이 때 X는 부정극성어의 어기가 된다. 이렇게 하여 형성된 'X+없다'는 융합되어 한 낱말로 굳어진다. 따라서 화자의 언어 의식 속에서 어휘화된 'X' 요소를 분할하기는 어렵기 때문에 이러한 낱말은 화자의 부정적 의도를 드러내는 부정어로 굳어진다.

2.1.2. 아ᄆᆞ라타

'없다'가 융합된 경우와는 달리 '아ᄆᆞ라타'는 반드시 부정문을 수반한다는 점에서 부정극성어로 볼 수 있다. 이 낱말은 15세기 '아ᄆᆞ라토'를 비롯하여, 16세기 이후 '아ᄆᆞ라타, 아마타, 아므라타'와 같은 이형태를 갖는데 다음과 같은 용법이 있다.

(4) '아ᄆᆞ라타'의 이형태

ㄱ. 아ᄆᆞ라토

· 菩薩이 ᄃᆞ니시며셔 겨시며 안ᄌᆞ시며 누ᄫᅳ샤매 夫人이 <u>아ᄆᆞ라토</u> 아니ᄒᆞ더시니 (월석 2:27)

· ᄂᆞᆷ도 ᄯᅩ <u>아ᄆᆞ라토</u> 아니ᄒᆞ야 달이 너기디 아니ᄒᆞ야 =人亦恬不爲怪 ᄒᆞ야 (내훈 초 1:68)

ㄴ. 아마타

· 요ᄉᆞ이 긔별 몰라타니 감지 귀보기 오나ᄂᆞᆯ 몸ᄃᆞ론 무ᄉᆞᄒᆞ니 지극지극 깃브거니와 명겨ᄂᆡ 이론 <u>아마타</u> 업세라 (순천 68)

ㄷ. 아ᄆᆞ려타

· 여긔 잇다가 아조 쳐블 사모려 ᄒᆞᄂᆞᆫ 더 ᄠᅳ디오 나ᄂᆞᆫ 마와다 ᄒᆞ니 아ᄆᆞ려타야 이긔랴 (순천 92)

ㄹ. 아모라타

· ᄃᆞᆫᄃᆞᆫ이 디내다가 훌혀 나가니 섭섭ᄒᆞ기 <u>아모라타</u> 업서 오던 ᄢᅢ롤

싱각고 …(언간 37)

ㅁ. 아ᄆᆞ라타

· 孫權이 <u>아ᄆᆞ라타</u> ᄒᆞ여 디답지 아니ᄒᆞ고 니러셔 후당에 드러가다

(삼역 3:23~24)

· 든든ᄒᆞ기 <u>아ᄆᆞ라타</u> 업스며 (언간 35)

ㅂ. 아ᄆᆞ라타

· 뎌런 졀박히 민망 급급ᄒᆞᆫ 이리 어듸 이시리 <u>아ᄆᆞ라타룰</u> 못ᄒᆞ여 ᄒᆞ노라 (언간 118)

· 뎍스오신 편지 보ᄋᆞ고 친히 뵈ᄋᆞᆫ 듯 <u>아ᄆᆞ라타</u> 업서 ᄒᆞ오며

(언간 40)

· 뎡셔방은 초시룰 ᄒᆞ온가 시브오니 어ᄂᆞ만 깃스오시거뇨. 깃브오 미 <u>아ᄆᆞ라타</u> 업스와 ᄒᆞᄋᆞᆸ노이다 (언간 147)

· 듣즙고 지극 놀랍스오더 <u>아ᄆᆞ라타</u> 업스완 ᄒᆞ오며 (현풍 119)

· 둘포 문안 모ᄅᆞ오니 하졍의 셥셥 복념 <u>아ᄆᆞ라타</u> 업스와 ᄒᆞᄋᆞᆸᄂᆞᆫ이 다 (언간 보 16)

(4ㄱ-ㄷ)은 15·6세기 나타나는 '아ᄆᆞ라타'의 이형태로 모두 부정문을 취한다. 다소 후대의 일이지만 (4ㄹ-ㅂ)은 18세기 언간자료에 자주 나 타나는 이형태이다. 이와 같이 이형태의 쓰임이 다양하기 때문에 이 낱 말의 형태와 의미를 정확히 추론하기는 어렵지만 (4ㄱ)과 같이 형태상 '아ᄆᆞ라토'가 존재한다는 점과 통사구조상 추상적 인용문과 유사하다는 점을 고려할 때, '아ᄆᆞ라ᄒᆞ디도〉아ᄆᆞ라ᄒᆞ도〉아ᄆᆞ라토'와 같은 음운변화 과정을 거쳐 어휘화된 단어로 볼 수 있다.19) 그러나 의미상으로 볼 때 는 추상적 인용구문과 유사한 성격20)을 지니는데 의미 구조상 '아ᄆᆞ라ᄒᆞ 다 ᄒᆞ여도' 정도로 추정된다.

---

19) 허웅(1983:375)에서는 '아ᄆᆞ라토'를 '아ᄆᆞ라ᄒᆞ디도'의 구조로 본 바 있다. 이 낱말은 형태상 '아ᄆᆞ라ᄒᆞ디도〉아ᄆᆞ라ᄒᆞ도〉아ᄆᆞ라토'로의 변화가능성이 높다. 그러나 의미상으로 볼 때에는 추상적 인용구문처럼 해석된다. 왜냐 하면 오늘날 유사한 형태인 '아무렇지 도'와는 분포나 의미에서 큰 차이를 보이기 때문이다. 오늘날의 '아무렇지도'는 '않다'와 호응관계를 이루나 '아ᄆᆞ라타'는 주로 '없다'와 호응관계를 이룬다.

20) 추상적 인용구문에 대해서는 허원욱(1993)을 참조할 수 있다.

2.2. 15~17세기 통사적 부정극성어

2.2.1. 연결어미 '-둘/둔', '-디', '-디비'

통사론적 구성에서 부정문을 수반하는 연결어미가 존재한다는 사실은 허웅(1983), 리의도(1990) 등에서도 밝혀진 바 있다. 15세기에 존재했던 연결어미 '-둘/둔', '-디', '-디비'는 부정문만을 수반한다. 그 가운데 '-둘/둔', '-디'는 부정소 '아니/못'을 수반하여 부정보조용언을 이룬다는 점에서 한 어휘처럼 융합된 형식으로 볼 수 있다. 허재영(1999ㄴ)에서 제시한 바와 같이, '-디'나 '-둔/둘'은 의존명사 '드'가 문법화 과정을 거쳐 부정 형식과 융합된 셈이다. 그렇기 때문에 '-둘/둔/디 아니ᄒ다/몯ᄒ다'가 굳어져 부정문을 이룬다. 이에 비해 '-디비'는 그 자체가 부정문을 이루는 것은 아니지만, 뒤따르는 문장이 부정문이어야 한다는 점에서 통사론적 부정극성어로 볼 수 있다. 다음과 같은 예가 있다.

(5) '-디비'
ㄱ.-디비
- 이 곧흔 大士ㅣ 慈悲願으로 大鬼王 모물 現ᄒ디비 實엔 鬼 아니라.(월석 21:129)
- 여듧 가짓 恭敬ᄒ논 法은 ᄒ나흔 比丘ㅣ 큰 戒롤 디녀 잇거든 比丘尼가 正法을 비호디비 업시우믈 말씨오 둘흔 比丘ㅣ 큰 戒롤 디뉴미 半돌만 ᄒ야도 比丘尼 절ᄒ야 셤기디비 새 비호논 ᄠ들 어즈리디 말씨오… 여스슨 比丘끠 經과 律와롤 묻디비 世間앳 밧ᄫ디 아니흔 이롤 흔디 니르디 아니홀씨오.(월석 10:20-1)
ㄴ.-디위
- 見이 뽈이디위 뽈 보ᄂ니 아니니라.(능엄 2:92)
- 八萬四千은 곧 法을 表홀 ᄲᆞ니디위 흔 모매 어듸 두료.
(능엄 6:40-1)
ㄷ. -디웨
- 오직 노폰 놀애여 鬼神 잇는 ᄃᆞᆺ 호몰 아디웨 어느 足히 期約ᄒ리

오.(두시초간 15:37)
· 오직 梅花ㅣ 펫ᄂᆞ니라 니ᄅᆞᆮ디웨 어느 버드리 ᄯᅩ 새로외요ᄆᆞᆯ 알리
오.(두시초간 18:20)

ㄹ. -디외
· 내 모로매 阮舍애 와 놀오져 ᄒᆞ디외 이 湖灘ᄋᆞᆯ 저허 예 오미 아
ᄂᆞ니라. (두시초간 8:50)

(5ㄱ-ㄹ)은 '-디ᄫᅵ'의 이형태이다. 이 어미는 모두 부정문을 수반한다.
그런데 이 어미는 16세기 이후 설명법의 '-오디'와 합류된다. 다음의 예
는 '-디ᄫᅵ'가 부정어미에서 설명어미로 바뀔 수 있음을 보여준다.

(6) '-디ᄫᅵ'의 의미상 변화
ㄱ. 存孝ㅣ 구지조ᄃᆞ 오직 나랏 도ᄌᆞᄀᆞᆯ 議論ᄒᆞ디ᄫᅵ ᄂᆞ미 말 드르리여
ᄒᆞ대 辛眈이 모로매 주규려커늘… (삼강 고대 충신 32)
ㄴ. 존ᄒᆡ 구지조ᄃᆞ 오직 나랏 도ᄌᆞᄀᆞᆯ 의논ᄒᆞ니 ᄂᆞ미 말 드르랴 ᄒᆞ대
신둔이 모로매 주규려커늘… (삼강 성균관대본 충신 32)
ㄷ. 존ᄒᆡ 둔이롤 눈 주어 ᄭᅩ지즌대 둔이 … (동국신속 1:충신 3)
ㄹ. 존ᄒᆡ 눈을 브롭ᄡᅳ고 둔을 ᄭᅩ지즈니 둔이 … (오륜 2:충신 77)

(6ㄱ-ㄹ)은 모두 같은 자료를 대상으로 언해한 것이다. 곧 15세기 부정
어미로만 쓰이던 '-디ᄫᅵ'가 설명어미 '-니, -ㄴ대' 등으로 바뀐 셈이다. 이
와 같이 의미상 설명어미로 합류될 수 있었던 까닭은 '-디ᄫᅵ〉-디외/디위〉
-되'로의 음운 변화를 겪으면서 설명법의 '-오디'와 형태상 같아졌기 때문
이라고 추측된다.21) 따라서 부정어미와 설명어미가 합류된 뒤부터는 부
정문만을 취하는 이음어미는 존재하지 않게 되었다.

2.2.2. 보조사 '도'가 결합할 경우

보조사 '도'는 이것과 저것이 한가지임을 나타내는 것이 중심된 용법인

---

21) 이에 대해서는 허재영(1999ㄷ)에서 좀더 자세히 논의한 바 있다.

데, 주변적 용법으로 '양보', '강세'를 나타내기도 한다.22) 이 조사는 여러 격조사와 결합하여 여러 가지 문장 성분에 붙을 수 있을 뿐만 아니라, 부사나 서술어에도 붙을 수 있다. 이와 같은 결합에서 시간부사와 결합할 경우와 '만'과 같은 한정보조사와 결합할 경우, '아무, 아모+명사'와 결합할 경우에는 반드시 부정문을 수반한다. 다음의 예를 살펴보자.

(7) 시간부사+도
ㄱ. <u>잢간도</u> 슳지디 <u>아니ᄒ니</u> (능엄 2:10)
· <u>잢간도</u> 쉬디 <u>몯ᄒ야</u> 곧 塵劫을 디내야 迷惑ᄒ며 障難ᄒ야 고기 그므레 노ᄃᆺᄒ야 (월석 21:49)
ㄴ. ᄒ물며 命終홇 사ᄅ미 生애 이셔 <u>죠고맛</u> <u>善根도</u> <u>업서</u> 각각 本業을 브터 제 惡趣 受호미ᄯ니잇가(월석 21:106)

(7ㄱ-ㄴ)은 '도'가 시간부사와 결합하는 문장에서 부정문을 수반하고 있음을 보여준다. 이와 같이 '도'가 결합하는 문장은 (7ㄱ)과 같이 시간부사와 직접 결합하는 경우뿐만 아니라 (7ㄴ)과 같이 두 성분 사이에 다른 요소가 들어갈 경우도 부정문을 수반한다. 또한 다음과 같이 시간부사와 양보의 연결어미가 이어질 경우에도 부정문을 수반한다.

(8) 시간부사 + -어도
· <u>잢간</u> 信ᄒ야도 도로 ᄯ 恭敬 <u>아니터니</u> 죽건디 비록 아니 여러 나리라도 (월석 13:9)

(7~8)은 보조사 '도'나 연결어미 '-어도'가 양보의 의미를 지니면서 동시에 부정문을 수반하는 셈이다. 이와 마찬가지로 한정보조사 '만'과 '도'가 결합하는 경우, '아무/아모+명사'와 결합하는 경우는 모두 부정문을 수반한다. 다음의 예를 살펴보자.

---

22) 허웅(1983:374)를 참조할 것

(9) '만도/마도'

ㄱ. 엇뎨어뇨 호란디 이 殺害호며 祭호미 터럭 글만 힘도 亡人의게
利益호미 업고 (월석 21:105)

ㄴ. 녯 사르미 닐오디 須彌ㅣ 그는 터럭마도 업스며 (남명 상 57)

· 相애 著호물 시스샤 그는 터럭마도 두디 아니호샷다 (선종 상 58)

ㄷ. 善男子善女人이 佛法中에 죠고맛 善根올 터럭만 듣글만 심거도
受혼 福利롤 가줄비디 몯호리라 (월석 21:144)

(10) '아무/아모+명사+도'

ㄱ. 아모/아무+명사+도

· 아모도 가지디 몯호얫더니 (석보 23: 57)

ㄴ. 내게 유무도 세 주리셔 더 아니호느니라. 나도 아못 말도 아닌
노라.(순천 41)

· 느믄 그리 아니 너기고 니블 일 몯호여 민망 나 이리 누운 뉘로
이시니 아모 일도 몯호고 누에도 다 브리고 삐 져거 다엿 그릇술
쥐 다 가져 가니 (순천 56)

· 날 굿고 쟝 지나시매 아모 것도 몯 어더 보내오니 이런 흔이 어
디 잇스링까 (현풍 138)

· 부러 사룸이 가오디 아무 것도 몯 보내오와 뷔오온 사룸 보내오
오며 (현풍 120)

ㄷ. 이리 와신 제나 비돌 업시 사쟈 히여도 오리 가리 세가는 무흔
아모 더 가도 벌로코 마리 혀여 오니 곧곧 다 쓰니 환자 타 보
타여 먹노라 (순천 164)

'아무/아모+명사+도'의 구조도 부정문을 수반한다. 이 때 (10ㄱ)과
같이 '아모'가 대명사로 쓰일 경우는 '도'가 직접 붙는다. 이와 같은 형식
은 15세기에는 용례가 많지 않지만 16세기 문헌에는 매우 빈번히 쓰인
다. 따라서 15세기부터 통사적 부정극성어로 간주해도 무방할 듯하다.

2.2.3. [아므라ᄒ]ㄴ/ㄹ+N

부정극성어 '아므라타'가 형성될 때 단어 어기로 보이는 '아므라ᄒ다/아므랗다'도 통사적 구조에서 부정문만을 수반하는 구조를 갖는다. 다음과 같은 예가 있다.

    (11) [아므라ᄒ]ㄴ/ㄹ+N

       ㄱ. 아므란 +명사

         · <u>아므란</u> 줄 <u>모르니</u> 주세 괴별ᄒ소 (현풍 32)

         · 몰 뵈도 스시리나 아라스라. 미듀기도 <u>아므란</u> 줄 몰라 셔울 져년희 갈 제 …(순천 114)

         · 지븨 므슴 큰 연괴 인는고 ᄒ여 므스몰 하 구치니 <u>아므라ᄒ 동</u> <u>몰라</u> …(순천 72)

       ㄴ. '아므리/아므려 ᄒ-ㄴ+명사'

         · <u>아므려 홀 줄 몰라</u> 더옥 민망ᄒ여 ᄒ뇌 (현풍 40)

         · 봄내 드륵면 도즉기 굴월 거시니 <u>아므려 홀 주늘 몰나</u> ᄒ뇌 (언간 9)

       ㄷ. 민망히 너기오매 나중 <u>아므리</u> 될 줄 <u>모르으와</u> 민망히 너기오더

                                      (현풍 158)

(11ㄱ-ㄷ)과 같이 '아므랗다'가 명사를 수식하는 구조에서는 부정문을 수반한다. (11ㄷ)은 '아므라ᄒ다' 대신 '아므리-되다'로 차이가 있지만, 통사·의미상의 차이는 없는 듯하다.

2.3. 18세기 이후의 부정극성어의 변화

2.3.1. 단어형 부정극성어

15·6세기 '아므라타'를 제외하고 눈에 뜨이지 않던 단어형 부정극성어가 18세기 이후의 문헌에는 좀더 많아진다. 18세기 문헌에 나타나는 부정극성어는 '춤아/츳마, 바히' 등의 부사어가 부정극성어로 쓰인다. 다

음과 같은 예가 있다.

    (12) '춤아/츠마'

        ㄱ. 감히 흉셔를 나와 뻐 번복홀 계교롤 ᄒ고 ᄆ춤내 이에 **춤아** ᄒ
<u>지 못홀</u> 말노 뻐 ᄉ연히 탕셜ᄒ야 (명의록 2:65)

        · 격력ᄒ던 형상은 이믜 니하일긔의 ᄌ셰히 실녀시니 **춤아** 다시
붓을 적시<u>지 말고져</u> ᄒ나 일이 궁셩의 ᄀᆷ초이고 (명의록 차ᄌ 8)

        ㄴ. 불힝ᄒ야 파망ᄒ야시니 내 엇디 **춤아** <u>노예롤 삼으리오</u>

                                           (종덕신편 중:7)

        · 이 엇디 人君의 피히 **춤아** <u>홀 배리오</u> (어제훈서 22)

        · 형상이 완연히 귀에 듯고 눈에 보는 둣ᄒ니 내 엇지 **춤아** 좀이
편안ᄒ며 <u>음식이 온편ᄒ리오</u> (윤음 유호셔 3)

    (13) '바히'

        ㄱ. 내 병은 통셰ᄂ 나ᄋ디 <u>바히</u> 음식을 <u>못 머그니</u> (언간 보 12)

        · 션셰 봉사 원게 혐의셔 가온가 ᄒᆞᆸ거니와 나롤 <u>바히</u> <u>무디호</u> 줄
로 아ᄋᆸ시니 (언간 208)

        ㄴ. ᄯ라 갈 길 <u>ᄇ히</u> <u>업셔</u> (일동장유가 1:18)

        · 인형이 <u>바히</u> <u>업셔</u> 놀납고 더럽고나 (일동장유가 1:23)

    18세기의 문헌에 나타나는 '춤아/츠마'와 '바히'는 부정극성어로 쓰인
다. 이 때 부정문 형식은 (12~3ㄱ)과 같이 부정문이 직접 이어지는 경
우도 있고 (12~13ㄴ)과 같이 반어적 의문문으로 표현하여 부정의 뜻을
드러내는 경우도 있다.

    이와 함께 '별노'가 부정극성어로 바뀌어 가는 듯한 인상을 주는데 시
기적으로는 18세기 후반부터 19세기 이후에 나타난 현상으로 생각된다.
다음의 예는 '별로/벼리'가 부정극성어로 쓰인 예이다.

    (14) '별노/로, 벼리'

        ㄱ. 아모 날이나 **별로** 볼일이 내ᄃ르면 내 가 뵈오리이다

                                             (언간 211)

ㄴ. 여듧 됴건에 각각 혼 두 즈와 혹 서너 즈롤 쓰고 <u>별노</u> 혼 됴희
  에 외쳑 받디 <u>마</u>옵쇼셔 (속명의 2:20)
 · 오눌날 마디 못ᄒᆞ� 이 거줘 이시되 공ᄉᆞ는 배 이의 다 명빅
  ᄒᆞ고 <u>별노</u> 다시 브롤 <u>곳히 업서</u> (속명의 2:23)
ㄷ. 드러가 안고 보니 <u>별노이</u> 할 마리 업고 (춘향가 상 43)
 · 마음이 도고하야 남과 <u>별노이</u> 다르더니 (춘향가 상 80)

(14ㄱ-ㄴ)은 18세기 후기의 문헌에 나타나는 '별노'로 부정문과 호응한
다. 그 이전의 문헌에서는 '별노/로'를 찾을 수 없는데 이와 유사한 형태
인 '별이/벼리, 각벼리, 특별이' 등은 부정문과 호응하는 부정극성어가
아니다. 결국 '별로'는 18세기 후기에 형성된 새로운 낱말로 파악할 수
있다. 이와 함께 19세기를 전후하여, '그만'과 같은 단어도 관습적으로
부정의 뜻을 나타내는 말로 굳어졌다.23)
    19~20세기에 이르러 '결코'도 부정극성어로 쓰이기 시작한다. 이 낱
말은 이전의 문헌에는 눈에 뜨이지 않으며, 이와 유사한 형태인 '결단코'
가 나타나나는 부정문과 호응하는 부사는 아니다. 다음과 같은 예가 확
인된다.

    (15) '결코'
       ㄱ. 혼두번에 지나지 못ᄒᆞ여셔 <u>결단코</u> 됴ᄒᆞ리라 (박통신 3:12)
        · 그 나라 시비롤 붉히고 사롬의 ᄆᆞ옴을 뎡ᄒᆞ는 도리예 <u>결단코</u> 그
          만ᄒᆞ<u>지 못ᄒᆞ리니</u>···(명의록 2:70)
        · 대더쳑을 모둘미 스스로 밧고지 못홀 범네 이시니 <u>결단코</u> 가히
          혼잡ᄒᆞ야 뼈 <u>삼가며</u>···(명의록 1)
       ㄴ. 나는 결코 두 사롬의 쳐는 되지 <u>아니홀</u> 터이오(추월색)

(15ㄱ)은 '결단코'가 '결단ᄒᆞ다'의 뜻을 그대로 유지하고 있어 부정극성어
'결코'와는 달리 쓰인다. 반면 (15ㄴ)은 20세기 이후의 문헌에 나타나는
'결코'이다. 또한 다음의 예와 같이 20세기 이후로 '견혀'가 부정극성어로

---

23) '그만'의 용법에 대해서는 허재영(1999ㄴ:158~159)에서 논의한 바 있다.

변화해 가기 시작한다.

(16) '젼혀'
ㄱ. 어질지 못ㅎ와 젼혀 ㄱᄅ치지 못ㅎ 거술 겸ㅎ여
(숙대 규합한훤 64쪽)
· 나히 빈여 곳기예 당ㅎ 즈식을 졋먹는 줄노 알고 젼혀 가르치지
못ㅎ여(숙대 규합한훤 84쪽)
ㄴ. 경연을 당ㅎ오나 궁가 범죄이 젼혀 소여ㅎ옵더니
(숙대 규합한훤 156)
· 설령 가사ᄂ 리시종의게 젼혀 부탁ㅎ야도 무방ㅎ깃지만은
(추월색)

(16ㄱ)은 '젼혀'의 의미가 오늘날과 크게 다르지 않은 듯하다. 그러나 (16ㄴ)은 〔오로지, 전적으로〕의 뜻을 갖는다. 즉 (16ㄱ)은 부정극성어로 쓰이지만 (16ㄴ)은 부정극성어가 아닌 셈이다. 따라서 오늘날과 같이 '젼혀'가 부정극성어로 쓰이는 것은 1920년대 이후부터의 일일 것으로 추정된다.24) 특히 이 당시 신소설류에는 '그다지, 밖에, 암만'와 같은 부정극성어가 자주 나타난다. 다음과 같은 예가 있다.

(17) 신소설류에 나타나는 부정극성어
ㄱ. 그다지
· 그러나 구경만 할 것 ᄀᆺㅎ면 그다지 올 이보고 ᄯ 보고 유심이
볼 리는 업는데 (행낙도 3)
· 낫츨 디ㅎ여서는 그다지 심ㅎ지는 아니ㅎ나 (행낙도 19)
ㄴ. 밖에
· 그런 사롬은 쳔에 하나 만에 하나도 업겟네. 지금 세샹에는 단
하나밧게 업슬 터일세(행낙도 16)
· 칭찬 밧는 거시 도리에 복이 안인 듯ㅎ 가온디 그밧게 ᄯ 다른

---

24) 이러한 관점에서 시정곤(1997ㄱ, ㄴ, ㄷ), 남승호(1997), 박승윤(1997) 등에서 논의된
'그다지, -밖에, -기 전에'와 같은 부정극성어는 1920년대 이후에 형성된 것으로 파악
된다.

일이 싱겼다 (행낙도 17)

ㄷ. 암만
- 아무려면 엇더냐 나만 올은 사롬 노롯을 ᄒ여시면 그만이지. 암만 그리도 북그러올ᄉ것 업다 (행낙도 38)
- 암만 주물너도 씨여나지를 아니ᄒ는데요. (행낙도 43)
- 암만희도 분히서 못 견딀 터이요 (행낙도 39)

(17ㄱ)은 이보다 앞선 시기에는 보이지 않는 단어이다. 따라서 어원을 확인할 수는 없으나 이 시기에 이르러 부정극성어로 기능한다. 반면 (17 ㄴ-ㄷ)은 본디 부정극성어로 쓰이던 단어는 아니지만 이 시기에 이르러 부정극성어로 쓰인다.

2.3.2. 통사적 부정극성어

통사적 부정극성어는 15세기 이후 큰 변화를 보이지 않는다. 다만 16 세기 부정 연결어미 '-디뷔'가 설명법 '-오디'와 합류 현상을 보이는 점, 19세기 이후로 [아ᄆ라ᄒ]ㄴ/ㄹ+N의 구조를 갖는 통사적 부정극성어가 점차 사라지고, [엇지홀+ 명사+부정문]의 구조가 나타나는 점 등이 주된 변화로 볼 수 있다. 다음의 예를 살펴보자.

(18) [엇지ᄒ]ㄹ+명사+부정문
ㄱ. 아모리 싱각ᄒ야도 엇지홀 줄 모르다가 한 싱각이 못득나며
(추월색)
ㄴ. 발을 동동 구르ᄂ 엇지홀 수 업스며 (추월색)
- 셰상에서 이러케 닐굿ᄂ 쟈들 혹 잇스니 엇지홀 수 업노라
(천로역정)
ㄷ. 다리가 걸녀 엇지홀 줄을 아지 못홀 즘에 (천로역정)

(18ㄱ-ㄷ)은 18~19세기까지 널리 쓰이던 '[아ᄆ라ᄒ]ㄴ/ㄹ+명사+부정문'과 유사한 통사구조를 갖고 있으며, 의미상으로도 같은 비슷한 뜻을

지닌 것으로 보인다. 곧 "어찌할 줄 모르다", "어쩔 수 없다", "어쩔 도리가 없다"에 해당하는 구문이다. 다만 이 과정에서 [아무라ᄒᆞ다]의 경우는 명사를 꾸며주는 어미 '-ㄴ'도 허용되었으나 [엇지ᄒᆞ다] 구문에서는 '-ㄹ'만 허용되는 것이 특징이다. 곧 '[엇지ᄒᆞ]ㄴ+N'의 구조를 갖는 용례는 찾기 어렵다. 다만 '엇지ᄒᆞ-ㄴ지'가 나타나는데 이 때 '-ㄴ지'는 어미로 기능한다. 다음의 예를 살펴보자.

(19) [엇지되]ㄴ/ㄹ+명사

ㄱ. 여보소 썡덕이네…남이 다 수군수군ᄒᆞ더니 근러의 <u>엇지ᄒᆞ지 셩 셰가 치픽ᄒᆞ여 도로여 비러먹게 되니</u> (심청전 하:13)

· 즈긔가 쉬고스퍼 쉬는지는 모로되 <u>엇지ᄒᆞ엿던지 이런 큰 스업을 ᄒᆞ고 물녀나게 되얏스니</u> (독립신문 1896.6.16)

ㄴ. 젓좃츠 쥬져러우니 이 고싱을 <u>엇지ᄒᆞ잔 말이냐</u> (귀의 성)

(20) [엇지되다]의 경우

ㄱ. 놉흔 와상에 흰 홋이불을 덥고 누엇눈지라 <u>엇지된 곡졀을 몰나</u>
(추월색)

· 그 집안이 <u>엇지될지 더강 짐작이 잇셧더라</u> (귀의 성)

ㄴ. 과연 기로다 <u>엇지 이런고</u>(심청전 하:30)

(19ㄱ)에 쓰인 '엇지ᄒᆞ-ㄴ지'의 '-ㄴ지'는 어미로 쓰인 셈이다. 그렇기 때문에 '[엇지ᄒᆞ]ㄴ+N'의 구조가 용인되고 있었는지는 확인할 수 없으나, 이 시기까지의 문헌 자료에서는 그 용법을 찾기가 쉽지 않다. 또한 (19ㄴ)에서도 '엇지홀+N'의 구조가 아니기 때문에 통사적 부정극성어가 성립되지 않는다. 아울러 (20ㄱ-ㄴ)에 나타나는 것처럼 '엇지되다'는 부정극성어가 아니다.

이상과 같은 논의를 종합하여, 15세기부터 20세기까지의 부정극성어 발달 과정을 정리해 보면 다음과 같다.

　　(21) 부정극성어의 발달 과정
　　　　ㄱ. 단어형 부정극성어
　　　　　· 15~17세기 : X-없다류, 아무라타
　　　　　· 18~19세기 : 춤아(츠마), 바히, 별노, 결코
　　　　　· 20세기 이후 : 전혀, 그다지, 밖에, 암만 등[25]
　　　　ㄴ. 통사적 부정극성어
　　　　　· 15~17세기 : '-디비', '시간부사+도', '만도/마도', '아모+N+
　　　　　　도', '[아무라ㅎ]$_{ㄴ/ㄹ}$+N'
　　　　　· 18~19세기 : '-디비' 소멸(16세기 이후로 추정됨)을 제외하면
　　　　　　큰 차이가 없음
　　　　　· 20세기 이후 : '[아무라ㅎ]$_{ㄴ/ㄹ}$+N'가 소멸되고 '[엇지ㅎ]$_{ㄹ}$
　　　　　　+N'이 나타남

3. 부정극성어의 통사, 의미론적 특성

3.1. 부정극성어의 통사론적 특성

3.1.1. 단어적 부정극성어

　　부정극성어의 발달 과정을 고려할 때, 'X+없다'류는 두 요소가 어휘화
되어 한 단어가 된다.[26] 이러한 어휘는 어휘 자체에 [Neg]를 갖고 있
으며, 문장형식상 부정문을 이끌지는 않는다. 다음과 같은 예를 살펴보
자.

---

25) 현대 국어에서는 여기에 언급한 단어 이외에도 부정극성어로 쓰이는 것들이 더 있다.
　　예를 들어 '절대로'와 같은 단어 역시 부정문만을 허가한다.
26) 이와 같이 형성된 단어가 파생법으로 처리되어야 할지, 합성법으로 처리되어야 할지는
　　모호하다. 그러나 '없다가' 'ㅎ다'와 마찬가지로 '어히, 실'과 같은 불구어근에 붙는다는
　　점을 고려할 때 접미사화 된 것으로 볼 수 있다.

(22) 'X+없다'의 통사 구조

　　ㄱ. 이리 오댜 하 <u>구이업시</u> <u>그리오니</u> 나도 아므려나 쉬 가고져 ᄒᄂᆞ
　　　라(순천 65)

　　ㄴ. 셜워 몯 보내니 <u>실업시</u> <u>잇고</u> ᄒᆞ니 (순천 9)

(22ㄱ-ㄴ)의 '구이없다, 실없다'는 '리오니, 잇고'에 이어진다. 따라서 통
사구조상 부정문을 이끌지 않으며, 의미상 'X'에 해당하는 내용을 부정하
게 된다. '구이(ᄀᆞ), 그지(긋), 쇽졀, 실(쇽), 수, 부졀(부질), 어히' 등의
요소가 X를 이루는데, 이 때의 X가 불구어근일 경우는 두 요소의 분할
이 어려운 것처럼 느껴지기도 한다. 예를 들어 '부졀, 어히' 등은 독립된
단어로 쓰이지 않는다. 결국 'X+없다'류의 어휘는 [X]이/은+/없다'의 통
사구조를 갖고 있던 낱말이 융합되면서 '없다'가 파생접사화된 셈인
데27), 이 때 X 다음에 조사가 이어져 X가 독립된 어휘로 기능할 경우
는 '있다'가 이어질 수도 있다. 다음의 예를 살펴보자.

(23) [X]이/은+ 있다/없다

　　ㄱ. <u>쇽졀은 업다.</u> 내 셜온 ᄠᅳ돈 ᄉᆞ나히 ᄌᆞ식 모ᄅᆞ고 (순천 31)

　　ㄴ. 싱워니란 노미 내게 밍셰 서 주고 죽개롤 지그미 이리와도 유무
　　　년 / 렷거든 <u>쇽져리야</u> 개나 <u>다ᄅᆞ냐</u>(순천 124)

　　ㄷ. 자바나나 은구에나 잇다. 므슴 <u>쇽져리</u> <u>이시리</u> (순천 81)

(23ㄱ)은 '쇽졀' 다음에 '없다'가 이어졌으나, (23ㄴ-ㄷ)은 '쇽졀' 다음에
'없다'가 형식적으로 이어지지는 않았다. 물론 (23ㄴ-ㄷ)도 의미상으로
볼 때는 부정문이 이어진 셈이다. 그러나 '그지'의 경우 '잇다/없다'가 모
두 허용될 수 있듯이, 불구어근에 '없다'가 이어진 경우가 아니라면 융합
되어 어휘화되기 이전의 X는 반드시 '없다'를 취하는 것은 아니다. 따라
서 '[X]-없다'는 어근 X에 파생접사 '없다'가 융합된 형식의 단어라고 볼

27) 'X-없다'에서 '없다'를 파생접사로 볼 수 있는가는 논란의 여지가 있다. 그러나 허웅
　　(1983)에서 'ᄒᆞ다'를 파생접사로 처리하고 있듯이, 이 말이 불구어근에 붙는 경우가 많
　　다는 점과 생산성을 갖는다는 점을 고려할 때 파생접사처럼 기능하고 있음은 틀림없다.

수 있다.

이와 마찬가지로 단어 자체에 〔Neg〕를 포함하지 않는 부정극성어 가
운데 일부는 통시적으로 볼 때, 긍정문을 허가하다가 후대에 부정문만
허가하는 단어로 바뀐 것들이 많다. 예를 들어 '전혀'가 이에 해당한다.
또한 형태상 동일하지는 않지만 '결코'와 '결단코', 〔제외〕의 뜻을 갖는 조
사 '밖에'와 명사 '밧긔/밧게/밖에, 외예' 등은 부정극성어가 생성되는 과
정을 보여준다. 다음과 같은 예를 살펴보자.

    (24) 그지-잇다/없다
        ㄱ. 열 둘헨 내 成佛ᄒ야 나랏 有情이 光明이 <u>그지 이셔</u> 那由他 百
        千億佛 나라홀 몯 비취면 正覺 일우디 아니호리이다

                                                            (월석 8:61)

        ㄴ. 열 닐구벤 내 成佛ᄒ야 <u>그지 업슨</u> 나랏 無數 諸佛이 내 나라홀
        모다 일크라 讚嘆 아니ᄒ시면 正覺 일우디 아니호리이다

                                                            (월석 8:62)

    (25) 전혀+긍정/부정
        ㄱ. 후겸의 역절이 더욱 낫타나되 그 전 긔셰는 <u>전혀</u> 니담의 <u>전권을
        잡은 째의 내도히 더ᄒ즉</u> (명의록 2:69)
        ㄴ. 신은 십 냥을 가졋ᄉ오되 주ᄒᄂ 일에 니르러는 신이 <u>전혀</u> 아디
        <u>못ᄒᄂ이다</u> (속명의 1:22)

    (26) 결단코/결코+긍정/부정
        ㄱ. 혼두번에 지나지 못ᄒ여셔 <u>결단코</u> 됴흐리라 (박통신 3:12)
        ㄴ. 대뎌칙을 몬둘미 스스로 밧고지 못홀 범녜 이시니 <u>결단코</u> 가히
        혼잡ᄒ야 뻐 <u>삼가</u>며 엄혼 스체룰 일치 <u>못홀지라</u> (명의록 1)

    (27) 밖에+긍정/부정
        ㄱ. 쳔리 <u>밧긔</u> 걱정을 식이면 엇덜가 보니(추사언간)
        ㄴ. 노리에 정붓칠 것은 술<u>밧게</u> <u>업소</u>구려 (추월색)

(24~27)에 나타나는 용례는 긍정문과 부정문을 모두 허가하던 어휘가

부정문만 허가하는 어휘로 바뀌어가는 경우에 해당한다. (24~27ㄱ)은
'그지, 전혀, 결(단)코, 밖에'가 긍정문과 호응하는 경우이며, (24-27ㄴ)
은 부정문과 호응하는 경우이다. 이 과정에서 전자와 후자 사이에는 통
사론적 차이뿐만 아니라 의미상의 차이도 생겨난 것으로 볼 수 있다. 결
국 (24~27ㄱ)과 (24~27ㄴ)은 통사 및 의미가 변화한 어휘로 규정할
수 있다. 이와 같은 어휘는 어휘 내부에 [Neg]가 들어있지는 않으나 통
사적으로 [Neg]와 호응하게 된다.

　이와 같은 사실을 종합해 볼 때, 단어형 부정극성어의 통사론적 특징
은 다음과 같이 정리할 수 있다.

　　(28) 단어형 부정극성어의 통사론적 특징
　　　　ㄱ. 부정극성어는 단어 내부에 [Neg]를 갖는 경우와 그렇지 않은
　　　　　　경우로 나뉜다.
　　　　ㄴ. [+Neg] 어휘는 문장 형식상 [Neg]를 수반하는 것은 아니다.
　　　　ㄷ. [-Neg] 부정극성어는 통사적으로 [Neg]만을 허가한다.

3.1.2. 통사적 부정극성어

　통사적 부정극성어가 갖는 특징은, 첫째 '[아므라ㅎ]ㄴ/ㄹ+N'을 제외
하고 다른 부정극성어는 [강세]의 형태소 '도'와 관련이 있다는 점을 들
수 있다. 이 점에서 [Neg]를 이루는 요소는 '도'에 있으며, 모든 '도'가
[Neg]는 아니라는 점을 고려할 때 [양보] 조건이 제약적일 수밖에 없
다. 곧 '도'는 '강조', '양보'의 뜻을 갖는 형태소로 제약적 형식의 언어 요
소들을 강조하고 양보하는 과정에서 [Neg] 요소로 바뀐 셈이다.

　둘째, 통사적 부정극성어는 구성형식이 제약적이다.28) 달리 말해 통
사적 부정극성어를 이루는 형식적 조건이 조금만 달라져도 부정극성어가

---

28) 이와 같은 통사적 부정극성어의 형식이 제약적이라는 사실은 이러한 형식이 어휘화될
　　가능성이 높아짐을 의미한다. 곧 '조금도'와 같이 두 요소로 분석되는 어휘일지라도 시
　　간의 흐름에 따라 하나의 어휘처럼 쓰일 가능성이 높다는 뜻이다.

될 수 없다. 다음과 같은 예를 살펴보자.

> (29) 양보의 '-어도'와 부정극성어 '-어도~-어도'
> ㄱ. 비록 微妙를 得 다 닐어도 모츠매 離와 微와애 드나니
> > (능엄 4:106)
> ㄴ. 내 너비 닐어도 劫이 다아도 다 몯호리니 (능엄 10:92)

> (30) 아므라ᄒᆞ다
> ㄱ. 하ᄂᆞ리 다 삼겨시니 ᄆᆞᄋᆞ모로 몯ᄒᆞ려니와 아므려나 사라 보
> 새. 이 저옷 ᄒᆞᆫ 종이나 <u>아므라 ᄒᆞ면</u> 뇌여 살 계고코 ᄒᆞᆯ …
> > (순천 176)
> ・ 내 이신 적은 <u>아므려 ᄒᆞ여도</u> 므던ᄒᆞ거니와 …(현풍 12)
> ㄴ. <u>아므란 줄 모ᄅᆞ니</u> ᄌᆞ셰 긔별ᄒᆞ소 (현풍 32)
> ・ 몯 뵈도 스시리나 아라스라. 미듀기도 <u>아므란 줄 몰라</u> 셔울
> 져년히 갈 제 …(순천 114)
> ・ 지븨 므슴 큰 연괴 인논고 ᄒᆞ여 므스믈 하 구치니 <u>아므라ᄒᆞ</u>
> <u>됴 몰라</u> …(순천 72)
> ・ <u>아므려 ᄒᆞᆯ 줄 몰라</u> 더옥 민망ᄒᆞ여 ᄒᆞ뇌 (현풍 40)

(29ㄱ)의 양보문과는 달리 (30ㄴ)이 부정문이 되는 까닭은 '-어도'가 반복되어 양보 대상이 더 이상 없음을 포함하기 때문으로 볼 수 있다. 이와 마찬가지로 (30ㄱ)과는 달리 (30ㄴ)이 부정문을 이루는 것 또한 '아므라ᄒᆞ다'의 어휘 의미와 이어지는 명사에 대한 '한정' 기능이 복합되어 부정문을 이루게 된 것으로 보인다. 이는 '아모+N+도'나 '시간부사+도'의 구조에서도 양보 대상이 더 이상 존재할 수 없음을 나타내는 것과 같다.

이와 같은 점을 고려하여 통사적 부정극성어가 갖는 통사론적 특징을 정리하면 다음과 같다.

> (31) 통사적 부정극성어의 통사론적 특성
> ㄱ. 통사적 부정극성어는 '도'를 포함하는 것과 명사를 한정하는 것

이 있다.

ㄴ. '도'를 포함하는 것은 반복 구조나 더 이상 양보할 수 없는 것을 양보함으로써 [Neg]를 드러낸다.

ㄷ. 명사를 한정하는 형식에서는 '아모', '아모라(리)', '엇지'와 같은 요소들이 명사를 한정함으로써 한정 대상에 대한 [Neg]를 드러낸다.

3.2. 부정극성어의 의미론적 특성

3.2.1. 단어형 부정극성어

단어형 부정극성어 가운데 단어 내부에 [+Neg]의 자질을 갖는 'X+없다'류의 단어는 X를 분리해 낼 수 있는 경우와 그렇지 못한 경우가 있다. 이 가운데 '쇽졀, 그지, ᄀᆞᆺ(ᄀᆞᆮ)' 등은 독립된 단어로 쓰일 수 있으며, '어히, 실' 등은 독립된 단어로 쓰이는 경우를 찾기 어렵다. 이와 같은 구조에서 [Neg]는 '없다'에 있다. 문제는 [Neg]가 붙을 수 있는 X의 성격이다. 이와 같은 X의 성격을 규명하기 위해 다음과 같은 예를 살펴볼 필요가 있다.

(32) 그지(긎), ᄀᆞᆺ(ᄀᆞᆮ), 쇽졀

ㄱ. 긎(긋/귿)

· 두 生死ᄂᆞᆫ 分段生死와 變易生死ㅣ니 分ᄋᆞᆫ 제여곰 가나니 목수믜 그지라 (월석 7:70)

· 교만ᄒᆞ며 새음ᄒᆞᄂᆞᆫ 셩을 길워 일우리니 후에 해로오미 엇디 그지 이시리오 = 成驕妬之性ᄒᆞ리니 異日爲患은 庸有極乎리오.

(번소 7:33)

ㄴ. ᄀᆞᆺ(ᄀᆞᆮ)

· 네 ᄀᆞᆺ 버텃에 金銀 琉璃 玻瓈로 뫼호아 밍ᄀᆞᆯ오(월석 7:64)

· 邊 ᄀᆞᆺ 변(훈몽 중:4)

ㄷ. 쇽졀

· 末法은 쇽졀업시 似量이라 實 업스니라 (월석 9:7)

· 그 네흔 <u>쇽졀업시</u> 노로믈 즐기며… = 其四는 崇好優游ᄒ며

(번소 6:19)

· ᄆᆞᅀᆞᄆᆞᆯ 조케 ᄒ며 <u>쇽졀업슨</u> 이를 격게 호모로 읏드믈 사몰 거시
니라 = 要以淸心省事爲本(번소 7:27)

(32ㄱ)의 '긏'은 '極'을 의미한다. 한글학회 『우리말큰사전』과 유창돈
(1964)에는 이 낱말이 올림말로 올라 있지 않으나 『번역소학』의 자료는
'긏'이 '極'을 의미함을 드러내 준다. 이 때 '긏'과 '귿/근/긋(端)'이 서로
다른 낱말이었는지는 확인할 수 없다. 다만 의미상 유사한 것으로 간주
된다. 또한 (32ㄴ)의 'ᄀᆞ'은 '邊'을 의미한다. 혹은 변방을 뜻하기도 하나
중심 의미는 '변두리, 가'에 해당한다. (32ㄷ)은 의미상 '헛되다, 어리석
다'에 해당한다. 이에 대해 조항범(1998)에서는 '쇽(內)'에 동사 '졀-'(소
금에 절이다)이 붙어 형성된 단어로 보고 있으나 어원을 확인하기는 곤
란하다. 그러나 X-없다류의 어휘는 〔극단〕 또는 〔한계〕와 관련을 맺고
있어 화자의 심리 상태를 강조하는 셈이다. '실없다, 부질없다, 어히없다'
와 같이 어근을 분리하기 곤란한 어휘들도 화자의 심리상태를 강하게 드
러내는 것으로 보인다.

다음으로 〔-Neg〕 부정극성어의 의미를 확인해 보자. 이에 속하는 어
휘로는 '춤아, 바히, 별노, 결코, 젼혀, 그다지, 암만, 밖에' 등이 있다.
이와 같은 어휘 가운데 '바히, 그다지'는 어원을 찾기 어려우나 다른 어
휘들은 어원을 확인할 수 있다. 다음의 예를 확인해 보자.

(33) '춤다'와 '춤아/츠마

ㄱ. ᄆᆞ춤내 예 ᄇᆞ료믈 <u>춤디</u> 몯ᄒ야 다시 와 거츤 딜 미노라 =不忍
竟舍此 復來薙榛燕(두시초간 6:39)

ㄴ. ᄆᆞᅀᆞᄆᆞᆯ 슳허셔 늘근 사ᄅᆞᆷ 더브러 무루믈 <u>츠마</u> ᄒ디 몯ᄒ노니 =
傷心不忍問耆舊(두시초간 3:62)

· 불힝ᄒ야 파망ᄒ야시니 내 엇디 <u>춤아</u> 노예롤 삼으리오

(종덕신편 중:7)

(34) 별노

ㄱ. 겨집 죵 아니 가고 죡 드릴 셰 업스니와 옷 안흔 아므려나 부비려니와 <u>별호</u> 므른 몯 드릴가 식브니 다 왓다 소그리라

(숯너 147)

· <u>벼리</u> 알폰 더는 각별티 아니더 미양 속머리 알프고 (순천 28)

· 쏘 묻아기는 흔다 흐니 하 몯흐던 거시니 <u>각벼리</u> 깃거흐노라

(순천 84)

ㄴ. 여듧 죠건에 각각 흔 두 즈와 혹 서너 즈롤 쓰고 <u>별노</u> 흔 죠희예 외척 받디 <u>마옵쇼셔</u>(속명의 2:20)

· 오늘날 마디 못흐야 이 거죄 이시되 공수흐는 배 이의 다 명빅흐고 <u>별노</u> 다시 브롤 <u>곶히</u> 업서 (속명의 2:23)

(35) 젼혀

ㄱ. 專門은 <u>젼혀</u> 흔 그롤 비홀씨라 (능엄 1:22)

· 김소슌이 샹쇼흐야 굴오디 모든 역적의 긍경이 <u>젼혀</u> 양후의게 잇더니 …(명의록 2:63)

ㄴ. 죠졍소문을 <u>젼혀 듯지 못흐와</u> 다만 쇼론이 노론을 죽이고져 흔 단 말을 드럿습ᄂ이다(명의록 2:2)

(36) 결코

ㄱ. 죵용히 고티며 경계흐ᄂ니는 버듸 소심이니 내 쁘데 <u>결단흐야</u> 가믄 모로매 내히믈 써 홀 거시라. = 從容規戒者는 朋友之任也ㅣ니 決意而往則須用己力ㅣ라 (번소 8:36)

ㄴ. 말을 듯고 모양을 보니 <u>결단코</u> 평인이 아니니 엇지 반ᄃ시 깁히 최망흐리오 (명의록 2:4)

· 나는 <u>결코</u> 두 사롬의 쳐는 <u>되지 아니홀</u> 터이오(추월색)

(33~36)에 나타나는 바와 같이 단어형 부정극성어 가운데 상당수는 필연적으로 부정문을 수반하지는 않았다. 곧 (33~36)과 같이 단어의 실질적인 뜻을 유지할 경우 부정극성어가 될 수 없다. 반면 (33~36ㄴ)과 같이 본래의 어휘 의미를 잃어버리고 부정극성어로 바뀌어 간다. (33)의 '춤다'는 〔인내〕의 뜻에서 '심리적으로 용인할 수 없음'을, (33) '별노'

는 [특별(別)]에서 '두드러진 것이 없음'을, (35) '전혀'는 [모두, 오로지]에서 '전체에 대한 배제'를, (36)의 '결단ᄒᆞ고'는 [결정]에서 '심리적인 배제'를 뜻하는 부사로 바뀌어 갔다. 이와 마찬가지로 '밖에'도 명사에서 조사로 문법화 과정을 거친다.29) 다음의 자료를 확인해 보자.

   (37) '밧게/밖에'의 문법화30)
       ㄱ. ᄌᆞ데 비장 반인<u>외예</u> ᄒᆞ나토 갈지 <u>말고</u>(일동장유가)
       ㄴ. 아들과 며느리의 허물은 <u>입밧게</u> 너지를 아니ᄒᆞ니(행낙도)

(37ㄱ)은 보조사 '밖에'의 의미를 갖는 한자어이다. 이러한 용례가 자주 나타나지 않기 때문에 '외예'가 부정극성어인지는 알 수 없으나, '밖(外)'와 견주어 본다면 보조사로 쓰인 '밧게'는 부정문과 호응한다. (37ㄴ)은 명사 '밖'의 뜻을 포함하는 합성어이다. 이와 같은 명사가 제 뜻을 잃어버리고 조사화하면서 [배제]의 뜻을 갖는 부정극성어로 변화한 셈이다.

   결국 이러한 부정극성어로의 문법화 과정에서 공통된 부가의미는 화자의 심리를 강하게 드러내고자 하는 [강조] 의미이다. 또한 심리적이든 사실적이든 선행 언어정보를 뒷부분에서 [배제, 혹은 제외]하고자 하는 의미를 갖게 된다.

3.2.2. 통사적 부정극성어

   통사적 부정극성어에서 [Neg]는 양보의 '도'와 '아ᄆᆞ/아모, 엇지'의 한정을 받는 명사에서 유래한다. 그런데 모든 '도'가 [Neg]를 포함하는 것이 아니라는 점에서 '도'의 반복이 갖는 의미를 살펴볼 필요가 있다.

---

29) 문법화는 어휘요소가 문법요소로 바뀌거나 좀더 어휘적인 것이 덜 어휘적인 것으로 변화하는 현상을 말한다. 이에 대한 앞선 연구로는 이태영(1988), 고영진(1995), 안주호(1996), 이성하(1997) 등의 연구가 있었으며, 허재영(1997)에서는 우리말 문법화 연구의 흐름을 정리한 바 있다.
30) '밖에'의 문법화 과정은 박승윤(1997)이 있으며, 공시적 자료를 토대로 한 점이 특징이다.

(38) 어간에 붙는 '도'와 어미 '-어도'

　ㄱ. '-디도'

　　· 그 거믄 털링을 <u>받고디도</u> <u>몯ᄒ고</u> (순천 13)

　ㄴ. 어간에 붙음

　　· 이 法이 <u>뵈도</u> 몯ᄒ며 <u>니르도</u> 몯ᄒ리니 (석보 13:41)

　　· 소리 <u>높도</u> <u>놋갑도</u> 아니ᄒᆞ샤(월석 2: 58)

　ㄷ. 내 너비 <u>넓어도</u> 劫이 <u>다아도</u> 다 <u>몯ᄒ리니</u> (능엄 10: 92)

(38ㄱ-ㄴ)은 모두 부정문을 이루는 구조이다. 이 때 (38ㄱ)의 '도'는 부정소를 이끄는 '-디'에 붙은 조사이다. (38ㄴ)은 어미처럼 보이나 속구조로는 '-디'가 생략된 형태이므로 (38ㄱ-ㄴ)은 구조상 차이가 없다. 이 경우 부정문을 이끄는 요소는 '-디'에 있는 것이지 '도' 자체에 있는 것은 아니다. 그 까닭은 조사 '도'나 어미 '-어도'가 반드시 부정문을 수반하는 것은 아니기 때문이다. 그런데 이 형태소가 반복되어 나타날 경우에는 부정문을 수반한다. (38ㄷ)은 '-디도'와 관련이 없는 구조이지만 부정문을 수반하는 구조가 된다. 이와 같이 '도'가 반복될 경우 부정문을 수반하는 까닭은 〔양보〕 의미가 두 번 드러나기 때문인 것으로 생각된다. 다시 말해 통사적 부정극성어를 이루는 '도'는 〔양보〕이 반복되거나 존재할 수 없는 것, 혹은 한정된 것을 〔양보〕로 나타내기 때문에 의미상 자연스럽게 〔Neg〕가 드러나는 것으로 볼 수 있다. 이러한 표현은 앞서 논의한 '시간부사+도', '아마+N+도'의 구조도 마찬가지이다. 이러한 점을 고려하여 '도'의 의미는 〔강조, 한정대상에 대한 배제〕를 나타내는 것으로 볼 수 있다. 이러한 의미상의 특징은 '아ᄆᆞ라홀 줄', '엇지홀 줄'과 같이 '도'가 포함되지 않는 통사적 부정극성어에서도 찾아볼 수 있다. '아ᄆᆞ라홀 줄'이나 '엇지홀 줄'은 모두 앞의 풀이말이 의존명사를 한정하는 셈이며, 앞선 풀이말은 〔가능성이 없음〕을 내포하는 셈이다. 이 점을 고려한다면 통사적 부정극성어에서도 〔강조, 배제〕의 의미를 부여할 수 있을 것이다.

4. 정 리

이 글은 부정극성어의 형성과 변화 과정을 살피고자 하는 목적에서 쓰여진 글이다. 부정극성어는 특정 어휘나 구가 반드시 부정문(혹은 의미상 부정, 곧 부정법)을 수반하는 언어 형식으로 규정할 수 있다. 이 점을 고려하여 이 글에서는 단어형 부정극성어와 통사적 부정극성어로 나누어 고찰했다. 이 글에서 논의한 바를 정리하면 다음과 같다.

첫째, 15~17세기의 단어형 부정극성어와 통사적 부정극성어를 기술하고, 18세기 이후의 변화 모습을 정리하고자 했다.((21)참조)

둘째, 부정극성어의 통사적 특성에서 단어형 부정극성어는 단어 자체에 [Neg]를 포함하는 것과 그렇지 않은 것 사이에 차이가 있음을 밝혔다.((27)참조) 특히 단어 자체에 부정요소가 들어 있는 경우는 통사구조상 부정문을 수반하지는 않으며, 단어 자체에 부정요소가 들어 있지 않는 경우는 반드시 부정문을 수반한다. 또한 통사적 부정극성어는 양보의 '도'와 관련을 맺고 있는 것과 후행 명사를 한정하는 형식의 부정극성어가 존재함을 밝혔다.

셋째, 부정극성어의 의미론적 특성으로는 [강조], [배제,제외]와 관련되어 있음을 밝히고자 했다. 이와 같은 [강조], [배제]는 화자의 심리와 관련되어 있거나, 양보의 반복, 한정 대상에 대한 배제 등을 나타낸다.

이 연구는 부정극성어에 대한 통시적 고찰을 통해 부정극성어의 발달 과정을 살폈다는 점에서 의의가 있다. 그러나 문헌에 나타나지 않을 경우 실제로 다른 부정극성어가 존재하지 않았다고 단정하기 어렵다는 점, 부정극성어의 종류가 갑자기 늘어나게 되는 이유 등은 미처 설명하지 못했다는 한계를 갖는다. 특히 후자의 경우 사회적 분위기와 부정극성어가 밀접한 관련을 맺고 있을 것으로 추측되는데, 이 연구에서는 이와 같은 내용까지 다루기는 어려웠다. 이러한 주제는 사회언어학적 입장에서 다음의 연구 과제로 미루어 둔다.

부정소 표기의 변화

　부정문을 구성하는 '아니, 몯'이나 '-디/-돌'과 같은 형태소도 시기별로 음운변화와 표기상의 변화를 겪는다. 이러한 변화는 문법 자체의 변화에 직접적인 영향을 미친 것은 아니다. 이는 음운 체계의 변화나 변동 규칙의 변화에 힘입은 것이다. 이러한 변화 모습은 17세기 이후에 두드러진다.

　17세기 이후 부정문에서의 음운 및 표기상의 변화로 두드러진 것은 '몯'이 일곱끝소리표기에 의해 '못'으로 표기되는 경우가 많아진다는 점, '-디 아니ᄒ다'형에서 '-디'가 구개음화 된 '-지'로 나타나는 경우가 많다는 점을 들 수 있다. 이러한 변화는 음운변화를 반영하는 것일 뿐, 통사적인 특징이나 의미상의 변화를 의미하는 것은 아니다.

I. 일곱끝소리되기

1.1. 17세기 문헌의 일곱끝소리

일곱끝소리 규칙은 이근영(1990)에서 밝힌 바와 같이 16세기부터 일어난다. 그러나 부정법 '몯'이 '못'으로 표기되기 시작한 때는 17세기부터이다.1) 이 시기의 부정소 '몯'의 표기는 문헌에 따라 달리 나타나는데, 예를 들어 『언해두창집요』와 같은 문헌에서는 '못'으로 표기되는 경우가 없다.2) 그러나 『삼강행실도』 중간본이나 『동국신속삼강행실도』와 같은 문헌에서는 '몯'과 '못'이 혼용되기 시작한다. 다음과 같은 예가 있다.

  (1) 초간본과 중간본 비교
    ㄱ. 及第ᄒᆞ라 갏 저긔 어미ᄅᆞᆯ ᄇᆞ리디 <u>몯ᄒᆞ야</u> (삼강 고대 효자 28)
       급데ᄒᆞ려 갈 저거 어미ᄅᆞᆯ ᄇᆞ리디 <u>못ᄒᆞ야</u> (삼강 상백 효자 28)
    ㄴ. 金德崇이ᄂᆞᆫ 鎭川 사ᄅᆞᆷ이라 韓山 원ᄒᆞ야셔 어버이를 앗춤나죄 <u>몯</u> 보애라 (속삼강 효자 6)
     · 덕숭이ᄂᆞᆫ 진천 사ᄅᆞᆷ이라 한산 원ᄒᆞ야셔 어버이을 앗춤나조 <u>못</u> 보애라(속삼강 중간 효자 6)
    ㄷ. 어미 오래 病ᄒᆞ야 머리 빗디 <u>몯ᄒᆞ니</u> (속삼강 효자 8)
     · 엄이 오래 병드러 머리 빗디 <u>못ᄒᆞ여</u> (속삼강 중간 효자 8)

(1ㄱ-ㄷ)은 『삼강행실도』 초간본과 중간본을 비교한 경우이다. 『삼강행실도』는 현재 4개의 판본이 있는데, 고대본은 15세기, 상백문고본은 17세기, 규장각본과 성균관대본은 18세기 이후의 것으로 추정된다. 이 가

---

1) 일곱끝소리 표기에서 /ㄷ/이 /ㅅ/으로 굳어지는 원인은 실제 발음을 고려한 것이라기보다는 /ㄷ/을 /ㅅ/으로 과도하게 수정하고자 하는 의식이 작용된 것으로 보는 견해가 있다. 이 글에서는 왜 /ㄷ/이 /ㅅ/으로 굳어지는가가 중심 논의 대상이 아니므로, 이에 대한 뚜렷한 견해를 갖고 있지는 않으나, 부정소 표기에서 17세기 이후 일곱끝소리로 굳어지는 경향이 있음을 밝힌다.
2) 이에 대해서는 한말연구학회(1998)에서 펴낸 『국어사 강독선』의 '언해두창집요' 해제를 참고할 수 있다.

운데 고대본은 모두 '몯'으로 표기되는데, 상백문고본은 (1ㄱ)과 같이 한
곳에서 '못'으로 표기된다. 또한 『속삼강행실도』는 초간본의 경우 '몯'으
로 중간본의 경우는 '못'으로 표기되는데, 홍윤표(1988)에 따르면 중간
본은 17세기 자료로 볼 수 있다.3) 이러한 문헌에서는 초간본과 중간본
사이에 대체로 일관된 표기 경향을 취한다.

17세기 문헌에서 '몯'과 '못'의 표기 경향은 문헌에 따라 대체로 일관된
경향을 보인다. 예를 들어 『태산집요』, 『언해두창집요』 등에서는 '몯'으
로만 표기되고, 『계녀서』, 『경민편언해』 등에서는 '못'으로만 표기된다.
그러나 어떤 문헌에서는 일관성 없는 표기가 나타나기도 한다. 다음과
같은 경우가 이에 해당된다.

> (2) '몯'이 중심이면서 '못'이 나타나는 경우
> ㄱ. 『동국신속삼강행실도』 효자도.4)
> · 아흰 저긔 능히 녜대로 <u>못ᄒ</u>므로(동국신속:효자 3-4)
> · 어믜 거상 닙디 <u>못홈</u>으로 (동국신속:효자 5-1)
> · 사당을 못 셜 거시라. (동국신속:효자 5-1)
> · 믄득 도적을 만나 피코져 호디 <u>못ᄒ</u>야 (동국신속:효자 6-23)
> · 거의 능히 구티 <u>못</u>ᄒ리러니 (동국신속:효자 6-28)
> · 도적괴게 훈가지로 죽디 <u>못</u>홀 거시니 (동국신속 : 효자 6-61)
> · 티듕이 면티 <u>못</u>홀 주를 알오 (동국신속 : 효자 7-21)
> · 아비 주거시니 나가디 <u>못</u>홀 거시라 (동국신속 : 효자 7-28)

---

3) 표기법상으로 볼 때, 『삼강행실도』류에 대한 문헌 고증이 더 필요할 것으로 보인다. 지금
까지 『삼강행실도』류에 대한 연구는 주로 『동국신속삼강행실도』에 편중되어 있었다. 그
러나 문헌상으로 볼 때, 15세기 『삼강행실도』가 편재, 언해된 이후, 16세기 『속삼강행실
도』, 17세기 『동국신속삼강행실도』가 계속 나왔으므로, 비교 연구 대상이 된다. 더욱이
『동국신속삼강행실도』는 앞의 『삼강행실도』, 『속삼강행실도』 가운데 우리나라 사적을 옮
겨 놓았다는 점에서 15, 16, 17세기의 언어 변화를 보여주는 좋은 자료가 된다. 또한
『삼강행실도』와 『속삼강행실도』는 여러개의 중간본이 있으므로, 국어사에서 중시할 수
있는 자료이다.
4) 이 문헌은 동국삼강행실도, 동국속삼강행실도, 충신도 등에서는 15, 16세기 문헌을 바탕
으로 했다는 점에서 문헌의 보수성이 높은 것으로 보아야 한다. 그러나 효자도와 열녀도
는 『속삼강행실도』 이후의 사적을 정리한 것이므로, 문헌의 보수성이 약하다.

- ᄒ다가 엇디 못ᄒ여 ᄆ춤내 (동국신속 : 효자 8-4)
ㄴ.『마경초집언해』
- 아러 ᄎᄌ면 제 고대 못 믿고 (마경 상 20)
- 비 ᄀ디 몯홀 졔 플을 사기디 못ᄒ고 (마경 상 36)
- 먼디 못 가ᄂ니 (마경 상 36)

(3) '못'이 중심이면서 '몯'이 나타나는 경우:『노걸대언해』
- ᄒ다가 다시 사ᄉᆞᆯ ᄲᅢ혀 외오디 몯ᄒ여도 (노걸대 상 4)
- 나ᄂ 高麗ㅅ 사ᄅᆞᆷ이라 고기 봇기 아디 몯ᄒ노라 (노걸대 상 19)
- 主人아 ᄯᅥᆨ 잇ᄂ냐 몯ᄒ얏ᄂ냐 (노걸대 상 20)
- 예셔 夏店 가기 당시롱 十里 ᄶᅡ히 이시니 가디 몯ᄒ리로다.
                                        (노걸대 상 41)
- ᄯᅩ 엇디 브리오디 몯ᄒ리라 니ᄅᄂ다.(노걸대 상 42)

(2)~(3)의 문헌 가운데『동국신속삼강행실도』효자도에서는 '몯'이 65개, '못'이 9개로 나타나며,『마경초집언해』상권의 경우 '몯'이 38개, '못'이 15개의 비율로 나타난다. 이에 비해『노걸대언해』의 경우는 대부분 '못'으로 표기되고 '몯'이 나타나는 경우는 5개뿐이다. 이러한 경향은 궁극적으로 받침표기에서 '몯〉못'으로 변화하는 과정을 보여주며, 문헌의 간행 시기를 추정하는데도 도움을 줄 수 있는 기준이 될 수 있을 것이라 생각된다.

1.2. 18세기 문헌의 일곱끝소리

18세기 문헌에 나타나는 부정소 표기는 다소 혼란스러운 모습을 보인다. 이는 말글에 대한 규범이 존재하지 않았기 때문인데, 17세기에 나타나던 '못'과 '몯'의 혼용, '아니ᄒ다'에서의 'ᄒ-'가 생략되는 유형 등이 복잡하게 드러난다.
먼저 '못'과 '몯'의 혼용 정도를 문헌을 통해 검토하면, 다음과 같이 정리할 수 있다.

(4) 18세기 부정 형태소 표기상의 특징

    ㄱ. 부정소 '몯'과 '못'이 혼용된 문헌 : 어제훈서언해, 명의록언해 등
    ㄴ. 부정소 '몯'에서 '못'을 중심으로 표기한 문헌 : 박통사신석, 어제
       경민편, 윤음언해, 종덕신편언해, 천의소감언해

(4)에 정리한 바대로, 18세기 문헌에서 '몯'과 '못'은 혼용된다. 그런데 혼용의 정도도 18세기 말로 갈수록 '못'으로 통일되는 경향이 우세한다. 특히 영조 말기나 정조대에 나온 문헌은 대부분 '못'을 쓰고 있다. 또한 구개음화의 혼란도 18세기 말의 문헌일수록 '-지'로 통일되어 간다. 그러나 이러한 표기상의 혼란은 말소리와 표기상의 불일치에서 비롯된 것으로, 실제 부정문을 구성하는데는 큰 영향을 미치지 못한다.

1.3. 19세기 문헌의 일곱끝소리

19세기 문헌은 언간의 일부 자료만을 제외하고는 대부분 '못'으로 표기된다. 『규합총서』, 『남원고사』, 『여소학』과 같은 자료는 모두 '못'으로 나타나며, 이는 /ㄷ/:/ㅅ/ 표기에서 문헌의 보수성이 완전히 극복되었음을 뜻한다.

2. 구개음화

2.1. 17세기 문헌의 구개음화

구개음화는 16세기부터 방언에 따라 나타나다가, 17세기에 와서 보편적인 음운현상이 되었다.5) 이러한 경향은 부정문에서도 나타나는데, '-디 아니ᄒ다'가 '-지 아니ᄒ다'로 변화하게 된다. 이러한 표기는 17세기

---

5) 이근영(1990) 104쪽 참조

문헌에서는 간혹 나타날 뿐이며, 항상 '-지'로 바뀌는 것은 아니다. 다음과 같은 예가 있다.

> (5) 17세기 '-지'
>> ㄱ. 어믜게 절ᄒᆞ고 이바디ᄒᆞ려커늘 <u>밧지 아니</u>ᄒᆞ니라.
>>> (삼강 상백 효자 28)
>> · 아비 일홈이 돌히러니 죽도록 돌 글슬 <u>쓰지 아니</u>ᄒᆞ며 돌흘 <u>블지 아니</u>ᄒᆞ더라.(삼강 상백 효자 28)
>> ㄴ. 힝실 놉흔 집으로 출가ᄒᆞ니 <u>마지 못</u>ᄒᆞ여 디강 젹어 주ᄂᆞ니
>>> (계녀서 1)
>> · 네 오라지 아니ᄒᆞ여 (계녀서 2)

(5ㄱ-ㄴ)은 17세기 부정문에서 구개음화 현상을 찾을 수 있는 부분이다. 이 시기에는 구개음화가 활발히 일어났던 점을 고려할 때, 부정문의 '-디 아니/몯'은 비교적 음운변화의 속도가 느린 셈이다. 예를 들어 『삼강행실도』에서 '내틴대(고대 효자1):내친대 (상백 효자1), 산 어버ᅀᅵᄀᆞ티(고대 효자 18):산 어버이ᄀᆞ치 (상백 효자 18), 븕디(고대 효자 28):븕지(상백 효자 28)'과 같이 15세기 문헌과 17세기 문헌에서 구개음화는 보편화되기 시작한다. 그러나 부정문의 '-디'만큼은 이러한 속도가 매우 느린데, 그 까닭은 음운론적 조건 때문인지, 아니면 형태, 통사론적 조건 때문인지를 확인하기는 어렵다.

2.2. 18세기 문헌의 구개음화

18세기 문헌에서는 대부분의 문헌에서 구개음화를 적용한다. 다만 일부 문헌은 구개음화를 유지하고 있다.

> (6) 18세기 문헌의 구개음화
>> ㄱ. 구개음화를 전혀 반영하지 않는 경우 : 천의소감언해
>> ㄴ. 구개음화가 혼용된 경우 : 종덕신편언해, 박통사신석언해, 어제

백행원 등
ㄷ. 구개음화가 완전히 이루어진 경우 : 윤음언해. 어제경민편 등

(6ㄱ-ㄷ)과 같이 구개음화가 18세기에 이르러 일반화되는 것은 구개음화의 정착 과정을 보여주는 것으로 보인다. 이근영(1990)에서는 이 변동규칙의 정착 시기를 17세기말로 추정하고 있다.

3. 그 밖의 변화

3.1. 보조용언 '아니/몯ᄒ다'에서 'ᄒ-'의 생략 현상

17세기 이전에는 부정문을 구성하는 보조용언에서 'ᄒ'가 생략되는 경우가 많지 않았다. 그런데, 18세기 '-디 아니ᄒ다'의 경우, 'ᄒ-'의 생략 현상이 매우 빈번히 일어난다. 다음과 같은 문장에서 부정을 나타내는 '아니ᄒ다'와 '아니(ᄒ)다'는 의미상 차이는 없다.

(7) 'ᄒ'의 생략 현상
    ㄱ. 셩샹이 아직 아니ᄒ시고 뉘 맛당이 알리오.(명의록 1:4)
    · 뉘 일흠을 도라보고 의룰 싱각지 아니ᄒ리잇가 (명의록 전문 7)
    ㄴ. 인싱이 이에 니르매 엇지 불샹치 아니리오.(윤음 유호셔 3)
    · 천명이 가디 아니믄 나의 드른 배 아니로라 (어제훈서 8)

(7ㄴ)은 (7ㄱ)에서 'ᄒ'가 생략된 형태로 볼 수 있다. 이러한 형태는 이은문에서도 자주 발견되는데 다음과 같은 보기가 있다.

(8) 이은문에서의 'ᄒ' 생략
    ㄱ. 만인 네 드린 거시 이 樣子에 곳지 아니면 네 곳 나를 ᄀ르차 다시 드리리라 (박통신 2:15)

　　• 말을 니르디 아니면 븕디 못ᄒ고 남글 **싦디 아니면** 스믓디 못ᄒ
　　다 ᄒ니라 (박통신 1:16)
　ㄴ. ᄆ춤내 닐으지 아닐 배 업ᄂ니 …(명의록 차즈 1)

(8ㄱ-ㄴ)은 이은문에서 'ᄒ'가 생략된 경우이다. 이에 대해 홍윤표(1993)
에서는 '아니+ㅁ+이+면/며/을'과 같이 분석하고 있는데, 이와 같은 분석
을 시도하는 까닭도 부정소 '아니'의 말밑이 홀로 쓰일 수 있다는 데서
충분한 이유가 있는 것으로 판단된다. 그러나 이 시기 '-디/지 아니ᄒ다'
의 짜임새에서는 '-디 아니며/아니면'과 같은 표기가 나타날 경우, 'ᄒ'가
생략된 형태로 보는 것이 간결한 분석이 될 것으로 보인다. 왜냐 하면,
부정소 '아니'와 'ᄒ다'는 한 낱말로 녹아들어 부정을 나타내는 보조용언
으로 굳어진 것으로 볼 수 있기 때문이다.6) 이러한 경향은 '못'의 경우도
마찬가지로 나타나는데, 15~6세기 자주 보이던 '못-고/게/던'과 같은
형태가 관용적으로 굳어진 '아지 못게라'를 제외하고는 자주 보이지 않는
다. 이는 '아니ᄒ-'와 '못ᄒ-'의 생략 현상이 점차 소멸되어 감을 의미하는
것으로 볼 수 있을 것이다.

3.2. '아니'의 나눠적기 및 'ᆞ'의 혼란

　부정소 '아니'를 나눠적거나 'ᆞ'가 혼란스럽게 표기되는 경우도 나타난
다. 먼저 '아니'를 '안이'로 적는 경우가 17세기부터 나타나기 시작한다.
그러나 이 표기는 극히 드물다. 다음과 같은 예가 있다.

　(9) 17~8세기 '안이'
　　ㄱ. 유시는 녕산현 사롬이니 … 수이 나롤 주기라 ᄒ고 쌍해 업데여
　　　니디 **안이ᄒᄃᆡ** 도적이 매질ᄒ야 … = 兪氏 靈山縣人 … 速殺我

---

6) 권재일(1998)에서도 이러한 경우는 'ᄒ'의 생략형으로 보고 있다. 이와 같이 생략형으로
　기술할 경우, 홍윤표(1993)에서의 분석보다 부정문의 짜임새를 간결히 할 수 있다는 장
　점이 있다.

　　伏地不起 賊杖…(동국신속 권14 열녀 5:27)

　　· 니조이는 … 임진왜난의 도적의 자핀 배 되여 적을 꾸짓고 굴티 <u>안여</u> 죽다 (동국신속 권16 열녀 7:44)

　　· 냥녀 눈이는 … 열 설의 대위 댱가 드러 안해 삼앗더니 오래디 <u>안여</u> 대위 예게 죽거눌 …(동국신속 권15 열녀 6:83)

ㄴ. 그 건디룰 임의로 머그면 임의 어느니는 경호야 플리고 임의 엇 디 <u>안</u> 이니는 머기룰 오래호면 영히 나지 아니호ᄂ니라

(두창경험방 5)

ㄷ. 그 즈시긔 이룰 즈시 긔버룰 드르니 내 <u>안이</u> 셜오나마 제 죽고라 쟈 식베라 (순천김씨 간찰 68-3)

　　· 하 민망히여 바디룰 헌 거스로 히여 길희 나긔여 오나둔 늘그니 룰 ᄒ고 이는 ᄯ 다룬 옷 <u>안</u> 호려쇠 (순천김씨 간찰 36-12)

(9ㄱ-ㄷ)은 17~18세기에 나타나는 '아니'의 나눠적기 현상이다. 이러한 표기는 극히 예외적으로만 나타나기 때문에 과도수정(지나친 교정의식)으로 보아야 할 듯하다.[7] 따라서 '아니'가 축약되면서 '안'으로 굳어지는 현상은 19세기에 이르러 일반화된 것으로 보아야 할 듯하다. 19세기 부정문에 나타나는 부정소 '아니'는 '안이, 안, ᄋ니'가 혼용되었다. 이를 문헌별로 정리하면 다음과 같다.

　　(10) 19세기 문헌별 '아니' 표기

　　　ㄱ. 아니 : 규합총서, 남원고사, 언간

　　　ㄴ. 안이 : 여소학, 열녀춘향수절가, 심청가

　　　ㄷ. 아니ᄒ다 : 규합총서, 남원고사, 언간

　　　ㄹ. 않다 : 규합총서, 언간 일부

　　　ㅁ. ᄋ니/ ᄋ니ᄒ다/ ᄋ니하다 : 여소학

───────────

7) 과도 수정이나 과도 중철의 문제는 박갑수 편저(1994)를 참조할 수 있다. 이 가운데 제 2부 1장은 시대상의 문제를 다루고 있는데, 표기법이나 띄어쓰기의 발달 과정을 체계적으로 설명되어 있다. 나눠적기에서도 과도 교정 의식이 작용하게 되면 과분철이나 과중철이 나타난다. 부정소 '아니'를 '안이'로 지나치게 나눠적거나, ᄂ가 혼란스런 까닭도 이러한 과도 교정 의식이 작용한 결과이다.

(10ㄱ-ㅁ)의 부정소 표기가 문법 관계상 미친 영향은 크지 않다. 다만 '아니'의 축약형인 '안'은 '아니'에 비해 부사로 쓰일 경우 제약 현상이 늘어날 가능성은 있다. 그러나 이와 같은 제약을 확연히 규칙화하기는 어렵다.

4. 정리

부정문을 구성하는 부정소의 음운 및 표기상의 변화를 정리하면 다음과 같다.

첫째, 부정소 '몯'이 '못'으로 표기되는 일곱끝소리규칙은 17세기 이후부터 나타난다. 그런데 17세기 문헌은 '몯'이 '못'보다 더 많이 쓰이며, 18세기에는 '못'쪽으로 옮아간다. 이러한 표기상의 문제는 당시의 말소리를 반영한 것이라기보다는 문헌의 보수성으로 말미암은 것으로 보인다.

둘째, 구개음화는 17세기부터 나타나기 시작하여 18세기에는 일반화된다. 이근영(1990)에서 정리한 바와 같이, 17세기말부터 이 규칙이 보편화된 것으로 보이는데, 부정문을 구성하는 '-디'가 '-지'로 바뀌는 과정은 18세기에 일반화된 것으로 보인다.

셋째, 18세기 이후 보조용언 '-디 아니/못ᄒ다'에서 'ᄒ'가 생략되는 경우가 많아지며, '아니'를 '안이'로 나눠 적는 경우가 생겨난다. 그런데 '아니〉안, 아니ᄒ다〉않다'의 축약은 19세기 이후에나 일어난 것으로 보인다.

마무리

　이 논문은 우리말 부정문의 통시적 변화 모습을 살펴보고자 한 논문이다. 부정문은 문법 범주 설정에서부터 많은 논란을 거듭해 왔다. 특히 부정문을 어휘 범주로 볼 것인가 아니면 기능범주로 볼 것인가라는 문제는 변형 생성 문법이 도입된 이래로 끝없는 논쟁의 대상이었다. 이 점에서 어떠한 문법 범주이든 통시적 변화 모습을 고찰하는 것이 좀더 객관적인 문법 기술의 방법이 될 수 있다는 관점에서 부정문에 대한 통시적 고찰을 하고자 한 것이다.

　이러한 논의를 위하여, 이 글에서는 부정문의 개념을 다음과 같이 설정했다.

　　(1) 부정문의 개념
　　　ㄱ. 부정문은 주어진 언어내용을 '의미적으로 인정하지 않는' 문장이다.
　　　ㄴ. 부정문은 긍정 판단을 전제하며, 긍정판단을 지우고자 하는 의도

를 드러낸다.
ㄷ. 부정문은 기능범주로서 부정어(또는 부정소)을 통합한다.

이러한 개념을 바탕으로 이 논문에서는, 부정문의 체계를 체언을 부정
하는 경우, 부정 요소인 '아니, 못'이 부사로 쓰이는 경우, 보조용언로 쓰
이는 경우로 나누었다. 이를 다시, 부정 대상에 따라 부정소 '아니', '못'
을 설정했다. 이를 정리하면 다음과 같다.

(2) 부정 대상에 따른 부정문의 체계

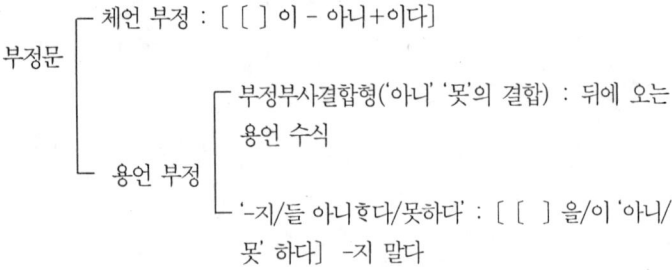

이러한 체계를 바탕으로 제Ⅲ장부터 제Ⅶ장까지는 15세기, 16세기,
17세기, 18세기, 19세기의 부정문의 변화 모습을 기술하고자 했다. 이
를 각 장별로 정리하면 다음과 같다.
제Ⅲ장에서는 15세기 부정문을 대상으로, 부정소 결합과 통사적 특
성, 의미를 기술하고자 했다. 15세기 부정문에 나타나는 부정소는 '아니,
몯, 말다'이며, (21ㄱ-ㄷ)과 같이 결합한다. 또한 보조용언 '-디/-둘 아
니ᄒ다/몯ᄒ다/말다'의 '-디/-둘'은 의존명사 'ᄃ'의 문법화 과정에서 나타
난 것이다. 이 과정을 이 글에서는 융합 현상으로 설명하고자 했다.
또한 15세기 부정문에서 부정소 '아니, 몯'은 긍정의 기저문이 성립 가
능할 때 결합할 수 있으며, '아니'가 명사, 부사, 보조용언으로 쓰일 수
있는데 비하여, '몯'은 부사, 보조용언으로, '말다'는 명령문과 청유문에서
부정을 실현하는 것으로 설명할 수 있다. 또한 부정소 '아니, 몯'은 종결

형에서는 명령과 청유문에 제약되며, 이음법에서는 제약 현상이 두드러지게 나타나지 않는 것으로 볼 수 있다. 다만 '-디빙'나 양보법에서 관용화된 표현은 부정법과의 제약 현상을 보이는데, 이러한 형태는 차츰 양보법으로 녹아들거나, 관용 표현으로만 남게 된다. 이와 함께 부정소 '아니'와 '몯'의 의미를 고찰하고자 했다. 부정소 '아니'는 '아니+이다', 부정부사, '-디 아니ᄒᆞ다'에 쓰이며, 부사로 쓰일 경우 동작성 용언이나 상태성 용언을 가리지 않음을 확인할 수 있다. 이에 비해 부정소 '몯'은 부정부사와 '-디 몯ᄒᆞ다'로만 쓰이며, 부사로 쓰일 때에는 상태성 용언을 취하는 경우가 제한적이다. 반면 부정소가 이루어내는 보조용언 '아니ᄒᆞ다, 몯ᄒᆞ다'는 본용언에 상태성 용언과 동작성 용언을 제한하지 않는다. 이를 토대로 부정소 '아니'의 의미는 [객관적 서술 부정], [당위 부정]이나 [평가 부정]의 의미를 갖는 것으로 보았다. 이에 비해 부정소 '몯'은 [능력 부정]과 [평가 부정], [당위 부정]으로 쓰인다.

제Ⅳ장에서는 16세기 부정문을 살폈다. 16세기의 부정법 실현 방법은 15세기에 비해 큰 변화를 보이지 않는다. 그러나 15세기에 비해 보조용언형 부정법이 널리 쓰인다는 점, 부정부사 '몯'이 설명을 나타내는 의문문에도 쓰인다는 점, '아니'와 '몯'의 의미 특성이 뚜렷해진다는 점, 이중부정에서 같은 부정소가 겹쳐난다는 점 등이 주요 변화 모습으로 지적될 수 있다. 첫째, 16세기 부정문에서 부정소 결합 양상에도 큰 변화는 없으나, 체언을 부정하는 경우 '아니+이다'라는 구조의 융합이 더 심해진 것으로 보인다. 둘째, 16세기에 이르러 통사적 방법에 의한 부정문은 부정부사결합형과 보조용언형이 다 허용될 수 있는 구문일 경우, 보조용언 부정문이 일반적으로 쓰이고 있다. 이러한 현상은, 피동문이나 사동문에서도 마찬가지로 통사론적 구조인 '-디 아니ᄒᆞ다/몯ᄒᆞ다'가 형태론적 구조인 '-디아니ᄒᆞ다/-디몯ᄒᆞ다'로 인식되기 때문일 가능성이 높다. 셋째, 16세기 부정문의 통사론적 특성에서는 의향법 가운데 의문사가 있는 설명 의문문에도 '몯'이 쓰이게 된 점이 특징이라 할 수 있다. 이는 '몯'의 의미 특성이 [당위] 의미를 뚜렷이 갖기 시작한 것으로 풀이된다. 또한 15세기 앞말을 긍정하고 뒷말을 부정하는 '-디빙'가 설명이나 양보를 드

러내는 어미 '-되'와 합류된다는 점도 중요한 변화라 할 수 있다. 이 과정
에서 문법 변화의 원리로 합류 현상을 검증하고자 했는데, 이에 대한 자
세한 내용은 허재영(1999)에서 가설을 세운 바 있다. 넷째, '몯'의 의미
특성이 뚜렷이 드러나는 경우가 많다. 이러한 경향은 비교가 가능한 문
헌 자료에서도 '아니'가 '몯'으로 교체되는 사례에서 뒷받침된다. 다섯째,
이중부정에서 '아니ᄒ디 아니ᄒ다'와 같은 부정소를 부정하는 부정형식이
나타난다는 점이 특이하다. 이러한 변화도 궁극적으로는 의미상의 변화
로 생각된다.

    제Ⅴ장에서 다룬 17세기 부정문의 주요 특성으로는, 첫째, 통사적 차
원에서 '-디ᄂᆞᆫ'이 줄어든 '-ᄃᆞᆫ 아니/몯ᄒ다'가 나타난다는 점이 특이하며,
의향법에서도 의문문에 대한 제약 현상에 변화가 보인다. 특히 '아니, 몯'
이 부정부사로 쓰이는 경우보다 보조용언으로 쓰이는 경향이 우세해지면
서, 의문문에 대한 의향법 제약관계를 살피기가 곤란할 정도로 용례가
줄어든다. 또한 전반적으로 부정부사결합형보다는 보조용언형 부정문이
일반화되는 경향을 보인다. 이러한 현상은 사동문이나 피동문에 기댄 통
사구조상의 유추일 가능성을 제기할 수 있다. 둘째, 의미상 '아니'와 '몯/
못'의 쓰임이 명확히 구분되는 시기라고 할 수 있다. 이러한 가능성은
16세기에 이어 17세기에는 [+능력], [+평가], [+당위]를 나타내야
할 자리에는 대체로 '몯/못'이 온다는 점을 고려한 것이다.

    제Ⅵ장에서는 18세기 부정문을 다루었다. 18세기 부정문은, 첫째, 부
정소 결합 모습을 살펴보면, 부사결합형보다 보조용언결합형이 많아지는
데 이는 17세기와 같은 맥락에서 이해할 수 있다. 이 과정에서 체언을
부정하는 '아니다'가 의문문에서 순서를 바꾸거나, 부정소 '못'이 '아니'에
비해 월에 놓이는 자리의 제약을 심하게 받는 것으로 보인다. 이러한 경
우는 의문문의 경우 '-게 못 ᄒ다'가 '-게 ᄒ디 못ᄒ다'로 굳어져 가는 경
향에서도 확인된다. 둘째, 18세기 의향법 관계는 17세기에 비해 큰 차
이가 없다. 다만 의문문의 합류 현상이 부정문에도 적용된다. 셋째, 의미
상 '아니'와 '못'의 영역이 뚜렷해지는 경향도 17세기와 마찬가지이다. 그
가운데 이중 부정문은 '아니'에 비해 '못'의 제약이 훨씬 많아졌음을 확인

할 수 있다. 이는 '못'의 〔당위, 능력, 평가〕라는 의미가 더욱 뚜렷해짐을 반영하며, 따라서 이중 부정문으로 의미를 드러내지 않아도 말할이의 의도가 드러나기 때문일 것으로 추정된다. 넷째, 부정극성어가 어휘화 과정을 통해 형성된 것으로 보인다. 이러한 어휘화 과정은 다음 시기의 극성어 형성에도 영향을 미칠 것으로 판단된다.

제Ⅶ장에서 다룬 19세기 부정문은 18세기에 비해 큰 변화가 없는 것으로 나타난다. 다만 표기상 '아니'가 '안'으로 바뀌는 사례가 있다는 점, 통사적 차원에서 부정부사 '아니'가 의문문에 많이 쓰인다는 점, 부정극성어의 형성 과정을 뚜렷이 보여준다는 점 등을 지적할 수 있다. 이러한 변화는 16세기 이후 18세기까지 이르는 변화 모습과도 크게 다를 바는 없다.

이와 함께 제Ⅷ장에서는 부정극성어의 형성 과정을 살펴보고자 했으며, 제Ⅸ장에서는 '몯〉못', '-디 〉 -지', '아니〉안, 아니ᄒ다〉않다'와 같은 부정소 표기상의 변화 모습을 기술하고자 했다.

이 연구에서 글쓴이는 15세기부터 19세기까지 부정문의 변화 모습을 살피고자 했다. 이러한 연구 과정에서, 문법 변화의 모습을 사실적으로 기술하는 것과 그 변화가 왜 일어나는가를 타당하게 분석하기란 쉬운 일이 아닐 수밖에 없다. 왜냐 하면, 문법 변화는 음운, 형태, 통사적 층위에서 다양하게 일어날 뿐만 아니라, 변화의 속도도 다르기 때문이다. 부정문의 경우는 음운이나 통사적 층위의 변화는 그다지 심한 편이 아니다. 그렇지만 부정문을 구성하는 형태소의 융합, 합류 과정이나 통사적인 유추의 문제 등을 15세기 이후의 문헌 자료를 통해 검증하고자 했다. 이 과정에서 어떤 문법 범주의 변화가 단지 그 범주 내적인 요인에 의해 이루어지는 것보다는 다른 범주와의 관련성을 중시하지 않을 수 없게 된다. 예를 들어 부사결합형과 보조용언결합형을 모두 허용하는 부정문에서 보조용언결합형의 부정문이 더 자주 쓰이게 되는 것을, 사동문과의 관련성으로 보고자 하는 것도 이러한 입장을 취하고자 한 것이다. 이러한 체계성과 역사성 문제는 앞으로도 더 많은 검증을 통해 증명해야 할 사안이다.

참고문헌

고창운(1987), 전제 개념과 국어의 전제 분석, 『건국어문학』 11·12합집
구종남(1992), 『국어 부정문 연구』, 전북대 박사학위 논문
권재일(1984ㄱ), 『국어 복합문 구성 연구』, 집문당
_____(1984ㄴ), 현대 국어 의향법 연구, 『목천 유창균 박사 환갑기념논총』
          계명대출판부
_____(1986), 문법범주 실현 방법과 국어의 특징, 『배달말』 11. 배달말학회
_____(1986), 의존동사의 문법적 성격, 『한글』 194. 한글학회
_____(1987), 문법범주 실현의 다양성에 대하여 『한글』 196.
_____(1994), 『한국어 통사론』, 민음사
_____(1998), 『한국어 문법사』, 박이정
김동식(1980), 현대 국어 부정법의 연구, 『국어연구』 42
_____(1981), 부정 아닌 부정, 『언어』 6-2
_____(1990), 부정법, 『국어연구 어디까지 왔나』, 동아출판사
김문웅(1991), 옛 부정법의 형태에 대하여, 『들메 서재극 박사 환갑 기념논총』,
          계명대출판부
김방한(1988), 『역사-비교 언어학』 민음사
_____(1998), 『소쉬르-현대언어학의 원류』, 민음사
김석득(1971), 한국어 부정법에 대하여, 『국어국문학』 53
김성화(1989), '-지/다가/고 말-'의 의미 기능, 『국어국문학』 102
김승곤(1978), 『한국어 조사의 통시적 연구』, 건국대학교 대학원 박사학위 논문
_____(1986), 풀이자리조사 '이다'에 대한 고찰, 『한글』 191
_____(1996), 『현대 나라문법』, 박이정
_____(1997), 『현대나라문법』, 박이정
_____(1998), 『현대 국어 통어론』, 박이정
김영만(1982), 국어의 부정문에 대하여, 『긍포 조규설 박사 화갑기념논총』
김영화(1989), 『한국어 부정의 속박 범위에 대한 연구』, 계명대학교 석사학위 논문
김용경(1995). 피동법과 사동법의 역사적 상관성, 『건국어문학』 19.20합집
김인숙(1984), 『한국어 부정의 제약에 관한 연구』, 연세대 대학원 석사학위 논문
김일근(1986), 『언간의 연구』, 건국대학교출판부

김주원(1984), 통사적 변화의 한 양상, 『언어학』 7.

김지홍(1989), 부정과 부사형어미 연구, 『이정 정연찬 선생 회갑기념 논총』, 탑출판사

남기심(1969), 문형 N1-이 N2-이다의 변형 분석적 연구, 『계명논총』 5

_____(1985), 접속어미와 부사형 어미, 『말』 10.

남풍현(1976), 국어 부정법의 발달, 『문법연구』 3

류광식(1990), 『15세기 국어 부정법의 연구』, 건국대학교 대학원 석사학위 논문

리의도(1990), 『우리말 이음씨끝의 통시적 연구』, 어문각

박갑수 편저(1994), 『국어문체론』, 대한교과서

박상규(1977), 『중세국어와 현대 국어의 부정법에 관한 연구』, 경희대 석사학위 논문

박선자(1997), 지움어찌말의 통어 의미적 범주, 『한국어 의미학』, 한국어 의미학회

박순함(1967), 『A Transformational Analysis of Negation in Korean』, The University of Michigan.

박승빈(1931), 『조선어학강의요지』, (역대문법대계 1~19), 탑출판사

박영순(1996), 『한국어 의미론』, 고려대학교출판부

박정규(1989), 현대 국어의 부정문 연구 - 의미 해석을 중심으로, 『한국어 연구』 17.

_____(1996), 『국어 부정문 연구』, 보고사

_____(1996), 부정부사 '안'의 접사적 성격에 대하여, 『국제어문』 제17.

배해수(1975), 『국어 부정법 연구』, 고려대학교 교육대학원 석사학위 논문

백봉자(1975), 한국어의 부정과 그 범주, 『연세어문학』 6.

서상규(1984ㄱ), 국어 부정문의 의미 해석 원리, 『말』 9.

_____(1984ㄴ), 부사의 통사적 기능과 부정의 해석 『한글』 186. 한글학회

_____(1984ㄷ), 『부사의 통사적 기능과 부정의 범위』, 연세대학교 석사학위 논문

_____(1997), 『노걸대언해 어휘색인』 박이정

서정수(1974), 국어의 부정법 연구에 관하여-변형·생성문법적 분석 연구를 중심으로-, 『문법연구』 1

성광수(1971), 부정 변형에 대하여, 『국어국문학』 52.

손남익(1996), 『국어 부사 연구』, 박이정

손호민(1978), 긴 형과 짧은 형, 『어학연구』 14-2

송석중(1977), 부정의 양상의 부정적 양상, 『국어학』 5

_____(1981), 한국말의 부정의 범위, 『한글』 173·4 합본

송창선(1991), 부정문에 나타나는 '-지'의 통사 특성, 『문학과 언어』 12.

신선경(1995), 부정 해석과 부정소 상승에 관하여, 『한일어학논총』, 국학자료원

신원재(1987), 『현대 국어 부정 표현에 관한 연구』, 서울교육대학원 석사학위 논문

신창순(1971), 국어 부정법 연구, 『언어』 7-1

안명철(1990), 국어의 융합현상 『국어국문학』 103

_____(1991), 인용구문의 융합특성 『김완진선행회갑기념논집』.

안병희(1959), 중세어의 부정어 '아니'에 대하여, 『국어국문학』 20.

엄정호(1987), 『장형부정문에 나타나는 '-지'에 대하여, 『국어학』 16.

여찬영(1975), 중세어 부정법 소고, 『연세어문학』 6.

오숙화(1994), 『현대 국어 부정문 연구』, 석사학위 논문(서울대)

유동준(1983), 국어 부정문의 화용론, 『연세어문학』 14·5 합본

윤희철(1994), 한국어 부정 구문에 대한 부정소구 분석, 『기전어문학』 8·9 합본호

이경우(1993), 부정소 '아니'와 '못'의 의미, 『국어교육』 44·5

이근영(1990), 『국어 변동규칙의 통시적 연구』, 건국대학교 국어국문학과 박사학
위 논문

이근철(1986), 국어의 '부정문'에 대하여, 『대전어문학』 3. 대전대학교 국문학과

이기동(1986), 『문법이해론』, 범한서적주식회사

이기용(1979), 두 가지 부정문의 동의성 여부에 대하여, 『국어학』 8.

이승재(1992), 융합형의 형태분석과 형태의 화석 『주시경학보』 10. 주시경학회

이영헌(1979), 국어 부정법의 통어적 특성, 『외국문화연구』 5. 조선대 외국문화
연구소

이익환(1985), 『의미론 개설』, 한신문화사

_____(1987), 부정문, 『영문법 개론』, 신아사

_____(1989), 국어 외부 부정의 의미 해석, 『동방학지』 64. 연세대학교 국학연구원

이정민(1977), 부정 명령의 분석, 『어학연구』 13-2

이정훈(1991), 『영어 부정의 영향권 중의성에 관한 연구』, 연세대학교 석사학위
논문

이지량(1993), 『국어의 융합현상과 융합형식』, 서울대학교 대학원 박사학위 논문

이창용(1990), 『국어 부정문 연구』, 세종대학교 대학원 박사학위 논문

이필영(1995), 국어의 부정 의문문에 대하여, 『한일어학논총』 국학자료원

이현규(1995), 『국어 형태변화의 원리』, 영남대학교출판부

이현희(1982), 국어의 의문법에 대한 통시적 연구, 『국어연구』 52.

_____(1994), 『중세국어 구문 연구』, 신구문화사

이홍배(1972), 국어 부정문 기술에 있어서의 문제점, 『어학연구』 8-2

이환묵(1982), 『국어 함수 표현에 관한 연구-아니, 또, 도-』, 서울대학교 대학원
언어학과 박사학위논문

이환묵(1982), 부정 표현 '아니'의 통사 범주와 그 의미, 『어학연구』 18-1

임유정(1998), 국어 부사의 하위 분류, 『어학연구』 34-1

임홍빈(1973), 부정의 양상, 『논문집』 5. 서울대학교 교양과정부 논문집

_____(1978), 부정법 논의와 국어의 현실, 『국어학』 6.

_____(1985), 국어의 통사적인 공범주에 대하여, 『어학연구』 21-3

_____(1987), 국어 부정문의 통사와 의미, 『국어생활』 10.

_____(1998), 『국어 문법의 심층』 1-3. 태학사

장경기(1986), 『국어 부정 의문문과 전제, 『어학연구』 22-1

_____(1986), 국어에도 부가의문문이 있는가, 『영어영문학』 3. 영어영문학회 경
　　　　　남지부

장경희(1982), 국어 의문문의 긍정과 부정, 『국어학』 11.

장석진(1984), 국어의 부가 의문문-형식과 기능-, 『언어』 9-2

전병쾌(1984), 『한국어 부정 구조의 분석-변형·생성문법적 고찰』, 한신문화사

전상범(1995), 『형태론』, 한신문화사

전정례(1994), '-오디'구문 연구, 『국어교육』 85·86

_____(1995), 『새로운 '-오-' 연구』, 한국문화사

정원수(1988), 부정형태 '잖-'에 대하여, 『국어국문학』 100.

정인승(1977), 『표준 고등문법』, 탑출판사(역대문법대계 1-31)

정재영(1996), 『의존명서 '드'의 문법화』, 태학사

조오현(1991), 『국어의 이음어미 연구』, 한신문화사

_____(1996), '이다' 연구사 『한국어 조사와 어미 연구사』(김승곤 엮음) 박이정

최기용(1993), 한국어 장형 부정문의 구조, 『생성문법 연구』 3-1

최남희(1996), 『고대국어형태론』, 박이정

최세화(1963), '아니'어 고, 『무애 양주동 박사 화갑기념논문집』

최현배(1961), 『우리문법』, 정음문화사

_____(1961), 『우리문법』, 정음문화사

한　길(1978), 『한국어 부정어에 관한 연구-아니다, 없다, 말다의 해체 분석을 중
　　　　　심으로』 연세대학교 대학원 국어국문학과 석사학위 논문

한말연구학회(1998), 『국어사 강독선』, 박이정

한정일(1987), 『부정문의 화용론』, 연세대 대학원 석사학위 논문

허　웅(1983), 『우리 옛말본 -형태론』, 샘문화사

_____(1989), 『16세기 우리 옛말본』, 샘문화사

허재영(1996), 이음씨끝과 이은문 연구의 흐름, 『한국어 토씨와 씨끝의 연구사』,

박이정

_____(1997), 우리말 문법화 연구의 흐름『한말연구』3. 한말연구학회

_____(1998ㄱ), 부정법의 개념과 연구방법, 『한말연구학회 여름발표 요약지』, 한말연구학회

_____(1998ㄴ), 『번역소학』과 『소학언해』 비교연구, 『국어교육』97. 한국국어교 육연구회

_____(1998ㄷ), 안맺음씨끝 '-거-'와 교체되는 '-나-'의 기원『한말연구』4. 한말 연구학회

_____(1999ㄱ), 『지움월의 통시적 연구』, 건국대학교 대학원 박사학위 논문

_____(1999), 문법형태소의 합류에 대한 가설, 『건국어문학』21 · 22합집

_____(2000ㄱ), 16 · 17세기 지움월 연구, 『한글』249. 한글학회

_____(2000ㄴ), 부정극성어 형성, 변화과정 연구, 〈2000년 겨울 학술대회 발표 논문집〉, 한국언어학회

_____(2000ㄷ), 의문문의 통시적 연구, 『인문과학논총』제35집, 건국대학교 인문과학연구소

현대언어학연구회(1984), 『의미론』(Palmer), 한신문화사.

홍순성(1991), 부정접사 '무(無)-, 미(未)-, 불(不)-, 비(非)-'에 관하여, 『들메 서재극 박사 환갑 기념논총』, 계명대 출판부

홍윤표(1993), 『국어사 문헌 자료 연구』, 태학사

_____(1994), 『근대국어 연구』, 태학사

홍종선(1998), 『근대국어 문법의 이해』, 박이정

황병순(1980), 국어 부정법의 통시적 고찰, 『어문학』40.

Anderson.S.(1984), *On the development of morphology from syntax*, Fisiak, J. ed(1984)

Aronoff,M.(1976), *Word Formation in Generative Grammar*, The MIT Press.

B.Heine, U.Claudi, F.Hunnemeyer(1991), *Gramaticalization*, The Uiniversity of Chicago Press.

Fisiak, J. ed(1984), *Historical Syntax* : Trends in Linguistics, Studies and Monographs 23.

Hermann Paul(1891), *Principles of the History of Language*, Longman, Green, And Co. London.

J.Lyons(1981), *Language and Linguistics*, Cambridge University.

J.T.Jensen(1990), *Morpholgy*, University of Ottawa.

Joseph H. Greenberg(1966), *Universals of Language*, The MIT Press.

King.R.(1969), *Historical Linguistics and Generative Grammar*, Pretice-Hall, Inc, New Jersey.

P.Hopper(1993), *Gramaticalization*, Cambridge University.

Palmer.F.R.(1971), *Grammar*, Harmondsworth, Middlesex, Penguin Books

T.Givon(1979), *On Understanding Grammar*, University of California Academic Press.

Zimmer,K.(1964), *Affixal negation in English and other language* : an investigation of restricted productivity, Supplement to word, Monograph 5. New York.

중세국어 부정극성어 '아ᄆᆞ라타'

I. 머리말

1.1. 연구 목적

부정문 연구에서 지속적인 관심의 대상 가운데 하나는 반드시 부정문만을 수반하는 어휘가 존재한다는 사실이었다. 이환묵(1977)에서는, 부정문이나 긍정문 어느 하나에서만 나타나는 어구를 부정극어 또는 부정극성어라 부르는데, 이러한 극어의 존재 여부는 통시적으로 쉽게 검증되기 어렵다. 더욱이 부정극성어를 어휘면으로만 한정한다면, 17~8세기까지 부정극성어의 존재를 인정하기는 쉽지 않다. 그렇기 때문에 앞선 연구에서의 부정극성어는 현대 국어를 대상으로, 의미·화용론적 방법으로 접근하는 것이 일반적이었다.

그러나 '어제의 통사론이 오늘의 형태론'이라는 문법변화의 일반적인 원리를 고려할 때, 부정극성어의 형성 과정을 검증하는 것은 불가능한 일이 아니다. 이미 허재영(1999)에서 밝혔듯이, 17~8세기까지는 반드시 부정문을 수반하는 어휘를 찾기는 어렵다. 다만 씨끝 '-디비'나 '시간부사＋한정보조사', '명사＋만＋도'의 경우 '없다'를 비롯한 부정문을 취하므로, 이 경우 부정극성어 형성과 관련이 있을 것으로 볼 수 있다. 그러나 16세기 이후 편지글에 빈번히 쓰인 '아므라타'는 '없다, 모르다, 아니/몯'을 취하므로 부정극성어로 볼 수 있다. 이 글에서는 '아므라타'를 중심으로 부정극성어의 형성 조건과 과정을 검토하는데 목적을 둔다.

1.2. 연구 대상 및 방법

문법론의 연구 과제는 첫째 '어떻게 구성되는가'를 중시하는 관점과 둘째 '어떠한 기능을 가지는가'를 중시하는 관점이 있다. 권재일(1994)에서는 전자를 제1관점, 후자를 제2관점으로 명명하고, 결합 과정과 통합 과정을 중시하는 전자를 '문장 구성론', 어떠한 기능을 가지는가를 중시하는 후자를 '문법 범주론'으로 보았다. 부정문 연구도 이러한 관점을 적용한다면, 부정소 결합과 부정문 생성에 초점을 맞춘다면 전자의 입장이 될 것이고, 부정의 기능을 범주로 설정한다면 후자가 될 것이다. 이 글에서는 권재일(1994:180~184)에서 제시한 바와 마찬가지로 부정문의 개념을 '어떤 진술이나 내용을 인정하지 아니하는 문법 범주로 전제하고, 연구 대상을 부정극성어 '아므라타'로 한정하고차 한다.

부정극성어 '아므라타'는 부정문을 수반하는 언어 형식이 한 어휘로 굳어진 것이라고 볼 수 있는데, 문제는 어떤 언어 형식이 융합된 것인가를 밝히기가 쉽지 않다. 그러나 '아므라타'의 어기로 볼 수 있는 '아므'와 '아모'의 관계, '아므라ᄒ다'와 '아므라타'의 차이, 15세기 극히 제한된 용례로 나타나는 '아므라토'와의 관계 등이 규명된다면, '아므라타'가 중세국어에서 부정극성어로 쓰였음을 밝혀낼 수 있을 것으로 기대된다. 이러한 관점에서 이 글은 다음과 같은 순서로 쓰여질 것이다.

첫째, '아ㅁ라타'의 형태론적 특성에서는 '아ㅁ라타'의 어기로 생각되는 '아ㅁ'와 이와 유사한 '아모, 아마'의 차이를 밝히고자 한다. 이 과정에서 15세기 '아ㅁ'는 반드시 '아ㅁ라/아ㅁ리' 형태로 나타나는데 비해 '아모'는 그 자체가 명사로 쓰인다는 점을 밝힘으로써, 16세기 이후 나타나는 '아ㅁ라타'의 이형태인 '아모라타, 아므라타'는 'ㆍ' 음운의 변화에서 기인한 것임을 확인할 수 있다. 따라서 '아ㅁ라타'의 어기는 '아ㅁ라-ㅎ다'가 된다.

둘째, '아ㅁ라타'의 통사적 특성을 살펴볼 때 '아ㅁ라-ㅎ다'가 부정문만을 수반하는 통사구조를 이룰 때에는 명사구 제약이 존재함을 확인할 수 있다. 이 점을 고려하여 '아ㅁ라타'에서도 명사성을 띤 요소가 문법화되었을 가능성을 제기할 수 있다.

셋째, '아ㅁ라-ㅎ다'가 명사구 제약 조건에서 부정극성어가 되는 것은 의미상 밀접한 관계가 있음과 마찬가지로, '아ㅁ라타'도 의미론적으로 부정극성어를 이룰 가능성이 높음을 밝히고자 한다.

1.3. 앞선 연구

부정문에서 극성어에 관심을 기울인 것은 이환묵(1977)에서부터이다. 이러한 관심은 의미론적인 차원에서 시작되었는데, 점차로 통사구조의 특성으로까지 확대되는 경향을 보인다. 특히 김영희(1988)에서는 부정극성어의 허가 조건과 양상을 살피고자 했으며, 시정곤(1997 ㄱ, ㄴ, ㄷ)에서는 부정극어의 허가 조건과 의미상의 특징을 아울러 검토하고자 했다. 이러한 연구에서 중점적으로 검토 대상이 된 어휘는 '그다지, 별로, 밖에' 등이다. 이와 함께 남승호(1998)에서는 '아무 것도, 더 이상, -기 전에' 등의 구문까지 포함한 논의를 진행했다. 이러한 연구를 종합해 볼 때, 부정극성어 연구는 공시적인 차원에서 의미론적으로 접근하고자 한 경향이 우세했음을 알 수 있다. 그렇기 때문에 통시적으로 '전혀, 별로'와 같은 어휘가 부정극성어가 되는 까닭에는 상대적으로 관심이 적을 수밖에 없었다. 이 글에서 다루고자 하는 '아무라타'에 대한 언급은 허웅 (1983)에서 '아무라ㅎ디도'의 준말로 볼 수 있는 '아무라토'에 대한 간략한 언급이 있을 뿐이다.

2. '아무라타'의 형태론적 특성

2.1. '아무라타'의 어기

15세기 문헌에서는 '아무라타' 용례가 극히 제한적이어서 이 말의 어원을 찾기는 어렵다. 더욱이 16세기 이후의 문헌에서는 'ㆍ' 음가의 변화로 말미암아 '아무라타, 아모라타, 아므라타'가 모두 나타나므로, 이 말의 어기를 찾는 일은 쉽지 않다. 이 점에서 먼저 고려해 보아야 할 점은 '아무라타'가 '아무'를 어기로 갖는가 하는 점이다. 또한 '아무'를 어기로 갖는다면 이 어기와 '아마', '아모'는 어떤 관련을 갖고 있는가도 살펴보아야 한다. 이를 위해 15세기 '아무, 아모, 아마'를 포함한 자료를 검토해 볼 필요가 있다. 다음의 용례는 이를 정리한 것이다.

  (1) '아무'의 분포
    ㄱ. 아무려/아무라 ㅎ다
    · ㅎ마 갓 얼이고 아기 아ᄃ리 양지 곱거늘 各別히 ᄉ랑ᄒ야 <u>아무려</u>나 못됴ᄒ 며느리를 어두리라 ᄒ야 (석보 6:13)
    · 내 다만 ᄒ 앗이 뎌란 모딘 ᄠᄃᆯ 머그니 <u>아무려나</u> 그티게 호리라
                                            (석보 24:47)
    · 王子ㅅ 命이 닐웻 부니로소니 <u>아무려나</u> ᄆ숨ᄭ장 노라사 ᄒ리이다 (석보 24:48)
    · 그 夫人이… <u>아무려나</u> 뎌 太子를 모 ᄲ 밍ᄀ로리라 (석보 24:49)
    · 付屬은 말ᄊᆞᆷ <u>아무려</u> ᄒ고라 請호ᄡᅵ라 (석보 6:46)

- 아ᄆᆞ란 므슴히어나 자시어나 ᄀᆞ올히어나 …(석보 9:40)
- 니르샤 合掌ᄒᆞ야 問訊ᄒᆞ시고 아ᄆᆞ란 偈를 니르시니라 ᄒᆞ라
  (석보 23:30)
- 則은 아ᄆᆞ리 ᄒᆞ면 ᄒᆞ논 겨체 쓰는 字ㅣ라 (훈민정음 언해)
ㄴ. 아ᄆᆞ라토
- 菩薩이 ᄃᆞ니시며셔 겨시며 안ᄌᆞ시며 누ᄫᆞ샤매 夫人이 아ᄆᆞ라토
  아니ᄒᆞ더시니…(월석 2:26)

(2) '아모'의 분포
ㄱ. 아모
- 乎는 아모 그에 하는 겨체 쓰는 字ㅣ라 (훈민정음언해)
- 遂는 브틀씨니 아모 다 술브터 이러타 ᄒᆞ논 겨치라 (월석 서:3)
- 鴨江앳 將軍氣를 아모 爲ᄒᆞ다 ᄒᆞ시니 (용가 39장)
- 아모도 가지디 못ᄒᆞ얫더니…(석보 23:57)
ㄴ. 아모+명사
- 解脫은 버슬씨니 아모 ᄃᆡ도 마ᄀᆞᆫ ᄃᆡ 업서든…(월석 서:8)
- 현 劫 디나 아모 世界예 부텨 ᄃᆞ외야 …(능엄 1:17)
- 아모 城中에 날 ᄇᆞ리고 …(법화 2:222)

(3) 아마/아마도/아마커나
ㄱ. 아마도
- 아마도 福이 ᄌᆞᅀᆞᆯ삣니 아니 심거 몯홀꺼시라 (석보 6:38)
ㄴ. 아마커나
- 내 이제 塵俗앳 이를 아마커나 가져 반ᄃᆞ기 네 疑心을 더로리라
  (능엄 4:124)
- 아마커나 사ᄅᆞ미 ᄀᆞ라 먹 밍ᄀᆞ라 …(법화 3:86)
- 눈 ᄀᆞ존 어딘 무론 아마커나 누늘 두어 보라 (금강삼 2:2)
- 金ᄆᆞ로 펴샤ᄆᆞᆯ ᄒᆞ다가 아디 몯거든 七斤衫 아래 아마커나 ᄎᆞ자
  보라 (남명 하:56)

  15세기 문헌에 나타나는 '아ᄆᆞ'와 '아모', '아마'를 포함한 형식은 용례
가 많지 않아 정확히 분석하기는 어려우나 분포상 차이가 있는 것으로

생각된다. 왜냐 하면 (1)에서 나타나는 바와 같이 '아ᄆ'는 단독 형태로 쓰이는 경우가 없다. '아ᄆ라, 아ᄆ려, 아ᄆ리'와 같은 형식을 갖는다. 곧 (1ㄱ-ㄴ)은 '아ᄆ라ᄒ다'의 구조로, 'ᄒ다'가 불구적인 어근에 붙은 셈이며1), (2ㄱ-ㄴ)은 명사로 쓰인 '아ᄆ'이다. 그렇기 때문에 '아ᄆ라토/아ᄆ라타'에 들어 있는 '아ᄆ'는 '아ᄆ라/아ᄆ리-ᄒ다'이며, 이와 유사한 '아모'와는 별개의 것으로 생각된다. 다만 16세기 이후 'ᆞ'음가의 변화로 말미암아 '아ᄆ라타'의 이형태로 '아모라타, 아므라타' 등이 나타나기 때문에 '아ᄆ'와 '아모'가 같은 낱말처럼 보이는 것이다. 다음 자료는 16세기 이후에 나타나는 '아ᄆ, 아모, 아마'의 쓰임새이다.

    (4) '아ᄆ'의 분포
      ㄱ. 아ᄆ리
       • 너도 병이 듕타코 나도 죽고젼 ᄠᅳ디 만히여 <u>아ᄆ리</u> 되나�나 너겨 보내니 디녀 브리기는 네게 잇거니와 ᄌᆞ식ᄒ고 ᄒᆞᆫ더 모다셔 일ᄒ려라코 아니 보내여더니라. (순천 67)
       • 녀는 어더 여긔 // 갓다 ᄒ다마는 긔인다. <u>아ᄆ리</u> 긔나 내 가 보리라. (순천 183)
      ㄴ. 아ᄆ라ᄒ다/ 아ᄆ리ᄒ다
       • 자내 ᄠᅳᆮ과 다ᄅᆞ니 <u>아ᄆ란</u> 줄 모ᄅᆞᆯ … (순천 105)
       • <u>아ᄆ라ᄒᆞᆫ</u> 줄 모ᄅᆞ고 나도 수이 가고져 ᄒᆞ여 … (순천 72)
       • ᄲᅡᆯ도 내 미자 업서 계오구러 쓰거니와 <u>아ᄆ리 ᄒ다</u> 엇디 보낼 겨규룰 ᄒ리. (순천 3)
       • 유더기는 제 아자비롤 달화 보려니와 제 아비 아니 혀 낸가 ᄒ뇌. <u>아ᄆ리 ᄒ다</u> 어디 갈고. 인는 죵이나 어엿비 녀기소. (순천 20)
       • ᄯᅩ 네 뵈는 내 히미 이시면 ᄌᆞ시긔 이롤 <u>아ᄆ리 ᄒ다</u> 아니히여 주랴 (순천 90)
       • 요ᄉᆞ이는 셜죵이롤 도로 ᄃᆞ려 오고져 히여 하 날ᄃᆞ려 역졍되이 구니 <u>아ᄆ리 ᄒᆞᆯ</u> 줄 모ᄅᆞ고 나도 져믄 적브터 … (순천 91)

---

1) 'ᄒ다' 파생어에서 어기는 명사, 부사, 불구적인 어기 등으로 나눌 수 있다. '아ᄆ라 ᄒ다'의 경우 허웅(1983)에서는 불구뿌리로 처리하고 있다.

ㄷ. 아ᄆ라니/아ᄆ려나/아ᄆ려도/아ᄆ란
 · 다 바다 두고 게 가니도 만ᄒ니라 ᄒ고 <u>아ᄆ라니</u> 아니코 아니 주
   고 ᄀ는 무명 필무명 야상무명 뵈 ᄀ튼 거슨… (순천 80)
 · 네 병이 듕ᄒ니 셔방님곳 나가면 더옥 이리 안자셔 민망ᄒ여라
   <u>아ᄆ려나</u> ᄆ슴믈 누겨 잡녀믈 말고 궁ᄒ나 근시믈 니저셔 됴리ᄒ
   여 서르 사라다가 맛보쟈 (순천 13)
 · 네 병이 <u>아ᄆ려나</u> ᄆᄆ믈 누기면 ᄒ리라 (순천 168)
 · 원쥐 죵 공이 왓거든 춤초 ᄒ여 주고 아니 와셔도 너희 <u>아ᄆ려나</u>
   ᄒ여라. (순천 86)
 · 너희 하 궁ᄒ여 ᄒ니 ᄒ숩것 나치나 ᄒ쟈 ᄒ니 <u>아ᄆ려도</u> 몯ᄒ여
   보내로다 (순천 31)
 · 네 ᄲ론 <u>아ᄆ려도</u> 보내디 몯ᄒ니 무명이나 사 보내고져 ᄒ노라
   (순천 14)
 · ᄆ일 길 ᄃ녀 슈고ᄒ고 먹기기를 ᄀ장 못ᄒ야시니 다 <u>아ᄆ란</u> 술
   짐이 업스니… (번노걸 상: 63)

ㄹ. 아ᄆ라타
 · 네 형 주근 날 호라. 내 ᄉ시른 <u>아ᄆ라타</u> 업거니와 이제는 미시
   ᄂ미론 ᄃ시 되니 내 지비 내 죵이나 ᄃ리고 사다가 죽거든 시러
   가거나 예 묻거나 그만 ᄇ라고 이시니 (순천 79)
 · 여긔 잇다가 아조 쳐블 사모려 ᄒ는 뎌 ᄠ디오 나는 마와댜 ᄒ니
   <u>아ᄆ려타야</u> 이긔랴 (순천 92)

(5) '아모'의 분포
 ㄱ. 아모
 · <u>아뫼</u>나 오리 ᄒ여 네 ᄌ디ᄒ고 수이 보내여라(순천 14)＝아무나
   오는 사람 하여 네 자지(紫芝)와 함께 빨리 보내라
 · 어제 뉴셩원 아춤뎜 아니 머그니롤 엇디 그런고 <u>아모</u>의 ᄲ론 현
   되로셔 현 ᄢ 먹고 <u>아모</u>ᄂ 현 되로셔 현 ᄢ ᄌ셰 뎌겨 보내소
   (순천 44)

 ㄴ. 아모+명사
 · 새 것들 당시 ᄠ돌 것 업고 ᄒ니 나도 홀 거시 업서시매 졍시니
   아모드러 간 동 업시 안자셔 <u>아모 일</u>도 겨오 ᄎ리고 이시니 눈
   밧긔 이리야 싱각도 몯ᄒ노라 (순천 12)

· 귀보기 안부 알라 가니 아모 것도 몯 보내노라 (순천 137)

(6) '아마'의 분포
ㄱ. 아마
· 나도 <u>아마</u> 올 겨울 니년 보몰 살면 견디여 저희 구는 양이나 보고
ㄱ올회나 가고져 ㅎ노라 (순천 42)
ㄴ. 아마도
· 셔올 엇디 가 살리 ㅎ고 절라도 갈 ᄠᅳ디 만커눌 미듀기룰 여게
보내엿다. 이녀니야 <u>아마도</u> 몯 브리로다 (순천 149)

(7) '아ᄆ'와 '아ᄆ', '아마'의 용법 뒤섞임
ㄱ. 아ᄆ+명사
· 감시나 ㅎ여도 음시글 갓ㄱ스로 먹고 ᄃ니니 <u>아ᄆ</u> 것도 보내디
몯ㅎ뇌 (언간 9)
ㄴ. 아ᄆ
· <u>아ᄆ</u> 것도 긇히디 몯ㅎ여 …(번노걸 상:37)
· 내 이 人蔘과 모시 뵈 풀면 <u>아ᄆ</u> 날이라 업시 모로매 너룰 기ᄃ
려서…(번노걸 하:50)
ㄷ. 아ᄆ려도/아ᄆ려나/아ᄆ라나/아ᄆ란
· ᄆ룰 <u>아ᄆ려도</u> 엇디 몯ㅎ니 친히 보와 ㅎ게 ㅎ여…(순천 64)
· <u>아ᄆ려나</u> 져기 섈 밧괴여 주어든 밥 지어 먹어지라 (번노걸 상:36)
· <u>아ᄆ라나</u> 긇히디 말고…(번노걸 상:49)
· <u>아ᄆ란</u> 이 밧는 일도 업스니…(번노걸 상:6)
ㄹ. 아마라타/아마타
· 죠은 내 스실도 네 모루ᄂ느라 내 지비 이제는 <u>아마라타</u> 업시 되
어고(순천 168)
· 벼스롤 ᄇ리고라 인셩이 케라 호디 구틱여 가니 민망코 <u>아마타</u>
업서 아돌 둘 맛뎌 보내고 안자셔 보내노라 (순천 145)

16세기 문헌에 나타나는 '아ᄆ', '아모', '아마'는 표기 및 의미상 점차
변별 기능을 잃어가는 듯하다. 특히 (4~6)과는 달리 (7ㄱ-ㄴ)은 '아ᄆ'
와 '아모'가 같은 기능을 수행하는 셈이며, (7ㄷ-ㄹ)은 '아ᄆ'의 음운변화

에 따른 결과로 볼 수 있다. 특히 주목되는 점은 '아무:아모:아므'의 대
립이 17세기 이후에는 거의 사라진 것으로 보인다는 점이다. 다음과 같
은 자료는 이러한 대립이 존재하지 않음을 보여준다.

   (8) 17세기 이후의 '아무:아모:아마'
      ㄱ. 아무 + 명사
       • <u>아무</u> 거시나 ᄒ엿다가 주소 (현풍 39)
       • <u>아무</u> 나리나 오려 ᄒ면 예셔 종ᄃ롤 출화 보낼 거시니 (현풍 49)
       • <u>아무</u> 마리 자내 귀예 드려도 드른 체 말고 내 긔걸대로 ᄒ소
                                            (현풍 65)
       • <u>아무</u> ᄣᅢ예 와도 즉시 갈 거시니 브듸브듸 즉시즉시 사롬 보내소
                                            (현풍 28)
      ㄴ. 아모 + 명사
       • 사롬 뷔여 가ᅌᅵᆸᄂ 주롤 일가의셔 다 ᄒᄒ시노이다마는 마촘 <u>아모
       것</u>도 업스온 저기오매 몯 보내시면 (현풍 120)
      ㄷ. 아마 + 명사
       • 내 머글 것도 <u>아맛 거시</u>나 ᄒ여 내여 보내고 (현풍 58)
       • <u>아마</u> 것도 졍 알외ᅌᅮ올 것 업스와 (현풍 124)

(8ㄱ-ㄷ)은 '아무, 아모, 아마'가 모두 관형사처럼 쓰인 경우로 통사, 의
미상의 차이가 존재하지 않는다. 이와 같은 이유로 인하여 '아모-가히,
아모-디, 아모-만', '아모랗다, 아모리, 아모ᄠᅩ록/됴록/됴로나/죠록', '아
므만, 아므-가히, 아므랗다, 아므려나, 아므리', '아무리, 아무랗다, 아무
려, 아무리나, 아무만' 등이 뒤섞여 쓰이게 된다. 이러한 혼용은 'ㆍ'의 음
가 변화가 2음절에서 먼저 나타나고, 이러한 변화의 시기가 16세기 전
후였다는 점과 밀접한 관련이 있을 것이다.[2]
  이상의 논의를 종합하면, '아무라타'의 어기는 '아무라-ᄒ다'이며,
15세기 단독형으로 존재하지 않던 '아무'가 16세기 이후 음운변화에 따라 '아모, 아므, 아

---

2) 김완진(1963)에서는 후기 중세국어의 모음체계의 변화에 대해 체계적인 설명을 하고 있
   다. 또한 안병희·이광호(1994)에서도 16세기 전후 'ㆍ'가 비어두음절에서 'ㅡ'로 합류됨
   을 밝히고 있다.

마와 뒤섞이기 때문에 '아모라타'의 이형태가 생겨나는 것으로 볼 수 있다.

2.2. '아모라타'의 형태론적 특성

15세기부터 17세기까지 부정문을 취하는 '아모라타'는 '아마타'와 '아모라토', '아모라타', '아므라타'와 같은 이형태가 존재한다.

    (9) 아모라타의 이형태
      ㄱ. 아모라토
      · 菩薩이 도니시며셔 겨시며 안즈시며 누보샤매 夫人이 <u>아모라토</u>
        아니ᄒᆞ더시니 (월석 2:27)
      · 눔도 ᄯᅩ <u>아모라토</u> 아니ᄒᆞ야 달이 너기디 아니ᄒᆞ야 =人亦恬不爲
        怪ᄒᆞ야 (내훈 초 1:68)
      ㄴ. 아마타
      · 요ᄉᆞ이 긔별 몰라타니 감지 귀보기 오나ᄂᆞᆯ 몸ᄃᆞ론 무ᄉᆞ니 지극
        지극 깃브거니와 몃겨니 이론 <u>아마타</u> 업세라 (순천 68)
      ㄷ. 아모려타
      · 여긔 잇다가 아조 쳐블 사모려 ᄒᆞᄂᆞᆫ 뎌 ᄠᅳ디오 나ᄂᆞᆫ 마와댜 ᄒᆞ니
        <u>아모려타야</u> 이긔랴 (순천 92)
      ㄹ. 아모라타
      · 든든이 디내다가 훌혀 나가니 섭섭ᄒᆞ기 <u>아모라타</u> 업서 오던 ᄲᅢ롤
        싱각고 … (언간 37)
      ㅁ. 아므라타
      · 孫權이 <u>아므라타</u> ᄒᆞ여 뎌답지 아니ᄒᆞ고 니러셔 후당예 드러가다
                                            (삼역 3:23~24)
      · 든든ᄒᆞ기 <u>아므라타</u> 업ᄉᆞ며 (언간 35)
      ㅂ. 아모라타
      · 뎌런 졀박히 민망 급급ᄒᆞᆫ 이리 어듸 이시리 <u>아모라타롤</u> 못ᄒᆞ여
        ᄒᆞ노라 (언간 118)
      · 덕수오신 편지 보옵고 친히 뵈옵ᄂᆞᆫ ᄃᆞᆺ <u>아모라타</u> 업서 ᄒᆞ오며
                                            (언간 40)

> • 뎡셔방은 초시롤·ᄒ온가 시브오니 어느만 깃ᄉ오시거뇨. 깃브오
>   미 <u>아ᄆ라타</u> 업ᄉ와 ᄒ읍노이다 (언간 147)
> • 듣줍고 지극 놀랍ᄉ오디 <u>아ᄆ라타</u> 업ᄉ완 ᄒ오며 (현풍 119)
> • 둘포 문안 모르오니 하졍의 섭섭 복념 <u>아ᄆ라타</u> 업ᄉ와 ᄒ읍ᄂ이
>   다 (언간 보 16)

(9ㄱ-ㅂ)은 모두 부정극성어 '아ᄆ라타'의 이형태이다. 이 가운데 (9ㄷ, ㅁ)은 형식상으로는 부정문을 수반하지 않은 것처럼 보이나, 의미상 반어로 쓰이고 있으므로, 실제로는 부정문을 수반한 셈이다.[3] 자료상 빈번히 쓰이는 것은 (9ㅂ)이며, 후대의 자료에서는 (9ㅁ)도 빈번히 나타난다. 반면 (9ㄱ-ㄹ)은 용례가 한정되어 있어 오자일 가능성도 배제할 수는 없으나 '아ᄆ, 아마, 아모'의 대립이 17세기 이후 무의미해진 점을 고려한다면 모두 같은 범주로 묶을 수 있다.

이 과정에서 '아ᄆ라타'를 어떻게 분석할 것인가가 문제점으로 남는다. 이에 대해서는 앞선 연구는 보이지 않지만, 『우리말큰사전』(한글학회)과 『이조어사전』(유창돈)의 어휘항을 고려한다면 '아ᄆ라ᄒ다〉아ᄆ랗다'를 고려할 수 있다.[4] 그러나 이와 같은 분석은 (9)에 나타난 어휘가 부정문만을 취하는 까닭을 제대로 설명할 수 없다. 다음과 같은 예를 살펴보자.

    (10) '아ᄆ라·ᄒ다'와 긍정문
        ㄱ. '아ᄆ라ᄒ다'로 융합된 경우
        • 내 이신 적은 <u>아ᄆ라 ᄒ여도</u> <u>므던커니와</u> … (현풍 12)
        • 네 同生둘희 지븨셔 <u>아므란</u> 닐올 마리 잇거든 다 네게로 囚ᄒ야
          보라 書啓ᄒ야 드려 보내라 ᄒ니 (언간 11)
        • 쳐어믄 쳡 홀/ 몯 아냐 날 고로이 사다가 쵸보케 ᄒ고 <u>아ᄆ란</u>
          <u>거시나</u> 의지호려 ᄒ더니 … (현풍 33)

---

3) 의미상 부정에 대해서는 김동식(1990)을 참조할 수 있다.
4) 『우리말큰사전』에서는 '아ᄆ라타, 아ᄆ라타, 아ᄆ라타'를 '아ᄆ랗다, 아모랗다, 아므랗다'
   로 올려 놓았으며, 『이조어사전』에서는 '아ᄆ라타, 아므라타'를 올림말로 잡은 뒤, '아ᄆ
   랗다'와 같은 뜻으로 풀이하고 있다.

· 원상이는 다른 거시 아니라 아ᄋᆞᄐᆞ기로 주올이 드러 그러ᄒᆞ니 아ᄆᆞ리 ᄒᆞ여도 거줏 거시니라 (언간 71)

ㄴ. 어기(아ᄆᆞ라)가 부사로 남아 있는 경우

· 힝혀 아ᄆᆞ라나 ᄒᆞ여도 즉시즉시 사룸 보내소 (현풍 28)

· 농인ᄋᆞᆸ너로 가오니 가고 갈ᄉᆞ록 졈졈 머러 가오니 아모리 져어 ᄒᆞ여 견ᄃᆡ노라 ᄒᆞ여 … (언간 153)

· ᄆᆞᄎᆞᆷ내 구티 못ᄒᆞ오니 하 ᄠᆞᆫᄒᆞᄋᆞᆸ고 톡톡ᄒᆞ오니 이 엇던 일이온고. 아ᄆᆞ리 ᄉᆡᆼ각ᄒᆞ와도 거ᄌᆞ 일 ᄀᆞᆺᄌᆞᆸ고 ᄌᆞ겨 ᄆᆞ옴이나 인평위 ᄆᆞ옴이나 그리ᄃᆞ록 … (언간 129)

(10ㄱ-ㄴ)은 '아ᄆᆞ라-ᄒᆞ다'가 한 어휘로 융합된 것으로 보든, '부사+V-ᄒᆞ다'의 구조로 보든 긍정문을 수반할 수 있다는 점에서, '아ᄆᆞ라타'와는 다르다. 다음의 예와 같이 '아ᄆᆞ라타'는 부정문만을 수반하기 때문이다.

(11) 아ᄆᆞ라타

ㄱ. '없다'를 수반하는 경우

· 놀랍ᄉᆞ와 조심 아ᄆᆞ라타 업ᄉᆞ오며 (현풍 121)

· 덕ᄉᆞ오신 편지 보ᄋᆞᆸ고 친히 뵈ᄋᆞᆸᄂᆞᆫ ᄃᆞᆺ 아ᄆᆞ라타 업서 ᄒᆞ오며 (언간 40)

ㄴ. '아니/못'을 수반하는 경우

· 요ᄉᆞ이론 아ᄆᆞ라타 몯 ᄒᆞ로쇠 (현풍 33)

· 何有鄕ᄋᆞᆫ 아ᄆᆞ라타 몯 홀 고ᄃᆡ니 無主를 니ᄅᆞ니라 (금강삼 2:21)

· ᄂᆞᆷ도 ᄯᅩ 아ᄆᆞ라토 아니ᄒᆞ야 달이 너기디 아니ᄒᆞ야 (내훈 초 1:68)

· 蘇武ㅣ 아ᄆᆞ라토 아니코 잇거늘 … (삼강 충:6)

(11ㄱ-ㄴ)의 '아ᄆᆞ라타'는 부정문을 취하는 용례이다. 대체로 이 말은 '없다'를 주로 취하고, '몯/못'을 취하는 경우도 나타난다. 문제는 '아ᄆᆞ라타'를 독립된 어휘항으로 설정할 것인가, 아니면 '아ᄆᆞ라-ᄒᆞ다'의 통사 구조에서 부정문이 수반되는 것인가라는 점이다. 이 문제는 '아ᄆᆞ라-ᄒᆞ다'

가 관여하는 부정문의 통사구조를 분석한다면 비교적 쉬운 해답이 도출
될 수 있다.

3. '아무라타'의 통사론적 특성

3.1. 명사구 제약

'아무라타'가 부정문을 수반하는 이유는 '아무라-ᄒ다'가 명사를 수식하
는 구조에서 부정문을 수반하는 것과 같은 원리로 설명할 수 있다. 이
점에서 15세기 이후 통사적 부정극성어5) '아무라 ᄒ-ㄴ+명사'의 구조
를 살펴볼 필요가 있다. 다음 자료를 살펴보자.

(12) '아무라 ᄒ-ㄴ +명사'
　　ㄱ. 아무란 +명사
　　· <u>아무란 줄 모로니</u> ᄌ셰 긔별ᄒ소 (현풍 32)
　　· 몬 뵈도 스시리나 아라스라. 미듀기도 <u>아무란 줄 몰라</u> 셔올 져
　　　년희 갈 제 … (순천 114)
　　· 지븨 므슴 큰 연괴 인눈고 ᄒ여 므ᄉ몰 하 구치니 <u>아무라ᄒ 동</u>
　　　<u>몰라</u> … (순천 72)
　　ㄴ. '아무리/아무려 ᄒ-ㄴ+명사'
　　· <u>아무려 홀 줄 몰라</u> 더옥 민망ᄒ여 ᄒ뇌 (현풍 40)
　　· 봄내 ᄃ릭면 도ᄌ기 긇월 거시니 <u>아무려 홀 주늘</u> 몰나 ᄒ뇌
　　　　　　　　　　　　　　　　　　　　　　　　　　(언간 9)
　　· 민망히 너기오매 나종 <u>아무리 될 줄 모르오와</u> 민망히 너기오티
　　　　　　　　　　　　　　　　　　　　　　　　　(현풍 158)

(12ㄱ-ㄴ)은 통사구조상 '아무라 ᄒ다'가 '명사'를 수식하고 있다. 곧 명

---

5) 허재영(2000ㄴ)에서는 부정극성어의 형성, 변화 과정을 통시적으로 고찰하면서, 단어형
　부정극성어와 통사적 부정극성어로 나누어 고찰한 바 있다.

사를 수식함으로써 앞의 '어떠한 행동이나 기대'를 배제하는 셈이다.6) 이러한 구조는 대명사 '아모'의 경우도 마찬가지로 나타난다. 곧 '아모+명사+도'의 구조에서는 의미상 배제의 뜻을 포함하기 때문에 부정문을 수반할 수밖에 없는 것이다.

    (13) 아모+명사

       ㄱ. 아모/아ᄆ+명사+도

        · 내게 유무도 세 주리셔 더 아니ᄒᄂ니라. 나도 <u>아못 **말도**</u> 아닌
          노라.(순천 41)

        · ᄂᄆ 그리 아니 너기고 니블 일 몯ᄒ여 민망 나 이리 누운 뉘로
          이시니 <u>아ᄆ **일도**</u> 몯ᄒ고 누에도 다 ᄇ리고 ᄲ 져거 다엿 그ᄅ
          술 쉬 다 가져 가니 (순천 56)

        · 날 굿고 쟝 지나시매 <u>아ᄆ **것도**</u> 몯 어더 보내오니 이런 흔이 어
          더 잇스링ᄊ (현풍 138)

        · 부러 사롬이 가오더 <u>아ᄆ **것도**</u> 몯 보내ᄋ와 븨ᄋ온 사롬 보내ᄋ
          오며 (현풍 120)

       ㄴ. 아ᄆ/아마도/ 아ᄆ+명사

        · 나 간 후에 아바님이 년ᄒ여 보내려 ᄒ시뇌. <u>아마도</u> 아희돌 ᄃ
          리고 모미나 편히 겨소.(현풍 6)

        · 이리 와신 제나 비돌 업시 사쟈 ᄒ여도 오리 가리 세가는 무훈
          <u>아ᄆ 더</u> 가도 벌로코 마리 혀여 오니 ᄀᄀ 다 ᄡ니 환자 타 보
          ᄐ여 먹노라 (순천 164)

        · 소곰 바돌 무명을 <u>아ᄆ더나</u> 혼 필만 쒀 바다라. 하 옷 몯 얻거
          든 그 셩마너 공 탭모시롤 나디셔 밧골만뎡 고디ᄃ 마라
                                          (순천 14)

        · 내 머글 것도 <u>아맛 거시나</u> ᄒ여 내여 보내고 (현풍 58)

(13ㄱ)은 '아모+명사'를 '도'가 한정하는 기능을 한다. 그러나 (13ㄴ)은

---

6) '아ᄆ라ᄒ다'가 명사를 수식할 때 부정극성어가 되는 까닭을 명확히 규명하기는 어렵다.
   다만 '줄, 동과 같은 의존명사 다음에 '을/도'와 같은 부정극성어를 만드는 조사가 생략된
   형태로 볼 수 있을 듯한데, 이러한 원리는 '잠간도, 아마도'와 마찬가지로 '도'가 붙어 형
   성되는 통사적 부정극성어의 경우도 마찬가지로 나타난다.

'아모'가 다음 성분을 수식한 뒤, '도'로 한정하는 구조가 아니다. 곧 (12
~13)에서 명사성을 띤 구조에서 앞의 내용을 한정하는 구조에서만 부
정문만을 수반한다는 사실은 흥미로운 결과를 제공한다. 이와 마찬가지
로 '아무라타'의 통사구조도 비슷한 성격을 지닌다. '아무라타+부정문'은
다음과 같은 통사구조를 갖는다.

(14) 아무라타+부정문
  ㄱ. 명사구+아무라타+부정문
  · 가경이는 샹훈을 능히 후엿다 후니 엇디 그런고 분별이 아무라
    타 업서 후노라 (언간 90)
  · 나도 못 뵈완디 둘포되오니 섭섭후오미 아무라타 업스와 후읍
    느이다 (언간 143)
  · 네 졍스롤 싱각고 아춤긋 모다 니르고 눈물 디고 잇더니 수연을
    보니 더옥 참혹 잔인후기 아무라타 못후게 후노라 (언간 110)
  · 네 형 주근 날 호라. 내 스시론 아무라타 업거니와 이제는 미시
    느미론 두시 되니 내 지비 내 좋이나 두리고 사다가 죽거든 시
    러 가거나 예 묻거나 그만 부라고 이시니 (순천 79)
  · 놀랍스와 조심 아무라타 업스오며 (현풍 121)
  ㄴ. 설명 이음씨끝(-으니, -오디) + 아무라타 +부정문
  · 듣줍고 지극 놀랍스오디 아무라타 업스완 후오며 (현풍 119)
  · 유무 보오오니 친히 뵈오온 듯 반갑스오니 아무라타 업습고
                                                      (현풍 119)
  · 벼스롤 부리고라 인싱이 케라 후더 구팁여 가니 민망코 아마타
    업서 아둘 둘 맞뎌 보내고 안자셔 보내노라 (순천 145)-아무렇
    다고 말할 수 없어
  · 우리도 몸은 무스히 잇스오니 한이 블구의 가리라 후오니 더옥
    아무라타 업서 후읍느이다 (언간 39)

(14ㄱ)은 '아무라타'의 부정 대상이 밑줄 그은 명사구임을 명시하는 셈이
다. 반면 (14ㄴ)은 '-으니, -오디'가 부정의 조건일 뿐, 부정 대상은 드
러나지 않는 셈이다.7) 이 때 (14ㄱ)의 부정 대상은 대체로 화자의 태

도, 감정 등을 나타낸다. 곧 '분별함, 섭섭함, 잔인함, 사실임, 조심함' 등
은 화자의 태도나 감정에 속한다. 이를 고려한다면 (14ㄴ)에서는 화자
의 태도와 감정을 겉으로 드러내지 않고 있지만, 궁극적으로 이를 포함
하는 것으로 볼 수 있다. 이러한 구조에서 다음과 같은 용례는 '아ᄆ라타'
의 성격 규명에 단서를 제공해 준다. 곧 다음의 구조에서는 '아ᄆ라타'가
명사성을 띤다.

> (15) '아ᄆ라타'의 명사성
> ㄱ. 뎌런 절박히 민망 ᄀᆲᄀᆲᄒᆫ 이리 어듸 이시리. <u>아ᄆ라타롤</u> 못ᄒᆞ여
>   ᄒ노라. (언간 118)
> ㄴ. 나는 마와댜 ᄒ니 <u>아ᄆ려타야</u> 이긔랴. (순천 92)

(15ㄱ-ㄴ)에서는 '아ᄆ라타'가 조사를 취해 명사구로 기능한 용례이다.
이와 같은 용법은 극히 제한되어 있기 때문에 '아ᄆ라타'가 명사성을 띤
다고 단언하기는 어려우나, 적어도 '아ᄆ라ᄒ다'가 명사를 수식할 경우에
만 부정문을 취했듯이, '아ᄆ라타'도 명사성을 띠고 있기 때문에 부정문
을 수반할 수 있을 것이라는 추론은 가능하게 한다. 왜냐 하면, '아ᄆ라
ᄒ다'가 통사적 부정극어를 이루는 조건과 마찬가지로, '아ᄆ라타'의 어
기를 '아ᄆ라ᄒ다'로 볼 때 명사성을 띠는 구조에서 부정극어가 될 수
있기 때문이다. 이 점에서 (15)와 같이 '아ᄆ라타'의 명사성을 인정한다
면, 이러한 명사성이 어디에서 비롯된 것인지를 밝혀야 부정문을 수반하
는 이유를 알 수 있게 된다.

---

7) '-으니'는 원인, 이유, 조건, 상황, 설명의 계속을 나타내는 씨끝이며, '-오ᄃ'는 앞의 말을
   이어서 계속설명을 해 나가거나, 인용을 나타내는 씨끝이다. 허웅(1983)에서는 '-으니'를
   제약법으로, '-오ᄃ'를 설명법으로 나누어 기술하고 있으나, 두 씨끝 모두 설명의 기능을
   가질 수 있다.

3.2. 의존명사 'ᄃ'의 문법화와 '아무라토'

 '아무라타'가 명사성을 띠는 이유는 이 낱말의 어휘화 과정8)에서 명사
성을 띠는 요소가 포함되었기 때문으로 분석된다. 이 점에서 주목할 수
있는 것은 '아무라타'의 15세기 이형태 가운데 '아무라토'가 존재한다는
사실이다. 이 점은 허웅(1983)에서도 논의한 바와 같이, '아무라토'가
'아무라ᄒ디도'의 준말이었을 가능성을 높여준다는 점에서 부정문을 만드
는 '-디'의 문법화 과정이 이 어휘에도 존재했음을 의미한다. 다만 '아무
라토' 다음에는 '-디 아니ᄒ다/몯ᄒ다'와는 달리 '없다'가 주로 뒤따른다는
점 때문에 '아무라티도'가 줄어든 말인지를 좀더 검토해 볼 필요가 있다.
다음과 같은 예를 살펴보자.

　(16) '-디 +부정문'
　　　ㄱ. 이 經이 文字애 잇<u>디 아니ᄒ</u> 둘 알며 (금강 건 서:6)
　　　 · 受持호미 곧 어렵<u>디 아니ᄒ</u> 둘 보도다 (금강 건 76)
　　　ㄴ. 킈 젹<u>도 크도 아니ᄒ고</u> 숳히 지<u>도 여위도 아니ᄒ</u>니라
　　　　　　　　　　　　　　　　　　　　　　　　　(월석 1:26)
　　　 · 寂滅은 사<u>도 아니ᄒ며</u> 죽도 아니홀씨니 (월석 2:16)

(16ㄱ-ㄴ)은 보조용언형 부정문의 '-디 아니' 구조이다. 특히 (16ㄴ)은
'-디'가 생략된 뒤 보조사 '도'가 붙은 경우이다. 그런데 이러한 구조에서
는 대부분 보조용언으로 '-디 아니/몯'이 수반되어 '없다'가 뒤따르지 않
는다. 이 점에서 '아무라타'는 앞선 예시에서 알 수 있듯이 주로 '없다'가
뒤따른다는 점을 설명하기 어렵다. 왜냐 하면 '-디 아니ᄒ다/몯ᄒ다'는
용언을 부정하는 형식인데, '아니다, 없다' 등은 체언을 부정하는 형식이
기 때문이다. 다음의 예를 살펴보자.

---

8) 어휘화란 공시적으로 형태의 변화를 설명할 수 없고(최현배 1965:39~40), 생산력이
　없는 결합방식을 지닌 홑진 낱말이 된 경우를 말한다. 어휘화에 대해서는 김성규(1987),
　송철의(1987), 하치근(1992), 김철남(1997) 등을 참고할 수 있다.

(17) 용언부정과 체언부정

  ㄱ. <u>因緣</u>이 아니시니…(석보 6:15)

  · <u>무슨미</u> 여러 아니라 (석보 6:11)

  ㄴ. 사겨 <u>니르디</u> 몯ᄒᄂ니라 (금강 곤 97)

  · <u>듣디</u> 몯홈과 달오미 업슨 젼ᄎ로 (능엄 5:30)

(18) '없다'의 용법

  ㄱ. <u>달오미</u> 업슨 젼ᄎ로 (능엄 5:30)

  · 더 비올 <u>의리</u> 업슬씨니 (석보 13:3)

  ㄴ. 잢간도 <u>펼디</u> 업스리어늘 (월석 14:80)

(17ㄱ)의 '아니다'는 체언을 부정하는데 비해 (17ㄴ)은 용언을 부정하는 셈이다. (17ㄱ)과 마찬가지로 (18)의 '없다'는 모두 체언을 부정하는 셈이다. 이 점에서 '-디 아니ᄒ다/몯ᄒ다'와는 성격이 다르다. 그러나 이에 대해서는 전정례(1995), 정재영(1996)에서 밝힌 바와 같이 의존명사 'ᄃ'의 문법화 과정에서 명사성이 남은 것으로 이해한다는 큰 무리가 없다. 다음과 같은 예를 살펴보자.

(19) 명사성을 띠는 '-디'

  ㄱ. 내 겨지비라 <u>가져가디</u> 어려볼ᄊᆡ(월석 1:13)

  · <u>化티</u> 어려본 剛强ᄒᆞᆫ 罪苦衆生 (월석 21:34)

  ㄴ. ᄀ장 <u>보디</u> 됴ᄒ니라(박통 상:5)

  · 유무<u>ᄒ디</u> 하 슬컨마ᄂᆞᆫ 뎍토라(언간 69)

 (19ㄱ-ㄴ)에 나타나는 '-디'는 의존명사 'ᄃ'가 문법화된 씨끝이다. 이름씨끝 '-기'와 같은 자리를 차지하고 있음을 알 수 있다. 이 점을 고려한다면 '아므라ᄒ디도'의 '디' 다음에 '없다'가 오는 것을 부자연스럽다고 보기 어렵다. 이미 허재영(1999:45)에서 밝힌 바와 같이 '아니ᄒ다, 몯ᄒ다'는 '아니, 몯'과 'ᄒ다'와 융합된 형식이다. 따라서 '-디' 다음에 '아니ᄒ다, 몯ᄒ다'가 융합되어 분리될 수 없는 것처럼 보일지라도 '의존명사

[디]'에 'ㅣ'가 붙은 형식임을 고려한다면 '[…ᄒ는 것]이/을 [아니/몯]-
ᄒ다'로 해석할 수 있다. 이러한 추론에 무리가 없다면 '-디 아니ᄒ다/몯
ᄒ다'의 문법화 과정에서 '아므라ᄒ디-도 아니/몯ᄒ다' 구문에서 '아니/몯
ᄒ다' 자리에 '없다'가 자연스럽게 올 수 있다.9)

4. '아므라타'의 의미론적 특성

4.1. [아므+N+도]와 [아므라ᄒ-ㄴ +N]

15세기의 '아므'와 '아모' '아마'는 서로 다른 낱말이다.

(20) '아므, 아모, 아마'의 분포
　　ㄱ. 乎ᄂᆫ <u>아모그</u>에 ᄒᆞᄂᆫ 겨체 쓰ᄂᆫ 字ㅣ라 (훈민정음언해)
　　　· 遂ᄂᆫ 브틀씨니 <u>아모</u> 다 술브터 이러타 ᄒᆞᄂᆫ 겨치라 (월석 서:3)
　　　· 鴨江앳 將軍氣를 아모 爲ᄒ다 ᄒ시니 (용가 39장)
　　　· <u>아모도</u> 가지디 못ᄒ얫더니…(석보 23:57)
　　ㄴ. 아모+명사
　　　· 解脫은 버슬씨니 <u>아모</u> ᄃᆡ도 마곤 ᄃᆡ 업서든…(월석 서:8)
　　　· 현 劫 디나 <u>아모</u> 世界예 부텨 ᄃᆞ외야 …(능엄 1:17)
　　　· <u>아모</u> 城中에 날 ᄇᆞ리고 …(법화 2:222)
　　ㄷ. 아마도
　　　· <u>아마도</u> 福이 ᄌᆞ슨ᄅᆞ빅니 아니 심거 몯홀꺼시라 (석보 6:38)
　　　· 내 이제 塵谷앳 이를 <u>아마커나</u> 가져 반ᄃᆞ기 네 疑心을 더로리라
　　　　　　　　　　　　　　　　　　　　　　　(능엄 4:124)
　　　· <u>아마커나</u> 사ᄅᆞ미 ᄀᆞ라 먹 밍ᄀᆞ라 …(법화 3:86)
　　　· 눈 ᄀᆞ존 어딘 무론 <u>아마커나</u> 누늘 두어 보라 (금강삼 2:2)

---

9) 이 과정에서 남은 문제는 '아므라토'가 '아므라타'로 변화할 수 있는가에 있다. 이와 같은
　음운 교체는 음운체계상으로는 설명하기 어려운 점이 많다. 단지 /ㅗ/가 /ㅏ/로 교체됨으
　로써 발음의 편의를 꾀할 수 있었을 것으로만 추측된다.

· 金디로 퍼샤몰 흐다가 아디 몯거든 七斤衫 아래 <u>의마커나</u> 츠자
 보라 (남명 하:56)

(20)에 나타나듯이 15세기에는 '아ᄆ'는 '아모', '아마'와는 다른 낱말이
었을 가능성이 높다. 왜냐 하면 '아ᄆ'가 단독으로 나타나는 경우는 없기
때문이다. 이에 비해 (20ㄱ-ㄴ)은 비교적 자주 나타나는 용법이다. 이
때의 '아모'는 대명사로 '이, 그, 뎌'와는 달리 [미지칭] 의미를 갖는다.
반면 (20ㄷ)은 [추측]으로 쓰인 셈이다. 곧 '아ᄆ/아모' 자체는 부정극성
어가 될 수 없는데, '아ᄆ/아모+N+도'이 부정문만을 취하게 되는 까닭은
의미론적 특성에서 비롯되는 것으로 파악할 수 있다. 곧 '아ᄆ/아모'의 꾸밈
을 받는 명사를 '도'가 양보하는 셈인데10), [미지칭]을 나타내는 '아ᄆ/아모'
에 대한 양보가 결과적으로 [배제, 혹은 제외]의 의미를 갖게 만드는 셈이
다. 이러한 구성은 허재영(1999)에서 밝힌 관용적 표현에서도 마찬가지로
나타난다. 다음은 이러한 형식의 부정문이 쓰인 사례이다.

    (21) 관용표현과 '아ᄆ/아모+N+도'
      ㄱ. 양보의 이음씨끝 '어도'의 반복
      · 거지븨 그에 브튼 더러본 이스리 업스며 마릿 기리 몸과 콜ᄫ며
        킈 <u>격도 크도</u> 아니흐고 술히 <u>지도 여위도</u> 아니흐니라
                                              (월석 1:25-6)
      · 善容이 對答ᄒ오ᄃ <u>보도 몯ᄒ며 듣도 몯거니</u> 므스기 怏諾ᄒ볃리잇
        고 (석보 24:28)
      ㄴ. 시간부사+도
      · <u>잢간도</u> 쉬디 몯흐야 …(월석 21:49)
      · <u>조고맛 善根도</u> 업서…(월석 21:106)
      ㄷ. 명사 + 만+도(마도)
      · 이 殺害ᄒ며 祭ᄒ오미 <u>터럭귿만</u> 힘도 亡人의게 利益ᄒ오미 업고 …
                                              (월석 21:105)

---

10) 조사 '도'의 의미는 '이것저것 한가지'를 나타내는 것이 중심된 용법이지만, 주변적인 용
   법으로 '양보, 강세'의 뜻을 갖는다. 이에 대해서는 허웅(1983:347)을 참고할 수 있다.

· 녯 사루미 닐오디 須彌ㅣ ㄱ는 터럭마도 업스며…(남명 상: 57)
ㄹ. 아모/아무＋명사＋도
· 내게 유무도 세 주려셔 더 아니ᄒᆞᄂᆞ니라. 나도 <u>아못 말도</u> 아닌
노라.(순천 41)
· ᄂᆞᆫ 그리 아니 너기고 니블 일 몯ᄒᆞ여 민망 나 이리 누운 뉘로
이시니 <u>아모 일도</u> 몯ᄒᆞ고 누에도 다 ᄇᆞ리고 ᄢᅵ 져거 다엿 그ᄅ
술 쥐 다 가져 가니 (순천 56)
· 날 굿고 쟝 지나시매 <u>아모 것도</u> 몯 어더 보내오니 이런 ᄒᆞ이 어
디 잇ᄉᆞ링ᄭᅡ (현풍 138)
· 부러 사ᄅᆞᆷ이 가오디 <u>아모 것도</u> 몯 보내ᄋᆞ와 뷔ᄋᆞ온 사ᄅᆞᆷ 보내ᄋᆞ
오며 (현풍 120)

이러한 통사구조에서 부정문을 취할 수밖에 없는 이유는 비교적 명확
해진다. 곧 (21ㄱ)은 의미상 〔배제〕의 뜻을 가지고 있으며 부정문을 수
반한다. (21ㄴ)의 경우 '잠간, 죠고마'와 같은 부사어를 '도'로 한정하여
〔배제〕의 의미를 드러낸다. (21ㄷ)에서도 '만'으로 한정된 것을 다시 〔배
제〕하는 셈이며, (21ㄹ)에서도 〔미지칭된 명사〕를 양보하여 결과적으로
〔어떠한 것도 취할 수 없는＝배제하는〕 의미를 갖게 되는 셈이다.

4.2. '아ᄆᆞ라ᄒᆞ다'와 '아ᄆᆞ라타'

부정문만을 취하는 구성이 〔＋배제〕의 의미와 밀접한 관련이 있음은
〔아ᄆᆞ라ᄒᆞ-ㄴ＋N〕의 구조에서도 마찬가지로 드러난다. 다음 예를 살펴
보자.

(22) 아ᄆᆞ라ᄒᆞ다
ㄱ. 아ᄆᆞ란/아ᄆᆞ라ᄒᆞᆫ ＋명사＋부정문
· <u>아ᄆᆞ란 줄</u> 모ᄅᆞ니 ᄌᆞ셰 긔별ᄒᆞ소 (현풍 32)
· 몯 뵈도 ᄉᆞ시리나 아라스라. 미듀기도 <u>아ᄆᆞ란 줄</u> 몰라 셔울 져
년희 갈 제 …(순천 114)

- 지븨 므슴 큰 연괴 인ᄂ고 ᄒ여 므ᄉ몰 하 구치니 <u>아ᄆ라ᄒ</u> 동 몰라 …(순천 72)
- <u>아ᄆ려 홀 줄</u> 몰라 더옥 민망ᄒ여 ᄒ뇌 (현풍 40)
- 봄내 ᄃ로면 도즈기 콜윌 거시니 <u>아ᄆ려 홀 주늘</u> 몰나 ᄒ뇌
　　　　　　　　　　　　　　　　　　　　　　　(언간 9)
- 민망히 너기오매 나죵 <u>아ᄆ리 될 줄</u> 모ᄅᄋ와 민망히 너기오더
　　　　　　　　　　　　　　　　　　　　　　　(현풍 158)

ㄴ. 아ᄆ라ᄒ다+긍정문
- 하ᄂ리 다 삼겨시니 므ᄋ모로 몯ᄒ려니와 <u>아ᄆ려나</u> 사라 보새. 이 저옷 ᄒ 죵이나 <u>아ᄆ라 ᄒ면</u> 뇌여 살 계고코 홀 …
　　　　　　　　　　　　　　　　　　　　　　　(순천 176)
- 쏜 빈 지믄 함챵 회환ᄒᄂ 양 보와 <u>아ᄆ려나</u> 즈라게 ᄒ려니와 …
　　　　　　　　　　　　　　　　　　　　　　　(순천 51)
- 내 이신 적은 <u>아ᄆ려 ᄒ여도</u> 므던ᄒ거니와 …(현풍 12)

　'아ᄆ라ᄒ다'의 구문에서도 명사를 수식하는 구문에서는 '어떻게 할/될 줄' 정도의 의미를 갖는 것으로 보인다. (22ㄱ)은 대체로 '어찌/어떻게 될/할 줄'로 풀이할 경우 큰 무리가 없다. 이는 곧 〔가능성이나 방편이 존재할 수 없음=배제〕을 뜻한다. 반면 (22ㄴ)은 '아무렇게, 아무렇게나, 어떻게' 정도의 의미를 지니므로, 〔수단이나 방법을 가리지 않음〕을 드러 낸다. 이와 마찬가지로 '아ᄆ라타'의 의미 역시 가능성이나 기대를 〔배 제〕하는 의미와 관련된다. 다음 예를 좀더 구체적으로 해석해 보자.

(23) '아ᄆ라타'의 의미
　　　ㄱ. 긔별 듯고 친히 본 둣 든든ᄒ기 <u>아ᄆ라타</u> 업스며 (언간 35)
　　　- 나간 후 글시도 못보기 섭섭ᄒ기 <u>아ᄆ라타</u> 업순 듕 나갈 적 병 셰롤… (언간 36)
　　　- 날포 드러와 든든이 디내다가 훌텨 나가니 섭섭ᄒ기 <u>아ᄆ라타</u> 업서 오던 떼롤 싱각고 (언간 37)
　　　ㄴ. 〔긔별 듯고 친히 본 둣 든든ᄒ기〕가 〔아ᄆ라타/아ᄆ라ᄒ다= 아 ᄆ라 ᄒ다〕명사구 업스며 (언간 35)

· 〔나간 후 글시도 못보기 섭섭ᄒ기〕ᄀ 〔아므라타/아므라ᄒ다=아
므라 ᄒ다〕명사구 업슨 듕 나갈 적 병셰롤 … (언간 36)
· 〔날포 드러와 든든이 디내다가 훌텨 나가니 섭섭ᄒ기〕ᄀ 〔아므
라타/아므라ᄒ다=아므라 ᄒ다〕명사구 업서 오던 ᄲᅢ롤 싱각고
(언간 37)

(24) 아ᄆ라 ᄒ여도
· 내 이신 적은 <u>아ᄆ라 ᄒ여도</u> 므던커니와 … (현풍 12)
· 힝혀 <u>아므라나 ᄒ여도</u> 즉시즉시 사ᄅᆷ 보내소 (현풍 28)

(24ㄱ)의 '아ᄆ라타'는 '아무리 하는 것도' 혹은 '어떻게 하는 것도'에 해
당하는 화자의 태도나 감정이 들어 있는 것으로 보인다. 이 경우도 양보
의 의미를 갖게 되며, 〔어떻게 한다/아무리 한다〕에 대한 양보를 통해
방편이나 기대 혹은 가능성을 〔배제〕하게 되는 셈이다. 이에 비해 (24)
은 '어떻게, 아무렇게' 정도의 뜻으로 쓰이므로 어떤 수단이나 행위를 가
리지 않음을 나타낸다. 이와 같은 결과로 볼 때, '아ᄆ라 ᄒ-ㄴ+N'의 구
조나 '아ᄆ라타'가 부정문을 취하게 되는 까닭은 〔+양보, +배제〕의 의
미와 밀접한 관계가 있을 것으로 보인다.11)

5. 마무리

이 글은 부정문만을 취하는 '아ᄆ라타'의 형태, 통사, 의미상의 특징을
밝히고자 하는 목적에서 쓰여진 글이다. 부정극성어로 볼 수 있는 '아ᄆ
라타'의 존재는 중세국어에서 부정문만을 취하는 구문이 어휘화된 것으

---

11) 현대 국어의 경우도 '밖에, 그다지' 등은 〔배제〕 혹은 〔제외〕의 의미를 갖는 것으로 볼
수 있다. '밖에'에 대해서는 박승윤(1997), 시정곤(1997), 최규련(2000)의 앞선 연구
가 존재한다. 또한 중세국어에서는 부정극성어로 쓰이지 않았던 '전혀, 별로' 등이 부정
문과 호응하게 되는 과정에서도 중세국어와는 다른 의미를 얻은 결과로 보아야 할 것이
다. 곧 중세어 '전혀, 별로'와 현대어 '전혀, 별로'는 의미 변화 과정을 겪은 셈이다.

로 해석할 수 있다. 이 글에서 논의한 바를 정리하면 다음과 같다.

첫째, '아ᄆ라타'의 이형태로 '아모라타, 아므라타, 아마타'가 존재한다. 따라서 어떠한 요소가 융합된 것인지 밝히기 위해 어기가 될 수 있는 '아ᄆ, 아모, 아마'에 대한 자료 조사를 실시했다. 그 결과 15세기에 나타난 세 형태는 분포 및 의미상 차이가 있는 듯하나, 16세기에 와서는 구별이 모호해진 것으로 보았다.

둘째, '아ᄆ라타'와 같이 부정문만을 취하는 구문의 통사론적 특성을 살피고자 했다. 특히 '아ᄆ/아모'가 쓰일 때 부정문이 수반되는 구문은 '아모+N+도', '아ᄆ라ᄒ-ㄴ+N'과 같이 명사구를 한정적으로 양보할 때임을 밝혔다. 이를 토대로 '아ᄆ라타'에도 명사성이 드러남을 증명했는데, 이와 같은 명사성은 '아ᄆ라티도'라는 낱말이 형성되는 과정에서 의존명사 'ᄃ'의 문법화 과정을 겪었음을 의미한다.

셋째, '아ᄆ라타'를 포함하여 부정문만을 취하는 구문이나 부정극성어의 경우 의미상 [배제]의 뜻과 관련이 있음을 논했다.

이러한 연구에서 근본적으로 갖는 한계는 문헌 자료의 빈약함에 있다. 특히 15세기 '아ᄆ라' 계통의 어휘가 극히 제한되어 있고, 이들의 이형태 역시 제한적이다. 또한 3.2.의 '아ᄆ라토' 다음에 '없다'가 허용되는 용례도 15세기 이후의 문헌에서는 찾아볼 수 없는데, 문법화 이전의 단계와 문법화 이후의 단계를 체계적으로 증명하는 문헌의 부재는 문헌 연구가 갖고 있는 중대한 결함이 될 수밖에 없다. 이러한 문제점은 전기 중세국어나 고대국어 연구가 좀더 활성화된다면 해결될 가능성을 갖고 있으므로, 이에 대한 연구는 차후의 과제로 남겨 둔다.

의문문의 통시적 연구

Ⅰ. 머리말

1.1. 연구 목적

　문법 기술의 체계를 세우는데 있어 두 가지 관점은 결합이나 통합 과정을 중시하는 경우와 구성 방법 혹은 기능 수행을 중시하는 경우로 나눌 수 있다. 권재일(1992)에서는 이를 문장 구성론과 문법 범주론으로 부른 바 있는데, 통시적 관점에서 문장짜임새의 변화를 연구하기 위해서는 전통적인 관점인 문장 구성 관계를 살펴보는 것이 도움되기도 한다.

　이 글에서는 15세기 이후로 19세기까지의 의문문의 구조적인 변화를 살펴보는 것을 목적으로 한다. 의문문은 청자에게 대답을 요구하면서 화자가 청자에게 언어 내용을 전달하기 위해 실현하는 문장을 말한다. 문법 범주론의 관점에서는 겉으로는 의문문의 구조를 취하지 않지만 속뜻으로 의문을 실현하는 경우도 있다. 이러한 의향 실현은 화자와 청자가 놓여 있는 상황에 따라 실현되는 경우가 많으므로 문헌에서는 잘 드러나지 않는 경우가 많다. 그렇기 때문에 이 글에서는 의문을 실현하는 뚜렷한 문장만을 대상으로 그 변화 과정을 살피고자 한다.

1.2. 연구 대상과 방법

현대 국어 의문문은 의문사와 의문어미의 결합에 의해 실현된다. 허웅(1995)에서 밝힌 바와 같이 현대 국어의 의문문 체계에 관여하는 요소는 의문사와 상대높임법이다. 곧 의문사가 있고 없음에 따라 의문 내용이 달라지며, 의문어미는 청자와의 관계에 따라 결합에 제약이 생겨난다.

그러나 15세기 국어의 경우 이러한 체계가 훨씬 복잡했다. 15세기 의문문에 관여하는 요소는 인칭법, 의문사의 존재여부(설명과 판정), 높임법, 때매김법 등이 복잡하게 관여하면서도 비교적 체계를 잘 지키고 있었다. 그런데 16세기 이후부터 19세기에 이르기까지 이러한 체계에 변화가 생겨, 오늘날의 체계가 성립되기에 이른다.

여기에서 우리는 15세기 의문문이 어느 시기에 어떤 모습으로 변화해 갔으며, 왜 변화할 수밖에 없었는가에 대한 의문을 품어보지 않을 수 없다. 이러한 탐구를 위해서는 각 시기별 문헌에 나타나는 의문문을 정리하여 그 경향을 살피는 방법이 가장 효율적이라고 판단된다. 그렇기 때문에 이 글에서는 편의상 각각의 세기를 단위로 문헌별 의문문 사용례를 조사하고, 그 가운데 앞선 시기의 규칙에서 벗어나는 경우를 중심으로 논의하는 방법을 택하기로 한다.

이를 위해 먼저 15세기의 의문문의 체계를 이해할 필요가 있다. 이에 대해서는 허웅(1983), 이현규(1982) 등의 앞선 연구를 토대로 할 때 다음과 같은 체계를 세울 수 있다.

(1) 15세기 의문문의 체계

인칭법		의문 내용	씨끝	때 매 김		상 대 높 임			
						낮 춤	아주높임	예사높임	반말
인 칭	2 인 칭	설명 판정	-다	확정	-ㄴ다	-ㄴ다 -던다 -시논다			
				추정	-ㄹ다	-ㄹ다			
	1 · 3 인 칭	설명	-고	확정	-ㄴ고	-ㄴ고 -던고 -시논고			
				추정	-ㄹ고	-ㄹ고			
		판정	-가	확정	-ㄴ가	-은가 -논가 -으신가 -던가 -논가 -ㅭ둣둔가 -을손가			
				추정	-ㄹ가	-을가 -으실가			
비 인 칭		설명	-고	확정	-니오 (*-고) /-뇨	-으뇨 -ᄂ뇨 -엇ᄂ뇨 -더뇨 -으시더뇨 -거시뇨 -거뇨 -나뇨 -어뇨 -으려뇨	-으니잇고 -ᄂ니잇고 -으시나잇고 -으시ᄂ 니잇고	-으닛고	-니
				추정	-리오 (*-고) /-료	-으료 -ᄌ오료	-으리잇고 -으시리 잇고	-으릿고	-리
		판정	-가	확정	-니아/-냐 -니어/-녀	-으냐/녀 -ᄂ냐/녀 -앗ᄂ냐/녀 -으시ᄂ냐/녀 -더냐/녀 -거냐/녀 -으리로소녀 -으려냐/녀	-으니잇가 -ᄂ니잇가 -으시니 잇가 -으시ᄂ 니잇가	-으닛가	
				추정	*-랴아/ -랴 *-랴어/ -려	-으랴/려 -으시랴	-으리잇가 -으시리 잇가	-으릿가	

이러한 체계를 토대로 16세기 이후의 의문문이 어떻게 변화해 가는가를 문헌 자료를 토대로 살펴보고자 한다.

1.3. 앞선 연구

의문문에 대한 연구는 유길준의 『조선문전』에서 '의문을 표하는 자'로 '-가'를 제시한 이래 전통 문법에서의 의문씨끝 체계 수립, 50년대 이후 구조 기술언어학적 형태소 분석, 70년대이래 화용론적 의미 연구와 변형 생성 문법적 접근 노력 등 시대에 따라 폭넓게 진행되어 왔다. 서정목 (1990)에서는 이러한 의문문 연구의 흐름을 일목요연하게 정리하고 있다.

이와 같은 흐름은 현대 국어를 대상으로 한 것이고, 통시적 관점에서의 의문문 연구 성과로는 이현규(1978), 이현희(1982), 허웅(1983, 1989) 등이 있다. 특히 이현규(1978)에서는 15세기부터 18세기까지의 의문법 체계 변화에서 의문사가 있고 없음에 따른 의문법 체계 변화를 고찰함으로써 중세국어 의문문 체계가 현대 국어 의문문 체계로 변화하는 과정을 설명하고자 했다. 이 논문에서 두드러지는 점은 첫째, 16세기 2인칭의 문문의 소멸 요인으로 서술어미 '-ㄴ다'의 세력 확장을 든 점, 둘째, '-고/가'의문문은 아주높임을 나타내던 '-이-'의 소멸과 관련됨을 밝힌 점 등이다. 허웅(1983)은 15세기를 대상으로 의문법의 체계를 정리한 것이며, 허웅(1989)는 16세기를 대상으로 한 것이다. 특히 허웅(1989)에서는 설명의문과 판정의문의 관계가 뒤섞이는 이유를 밝히지는 않았지만, 인칭의문의 경우 반말의 발달과 관련한 설명을 하고자 한 바 있다.

이러한 앞선 연구에서 의문법 체계 변화 요인은 주로 높임법과 관련되어 있다. 그러나 15세기 인칭법, 의문 내용(설명과 판정), 높임법, 때매김법 등 복잡한 문법요소와 관련을 맺고 있던 의문법이 현대 국어와 같이 간결해지는 과정에 대한 총괄적인 분석은 미흡해 보인다.

2. 16세기 의문문의 변화

2.1. 자료 조사

　15세기 의문문은 비교적 규칙적이었다. 일부 예외가 나타나기도 하지만, 이러한 예외는 매우 이례적이어서 특별히 드러나지 않는다.1) 16세기의 의문문에서도 인칭법과 높임법, 때매김법 등에 따른 의문문의 체계는 비교적 규칙적으로 실현된다. 그러나 인칭법이나 높임법에 따른 의문문의 변화가 일어나기 시작한다.2) 이러한 변화는 구어체 문헌일수록 심하게 나타나는데 대표적인 문헌으로는 『번역노걸대』와 『번역박통사』가 있다. 두 문헌에 나타나는 의문문의 분포는 다음과 같다.3)

　　(2) 16세기 문헌별 의문문의 분포
　　　ㄱ. 번역노걸대

		규 칙 적		벗 어 남	
		사 례	비율(%)	사 례	비 율
2인칭	-ㄴ다/-ㄹ다	50	75.76	16	24.24
설명의문	-고	42	97.67	1	2.33
〔+의문사〕	-뇨/-료	86	100	0	
판정의문	-가	11	100	0	
〔-의문사〕	-냐/녀	23	100	0	

---

1) 허웅(1983)에서는 인칭의문법을 벗어난 경우로 3개, 의문내용을 벗어난 경우로 6개의 예외를 제시한 바 있다. 그러나 인칭의문법의 경우 속뜻으로 보면 2인칭의문문이 아니며, 설명과 판정의 경우 『월인천강지곡』이라는 시가문체의 특수성을 고려한다면 의문법 체계를 어긴 경우는 거의 없는 셈이다.
2) 허웅(1983)에서는 모두 35개를 제시하고 있다. 이 가운데 6개는 무덤편지(50번 이하이므로 17세기 자료) 7개를 제외하면 모두 28개의 예외가 나타난다. 이 가운데 박통사 15개, 번역노걸대 6, 번역소학과 소학언해 4, 맹자 2, 정속언해 1개이다.
3) 이 통계는 개별 문헌에 나타난 의문 관계 문장을 모두 대상으로 삼았다. 다만 일부는 조사자의 실수로 누락된 것도 있을 것으로 보이나 대략적인 흐름은 큰 변화가 없을 것으로 보인다.

ㄴ. 번역박통사

		규 칙 적		벗 어 남	
		사 례	비율(%)	사 례	비율(%)
2인칭	-ㄴ다/-ㄹ다	30	73.17	11	26.83
설명의문	-고	25	96.15	1	3.75
	-뇨/-료	51	100	0	
	-어(특수형태)	16	100	0	
판정의문	-가	10	100	0	
	-냐/녀	14	100	0	

(2ㄱ-ㄴ)에 나타나는 바와 같이, 16세기 의문문에서 두드러진 특징은
인칭법을 벗어나는 사례가 많아진다는 사실이다. 반면 설명의문이나 판
정의문에 따른 예외는 극히 드물다. 이러한 경향은『소학언해』, 『속삼강
행실도』, 『정속언해』 등에서도 비슷하다. 이제부터는 규칙에서 벗어난
사례를 의문법에 관여하는 여러 문법요소별로 나누어 살펴보기로 하자.

2.2 인칭 관계

15세기와는 달리4) 16세기에 들어와서는 2인칭의문문에 '-ㄴ다/-ㄹ
다' 대신에 '-가/-고'가 쓰이는 경우가 매우 많다. 이러한 용례를 다음과
같이 나누어 살펴보자.

---

4) 허웅(1983)에서 제시된 15세기 의문문 가운데 인칭을 벗어난 경우는 다음과 같다.
　　ㄱ. <u>너희</u> 이 브를 보고 <u>더본가</u> 너기건마론 (월석 10: 14)
　　ㄴ. 엇뎨 네 眞性이 네게 性드외는 거슬 眞實 <u>아닌가</u> 호야 네 疑心호고 나를 가져
　　　셔 眞實을 求호는다 (능엄 2: 38)
　　ㄷ. 네 여희요문 이 <u>어드러뇨</u> (두언 21: 30)
이러한 ㄱ-ㄷ은 2인칭 의문문처럼 보이지만 속구조는 2인칭으로 보기 어렵다. ㄱ은 마
음 속의 의문을 품어보는 경우이고, ㄴ은 '性드외는 것'을 주어로 볼 수 있으며, ㄷ은 '이'
가 주어이다. 이와 같이 2인칭 '네'가 나타나는 문장이라도 간접의문을 나타낼 경우 '-녀,
-뇨'로 나타나는 경우가 〈능엄경언해〉의 경우 매우 많이 발견된다. 그러나 이러한 간접의
문문의 형식상 주어는 2인칭이 아니라는 점에서 규칙을 벗어난 경우로 보기는 어렵다.
따라서 15세기의 인칭의문문은 비교적 체계를 잘 유지하고 있었다고 볼 수 있다.

(3) 인칭이 직접 드러나는 경우

　ㄱ. 2인칭에서 판정의문문의 '-가'로

　　· <u>샹공</u>하 이제 다 됴ᄒᆞ야 <u>겨신가</u> 몯ᄒᆞ야 <u>겨신가</u> (박통 상:38)

　　· 네 이듥 그믐끠 北京의 <u>갈가</u> 가디 <u>몯홀가</u> (번노 상:2)

　ㄴ. 2인칭에서 판정의문문의 '-냐/-녀'로

　　· 네 황호 다 ᄑᆞ냐 <u>몯ᄒᆞ얏ᄂᆞ녀</u> (번노 하:66)

　　· <u>나그내여</u> 네 南京치를 <u>과ᄒᆞ녀</u> 杭州치를 <u>과ᄒᆞ녀</u> 蘇州치를 <u>과
　　　ᄒᆞ녀</u> (번노 하:25)

　　· <u>나그네네</u> 네 이 마를 풀오져 <u>ᄒᆞ녀</u> (번노 상:69)

　　· <u>네</u> 됴ᄒᆞᆫ 고로 <u>잇ᄂᆞ녀</u> (번노 하: 25)

　ㄷ. 2인칭에서 설명의문문 '-고'로

　　· <u>형님</u> 어듸 녀러 <u>오시ᄂᆞ고</u> (박통사 상: 14)

　　· <u>형님</u> 네 언제 길 <u>나실고</u> (박통사 상:8)

　　· <u>나그내네</u> 므슴 음식 <u>머글고</u> (노걸 상:61)

　　· 네 먹 히메 화를 밍ᄀᆞ라이고져 <u>ᄒᆞ시ᄂᆞ고</u> (박통 상: 59) → 중간본
　　　에는 'ᄒᆞᆫ는다'

　　· <u>형님</u> 네 언제 길 <u>나실고</u> (박통 상:11)→ 중간본 '-ㄹ다'

　　· 네 몃 히멧 화를 밍ᄀᆞ라이고져 <u>ᄒᆞ시ᄂᆞ고</u>(박통사 상:59)

　　· <u>원판 형님</u>하 어듸 <u>가시ᄂᆞ고</u>(박통 상:7) → 중간본에는 '가ᄂᆞ다'로

　　· <u>너희</u> 며치나 흔 <u>션비오</u> (박통사 49)

　　· <u>네</u> 이 심이 몃근 <u>믜긔오</u>(번노 하:57)

　ㄹ. 2인칭에서 설명의문문 '-뇨'로

　　· <u>형아</u> 네 드른다. 셔울셔 힝힝이 언제 <u>나시리러뇨</u>〈朴通事53b2〉

　　· <u>네</u> 므슴 웃듬 보미 <u>잇ᄂᆞ뇨</u> (번노 상:5) 문장 형식에서 2인칭 주
　　　어를 벗어난 꼴

　　· <u>네</u> 비환디 언머 <u>오라뇨</u> (번노 상:6)

　　· <u>네</u> 이 몰와 뵈를 北京의 가 풀오 ᄯᅩ 므슴 흥졍 ᄀᆞ슴 사 高麗ㅅ 짜
　　　해 가 <u>프ᄂᆞ뇨</u> (번노 상:12)

　　· <u>너희</u> 이 여러 벋돌히 어듸브터셔 모다 <u>오뇨</u> (번노 상:17)

　　· <u>너ᄂᆞ</u> 高麗 사ᄅᆞᆷ이어시니 ᄯᅩ 엇디 漢語 닐오미 잘 <u>ᄒᆞᄂᆞ뇨</u>
　　　　　　　　　　　　　　　　　　　　　　　　　　(번노 상:2)

　　· <u>네</u> 遼東 자새 어느 녀긔셔 <u>사ᄂᆞ뇨</u> (번노 상:48)

　　· <u>네</u> 어딋 마를 <u>니ᄅᆞᄂᆞ뇨</u> (번노 상:51)

· 네 츤 줄 아쳐라 아니커든 이 술읫 방의 자더 <u>엇더ᄒᄂ뇨</u>
(번노 상:52)

· 네 나를 활 두 댱만 밍ᄀ라 주더 <u>엇더ᄒᄂ뇨</u>(박통사 59)

(3ㄱ-ㄹ)은 모두 2인칭의문문이 설명이나 판정의문어미로 대체된 경우이다. 이러한 대체는 2인칭의문어미를 무시하고, 〔±의문사〕에 따라 어미를 선택할 뿐이다. 또한 인칭의문어미의 교체는 '-가/고'계통보다 '-냐/뇨'계통이 훨씬 더 활발했던 것으로 보이는데, 이는 17세기 이후 더 두드러진다.

    (4) 겉으로는 인칭관계이나 실제는 아닌 경우
        ㄱ. 판정의문문
        · 쇼도 아롬뎟 <u>므슴미 잇ᄂᆞ가</u>(번소 10:1)
        · 네 이 뎜에 콩딥 다 <u>잇ᄂᆞ가 업슨가</u> (노걸 상:17)
        · 미양 밥 먹고 이슥거든 무러 닐오더 아니 비 골폰가 ᄒᆞ며 …<u>오시</u>
         아니 <u>열운가</u> ᄒᆞ더라 (번소 9:79)
        ㄴ. 설명의문문
        · 령공하 므슴 <u>마리 겨신고</u>(박통 상:59)
        · 므슴 <u>이리 잇ᄂᆞ고</u>(박통 상:8)
        · 네 …가문을 <u>빗내요미 엇더ᄒᆞ고</u>(박통 상:50)
        · 큰 형님 <u>셩이 므스거신고</u>(노걸 상:44)

2.3. 설명과 판정 관계

   16세기 의문법에서 〔±의문사〕 구조에 따른 의문문은 인칭법과는 달리 커다란 변화가 보이지 않는다. 다만 다음과 같은 경우는 이 규칙을 벗어난 사례이다.

    (5) ㄱ. <u>어듸쏜</u> 샹급ᄒᆞ시기를 <u>브라리잇가</u>(박통사 상:60)
       ㄴ. 閣애셔 뿌미 언메나 갓가온가 <u>먼가</u> (번노 상:48)

이러한 예외는 극히 드물며, 다른 문헌에서도 좀처럼 찾기 어렵다. 다만 허웅(1983)에서 제시된 바와 같이 15세기에서도 일부 예외가 발견되기도 한다. 다음은 허웅(1983)에서 제시된 예외이다.

> (6) 15세기 〔±의문사〕 구조를 벗어난 경우
> ㄱ. 누비옷 니브샤 붓그료미 <u>엇뎨</u> <u>업스신가</u>(천강곡 상, 기120)5)
> · 비론 바볼 <u>엇뎨</u> <u>좌시ᄂ가</u>(천강곡 상, 기 122)
> · <u>므슴</u> 믈로 뼈 <u>시스시ᄂ가</u> (천강곡 상, 기 124)
> · 쉽고 애밭븐 ᄠ디여 <u>누</u>를 <u>가줄빓가</u> (천강곡 상, 기 143)
> · <u>어느</u> 劫에 功德이 <u>져긇가</u> (천강곡 상, 기 169)
> ㄴ. 이 <u>엇던</u> <u>짜히잇가</u> (월석 21:24)
> · 겨집죵이 비디 <u>언메잇가</u>(월석 8:81)
> · <u>엇뎨</u> ᄒᆞ믈며 … 大車를 <u>주미잇가</u>(법화 2:80)

(5)~(6)에 나타나는 공통점은 〔+의문사〕에서 '-가'를 취한다는 점이다. 그 반대로 〔-의문사〕에서 '-고'를 취하는 사례는 발견되지 않는다. 이에 대해 허웅(1983)은 상대높임을 실현하는 '-이-'와 관련을 맺고 있을 가능성을 제기한 바 있다.

2.4. 의문어미의 생략

또한 의문을 나타내는 어미가 생략된 채 의문을 실현하는 경우도 있다. 이러한 예는 15세기에도 나타난다.

> (7) 15세기의 의문어미 생략
> ㄱ. 하ᄂᆞᆳ 風流ㅣ <u>엇더ᄒᆞ시니</u>(천강곡 상, 기 51)
> · 師子 世尊ᄭᅴ …國王이 묻ᄌᆞ와 닐오디 師ᄂᆞᆫ 蘊이 부요몰 得ᄒᆞ야 <u>겨시니</u> (남명 상 53)
> · 부텻긔 받ᄌᆞᄫᅡ 므슴ᄒᆞ려 <u>ᄒᆞ시ᄂ니</u> (월석 1:10)
> ㄴ. 하ᄂᆞᆳ ᄠᅳ들 뉘 <u>모ᄅᆞᄉᆞᄫᆞ리</u> (용 86)

---

5) 이 경우 허웅(1983)에서는 시가문체의 특수성에서 비롯된 것으로 처리한다.

(7)에 나타나듯이 비인칭의문법은 '-으니-, -으리-'를 포함하여 때매김을 나타냄이 원칙인데, 때로는 그 뒤의 어미를 아주 줄여 버리는 일이 있어서 '-으니-, -으리-'가 종결어미처럼 쓰이는 일이 있다.

    (8) ㄱ. 뉘 아니라커니 (박통사 상:23)
       ㄴ. 丹書ᄂᆞᆫ 宛然ᄒᆞ되 四仙은 어디가니(송강가사 상:6)6)
      • 英雄은 어디가며 四仙은 긔 뉘러니(송강가사 상:9)

(7)~(8)은 시가이든 산문이든 모두 상대높임과 관련되어 있으며, [+의문사]라는 점에서 공통점이 있다.

3. 17세기 의문문의 변화

3.1. 자료 조사

17세기에 이르러서 의문문의 변화 정도는 심해진다. 이는 다음과 같은 조사 자료에도 그대로 반영된다.

    (9) 17세기 문헌별 의문문 분포
      ㄱ. 첩해신어(1676)

		규 칙 적		벗 어 남	
		사 례	비 율	사 례	비 율
2인칭	-ㄴ다/-ㄹ다	0	?	8	?
설명의문	-고	39	79.59	10	20.41
[+의문사]	-뇨/-료	0	?	1	?
판정의문	-가	72	100	0	
[-의문사]	-냐/녀	1	100	0	

---

6) (9ㄴ)은 이현규(1978)에 제시된 자료이다. 이 글에서는 이 경우를 시가문체에서 쓰이는 수사의문으로 규정하고 있다.

(비율칸의 ?는 해당문헌의 특성상 용례가 적기 때문에 비율 산출에 의미가 없
는 경우임)

ㄴ. 언간(김일근 〔31~122〕)

		규 칙 적		벗 어 남	
		사 례	비 율	사 례	비 율
2인칭	-ㄴ다/-ㄹ다	8	?	2	?
설명의문	-고	16	57.14	12	48.86
〔+의문사〕	-뇨/-료	0	?	1	?
판정의문	-가	24	100	0	
〔-의문사〕	-냐/녀		100	0	

ㄷ. 동국신속삼강행실도

		규 칙 적		벗 어 남	
		사 례	비 율	사 례	비 율
2인칭	-ㄴ다/-ㄹ다	2	28.55	5	71.45
설명의문	-고	4	?	0	?
〔+의문사〕	-뇨/-료	36	?	0	?
판정의문	-가	5	100	0	
〔-의문사〕	-냐/녀	6	100	0	

3.2. 인칭 관계

(10) 2인칭 의문어미가 '-냐' 또는 '-뇨'로 바뀜
  · 글월보고 든든 반기나 담증으로 알파호다 호니 0000고 분별호며
    졸연히 낫느냐 감모롤 호엿는다 (언간 102)
  · 어제 내 아비롤 주기고 이제 쏘 나롤 핍박호니 엇디 나롤 수이
    주기디 아니호느뇨(동국신속 열녀6:6)
  · (네) 어듸 쓰랴 호느뇨 (동국신속 열녀4:85)
  · 이미 내 지아비롤 주기니 엇디 아오로 날을 주기디 아니호느뇨
    호고 (동국신속 열녀 8:47)
  · 네 이미 내 지아비롤 주기니 엇디 쌜리 날 주기디 아니호느뇨
                              (동국신속 열녀8:20)

· 범드려 니로디 네 쏘호 녕혼 즘승이니 엇디 이러트시 심히 <u>호</u>ㄴ
뇨 (동국삼강:열녀5)

17세기 2인칭의문문 규칙을 벗어난 사례에서 흥미를 끄는 점은 벗어
난 어미가 모두 '-냐' 또는 '-뇨'를 취한다는 점이다. 16세기에 나타나는
'-가/고'계통의 교체는 거의 드러나지 않는데, 그 까닭은 '-가/고'계통이
'-이-'를 취하여 상대높임을 실현할 수 있는데 비해, '-냐/뇨'는 반말이기
때문이다. 곧 15·6세기 '-ㄴ다'는 2인칭 상대 높임7)과 낮춤에 모두 실
현되었는데, 점차로 낮춤의 경우 '-냐/뇨'로 교체됨을 뜻한다. 이러한 현
상이 나타나는 또다른 원인 가운데 하나로 이현규(1978)에서는 현실법
'-ㄴ다'가 내포문에서 '-ㄴ다'로 바뀌는 현상과 관련이 있을 것으로 추정
하고 있다.8) 그러나 현실법의 '-ㄴ다'가 분포하는 조건과 2인칭의문문의

---

7) 15세기의 다음 문장은 '-ㄴ다'가 상대를 높이는 경우로 해석할 수 있다.
   ㄱ. 唐道直律師ㅣ 바미 길 녀다가 바롤 그릇 드듸여늘 믄득 神人이 現身ㅎ야 바다
     階下애 디디 아니케 ㅎ야놀 律師ㅣ 놀라 <u>그듸</u> 엇던 사르민다 무른더 내 北方 毗
     沙門 天王ㅅ 아돌 威大將軍이로니 … (능엄 7:62)
   ㄴ. <u>그듸</u>는 아니 <u>보ㄴ다</u> (남명 상:46)
     ㄱ-ㄴ의 '그듸'는 예사높임 부름말로 많이 쓰였다. ㄱ에서 도선율사는 신인에게
     묻고 있는 데 이 경우도 예사높임으로 보아야 할 것이다.
8) 예를 들어 다음과 같은 경우가 일반적으로 쓰인다.
   (1) ㄱ. 피히 비호기롤 <u>즐긴다</u> 닐올디니라 (번소 3:7)
      ㄴ. 君子는 黨티 <u>아니호다</u> 호니 (논어 2:24)
   (1ㄱ-ㄴ)과 같이 현실법의 '-ㄴ다'는 인칭의문어미와 동형이기는 하지만 문맥이나 문장
구조상으로 볼 때는 매우 상이하다. 그렇기 때문에 이현규(1978)에서는 '동음충돌'이라는
바람직하지 못한 현상이기 때문에 더욱 분명하게 구분하기 위한 안전판을 찾거나, 혼란
을 기피하기 위해' 의문어미의 교체가 일어나는 것으로 추정하고 있다. 이러한 추정을 뒷
받침하는 사례는 17세기 이후 더 빈번히 나타나는데 다음의 경우는 의문어미인지 현실
법인지가 혼란스런 느낌을 준다.
   (2) ㄱ. 도저기 녀기되 <u>제게 순종호다</u> 호더니 가온대는 니르러 몸을 번더뎌 믈의
      싸뎌 죽다 (동국신속 열녀 7:59)
     ㄴ. 왕이 이러트시 ㄱ르샤더 슬프다 <u>너 경긔와 호셔 빅셩들이</u> 오히려 니르되
내가 옥식을 둘아ᄒ고 ㄱ튼 담을 평안이 넉이는가 <u>호ㄴ다</u>.(윤음언해 사괴호별 1)
(2ㄱ)은 17세기 자료이며, (2ㄴ)은 18세기 자료이다. 두 자료에서 (2ㄱ)은 내포문으로
인칭이 드러나지 않음을 볼 때 현실법의 '-ㄴ다'임이 분명하다. 그러나 '제게'라는 대명사
가 나타남으로써 '-ㄴ다'의 쓰임을 혼란스럽게 하며, (2ㄴ)은 '너 경긔와 호셔빅셩들을'

분포 조건은 명백히 다르기 때문에 이러한 설명만으로는 부족한 느낌을 준다. 또한 '-ㄹ다'의 경우9)도 설명하기 어렵다. 더욱이 17세기 이후 2 인칭의문어미의 교체는 '-냐/뇨'계에서만 일어난다는 점을 고려할 때, 높임법과의 관련성을 좀더 따져보아야 할 것으로 보인다. 곧 청자가 2인칭 낮춤의 대상이면서, 문장의 주어로 나타날 경우 인칭의문어미가 '-ㄴ다'에서 '-냐/뇨'계통으로 교체되는 경우가 대부분이다.

3.3. 설명과 판정 관계

17세기에 이르러 설명을 나타내는 의문어미 '-고'가 올 자리에 '-가'가 오는 경우가 훨씬 많아진다. 다음과 같은 예가 있다.

(11) 〔±의문사〕구조를 벗어난 경우
ㄱ. 〔+의문사〕에서 '-가'를 취한 경우
· 샹ᄉ의 의복은 ᄌ겨롤 싱각ᄒ오면 <u>머어시(무엇이)</u> 귀ᄒ오며 앗 가올 거시 <u>잇ᄉ오럼잇가</u>마ᄂ (언간 129)
· 아ᄌ마님 뜻도 날과 ᄀ즈오실가 ᄇ릇ᄋ더니 므ᄉ일로 이대ᄃ록 밧바 <u>부븨오시ᄂᄂᆫ니잇가</u> (언간 122)
· 그런 깃브온 일이 <u>어듸 잇ᄉ오럼잇가</u> (언간 131)
· 아ᄌ마님 이러ᄒ시기로 ᄒ야 도로 믈러 나오면 인간의 <u>어듸 가 ᄂᆫ들고 ᄃᆞ니리잇가</u> (언간 123)
· 내 동싱인들 ᄆᆞ음의 이리도록 못 니치옵고 셟ᄉ오면 <u>어이 ᄒ오 럼잇가</u> (언간 129)
· 션됴 례우ᄒ시던 원노대신으로 뉵칠년을 먼니 가 간관 마시지여의 다시 드러오셔 연셕의 드ᄅ시니 그 비감ᄒ오물 <u>어이 다 니르 리잇가</u> (언간 130)
· 싱심이나 <u>어이</u> 남기고 <u>머그리잇가</u> (첩해 3:11)
· 나는 오놀도 예 왓습거니와 앗가 양심합의 내관 나실 제ᄂ <u>엇디</u>

주어로 볼 때, '-ㄴ다'는 인칭의문어미가 된다.
9) '네 셩이 쏘 이 효소에 나니 그 죄 맛당히 엇더ᄒ료(속명의2:18)'와 같이 추정을 나타낼 경우도 인칭의문어미가 교체된다.

아니와 <u>겨요시더니잇가</u> (언간 127)
ㄴ. 〔+의문사〕에서 '-냐'를 취한 경우
· 괴가죽 저고리와 허릿듸를 평양셔 어렵지 아닌 거슬 <u>어이</u> 아니ㅎ
여 <u>보내느냐</u> (언간 152)
· <u>언머</u> 모다 우은 거시라 <u>녀기셔냐</u> (첩해 9:4)

이 시기 의문문 가운데 의문사가 나타나면서 '-가'로 바뀌는 경우가 상
당수 많아진다. 그 반대의 사례는 나타나지 않는다. 이와 같은 '-고/뇨:
-가/냐'의 교체는 의문문에서 어미와 의문사의 기능 부담의 정도가 달라
짐을 의미한다.

3.4. 의문어미의 생략

어미의 기능부담 약화는 의문어미가 생략되는 형태에서 좀더 두드러진
다. 다음의 예는 의문어미가 생략되는 형태이다.

(12) '-리/니'
ㄱ. 한놀ㄱ툰 ㄱ업손 은덕을 <u>어디</u> 다혀 <u>갑소오리</u>
(경민편 39:송강의 훈민가)
· 디나간 휘면 애드라 제 <u>엇디ㅎ리</u> (경민편 39:송강 자효)
· 셜운 이롤 다 아로려 ㅎ시거든 우린돌 술진 미나리롤 혼자 <u>엇디</u>
<u>머그리</u> (경민편 39:송강 군신가)
ㄴ. 사모 이엄은 포피가 됴티 아니ㅎ니 눗 업더라 쓰니는 <u>엇더ㅎ더</u>
<u>니</u> (언간 101)
· 판셔집 병든 아돌은 이제는 <u>엇더타</u> ㅎ느니 (언간 101)
ㄷ. 그런 다힝 깃븐 이리 <u>어디</u> 이시리 (언간 76)
· 그 깃브리롤 <u>어이</u> ㄱ올ㅎ리 (언간 95)
· <u>어이</u> 다 <u>뎍으리</u> (언간 85, 97)

(12ㄱ)은 시가형식에서 의문어미가 생략된 형태이다. 이에 비해 (12ㄴ-
ㄷ)은 시가 형식이 아닌데도 의문어미가 생략된 셈이다. 그런데 (12ㄴ-

ㄷ)을 살펴보면 두 가지 공통점이 나타난다. 첫째는 의문어미의 생략은
〔+의문사〕구조에서만 가능하다는 점이고, 둘째는 화자가 아랫사람인 청
자에게 말하는 형식이라는 점이다. 이 점은 15~6세기의 상대을 드러내
는 자리에서 의문어미가 생략되던 것과 다소 차이를 보인다. 이는 결국
17세기 이후 의문어미의 기능 약화와 관련한 해석을 가능하게 한다. 곧
시가 형식이나 상대높임자리의 의문어미의 생략이 예사높임이나 반말자
리에서 생략되기 시작함은 의향을 드러내는 의문사와 어미 가운데, 어미
의 부담이 줄어들고 의문사의 부담이 늘어남을 의미한다고 볼 수 있다.
　문제는 이러한 기능부담의 정도가 달라진 까닭이 무엇일까 하는데 있
다. 이에 대해 허웅(1989)에서 논의된 높임법 체계의 혼란과 관련될 가
능성을 제기할 수 있다. 다시 말해 15세기에 널리 쓰였던 상대높임 선어
말어미 '-이-'가 없어지면서 예사높임이나 반말로 쓰이게 되는데, '-으리
이다, -으리잇가, -으리잇고'와 '-으니이다, -으니잇가, -으니잇고'가 줄
어들면서 '-으리, -으니'가 종결어미로 상대에 대한 높임의 등급을 낮추
는 셈이다. 따라서 허웅(1989)에서는 (13ㄴ-ㄷ)과 같은 형태는 '-니,
-리'로 끝나지만 높임을 나타내던 '-이'가 스며든 것으로 풀이한다.[10]

---

10) 허웅(1989)에서는 다음과 같은 예를 들어, 이러한 변화가 일어난 시기를 16세기로 잡
고 있다.
　　ㄱ. 이제는 긔운 <u>엇더ᄒᆞ니</u> (편지 30)
　　　・ 너희 누에돌 아 치더라터니 <u>엇더니</u> (무덤편지 57)
　　　・ 성혼 아닌 ᄌᆞ식이면 내 <u>므스일</u> 근심ᄒᆞ리 (편지 13 선조)
　　　・ 군인 ᄒᆞ나힌돌 <u>어딕</u> 가 어드리 (편지 14)
　　　・ 면화는 아므리 잇다 <u>엇디</u> 보내리 (편지 9)
　　　・ 샐 ᄌᆞ식 난는 사ᄅᆞ미 이런 슈요기 <u>어딕 이시리</u> (편지 68)
　　　・ 뉘라셔 날 머그라 ᄒᆞ리 <u>이시리</u>(편지 73)
　　　・ 셟다마는 <u>뉘 다시리</u> (편지 36)
　　ㄴ. 그디내 그저 <u>겨시더니</u> (이륜 47)
그런데 위의 ㄱ은 김일근(1986)에 제시한 바와 같이 17세기 자료가 대부분이다. 곧
언간 30까지는 16세기말의 자료이나 언간31부터는 이미 17세기의 자료이기 때문이다.
다만 2.3.의 (9)에 나타나는 '뉘 아니라커니(박통사 상:23)'와 같이 반말에서 의문씨끝
이 생략되는 형태가 나타난다는 점을 보아 16세기부터 이러한 변화가 일어나기 시작했
음을 알 수 있다. 물론 이러한 변화가 보편화된 것은 17세기로 보아야 할 것이다. 그런
데 ㄴ은 ㄱ과는 다른 환경의 '-니'이다. 그런데 원문을 살펴보면, 이 경우는 의문문인지

결국 '-이-'의 소멸은 높임법 체계에 큰 변화를 가져왔다. 특히 '-이-'가 아주 줄어들면서 형태변화뿐만 아니라 높임등급 자체를 변화시키고 있는데, 의문법의 경우 '-니, -리'와 같이 아주높임의 생략형태가 낮춤형태로 바뀌면서 의문어미의 기능에 혼란을 가져온 것으로 보인다. 이와 같은 과정에서 설명과 판정을 구분하는 어미의 기능은 약화될 수밖에 없을 것이다. 이러한 기능 약화는 그 기능을 대신하는 새로운 형태의 출현이나 문장상의 변화를 수반할 가능성을 갖지만, 의문문의 경우 설명과 판정을 나타내는 〔±의문사〕의 존재가 새로운 구조적 변화까지 일어나는 것을 막은 것으로 추정할 수 있다.11)

4. 18세기 의문문의 변화

4.1. 자료 조사

(13) 주요 문헌

ㄱ. 윤음언해

		규 칙 적		벗 어 남	
		사 례	비 율	사 례	비 율
2인칭	-ㄴ다/-ㄹ다	3	?	2	?
설명의문	-고	0	?	0	?
〔+의문사〕	-뇨/-료	5	71.43	2	28.57
판정의문	-가	2	?	3	?
〔-의문사〕	-냐/녀	5	100	0	?

아닌지가 뚜렷하지 않기 때문에 논의 대상에서 제외해야 할 듯하다.

11) 문장에서 의문을 드러내는 요소가 씨끝과 의문사라는 점에서 16세기나 17세기 상대높임을 드러내는 문장에서의 '-고:-가'의 교체도 이해될 수 있을 것이다. 곧 '-고'가 올 자리에 '-가'가 왔더라도 설명을 요하는 〔+의문사〕로 인해 화자의 의향을 이해할 수 있게 된다. 그런데 17세기 이후 씨끝의 기능부담 약화로 인해 높임이든 반말이든 씨끝 혼란은 가중되고 〔±의문사〕로 의문내용을 판단하게 된 것으로 이해할 수 있다.

ㄴ. 속명의록

		규 칙 적		벗 어 남	
		사 례	비 율	사 례	비 율
2인칭	-ㄴ다/-ㄹ다	6	31.58	13	68.42
설명의문	-고	9	50	9	50
〔+의문사〕	-뇨/-료	30	?	1	?
판정의문	-가	3	100	0	
〔-의문사〕	-냐/녀	4	100	0	

ㄷ. 언간

		규 칙 적		벗 어 남	
		사 례	비 율	사 례	비 율
2인칭	-ㄴ다/-ㄹ다	2	?	1	?
설명의문	-고	5	62.50	3	37.50
〔+의문사〕	-뇨/-료	1	17.67	5	83.33
판정의문	-가	8	100	0	
〔-의문사〕	-냐/녀	2	100	0	

4.2. 인칭 관계

18세기 문헌에서 인칭의문문은 규칙을 지키는 경우보다 규칙을 벗어난 경우가 훨씬 많은 경우가 많다. 이는 문헌의 보수성을 고려한다면, 의문문에서 인칭법은 소멸되었음을 의미한다. 다음과 같은 예가 있다.

(14) 인칭법을 벗어난 사례

　　ㄱ. 슬프다 너 북노 빅셩들은 거의 내 뜻을 알고 내 무음을 혜아리
　　　　느냐.(윤음 함경도 1)
　　・ 네 감히 근스티 아니흐단 말노 불만히 디답홀가 시브냐
　　　　　　　　　　　　　　　　　　　　　　　　(속명의 2:11)
　　・ 네 감히 죵시 불만히 굴까 시브냐(속명의 2:11)
　　・ 네 디쳐로뻐 감히 사름을 의논ㅎ려 ㅎ느냐 (속명의 2:20)
　　ㄴ. 흉역의 일을 반드시 네 혼자 판단흠이 아닐 쩌시니 눌노 더브러

혼가지로 호엿느뇨 (속명의 1:14)
- 네 텨결혼 밧 재 뇌뇨 (속명의 1:35)

ㄷ. 흐믈며 쏘 샹길의 무리 궁흉극악혼 흉혼 쬐 비슈룰 쎠 우홀 범
ᄒ며 튜더ᄒ기룰 모의ᄒ기에 니르거눌 네 셩명이 쏘 이 쵸ᄉ에
나니 그 죄 맛당히 엇더호료 (속명의 2:18)
- 그 슈작ᄒ던 말노뼈 날드려 전혼 재 무비 궁흉혼 졍졀이니 네
엇지 감히 발명ᄒ리오(속명의 1:34)
- 샹이 비록 춤아 너룰 죽는듸 두디 못ᄒ시나 네 만일 신분이 이
시면 엇디 가히 홀닌들 살니오 (속명의 2:7)

(14ㄱ-ㄷ)의 예는 17세기의 일반적 경향과 다르지 않다. 곧 낮춤의 등
급인 '-냐/녀, -료'에서 인칭법이 사라지고 있으며, 『박통사신석』에서는
예사높임으로도 쓰이고 있다.

(15) 예사높임의 '-뇨'
- 노형아 揖ᄒ노라 어디 갓더뇨 (박통신 1:16)
- 相公아 므슴 일이 잇느뇨 小人드려 닐러 알게 ᄒ라
(박통신 1:56)
- 相公은 分付ᄒ라 엇디 지으려 ᄒ느뇨 (박통신 3:16)

4.3. 설명과 판정 관계

이 시기 설명과 판정의 어미가 규칙을 벗어난 경우도 문헌에 따라 편
차가 심하기는 하지만 매우 일반화되어 있다. 예를 들어 『어제상훈언해』
(1745)의 경우는 규칙을 벗어난 사례가 14개, 규칙을 지킨 사례가 13
개로 오히려 규칙을 벗어난 경우가 많이 나타난다. 반면 『박통사신석』
(1765)은 규칙을 지키는 경우가 102개, 규칙을 벗어난 경우는 6개여서
문헌마다 일정하지는 않다. 그 까닭은 문헌의 보수성에서 비롯되었을 것
으로 보인다.

(16) '-가'

ㄱ. 낫것 잡스오시고 안녕이 디내오시옵ᄂ니잇가 이 글은 쇼인이 지
어스오니 감ᄒ오시고 <u>엇더ᄒ온고</u> 보아 주오심 바ᄅ옵ᄂ이다
(언간 201)

· 날마다 <u>엇디</u> 슈요ᄒ여 디니니 게 졍신이 쓰이여 그런거시나 이제
ᄂ 밋스가 다 이러ᄒ니 슈샹히 요스이ᄂ 면ᄎ톤 것 먹어 슌강ᄒ
ᄂ가 아줌은 <u>므어슬 엇디 먹은가</u> (언간 206)

ㄴ. 제 공시 이믜 심히 명빅ᄒ고 셩괴 ᄯ 이러ᄐ시 근측ᄒ오시니 죠
뎡에 잇ᄂ 모든 신해 뉘 감읍ᄒ지 <u>아니ᄒ오리잇가</u>
(속명의 2:24)

· 샹스 말슴은 하 놀납ᄒ오니 다시 <u>무소</u> 말슴을 <u>덕스오리잇가</u>
(언간 보 19)

· 그러나 신의 부지 만일 일회나 나라희 블츙ᄒ 일이 잇스오면 일
만번 죽어도 앗갑디 아니ᄒ올 거시니 무슴 심쟝으로ᄢ 샹길의
흉악ᄒ 꾀에 <u>참셥ᄒ리잇가</u> (속명의 2:21)

· 공즛ᄒ되 엇디 밧비 내여 버히디 <u>아니ᄒᄂ니잇가</u>(속명의 2:11)

· 뎐하의 은혜온즉 이제 <u>엇디</u> 감히 일회온들 <u>긔은ᄒ리잇가</u>
(속명의 2:22)

· 면질ᄒ면 반ᄃ시 굴티 아닐디니 텬일 이지 샹ᄒ시니 <u>엇디</u> 감히
일회온들 <u>긔망ᄒ리잇가</u>(속명의 2:21)

· 비록 신의 부지라도 다만 즁아에 비탄홀 ᄯᄅᆷ이오니 엇디 감히
신의 아즈비 연고로ᄢ 나라 원망홀 ᄆᆷ을 <u>밍동ᄒ리잇가</u>
(속명의 2:22)

· 져희 무리의 흉악ᄒ 꾀를 엇디 참셥ᄒ올니 <u>잇스오리잇가</u>
(속명의 2:21)

· 젼년 싀골 갈 ᄯᆡ예 과연 와 보왓스오니 셜스 넉넉히 역젹질 홀
꾀룰 ᄒ엿다 ᄒ고 졈디 아니ᄒ 거시 <u>엇디 가히 지만ᄒ리잇가</u>
(속명의 2:11)

· ᄒ믈며 신의 위인이 소졸ᄒ야 본디 친ᄒ고 아ᄂ니 업스니 샹운이
룰 <u>엇디</u> 서로 <u>알니잇가</u> 마ᄂ 진실노 (속명의 2:19)

(17) '-냐'로 바뀜

ㄱ. 믈읏 도즁 빅셩의 질고와 우락을 비겨 아지 못ᄒ니 <u>엇지 됴가</u>

의 회유ᄒᆞᄂᆞᆫ 덕퇵이 혹 셤과 뉵지에 간격ᄒᆞ야 <u>그러ᄒᆞ냐</u>.

(윤음 제쥬민인1)

ㄴ. 오회라 엇디 춤아 <u>니르랴</u> (속명의 차ᄌᆞ 7)

(16~17)의 예와 같이 [+의문사] 구조에서 '-가'와 '-냐/랴'를 어미로 취하는 경우는 17세기보다 훨씬 많아진다. 그런데 17세기까지는 전혀 보이지 않던 반대 현상([-의문사]구조에서 '-리오'를 취한 경우)이 나타나는 경우도 발견된다. 다음의 경우가 이에 해당된다.

(18) [-의문사]에서 '-오'로
- 사ᄅᆞᆷ의 열 아ᄃᆞᆯ을 두엇ᄂᆞᆫ 재 아홉 아ᄃᆞᆯ은 먹여 비부르고 ᄒᆞᆫ 아ᄃᆞᆯ 은 함함(굴믄 거동이라)ᄒᆞ야신즉 부모의 ᄆᆞᄋᆞᆷ에 그 장ᄎᆞᆺ 아홉 아 ᄃᆞᆯ에 편안이 너겨 ᄒᆞᆫ 아ᄃᆞᆯ을 괄시ᄒᆞ야 뻐 쐬고 추기고 마시우고 먹일 바룰 ᄉᆡᆼ각ᄒᆞ지 아니ᄒᆞ리오.(윤음 호서1)
- ᄀᆞ을 농ᄉᆞ가 보리 농ᄉᆞ의셔 나을까 ᄒᆞ엿더니 이제ᄂᆞᆫ 벼농ᄉᆞ의 흉 년이 도로혀 보리 농ᄉᆞ의셔 심ᄒᆞ니 벼 환샹 맛당이 바들 썻도 오 히려 더러 주거든 홉을며 ᄯᅩ ᄃᆡ신으로 벼룰 ᄒᆞ리오. (윤음 호서5)
- 허믈며 져 즁즁ᄒᆞᆫ 빅셩도 ᄯᅩᄒᆞᆫ 텬셩을 잡음이 이셔 목을 느릐혀 ᄇᆞ라고 손가락을 굽혀 혜지 아니ᄂᆞ니 업서 니ᄅᆞ더 이 날은 우리 님군이 즐기시리라 ᄒᆞ리니 내 이에 ᄯᅩ 가히 그 ᄯᅳᆺ을 더답ᄒᆞ미 업 ᄉᆞ리오. (대제 윤음 육도2)→이 경우 전라감영본은 '-업ᄉᆞ랴'로 바뀜

(18)의 예는 의문사 없이 '-리오'를 취한 경우이지만, 반어문에 나타나는 '어이/엇지'가 생략된 형태로 볼 수 있다. 그렇기 때문에 특별한 예외로 보기는 어렵다.

이와 같이 의문어미의 선택의 혼란은 앞선 시기와 마찬가지로 의문어미의 기능부담 약화를 의미하는 것이며, 아울러 의문내용의 실현은 의문사에 의해 드러남을 뜻한다고 볼 수 있다.

4.4. 생략형 의문어미

의문어미의 생략 형태도 17세기와 크게 다르지 않다. 이러한 경향은 구어체에서 더욱 두드러지는데, 『첩해몽어』(1790년 간행)에는 다음과 같은 예가 나타난다.

> (19) '-니, -리'
>> ㄱ. 그러면 날마다 와셔 너희게 <u>므슴</u> 말 <u>ㄱ르치ᄂ니</u> (첩몽 2:1)
>> · 네 아ᄋ의 나히 <u>언머니</u> (첩몽 3:2)
>> · 네 어니 스승의 집의셔 글 닑으며 네 스승이 시방 <u>므어시</u> 잇ᄂ니 (첩몽 3:5)
>> · 다 <u>므슴</u> 구실에 <u>잇ᄂ니</u> (첩몽 3:1)
>> · 사름이 어디 잇ᄂ니? 너희 가셔 닐러라 (첩몽 2:17)
>> · 生日이 <u>언제니</u> (첩몽3:2)
>> · <u>엇지</u> 다 이리 손인체 흥기 <u>잘ᄒᄂ니</u> (첩몽 3:12)
>> ㄴ. 그러치 아니면 <u>엇지</u> 엿히 오지 <u>아니ᄒ리</u> (첩몽 4:8)
>> · 내 져를 어더 츠즈러 가며 제 <u>어디</u> 간줄을 <u>알리</u> (첩몽 4:7)
>> · 반ᄃ시 잘 되기롤 <u>므슴</u> 니롤 곳 <u>의시리</u> (첩몽 1:19)
>> · 붓시 죠치 아니ᄒ기로 쓰기에 극히 어렵다. <u>어이 그러ᄒ리</u>
>>> (첩몽 1:17)
>> · 이리 먼디 나롤 위ᄒ여 兄의 몸을 슈고롭게 혼 거시 내 <u>엇지ᄒ여 당ᄒ리</u> (첩몽4:3)

(19ㄱ-ㄴ)은 의문어미가 생략된 경우로 볼 수 있다. 이와 같은 생략형은 모두 〔+의문사〕를 취하며, 상대를 낮출 경우에 쓰인다. 반면 청자를 높여야 할 경우 '-옵'과 같은 생략형이 나타나는데, 이러한 생략형은 서술법과 의문법에 모두 쓰인다.

> (20) '-옵'
>> · 갈수록 세상도 하 귀치 아니ᄒ오니 <u>엇지ᄒ면</u> 죠타 <u>말이옵</u>
>>> (언간 보 19)
>> · 눈은 순전 소경이오니 <u>엇지</u> 산다 <u>말이옵</u> (언간 보 19)

(20)은 의문어미 '-닛고'가 생략된 것으로 볼 수 있다. 이와 같이 어미를 생략한 채 의문과 서술, 설명의문과 판정의문을 모두 드러낼 수 있는 까닭도 의문어미의 기능 약화로 설명할 수 있다.

5. 19·20세기 의문문

5.1. 자료 조사

(21) 주요 조사 문헌

ㄱ. 교린수지

		규 칙 적		벗 어 남	
		사 례	비 율	사 례	비 율
2인칭	-ㄴ다/-ㄹ다	'-ㄴ다/-ㄹ다'는 나타나지 않고 씨끝이 모두 바뀜			
설명의문	-고	44	57.14	22	42.86
〔+의문사〕	-뇨/-료	0		11	
판정의문	-가	63		0	
〔-의문사〕	-냐/녀	29		0	

(『교린수지』에서는 의문씨끝으로 생략형 '-리'가 3개, '-리+요'로 분석될 수 있는 사례가 15개, '-지' 2개, '-냐'3개, '-노' 1개가 더 나타난다.)

ㄴ. 추사언간

		규 칙 적		벗 어 남	
		사 례	비 율	사 례	비 율
2인칭	-ㄴ다/-ㄹ다	드러나지 않음			
설명의문	-고	8	42.10	9	57.90
〔+의문사〕	-뇨/-료	0		2	
판정의문	-가	18		0	
〔-의문사〕	-냐/녀	5		0	

(『추사언간』에는 '-지'(5), '-옵'(22)이 더 나타난다.)

ㄷ. 열녀춘향수절가 상권(19세기로 추정)

		규 칙 적		벗 어 남	
		사 례	비 율	사 례	비 율
2인칭	-ㄴ다/-ㄹ다	'-ㄹ다'는 한 곳에만 나타남			
설명의문 [＋의문사]	-고	9	41.67	4	58.33
	-뇨/-료	1		10	
판정의문 [-의문사]	-가	'-소-ㄴ가'만 5개가 나타남		0	
	-냐/녀	'-냐'는 8개 '-소냐는 4개		1	

(『열녀춘향수절가』 상권에서는 '-나'(6), '-리'(3), '-소'(3), '-제'(1), '-지'(1),
'-손가'(5), '-소냐'(4)와 같은 의문어미가 더 나타난다.)

19세기에서 2인칭의문씨끝 '-ㄴ다', '-ㄹ다'는 거의 나타나지 않는다.
문헌에 일부 나타나는 경우는 문헌의 보수성을 반영하는 것으로 해석할
수 있다. 또한 판정과 설명을 구분하던 '-가:-고'의 대립도 소멸된 것으
로 해석할 수 있다. 이러한 경향은 (21)의 자료 통계를 살펴볼 때에도
뚜렷하다. 반면 19세기 이후 문헌에서는 새로운 의문씨끝이 나타난다.

5.2. 다양한 의문어미의 발달

19세기 의문어미는 인칭이나 설명·판정의 대립에서 높임법 체계에
따른 대립체계가 나타난다. 이러한 경향은 앞선 시기의 '-냐/녀'계통의
낮춤, '-니, -리'와 같은 생략형의 반말화가 지속된 결과로 보인다.

(22) '-냐', '-랴'
　　ㄱ. 춘향의 모 잠을 찌여 아가 무어슬 달나고 부르난야. (춘향가 40)
　　· 아렛 집에 누그 계시냐 (교린 1:17)
　　· 형상을 보니 녜스 사롬 아닌가 시푸니 누구냐 (교린 1:52)
　　· 간죽이 몃 개나 잇느냐 (교린 3:33)

· 궁기 몃 궁기나 <u>잇느냐</u> (교린 1: 0)
ㄴ. 삭예돈은 쑤어 쓰오시고 어닉쩌의 <u>갑흘시랴</u> ㅎ옵(추사언간 8)
· 이 도령 일은 말이 네 말을 들어본이 어이 안이 <u>기특하랴</u> 우리
인연 미질 져그 금셕뇌약 미지리라. (춘향가 27)

(22ㄱ-ㄴ)은 18세기의 의문어미의 기능 약화가 이어져 보편적인 현상이
되고 있음을 보여주는 사례이다. 이와 함께 '-나'가 발달하는데, 이 씨끝
은 낮춤의 등급을 가지며, 추정이나 염려를 나타내는 의문문에 쓰인다.

(23) '-나'
ㄱ. 사쏘이 호령하되 자녀 뉘 말노 알고 디답을 <u>그리하나</u>. (춘향가 38)
· 오작교 분명ㅎ면 견우직녀 <u>어더 잇느</u>. (춘향가 15)
· 이 동안은 오릭 쇼식이 업스오니 답답 념려 브리지 못ㅎ오며 그
스이 엇지 편치 못ㅎ야 <u>지나시나</u> ㅎ오니 (추사언간 6)
ㄴ. 던지다가 사롬을 <u>마칠나</u> (교린 4:4)
· 차쓰니 더 부면 <u>너믈나</u> (교린 4:28)

(23ㄱ)은 낮춤과 추정, (23ㄴ)은 낮춤과 염려를 나타내는 의문어미이
다.
반면 생략형은 '-리'가 일반적으로 나타나며, '-리요'는 '-리+요'의 형
태인지, 아니면 '-리오'의 음변화인지 구분하기 어려울 정도로 빈번히 나
타난다.

(24) '-리' (이 경우는 '요'가 붙어 상대높임이 될 수 있다.)
ㄱ. 간장인들 엇지 <u>견듸오리</u> (교린 1:49)
· 사롬이 져리 인식허고 <u>어데 쓰리</u> (교린 1:32)
· 소긴들 <u>관계ㅎ리</u> (교린 4:14)
ㄴ. 굴너 눕과 굿치 ㅎ면 허물이 <u>잇스리요</u> (교린 3:37)
· 긔약을 어긔니 신실타 <u>ㅎ리오</u> (교린 4:38)

(24ㄱ)은 18세기와 마찬가지로 '-리'가 낮춤의 의문어미로 쓰인 경우이

다. 그런데 (24ㄴ)은 상대를 낮춘 것으로 보이지는 않는다. 그런데 오늘날 흔히 쓰이는 '-니'는 19세기의 자료에서는 발견되지 않는다.12) 이 시기까지의 '-니', '-리'가 〔+의문사〕 구조에서 낮춤을 나타내는 의문어미로 쓰이다가, 〔-의문사〕 구조의 의문문에도 쓰이게 된 것은 후대의 일이라고 보인다.

또한 '-지' 형태의 발달이 활발히 이루어진다.

(25) '-지'의 발달13)
　　ㄱ. 녕을 넘어 <u>가옵는지</u> (교린 1: 18)
　　ㄴ. 환순이 어나날 되어 <u>겨오신지</u> (추사언간 11)
　　　• 아바님 겨오셔 감후로 미령ᄒᄋ오시다 ᄒᄋ오니 엇더ᄒᄋ오신지 즉시 평복ᄒᄋ오시고 제절이 <u>일양이오신지</u> 외오셔 초조 ᄀᆞ이 업습
　　　　　　　　　　　　　　　　　　　　　(추사언간 4)
　　　• 방사을 변통ᄒᄋ나 보오니 그ᄉ이 <u>엇지ᄒᄋ옵는지</u> (추사언간 28)
　　　• 다 못 쓸 거라 ᄒᄋ오시니 엇지ᄒᄋ야 그러ᄒᄋ개 ᄒᄋ야 <u>보녀와옵는지</u>
　　　　　　　　　　　　　　　　　　　　　(추사언간 11)
　　ㄷ. 바히 핫옷시 업쓰니 <u>엇찌</u> 올나갈지 넘녀허옵네 (교린 3:16)

　　　• 의논홀 길 업ᄉ오니 엇지면 <u>죠흘지</u> (추사언간 2)

(25ㄱ)은 〔-의문사〕 구조에서 상대높임을 드러내는 경우이며, (25ㄴ)은 〔+의문사〕 구조에서 상대높임을 드러내는 경우이다. 반면 (25ㄷ)은 〔+의문사〕 구조에서 낮춤으로 쓰인 경우이다. 이와 같이 '-지'의 쓰임도 의문을 드러내는 구실만 할 뿐, 설명이나 판정, 높낮음을 구분하지는 않는다. 그렇기 때문에 후대에 높임을 실현하는 방법으로 '요'를 붙여 의문법을 실

---

12) 오늘날 의문어미 '-니'는 설명이나 판정과 관계없이 쓰이며, 상대를 낮출 경우에 쓰이는 의문어미이다. 이 어미는 20세기 초 신소설류에 와서 발견되는데, 1~8세기까지의 '-니', '-리'가 〔+의문사〕구조를 취한 점과는 확연히 다르다.
13) '-지'는 '-디'에서 온 것이다. 이에 대해서는 전정례(1995), 정재영(1996)을 참조할 수 있다. '-디'는 본디 의문어미는 아니었으나 의문어미로 전용되어, 의문을 나타내는 경우에 쓰인 셈이다. 이 점에서 서술어미로도 쓰이는 (28)의 '-아, -제'와 구분한다.

현하는 것으로 볼 수 있다.

또 하나의 어미로 '-소'의 발달이 있다. 이 어미는 18세기까지는 잘 나
타나지 않는데, 19세기 문헌에 비교적 활발히 쓰인다.

(26) '-소'
· 뉘가 무엇 달녀엿소. (춘향가 40)
· 익고 이계 웬일리요. 안으로 드러가시더니 쑤종을 드르셧소. 노
상의 오시다가 무삼 분함 당하겨소. 셔울셔 무슨 기별리 왓짜던
니 중복을 입어 겨소. (춘향가 74)

이 어미는 예사높임의 등급으로 쓰인다.[14] 또한 유사한 사례로 '-소
냐, -손가'가 있다.

(27) '-소냐', '-손가'
ㄱ. 경쳐의 흥을 졔워 츙쳥도 고마 수영 보련암을 일너슨들 이곳 경
쳐 당할손야. (춘향가15)
· 오시 활짝 버셔지니 형산의 빅옥썽니 우에 더할소냐.
(춘향가 55)
· 일언승지의 풍월이 업실소냐. (춘향가15)
· 잇써 월미 쌀 춘향이도 쪼한 시셔음율이 능통하니 쳔중졀을 몰
을소냐.(춘향가16)
ㄴ. 공든 탑이 무어지며 심근 남긔 썩길손가. (춘향가 5)
· 니 져를 초취갓치 예길더니 시하라고 염예말고 미장젼도 염예
마소. 디장부 먹난 마음 박디힝실 잇슬손가. 허락만 허여 쥬소.
(춘향가 49)
· 우리 피차 고우로 동문수업하여건과 이사의 글익기가치 실은 거
시 업건마는 우리 아시 홍보니 어이 안이 길걸손가. (춘향가36)
· 졔와 니와 평싱 긔약 미질졔 젼안 납폐 안니한들, 창파갓치 집푼
마음 춘향 사졍 몰을손가. (춘향가49)

---

14) '-소'는 명령이나 의문을 모두 실현한다. 그러나 이 어미의 유래가 무엇인지, 왜 의문어
미로 쓰이게 되는지를 이 자리에서 확인할 수는 없다. 이에 대해서는 김용경(1998ㄱ,
ㄴ)을 참조할 수 있다.

· 청강으 노든 원앙조가 짝 하나를 일어쓴들 어이 늬 쌀 갓틀손가,
  도련임 늬정이 말과 갓털진디 심양하여 힝하소셔. (춘향가 48)

이 어미의 유래도 확인하기는 어렵다. 다만 뒤집음을 나타내는 뜻을
갖는다.

그 밖에도 19세기 문헌부터는 본디 의문어미가 아니었는데 의문어미
로 쓰이는 용례도 발견된다.15)

(28) 전용되는 사례
ㄱ. '-아' : 춘향의 모 문을 열고 방자 불너 뭇는 마리. 〈뉘가 와야〉
                                                              (춘향가 40)
ㄴ. '-제' : 〈 너일 늬힝이 나오실 졔 늬힝 뒤의 사당이 나올턴니 비
           힝은 니가 하것네.〉〈글히셔요.〉〈그만하면 알졔.〉 (춘향가 48)

5.3. 의문어미와 높임법의 체계

19세기 이후로 의문문은 설명과 판정의 대립에서 높임법체계의 대립
으로 바꾸어 갔다. 그런데 높임법을 실현하는 방법도 어미 자체에 의한
것이라기보다는 높임을 나타내는 다른 형태소의 도움에 힘입은 바 크다.
19세기말부터 20세기 초까지 주로 쓰였던 의문어미를 상대높임과 관련
하여 정리하면 다음과 같다.

(29) 낮춤
ㄱ. -냐, -뇨
· 물머금어 양수하며 조약돌 덥셕 쥐여 버들가지 꾀꼬리을 히롱하
  니 타기 황잉이 안인야. (춘향가 14)
· 네가 몰르면 쓰것난야. 잘 가거라. 금야의 상봉하자. (춘향가 29)

---

15) 이와 같은 용례는 〈열녀춘향수절가〉와 같이 문학류에서 발견되는데, 그 까닭은 문헌이
   소설적 상황을 드러내주고 있기 때문이라고 볼 수 있다. 따라서 전용된 어미는 특이한
   현상이라고 보기는 어려울 듯하다.

· 잇쩌는 어느 <u>쩌뇨</u>. (춘향가 8)

ㄴ. -랴

· 그 가온더 진진한 이리야 오직 <u>하랴</u>. (춘향가 56)

· 네 마리 당연ᄒ나 오나리 단오리리라. 비단 <u>니쑨이랴</u>. (춘향가 23)

ㄷ. -가, -고

· 춘향의 모이라졔 <u>평안한가</u>. (춘향가 41)

· 가소롭다 어쥬사는 도원질을 <u>모로던가</u>. (춘향가 39)

· 글러한다 하졔 마는 글헐이가 웨 <u>잇슬고.</u> (춘향가 35)

ㄹ. -나, -노

· 글헐이가 <u>잇나</u>. (춘향가 41)

· 나도 미장젼이라 피차 언약이 이러하 ᄒ고 육예난 못할망졍 양반으 자식이 일구이언을 할이 <u>잇나</u>. (춘향가 47)

· 암만회도 그더로 버려둘 수가 업스니 져거슬 <u>엇지ᄒ노</u> (힝낙도 44)

ㅁ. -ㄹ가(ㅉㅏ),-ㄹ고(ㅉㅗ)

· 졍신을 드려 공부ᄒ면 이루지 <u>못헐가</u> (교린 4:16)

· 츄라를 바로 불면 입이 기운들 <u>관계헐가</u> (교린 3:34)

· 평싱 닛지 <u>아닐가</u> 시푸외다 (교린 4:17)

· 넙페 씨고 나가면 뉘가 <u>아올고</u> (교린 4:4)

· ᄌ연 그리된 일이니 뉘 <u>타슬헐꼬</u> (교린 4:19)

ㅂ. -지

· 저 건네 화류즁의 오락가락 힛쓱힛쓱 얼는얼는ᄒ는 겨 <u>무어신지</u> 자셔이 보와라. (춘향가 19)

ㅅ. -소냐, -손가

· 경쳐의 흥을 졔워 츙쳥도 고마 수영 보련암을 일너슨들 이곳 경쳐 <u>당할손야</u>. (춘향가 15)

· 오시 활짝 버셔지니 형산의 빅옥쎵니 우에 <u>더할소냐</u>. (춘향가 55)

· 일언승지의 풍월이 <u>업실소냐</u>. (춘향가 15)

· 잇쩌 월미 쌀 춘향이도 ᄯ한 시셔음율이 능통하니 쳔즁졀을 몰<u>을소냐</u>. (춘향가 16)

· 공든 탑이 무어지며 심근 남긔 <u>썩길손가</u>. (춘향가 5)

ㅇ. -리

· 육친무족 우리 신셰 션영 힝화 뉘라 ᄒ며 사후 감장 <u>어이하리</u>.
(춘향가 4)

· 셕반이 마시 업셔 전전 반칙 <u>어이허리.</u> (춘향가 30)

ㅈ. -니(늬)

· 남만치 싱기지를 못ᄒ엿늬 남만침 공부를 <u>잘못ᄒ늬</u> (힝낙도 38)

· 이이 무슨 싱각을 ᄒ고 잇느냐 남들은 잘 놀터인데 너는 웨 놀
지 안코 그 모양으로 드러와 <u>안젓늬</u> (힝낙도 37)

(30) 예사높임

ㄱ. -오, -소

· 춘향의 모가 나오더니 공슈하고 웃둑 셔며 그 시의 도련임 문안
이 <u>엇더ᄒ오.</u> (춘향가 41)

· 명산더찰의 신고이나 ᄒ야 남여간 낫커드면 평싱 한을 풀거시니
가군의 뜻시 <u>엇더ᄒ오.</u> (춘향가 4)

· 뉘가 무엇 <u>달녀엿소.</u> (춘향가 40)

ㄴ. -이오, 〔의문씨끝 '-ㄴ가, -ㄹ까, -나'+요〕

· 이고 참 잡셩시러워라. 어붐질을 엇쩌케 <u>하여요.</u> (춘향가 64)

· 그뿐인 줄 아는야. 쏘 잇지야. 궁짜노리을 <u>드러보와라.</u> 〈이고
알궂고 우숩다. 궁쩌노리가 <u>무어시오.</u> (춘향가 63)

· 죄업는 사롬도 막죽이는 법도 <u>잇나요.</u> (힝낙도 58)

(31) 아주높임

ㄱ. -옵, -습

· 그 썰리는 증은 다시 관겨치 아니ᄒ옵고 젹긔 <u>엇더ᄒ옵</u>

(추사언간 12)

· 요ᄉ이 범졀이 <u>엇더ᄒ시옵</u> (추사언간 24)

· 변미야 엇지 <u>아니ᄒ야개습</u> (추사언간 23)

· 의복은 엇지나 ᄒ야 <u>보닉여습</u> (추사언간 24)

ㄴ. -오닛가, -옵닛가

· 그ᄯᅥ지 바지안에 쏭 무든 것들을 졍혼이 다 <u>무엇이오닛가</u>

(추월색 14)

· 노파롤 소긔ᄒ야 의논ᄒ던 터이 <u>아니오닛가</u> (추월색 6)

· 사위가 ᄌ식만 <u>ᄒ깃습닛가</u>만은 (추월색 27)

· 아모것도 아는 것이 업스니 무엇이 <u>조흡닛가</u> (추월색 45)

(29ㄱ-ㅈ)은 의문어미가 높임까지 모두 실현한다. 이는 (30ㄱ)도 마찬가지이다. 다만 (30ㄴ)은 상대높임을 나타내는 조사 '요'가 덧붙은 것으로 볼 수 있다. (30ㄱ)은 의문어미가 생략된 형태이므로, 의문어미가 높임을 동시에 실현한다고 볼 수는 없다. 그러나 (31ㄴ)은 '-ㄹ까'와 '-오-'16)가 합쳐져서 한 형태로 녹아드는 느낌을 준다. 이러한 과정을 거쳐 오늘날의 의문문의 체계는 인칭과 의문내용을 떠나 높임법 체계에 따른 어미의 분포를 갖게 된다.

6. 맺음말

이 글은 국어 의문문의 변화 과정을 살펴보는데 목적을 두었다. 의문문은 청자에게 대답을 요구하면서 화자가 청자에게 언어 내용을 전달하기 위해 실현하는 문장을 말한다. 국어 의문문은 중세국어의 경우 인칭과 의문 내용에 따른 어미 체계의 대립을 보여왔다. 그러나 현대 국어의 경우 이러한 대립은 소멸되었다. 이 글에서 논의한 주요 내용을 정리하면 다음과 같다.

(1) 16세기부터 인칭법과 의문내용에 따른 의문어미 체계를 벗어난 의문문이 많아진다. 이를 정리하면 다음과 같다. 첫째, 2인칭의문법에서 '-ㄴ다/-ㄹ다'가 올 자리에 '-가/-고'를 선택하는 경우가 많아졌다. '-가/-고', '-냐/-뇨'의 선택은 〔±의문사〕에 따른다. 둘째, 비인칭의문문에서 〔±의문사〕구조에 따른 의문문의 변화는 심하지 않기 때문에 그 요인을 찾기는 어렵다. 그러나 상대높임을 실현하는 '-가/고'의 문장에서 벗어난 사례가 나타나며, 낮춤의 '-냐/-뇨'에서는 나타나지

---

16) 허웅(1996)에서는 현대 국어 '-습니까, -ㅂ니까'의 '-습/삽/읍/웁'을 중세국어의 객체높임이 바뀐 것으로 해석하고 있다. 이는 권재일(1998)에 나타나듯 서술법의 '습-ㄴ-이-다〉습ㄴ이다〉습니다〉습니다'의 변화과정과도 같다. 더욱이 진주하씨묘 출토 언간에는 '-옵시닝ㅅ가' 형태가 빈번히 쓰이고 있으므로, '-습니까'의 형성과정을 증명해 준다.

않는다. 이 점은 〔±의문사〕구조의 의문문이 합류되는 과정에 상대높임어미 '-이-'가 관여하고 있음을 짐작하게 한다. 셋째, 시가 문체의 경우 상대높임의문어미를 생략하는 경우가 나타나는데, 이 경우는 반드시 〔+의문사〕 구조의 의문문에 한정된다.

(2) 17세기의 의문문에서는 다음과 같은 변화가 두드러진다. 첫째, 17세기 2인칭의문어미는 모두 '-냐' 또는 '-뇨'를 취한다는 점이다. 이러한 인칭의문어미의 교체 원인을 현실법의 '-ᄂ다, -는다'의 발달과 관련지어 해석하고자 하는 견해도 있으나, 17세기 이후 2인칭의문어미의 교체는 '-냐/뇨'계에서만 일어난다는 점을 고려할 때, 높임법과의 관련될 것으로 보인다. 이는 상대높임의 등급 분화에 따른 어미체계의 혼란을 반영한 것일 가능성이 높다. 둘째, 17세기에 이르러 설명을 나타내는 의문어미 '-고'가 올 자리에 '-가'가 오는 경우가 훨씬 많아진다. 그 반대의 사례는 나타나지 않는다. 이와 같은 '-고/뇨:-가/냐'의 교체는 의문문에서 어미와 의문사의 기능부담의 정도가 달라짐을 의미한다. 셋째, 어미와 의문사의 기능부담 정도의 변화로 인해 생략형태에서 중요한 변화가 일어난다. 곧 시가 형식이나 상대높임의문문에서 생략되던 '-니, -리'가 낮춤형태로 바뀐다. 이는 상대높임을 실현하던 '-이-'의 소멸과 관련된 것으로 보인다. 곧 '-이-'의 소멸은 높임법 체계에 큰 변화를 가져왔다. 이 과정에서 어미체계의 혼란이 일어나게 되고, 의문어미의 교체가 일어나게 된다. 이러한 어미의 기능 약화는 그 기능을 대신하는 새로운 형태의 출현이나 문장상의 변화를 수반할 가능성을 갖지만, 의문문의 경우 설명과 판정을 나타내는 〔±의문사〕의 존재가 새로운 구조적 변화까지 일어나는 것을 막은 것으로 추정할 수 있다.

(3) 18세기의 의문문은 17세기의 변화가 지속되면서, 인칭법은 사실상 소멸되고 설명·판정의문어미의 대립도 매우 약화되는 시기라고 볼 수 있다. 첫째, 2인칭의문어미가 나타나는 경우는 거의 드물다. 둘째, 의문내용에 따른 '-고'계통과 '-가'계통의 대립도 매우 약화되어 일부 문헌의 경우는 규칙을 벗어난 경우가 더 많이 나타나는 경우도 있다. 셋째, 의문씨끝 '-가, -고'가 생략된 형태인 '-니, -리'가 낮춤등

급의 의문어미로 변화해 갔다. 그러나 이 시기의 '-니, -리'는 〔+의
문사〕구조에서만 쓰인다는 점에서 현대 국어의 '-니'와는 성격이 다르
다. 반면 상대를 높일 경우 의문어미를 생략하고 '-옵'으로만 실현되
는 경우가 나타난다.

(4) 19·20세기초의 의문문은 현대 국어의 체계를 갖추는 시기이다. 이
시기의 주요 변화는 다음과 같이 정리된다. 첫째, 의문 내용에 따른
의문어미의 체계는 사실상 소멸되었다. 둘째, 다양한 의문어미가 발
달된다. 이 시기 문헌에 나타나는 의문어미는 높임의 등급에 따라 분
화되는 경향이 있는데, 낮춤에서는 '-냐, -뇨, -랴, -가, -고, -나,
-노, -ㄹ가(짜),-ㄹ고(쬬), -지, -소냐, -손가, -리, -늬(니)'가 나타
나며, 예사높임으로 '-오, -소, -이오', 아주높임으로 '-오(옵)닛가'가
나타난다. 그런데 예사높임에서 의문어미 '-ㄴ가, -ㄹ짜, -나'에 조사
'요'를 붙이는 경우와 아주높임에서 '-이오'에 '-닛가'를 붙이는 경우가
나타난다. 이는 의문어미와 높임을 나타내는 형태소가 하나의 어미로
녹아들고 있음을 드러낸다.

이러한 세기별 의문어미의 변화는, 의문어미가 〔인칭과 의문내용〕 표
지에서 단지 〔의문표지〕로만 작용하게 됨을 의미한다. 더욱이 높임법의
발달과 함께, 의문어미도 높임법의 영향을 받아 여러 가지 새로운 형태
를 만들어내기도 한다. 이 형태는 기존의 의문어미에서 비롯된 것도 있
지만 다른 어미에서 전용된 것도 있다. 따라서 현대 국어의 의문어미 체
계는 높임법 체계에 따른 대립을 보이게 된다. 이 과정에서 19·20세기
초의 다양한 의문어미의 유래와 쓰임새를 밝혀 현대 국어의 의문법 체계
를 세울 필요가 있다. 이 문제는 다음의 연구 과제로 남겨둔다.

참고문헌

권재일(1992), 〈한국어 통사론〉, 민음사.

_____(1994), 〈한국어 문법의 연구〉, 서광학술자료사.

_____(1998), 〈한국어 문법사〉, 박이정.

김광해(1983), 국어의 의문사에 대한 연구, 〈국어학〉12. 국어학회.

김승곤(1996), 〈현대 나라말본〉, 박이정.

_____(1998), 〈현대 국어 통어론〉, 박이정.

김용경(1998ㄱ), 상대높임씨끝 '-오/소'의 발달과정 연구, 〈한말연구〉 4. 한말연구학회.

_____(1998ㄴ), 상대높임법에서의 형태변화와 의미 등급 실현의 상관성 연구, 〈언어학〉 23.

김일근(1991), 〈언간의 연구〉, 건국대학교 출판부.

박종갑(1987), 〈국어 의문문의 의미기능 연구〉 홍문각.

박태권(1982), 16세기 국어의 물음법 연구, 〈조규설 교수 환갑기념논문집〉

서정목(1987), 〈국어 의문문 연구〉 탑출판사.

_____(1990), 의문법, 〈국어연구 어디까지 왔나〉, 동아출판사.

안병희(1965), 후기 중세국어의 의문법에 대하여, 〈학술지〉6. 건국대학교 학술지

이승욱(1973), 의문첨사고, 〈국어문법체계의 사적 연구〉 일조각.

이현규(1978), 국어 물음법의 변천, 〈한글〉162. 한글학회.

이현희(1982), 〈국어의 의문법에 대한 통시적 연구〉, 국어연구52.

전정례(1995), 〈새로운 '-오-' 연구〉 한국문화사.

정재영(1996), 〈의존명사 'ᄃ'의 문법화〉 태학사.

허 웅(1983), 〈옛말본 -형태론〉, 샘문화사.

_____(1989), 〈16세기 우리 옛말본〉, 샘문화사.

_____(1996), 〈20세기 우리말의 형태론〉, 샘문화사.

찾 아 보 기

■ 용어

ㄱ

가능과 기대 106, 154
강세 207
강조 표현 130
강조의 효과 156
객관적인 서술 부정 105
결합 과정 13
결합력 99
겹월 49
겹침 현상 112
공시적인 연구 31
과도수정 223
관용적 표현 95
관형어 97
구개음화 215, 219
굴곡접사 171
극성어 169, 187
긍정 16, 37
긍정문 17, 40
'기' 명사화 규칙 29
기능 범주 18, 39
기능 분화 105
기저문 42
긴 부정문 45

긴밀한 구성 100

ㄴ

나눠적기 223
높임법 264
높임법 체계 276
능력 106, 154

ㄷ. ㄸ

단순 반의어 40
단순 서술 79
단어형 부정극성어 198
단형부정문 127
담화상황 53
당위 105, 130
도움풀이씨 36
동의성 30, 47
동일 부정소 154
동일명사구 삭제 변형 29

동작성 67
때매김 형태소 131
때매김법 264

(ㄹ) ㅁ

마디(절) 93
매인이름씨 64
명령문 76
명령법 77
명령어미 87
명사절 66, 87
명사형어미 63
명사화규칙 43
문법 기술 14
문법 범주 36
문법 범주론 14
문법 변화의 원리 31
문법적 의미 103
문법형태소 64
문법화 73, 239
문법화 과정 24, 65, 114, 194
문장 구성론 14

ㅂ

반문 89
반의성(antonymy) 40
변동규칙 221
변형 103
변형 생성 문법 29, 264
보문자 47

보수성 23, 148, 219, 277
보조용언 45, 147
보조용언결합형 47
보조용언부정문 44
보조용언화 163
보조조사 62
보충법 46
복합문 49
본용언 85
부가의미 212
부사결합형 122
부사부정문 44
부정 47
부정 대상 53, 98, 113
부정 연결어미 61
부정극성어 159, 169, 182
부정극어 형성 188
부정문 15, 17, 34, 46
부정법 16, 36
부정부사 45, 56, 128
부정부사결합형 47, 118
부정소 42, 55, 106
부정소 결합 238
부정소 결합 양상 118
부정소 삽입규칙 43
부정소의 결합 법칙 92
부정소의 결합 양상 160, 175
부정어 삽입규칙(Negative Insertion) 75
부정어미 93
부정요소 29
부정의 영역 33
부정의문문 84

분포상의 특질 63
비문법적 78
비인칭의문문 163

ㅅ

사동문 100, 141, 153, 161
사회언어학 214
상대높임법 262
상보어 40
상태성 용언 67
서술격조사 58
서술법 76
설명 84, 128, 264
설명의문 266
설명형어미 135
소멸 134
속구조 86, 127, 213
시대 구분 18
시제 선어말어미   131
신소설류 201
심리 상태 210
심층구조 30, 62

ㅇ

아날로기아 25
안은문 58
양보 207
양보형어미 135
양태부사 51
어기 198, 239

어휘범주 36
어휘소되기 171
어휘적 방법 188
어휘적 의미 103
어휘항 247, 248
어휘화(lexicalization) 74, 171,
    190, 204
언간 164
여김월 40
역사 언어학 15, 31
역사성 17, 103
역의어 40
용언 부정 118, 226
용언어간 171
용언조사 28
원형 104
유추 17, 25
유추 현상 153
융합 17, 23, 61, 192
음운변화 193, 244
의문법 76, 79
의문사 79, 81, 262
의문사의 기능 부담 274
의문어미 262, 283, 287
의문조사 119
의미 187
의미상 부정 167
의미상의 제약 71
의존동사 구문 99
의존명사 결합형 122
의존요소화 25
의향법 76
의향법 제약 130, 178

이동규칙 43
이름법 64
이은문 222
이음법 92
이음법 제약 92, 133
이음법의 체계 92
이중 부정 97, 110, 139, 155
2형 부정문 29
이형태 133, 192, 242
인용절 164
인정 41
인칭물음법 79
인칭법 264
인칭의문문 163, 277
일곱끝소리표기 215
1형 부정문 29
입말 151, 163

지배 범위 47
지움어찌말 36
지움월 15
지정사 57
짝말 159, 172
짧은 부정문 45

ㅊ

청유문 76
청유법 77
체언부정 118, 226
체언 부정문 45, 57, 77
추가 변형과정 29
추상적 인용 193
축약 74

ㅈ · ㅉ

자리바꿈 151
잡음씨 57
장형부정문 127
적격문 43
전통 문법 264
정도성 148
제약현상 88
종지조사 28
중간조사 28
중단 42
중의성 48
중지 42

(ㅋ) ㅌ

타동사 144, 161
타동성 67
통사론 13
통사론적 구성 13
통사론적 구조 176
통사론적 특성 19
통사적 방법 188
통사적 부정극성어 202
통시적 15
통시적 발달 33
통합 과정 13

ㅍ

파생어 145
파생적 방법 188
파생접미사 63
파생접사 102
파생접사화 205
판정 81, 128, 264
판정의문 266
평가 105, 106, 154
폐쇄적 구성 63
표면구조 30
풀이씨끝 119
풀이자리토씨 58
피동문 141, 153

ㅎ

한정 96
한정보조사 51
합류 17, 24, 94, 135, 195
합류 현상 163, 202
행동주의 의지 부정 105
현실법 272
형태 음운규칙 29
형태론 13
형태론적 구성 13
형태론적 구조 176
형태론적 특성 19
화석화 64
화용론적 방법 187
화자 210

화자 심리 상태 210
확정법 120

■ 인명

ㄱ

권재일 14, 18, 30, 35, 99, 117,
    188, 238, 261
김동식 30, 35, 47, 56, 57, 105,
    108
김승곤 58, 76, 110
김영희 189, 239
김용람 169
김인숙 78
김일근 164

ㄴ

남승호 169, 189, 239

(ㄷ) ㄹ

리의도 92, 93, 194

(ㅁ) ㅂ

박순함 29, 36, 43, 57
박승빈 28

박정규 35, 38

ㅅ

서상규 30, 47, 49, 53
서정목 264
서정수 42
송석중 29, 36, 47, 48, 49, 51, 52, 62
송창선 31
송철의 24
시정곤 189, 239

ㅇ

안명철 24
이근영 19, 216, 221, 224
이기용 47, 49
이상복 42
이석주 24
이승욱 62, 63
이승재 24, 25
이익환 51
이정민 30
이지량 24
이현규 262, 264, 272
이현희 79, 84, 264
이홍배 43
이환묵 187, 189, 237, 239
임유종 183
임홍빈 30, 36, 47, 49, 56

ㅈ

전병쾌 36, 43
전정례 64, 65, 72, 74, 254
정인승 58
정재영 64, 72, 73, 254
조오현 58
주시경 36

ㅊ(ㅋ·ㅌ·ㅍ)

최현배 24, 28, 36

ㅎ

허 웅 19, 77, 79, 80, 81, 84, 92, 119, 194, 240, 253, 262, 264, 269, 275
허재영 16, 182, 188, 194, 238, 254, 256
홍윤표 133, 222
황병순 31

기타

Givon 37
Nida 23
Palmer 40